HEYNE <

Hans-Christian Huf

Sphinx
6

Geheimnisse der Geschichte
Vom Gladiator bis Napoleon

Wilhelm Heyne Verlag
München

Heyne Sachbuch
19/895

Umwelthinweis:
Dieses Buch wurde auf chlor- und säurefreiem Papier gedruckt.

2. Auflage

Taschenbucherstausgabe 12/2003

http://www.heyne.de
Redaktion: Johann Lankes, München
Printed in Germany 2004
Umschlaggestaltung: Hauptmann und Kampa
Werbeagentur, München-Zürich
Satz: zwischenschritt, Rainald Schwarz, München
Druck und Verarbeitung: RMO-Druck, München

ISBN 3-453-87439-0

Die siebte Staffel der erfolgreichen ZDF-Serie „Sphinx“ widmet ihrer geheimnisvollen Namensgeberin einen eigenen Film. Eine Sage machte sie schon in der griechischen Antike zum Sinnbild aller Rätsel. Sie erzählt von einer geflügelten Sphinx mit dem Leib eines Löwen und dem Antlitz einer jungen Frau, die auf dem Berg Phikion saß, und jedem Wanderer, der ihr begegnete, die Frage aller Fragen stellte: „Was ist das: Es geht am Morgen auf vier Beinen, am Mittag auf zweien und am Abend auf dreien?“ Wer die Antwort schuldig blieb, musste sterben. Erst Ödipus, der Prinz von Theben, löste das Rätsel: „Es ist der Mensch. Als Kind krabbelt er auf allen Vieren, in der Mitte des Lebens schreitet er auf zwei Beinen und als Greis geht er am Stock.“ In der Legende stürzte sich die Sphinx danach in die Tiefe. Doch anstatt im Staub der Geschichte zu versinken, hat sie sich zu einem einzigartigen Mythos erhoben, der im Lauf der Zeit die großen Sagen der Welt in sich aufnahm – in Gestalt der Sphinx von Gizeh.

Inhalt

Günther Klein

Spartacus – Glanz und Elend der Gladiatoren

Das Spiel mit dem Tod

Alte und neue Gladiatoren

„Die meisten Männer sterben stinkend, zitternd und allein. Sie klammern sich ans Leben, wie Kinder an den Rock der Mutter. Ihr aber werdet den Tod herausfordern: Da, hol mich doch ..."

Alles ist gesagt. Männerromantik in seiner kernigsten Form. Der Gladiatorentrainer Proximo spricht im Film *Gladiator* mit markigen Worten aus, was bis heute viele Menschen am blutigen Spiel mit dem Tod fasziniert: „Und wenn ihr sterbt – und sterben werdet ihr – dann unter Trompetenklang!"

Es ist die Faszination des ultimativen Kicks, des russischen Roulettes – des „Alles-auf-eine-Karte-Setzens". Es ist der unbedingte Wille, *einer* Wahrheit zu dienen, und mag sie auch noch so tödlich sein. Es ist die Sehnsucht, sich nicht im Wirrwarr des Alltags allzu billig zu verschleißen, sondern einem einzigen großen Gott zu huldigen, dem Gott der Eigenständigkeit und Selbstgewissheit, dem verklärten Ideal, als wirkliches „Ich" auf sich und seine Muskeln vertrauen zu können, als kraftvolles Individuum das Leben zu bestreiten, das Herrschaft über sich selbst besitzt, kurz: als Mann. Und Stolz, Mut, Kraft, Entschlossenheit, Furchtlosigkeit, Ernst und Würde – das sollen seine sieben Tugenden sein.

Ein alter Zopf? Machismo-Träume, die sich längst überlebt haben? Das wäre wohl zu kurz gegriffen. Denn keineswegs ist es ja so, dass solche Sehnsüchte heute fremd geworden wären. Auch wenn das Ideal von „echter Männlichkeit", wie es in der antiken römischen Gesellschaft selbstverständliches Allgemeingut war, in unserer modernen Zeit immer wieder infrage gestellt wird, so wirkt es doch in den Köpfen nach wie vor fort, vielleicht nicht mehr so salonfähig wie damals, sondern mehr oder weniger unterschwellig, aber durchaus kulturprägend. Wer heute aktuelle Männerzeitschriften durchblättert, merkt schnell, dass 2000 Jahre Geschichte im Evolutionsprozess der Menschheit nicht mehr sind als eine Sekunde im weiten Raum der Zeit. Und zum derzeit florierenden Geschäft mit Abenteuerurlaub, Bungee-Sprung und Grenzerfahrungssuche passt der sensationelle Erfolg, den der Kinofilm *Gladiator* gehabt hat, gut dazu.

Man soll also nicht meinen, dass dieses Thema heute passé wäre und nur noch von Interesse für Studenten der altrömischen Geschichte. Vielleicht liegt hierin gerade die Besonderheit und die Faszination: dass wir nämlich, wenn wir über die Gewalt im alten Rom sprechen, immer auch über unsere Gegenwart reden. Gewiss: Die alten Kämpfer in der römischen Arena haben als Publikumsmagnet ausgedient. Aber sind nicht längst moderne Gladiatoren an ihre Stelle gerückt? Todesmutige Hasadeure, die auch heute bereit sind, ihr Leben für den Sieg aufs Spiel zu setzen? Auf der Skipiste. Oder mit dem Druck aufs Gaspedal, im Rennwagen, auf dem Motorrad, im Racing-Boot.

Szenenfoto aus dem Spielfilm *Gladiator* mit Russell Crowe in der Hauptrolle. Auffallend ist die fantasievolle, gänzlich unhistorische Ausstattung des Arenakämpfers, die Ausrüstungsteile unterschiedlicher Kämpfertypen kombiniert.

Lust auf Gewalt

Und die Zuschauer? Wie ist es vorstellbar, dass Menschen überhaupt Vergnügen an der Betrachtung blutiger Gemetzel empfinden? Wo liegen hier die Motive und Antriebe?

„Köstlich ist's, vom fernen Hügel das Unglück anderer zu sehen …", hatte schon ganz unverhohlen der antike Dichter Lukian frohlockt. Der Grund für dieses besondere Vergnügen, so fährt Lukian dann aber fort, sei jedoch keineswegs in blanker Häme oder in purer Lust am Bösen zu suchen, sondern vor allem darin, dass der Zuschauer das schöne Gefühl haben könne, selbst nicht vom Unglück betroffen zu sein.

Lust des Zuschauens, das bedeutet: „Identifikation ja!", „Rollentausch nein!"; bedeutet: dem Tod in die Augen zu schauen, ohne selbst auf seiner Schippe zu sitzen. Sie faszinieren unendlich, so wusste schon Lukian, alle Schrecklichkeiten, die anderen zustoßen und an denen die eigenen Augen magnetisch haften blieben. Zwei Jahrtausende vor den Entdeckungen der

Vorhergehende Doppelseite: Westliche Ansicht des Kolosseums in Rom. Über 400 Jahre hinweg war es der bedeutendste Veranstaltungsort für Gladiatorenspiele.

psychologischen Wissenschaft kommt der antike Dichter dem Faszinosum des Schreckens auf die Spur. Ein menschliches Phänomen? Ein zeitloses? Oder vielleicht nur das besondere Charakteristikum einer spätantiken, degenerierten Gesellschaft?

Abscheu und Anziehung, Mord und Mitleid, Tod und Unterhaltung – alle Widersprüchlichkeiten vermischen sich im alten Rom, bestimmen die alltägliche Lebenserfahrung der Menschen. Auch deren „Freizeitverhalten". Gewalt ist in der römischen Gesellschaft inkulturiert, ganz offen, ohne jede Bemühung, die Verhältnisse schöner zu reden, als sie sind. Nicht einmal die heute gängigen Lippenbekenntnisse zu Gewaltfreiheit und Frieden sind in der altrömischen Literatur zu finden. Gewalt ist akzeptierter Alltag, gilt als Naturgesetz und ist nicht zuletzt das Mittel, mit dem der römische Staat seine Weltmachtansprüche durchsetzt, seinen „Imperialismus" verwirklicht – und damit seine Existenz erhält; Gewalt gegen kleinasiatische Völker, gegen Gallien, Spanien, Afrika, Thrakien oder sonst wen.

Und heute, 2000 Jahre später? Gladiatorenspiele seien zwar „die widerlichste Art von blutigem Sport, die je erfunden worden ist", resümiert der Bestsellerautor Michael Grant zeitgemäß korrekt und gewaltkritisch; gleichwohl ist es eine gesellschaftliche Tatsache, dass der Film *Gladiator* Millionen von Zuschauern in die Kinos lockte. Gewalt interessiert. Und was an brutalen Szenen alltäglich über Fernsehbildschirme in alle Wohnstuben flimmert, steht in puncto Grausamkeit den antiken Kampfshows sicher in nichts nach.

Keine Frage: Auch die moderne Gesellschaft ist von Gewalt durchdrungen. Lust auf Gewalt scheint eine gesellschaftliche Konstante zu sein, die heute vor allem die Bild-Medien bereitwillig bedienen. Übrigens ganz so, wie es sich Lukian vorgestellt hätte: Gewalt hinter Glas, abgeschirmt, vom sicheren Fernsehsessel aus genüsslich konsumiert.

Und dann gibt es da noch etwas Drittes: das Ästhetische, Theatralische. Die kunstvolle Choreographie menschlichen Kampfes – ob er sich nun gegen Mensch oder Tier richtet – erfreut sich in fast allen Kulturen traditioneller Beliebtheit. Das mag schon für die allerersten Künstler gelten, die ihre Höhlenwände mit Abbildungen von blutigen Jagdszenen geschmückt haben.

Mit wie viel Mühe und mit welcher Hingabe haben sich doch die Menschen seit jeher der Verzierung ihrer Waffen gewidmet – und tun es heute noch! Und mit welch religiöser Inbrunst haben sie die „Kultur des Kampfes" besungen. Traditionelle fernöstliche Kampfschulen beschwören nach wie vor das Ideal der Verschmelzung von Körper und Geist in ihrem Regelkodex der Gewalt. Der „Kampf als Kunst" gerät zur außergewöhnlichen Übung, zur Meditation, die höchste geistige Ansprüche stellt; und der Kämpfer wird zum Geistmenschen, zum Philosophen und Künstler.

Ein solches Elitebewusstsein, das in geistig-religiösen Überzeugungen wurzelt, hat mit Sicherheit auch die Motivation der römischen Gladiatoren mitbestimmt. Längst ist wissenschaftlich das gängige Vorurteil widerlegt, dass es sich bei den römischen Kämpfern grundsätzlich um Verbrecher, Staatsfeinde oder Christen gehandelt habe, die wider Willen zum Auftritt in der Arena gezwungen worden sind. Mag es vereinzelt im alten Rom solche Strafen gegeben haben, wie etwa die „damnatio ad bestias" – die öffentliche Zerfleischung von Verurteilten durch wilde Tiere –, so haben sie doch nichts zu tun mit den ausgefeilten Kämpfen, wie sie die trainierten Gladiatoren vorgeführt haben – nach genauem Regelwerk, mit genau definierter Ausrüstung und voller Motivation.

Gladiatorenarbeit war wohl *selten* eine Strafe, *manchmal* eine Möglichkeit, seinem schlechten Los zu entgehen, und *oft* eine verführerische Chance, Ehre und Ruhm vor einer riesigen Zuschauermenge zu erlangen.

Welt ohne Gnade

Wer waren sie, die vielen Männer und wohl auch wenigen Frauen, die schwer bewaffnet und gut trainiert gegeneinander antraten, um sich zur Unterhaltung eines Massenpublikums gegenseitig zu massakrieren? So frage ich mich, während ich an dutzenden von antiken Relief-Fragmenten vorbeischlendere, auf denen vor 2000 Jahren Szenen aus glorreichen Kämpfen verewigt worden sind. Wir – mein Filmteam und ich – sind nach Rom gefahren, um hier in der Ausstellung *Blut in der Arena* die bedeutendsten Geschichtszeugnisse mit der Kamera festzuhalten.

Alle meine früheren Vorstellungen über Gladiatoren, wie sie mir nebulös im Kopf herumgingen, waren im Großen und Ganzen von Spielfilmen der „Marke Hollywood" geprägt, weniger vom Lateinunterricht in der Schule, der zu diesem Thema eigentlich gar nichts beigetragen hatte. Vor meinem Besuch in Rom hatte ich dann einige aus der geringen Zahl der Fachbücher durchblättert – und der Nebel hatte sich etwas gelichtet.

Vor allem wurde mir aber klar, wie wenig Handfestes zu diesem Thema selbst die moderne Wissenschaft herausgebracht hat. Eine bedeutende schriftliche Quelle, wie etwa ein antikes *Gladiatoren-Handbuch* oder eine *Kampfschule* nach fernöstlicher Manier, ist nicht überliefert. Die Dichter und Denker der Antike äußern sich eher beiläufig zu diesem Phänomen, das immerhin über 650 Jahre ein fester Bestandteil ihrer Unterhaltungswelt war. Und selten urteilen sie wertfrei! In erster Linie kritisieren sie naserümpfend den populistischen Massencharakter solcher Veranstaltungen. Menschenaufläufe seien ganz allgemein nichts für den gebildeten Mann von Welt. „Der Philosoph meide die öffentlichen Spiele!", so mahnen sie unisono und recht elitär. Die planvolle Tötung von Menschen zu Unterhaltungszwecken scheint ihnen dagegen weniger Probleme bereitet zu haben. Es herrscht in dieser Geisteswelt eine auffällige Kälte gegenüber allem, was Mitmenschlichkeit bedeutet, ja geradezu eine ausgeprägte Furcht, in eine als kindisch oder sogar weibisch empfundene Gefühlsduselei zu verfallen.

Auffällig ist – gerade auch wenn man im Kino den neuesten Hollywood-Streifen zum Thema sieht –, wie sehr sich im Laufe von 2000 Jahren die Vorstellungen vermischt haben, die man sich von den unterschiedlichsten antiken Unterhaltungsveranstaltungen macht. Alles geht da durcheinander, von Ben Hurs Wagenrennen bis zur blutigen Christenverfolgung, alles ist eine einzige Show aus Gewalt und Dekadenz. Die Gladiatur, der Gladiatorenkampf, stellte im Kanon der öffentlichen Vergnügungen jedoch einen ganz eigenen Unterhaltungstypus dar, der in einer besonderen Tradition wurzelte, wie später erläutert werden wird. Gladiatoren waren – entgegen landläufiger Meinung – nur in Ausnahmefällen verurteilte Schwerverbrecher und in solchen Fällen kam der eher unprofessionelle Kampf einer öffentlichen Hinrichtung gleich. Gladiaturen haben nichts mit Wagenrennen, Ringkämpfen nach griechischem Muster oder Massenschlägereien zu tun, selten auch mit „venationes", den Tierhetzen, bei denen vor allem exotische Tiere aufeinander losgelassen wurden, und schon gar nichts mit Hinrichtungen, obwohl die durchaus als „Vorprogramm" wirklicher Gladiatorenkämpfe üblich waren.

Ein echter Gladiator musste für seinen sehr speziellen Kampfstil eigens ausgebildet sein. Man investierte in ihn, man ernährte ihn entsprechend, man trainierte ihn in besonderen Schulen – eine mit besonders gutem Renommee befand sich in Capua; selbst Caesar ließ hier ausbilden.

Die hohen Investitionen bedeuteten natürlich auch, dass man mit der „Ware Gladiator" keineswegs schonungslos umging, sondern sie pflegte, das heißt, ihre Leistungskraft erhielt, wo immer es ging, und sie auch nicht leichtfertig opferte. Wenngleich durchaus viele Kriegsgefangene, die körperlich geeignet erschienen, mehr oder weniger zwangsverpflichtet wurden oder sich zur Ausbildung entschlossen, um einem noch ungewisseren Schicksal zu entgehen, so gab es doch unter den Gladiatoren jede Menge Freiwillige, so genannte Auctorati. Solche freiwilligen Kämpfer schworen aus freien Stücken den Gladiatoren-Eid, der sie allerdings ihrem Ausbilder und Besitzer gegenüber in den Status von Sklaven versetzte. Auf Gedeih und Verderb waren sie dann seinen Plänen ausgeliefert.

Auch Frauen waren wohl unter den Kämpfern, wie das Steinrelief zu beweisen scheint, vor dem ich jetzt stehe. Vor zwei Jahrtausenden stellte man es irgendwo im östlichen Mittelmeerraum auf, als Gedenkstein, als Grabschmuck, so genau weiß das niemand mehr. Aber es zeigt deutlich zwei weibliche Fechterinnen und nennt ihre „Künstlernamen": Amazone und Achillia – zwei erfolgreiche Stars der antiken Unterhaltungsindustrie.

Die steinernen Bilder aus weiter Vergangenheit wirken auf mich wie eindringliche Sportberichte aus einer Zeit, in der Fotoapparate oder Fernsehkameras noch längst nicht erfunden waren, die Mechanismen der journalistischen Berichterstattung aber schon bekannt waren. Namen von Sportidolen tauchen da auf. Gesichter, Szenen, die hautnah Momente der

Entscheidung abbilden; sensationelle Augenblicke, spannungsgeladen. Nachrichten aus der Welt des sportlichen Wettkampfs, Biographien großer Athleten. Die entscheidenden Zehntelsekunden zwischen Sieg oder Untergang. Und „Tabellenstände"! Ein gewisser Philematius aus Köln, so heißt es da etwa auf einer Marmortafel, habe 15 Kämpfe siegreich bestanden, bevor er im Alter von 30 Jahren selbst habe sterben müssen.

Auf einem anderen Fragment wird dem äußerst erfolgreichen Stargladiator Victor gehuldigt, der irgendwann im 3. Jahrhundert n. Chr. „von der Hand des Mordbuben Amarantos sein Ende fand". Tragische Sportlerkarrieren.

Auf einem nur zur Hälfte erhaltenen Relief ist die gesamte Karriere eines „Stars der Arena" in Szene gesetzt: Sämtliche Gegner sind in heiklen und ganz speziellen Kampfsituationen bildlich dargestellt zumeist in der entscheidenden Phase der „iugulatio", des „Abstechens". Alle Siege sind fortlaufend nummeriert, allein 14 sind auf diesem Fragment verzeichnet – und die fehlende Hälfte lässt noch auf allerlei weitere Erfolge schließen. Irgendwann aber muss das blutige Schicksal auch ihn ereilt haben, ihn, den erfolgreichen Supergladiator, dessen Name mit der fehlenden Steinhälfte für immer verloren ging. Denn wie die meisten dieser archäologischen Fundstücke, die wir an diesem Tag effektvoll beleuchtet in Szene setzen, gehört auch dieses Fragment ursprünglich zu einem Grabrelief. Die kunstvolle Ausführung spricht dafür, dass vor allem ein toter Gladiator als guter Gladiator galt. Der Tod erst verwirklichte das Berufsbild vollständig. Denn ein ehrenvoll Gefallener hatte sich nicht nur im Leben, sondern auch im Sterben als Held erwiesen, und ihm galt anerkennendes Andenken.

Rom, Circus Maximus. Hier fanden die berühmten Wagenrennen statt, die mit den Gladiatorenkämpfen nichts zu tun haben und einer völlig anderen Tradition des sportlichen Wettkampfs entstammen.

Kampf in „Vollendung" – das bedeutete in diesem Fall tatsächlich: bis zum physischen Ende. Unweigerlich kommt mir das Wort Senecas in den Sinn, des hoch gebildeten, antiken Philosophen, der als Erzieher des jungen Nero aber irgendwie versagt haben muss, wie die weitere Geschichte zeigt.

Kampfszene auf einem römischen Grabmal (1. Jh. v. Chr.). Neben dem Kopf des rechten Kämpfers ist das M zu sehen, ein Hinweis darauf, dass ihm die „missio", die ehrhafte Entlassung, gewährt wurde. Das griechische Theta daneben steht für „thanatos", Tod, und bedeutet, dass der Kämpfer später seinen Verletzungen erlag.

„Aufrecht und unbesiegbar musst du sterben!", so hatte er in einem seiner Briefe gefordert. Und pathetisch hinzugefügt: „Was macht es schon für einen Unterschied, wenn du ein paar Tage oder Jahre mehr herausschindest? Wir sind in eine Welt geboren, in der es kein Pardon gibt!" (Epist. 37,2)

Mindestens so wichtig wie „richtig zu leben" war es für diesen stoischen Philosophen, „richtig zu sterben". Was Seneca dann übrigens auch praktisch vorführte: Von seinem Ziehkind Nero in die Enge getrieben, schnitt er sich während eines Festgelages, bei dem er sich stilvoll von seinen Freunden verabschiedete, in aller Ruhe die Pulsadern auf.

Nun war Seneca zwar kein Gladiator, sondern ein Philosoph, der ein Leben lang gepredigt hatte, dass man ein wohl durchdachtes und selbst bestimmtes Leben zu führen habe, und ein würdevoller Tod sei da das i-Tüpfelchen. Die Moral eines einfachen Gladiators dürfte dieser philosophischen Lebensmaxime aber gar nicht fern gestanden haben, wie die vielen Grabinschriften beweisen.

Die positive Seite einer solchen Lebensauffassung – wenn man denn dieser morbiden Vorstellungswelt überhaupt etwas Positives abgewinnen will – liegt vielleicht darin, dass der Tod nicht verdrängt oder tabuisiert wurde, wie es in unserer modernen Gesellschaft oft der Fall ist. Indem man das Sterben als komplettierenden Bestandteil des Lebens begriff, verursachte der Tod bei den Hinterbliebenen nicht ratloses Entsetzen, sondern versöhnte sie mit dem Schicksal. „Julius Balerianus, der 20 Jahre gut gelebt hat, ist an seinem Geburtstag gestorben", so steht es kurz und sachlich auf dem Marmorsarkophag eines Gladiators des 4. Jahrhunderts n. Chr. „Ein Kamerad, gut, beliebt, ein echter Freund bis zum Grab."

Kein Wort des Schmerzes. Ein geglücktes Leben offenbar – auch wenn es bloß 20 Jahre währte …

Tod und Verklärung

Ein Flair von so selbstverständlicher Todesbereitschaft umweht auch das Grabfragment aus dem 1. Jahrhundert v. Chr., das Archäologen westlich von Rom aus dem Tiber gefischt haben. Es zeigt kraftvolle Kämpfer in der Blüte ihrer Jahre – nur die kleinen Gravuren erzählen vom blutigen Ende. Das M oben rechts neben dem mittleren und dem rechten Kämpfer steht für „missio", das heißt, dass beide Kämpfer unterlagen, aber „entlassen", also begnadigt worden waren, wahrscheinlich weil das Publikum, Herr über Leben und Tod, so entschieden hatte. Der finale Todesstoß blieb beiden erspart. Für dieses Mal.

Dagegen scheint aber der dritte Gladiator schwerste Verletzungen davongetragen zu haben, denn das griechische Θ („Theta") neben dem M steht für das griechische Wort „thanatos", für Tod. Ein kleines Zeichen nur, bloß ein Buchstabe, mit dem ein Leben abgehakt wurde.

Ist es die umschwebende Todesnähe, die den Gladiatoren ihre besondere Aura verlieh? Ist es der freie, disziplinierte Umgang mit dem kollektiven Albtraum des Sterbens, der auf das Publikum so unwiderstehlich wirkte?

„Die Todgeweihten grüßen dich!", so sollen die Kämpfer zu Beginn ihres Auftritts in der Arena dem Kaiser zugerufen haben. Wenn auch diese wahnwitzige Selbstbeschreibung nur für *einen* Fall historisch belegt ist, nämlich für die vom Kaiser Claudius im Jahre 52 n. Chr. veranstaltete Seeschlacht zwischen 19 000 (!) Kämpfern auf dem Fuciner See, so macht sie doch den mentalen Zustand deutlich, in dem ein Gladiator sich befand, wenn er die Arena betrat. Er war sozusagen im Leben bereits gestorben.

Die vielen erhalten gebliebenen Graffiti, die von irgendwelchen Fans in die Steinstufen der Arenen geritzt worden sind, zeugen von der rückhaltlosen Bewunderung des Publikums. Und dass es nicht nur Männer waren, die diesem blutigen Kampfsport huldigten, sondern gerade auch Frauen seiner Faszination erlagen, wird von einigen antiken Schriftstellern mehr oder weniger spöttisch erwähnt: „Ferrum est quod amant!", schreibt der Dichter Juvenal in seiner 6. Satire über diese weibliche Vorliebe: „Das Eisen ist es, was sie lieben!"

Juvenal berichtet von der feinen Dame Eppia, Frau eines Senators, die mit einem alten Haudegen nach Ägypten durchbrannte. „Was sah sie in ihm, das sie dazu brachte?", fragt Juvenal rhetorisch und gibt gleich kopfschüttelnd die Antwort: „Sein Gesicht war eine Wüste, zerdrückt vom Helm, auf der Nase eine riesige Narbe, ein ekliger Saft tropfte aus einem Auge und sein linker Arm war lahm. Aber er war Gladiator! Dieses Wort lässt die ganze Brut schön wie Hyazinthos erscheinen ...".

„Wie pervers das alles ist!"

Längst nicht jeder Gladiator beendete seine Laufbahn im „spolarium", dem Leichenraum unter der Arena. Das lehrt nicht nur das Liebesabenteuer der Senatorengattin. Wissenschaftler, die systematisch die Inschriften auf antiken Grabsteinen ausgewertet hatten, stießen bei nachweislichen Gladiatorengräbern recht oft auf die Abkürzung „lib.", die wohl auf das lateinische Wort „liber" oder „libertus" verweist, „Freier" oder „Freigelassener". Offenbar gab es Gladiatoren, die nach einigen Dienstjahren und erfolgreicher Laufbahn in allen Ehren aus dem aktiven Dienst entlassen worden waren. Als sichtbares Zeichen dieser besonderen Würde wurde ihnen zeremoniell ein Holzschwert überreicht, eine Sitte, von der die alten Geschichtsschreiber berichten. Die Gladiatoren a. D. hatten dann bis zu ihrem friedlichen Ende offenbar „bürgerlich" gelebt, und nicht selten sind es Ehefrauen, die die Abschiedsworte auf den Gedenksteinen formuliert haben. Vermögende Gattinnen zweifelsohne. Denn die Marmorsteine, die sie zu Ehren des verstorbenen Gatten bei Künstlern fertigen ließen, sind oft so aufwändig gearbeitet, dass sie einen gewissen Wohlstand verraten. Das gilt übrigens auch für solche Tafeln, die von der „familia gladiatoria", der ehemaligen Kampfgemeinschaft des Verstorbenen, in Auftrag gegeben worden sind– also auch hier scheint man finanziell keine Not gelitten zu haben, angesichts so kostspieliger Andenken.

Gladiator zu sein hieß also nicht zwangsläufig, arm zu sein und in der Arena sterben zu müssen. Es hieß aber, die Fähigkeit zu besitzen, jederzeit alle Entbehrungen ertragen zu *können* und jederzeit zum Sterben *bereit* zu sein. Ein stolzes Ideal souveräner Lebensführung, das Respekt abnötigen kann. In geradezu andächtiger Weise spricht denn auch Seneca, sonst kein Freund öffentlicher Spiele, vom Gladiatoren-Eid, von dem die Wissenschaftler heute annehmen, dass zumindest seit dem 1. Jahrhundert n. Chr. mehr als die Hälfte aller Gladiatoren ihn aus freien Stücken geschworen hat: „Eine bindende Verpflichtung, dass sie alles ertragen werden, lastet auf jenen, die ihre Hand für die Arena anwerben lassen und Speise und Trank verzehren, die sie mit Blut zurückzuzahlen haben."

Mit Blut zurückzahlen – ein allzu hoher Preis für Ruhm und Ehre? Im römischen Verständnis eher eine angemessene, weil ehrenvolle Bezahlung.

2000 Jahre alte Graffiti, die Fans in die Marmorstufen des Amphitheaters von Pompeji geritzt haben. Deutlich ist der Name des seinerzeit hoch verehrten Stargladiators Vindicomus zu entziffern.

Außerdem wurde doch das Risiko durch die Möglichkeit einer Entschädigung versüßt, wie sie sich schöner nicht denken ließ: durch den Triumph vor jubelndem Publikum, den Sieg.

Konnte es für einen Römer je ein Gefühl geben, das er höher schätzte? Wohl kaum, bedenkt man nur einmal, wie umfassend das Stadtbild Roms geprägt ist von gewaltigen Siegessäulen und gigantischen Triumphbögen, und vergegenwärtigt man sich, wie viel Energie einst in die bauliche Verherrlichung von imperialer Kraft und Überlegenheit geflossen ist. Zu siegen – darin lag im alten Rom aller Lebenssinn.

Kein Wunder also, dass bei vielen antiken Schriftstellern, ähnlich wie bei Seneca, ein auffällig widersprüchliches Verhältnis zu den Künsten der Gladiatoren vorherrscht: Einerseits hebt man pikiert die Augenbrauen angesichts so „quotenträchtiger" Massenspektakel; andererseits entdeckt man in ihnen höchste moralische Normen. Nicht selten sogar verspricht man sich einen erzieherischen Effekt davon. Eine Art Wehrertüchtigung des Volkes. Der Gladiator soll Vorbild sein. Cicero, der römische Politiker und große Rhetor, den seine Anhänger mit dem patriotischen Etikett „Vater des Vaterlandes" ehren, preist im 1. Jahrhundert v. Chr. den pädagogischen Wert:

„Sieh dir die Gladiatoren an! Führe dir vor Augen, wie sie wohl diszipliniert es vorziehen, einen Streich hinzunehmen, als ihm unrühmlich auszuweichen. Wie oft machen sie es deutlich, dass ihnen an nichts anderem liegt, als ihren Herrn und das Volk zufrieden zu stellen ... Welcher Gladiator hat je gestöhnt oder je sein Gesicht verzogen ... Und welcher hat je nach seiner Niederlage, wenn man ihm befohlen hat, das Schwert zu empfangen, den Kopf eingezogen? So viel machen Übung, Verinnerlichung und Gewohnheit aus!"

Die Arena – eine Schule der Nation. Man mag Ciceros Aufzählung noch ergänzen: Hätte je ein römischer Kaiser sich als kämpfender Gladiator gezeigt, wie es zum Beispiel Kaiser Commodus Ende des 2. Jahrhunderts n. Chr. tat, wenn diese Form des Mordens nicht einen bedeutenden Imagegewinn sogar für höchste Persönlichkeiten bedeutet hätte?

Und doch bleibt die Paradoxie, haftet am Edlen ein furchtbarer Makel, umwallt den professionellen Gladiator der üble Geruch des Schauspielers oder der Prostituierten. Wie diesen beiden, so ist auch ihm das römische Bürgerrecht versagt. Und mag er auch bewundert sein, so ist er doch stets gesellschaftlich isoliert. Ein gefeierter Star, aber zugleich ein gemiedener Außenseiter. Der christliche Schriftsteller Tertullian bringt im 2. Jahrhundert die gesellschaftliche Verlogenheit auf den Punkt:

„Männer geben ihnen ihre Herzen hin. Frauen auch ihre Körper ... Zu der Zeit, da man sie rühmt, wertet man sie aber zugleich ab. Man verurteilt sie ganz offen zu einer erbärmlichen Stellung und zum Verlust der Bürgerrechte, man schließt sie vom Senat aus, von der Rednerbühne, vom Stand der Senatoren und Ritter, von allen Ehren und Auszeichnungen ... Die Kunst rühmen sie, aber den Künstler verachten sie ... Wie pervers das alles ist!"

Spartacus für alle

Noch so eine Verlogenheit. Oder ein Irrtum? In jedem Fall ein Mythos: Spartacus! Dabei war er alles andere als ein Vorfahre von Marx und Engels. An „Klassenkampf" war ihm niemals gelegen. Die Abschaffung des römischen Herrschaftssystems, in dem die Rollen „Herr" und „Sklave" klar verteilt waren, dürfte ihm nie in den Sinn gekommen sein.

Dennoch wurde der thrakische Sklave und spätere Gladiator Spartacus schon bald nach seinem gewaltsamen Ende im Jahre 71 v. Chr. zur Symbolfigur stilisiert; zum Vorkämpfer für soziale Gerechtigkeit; später sogar zum frühen Verfechter marxistischer Ideale – die Gründungsväter der Kommunistischen Partei in Deutschland schmückten sich mit diesem antiken Erbe und nannten sich „Spartakisten". Ein römischer Gladiator als Vordenker der weltkommunistischen Idee?

Die Gänge unter dem Arenaboden in Capua. In diesen Gewölben haben auch Spartacus und tausende von Gladiatoren, deren Namen keiner mehr kennt, ihre harte Ausbildung erfahren.

Die Faszination schlug viele Kapriolen. Es waren beileibe nicht nur marxistische Wissenschaftler des ehemaligen Ostblocks, die bis in die jüngste Zeit in Spartacus den „ersten sozialen Revolutionär" sehen wollten, der angeblich „einen Staat der Proletarier zu begründen beabsichtigte", um den „Klassenkampf der Sklaven gegen die Sklavenhalter" aufzunehmen, wie es noch in Schulbüchern der DDR gelehrt wurde. Selbst ein so konservativer Geschichtsforscher wie Theodor Mommsen, ein renommierter Wissenschaftler der Kaiserzeit, umschrieb im dritten Teil seiner berühmten *Römischen Geschichte* die antiken Verhältnisse mit dem zutreffenden Wort „Sklavenproletariat".

Und auch die Filmindustrie Hollywoods – kommunistischer Neigungen nun wirklich gänzlich unverdächtig – nahm sich des historischen Themas begeistert an. Schon zu Stummfilmzeiten, später dann aber richtig opulent und kommerziell mit dem Kassenknüller *Spartacus* von 1960. Kirk Douglas kämpft da als Revolutionär für Gerechtigkeit und Liebe. Mit freiem Oberkörper und imposantem Muskelspiel – das sah ganz so aus, wie es sich die Künstlerkader des sozialistischen Realismus auf ihren Arbeiterstandbildern auch vorstellten. Gemeinsame Heldenverehrung – über die Grenzen des Kalten Krieges hinweg?

Spartacus war offenbar für alle da. Und dass er zuletzt an der bösen Welt scheitern sollte, das war eigentlich beiden recht, amerikanischen Drehbuchautoren ebenso wie kommunistischen Theoretikern. Denn für die einen sah so ein perfekt-dramaturgischer Show-down aus, der die Kinokassen klingeln ließ – für die anderen offenbarte sich darin die ganze Verderbtheit imperialistischer Systeme.

Viele Absichten. Eine Wahrheit? Wer war dieser Spartacus eigentlich wirklich? Was wollte er? Und was wollte er wirklich nicht? Einfache Fragen, die im Zuge von 2000 Jahren angewandter Geschichte ein wenig auf der Strecke blieben.

Schuld daran ist wahrscheinlich die „Story", die wirkliche Lebensgeschichte des historischen Spartacus. Sie ist einfach zu gut, als dass Politiker und Dichter unberührt daran vorübergehen könnten. Sie hat Symbolwirkung, regt Fantasien an, ermuntert zu Projektionen aller Art – und ist eine Neuauflage des uralten, biblischen Themas vom kleinen David, der den Riesen Goliath besiegt. Eine Art Archetypus der Geschichtsschreibung, ein Mythos der Historie. In diesem Falle aber – anders als in der biblischen Überlieferung – eine Geschichte ohne Happyend.

Gladiatorenspiele

Dieser Gladiatorenthriller, der trotz aller Legendenbildung so vieles verrät über die Verhältnisse im alten Rom, beginnt im südlichen Thrakien im 1. Jahrhundert v. Chr., irgendwo dort, wo heute Rumänien liegt.

Da überlebt ein junger, thrakischer Rebell die verzweifelte Abwehrschlacht gegen die expandierende Weltmacht Rom. All seine nationalen Hoffnungen sterben in diesem Kampf, nicht aber sein kräftiger Körper. Aus dem edlen „Barbaren", dem freien Mann, wird ein römischer Kriegsgefangener, der alle Abgründe menschlichen Elends durchleben muss: Gefangenschaft und Deportation, Grausamkeit und Qual, Entmündigung und Versklavung.

Thrakische Muskeln sind im Römischen Reich eine wertvolle Ware, die sich zu gutem Geld machen lässt. Gold sind sie wert, die Gladiatorenmuskeln! Alles ist wie ein böser Spott der Stärkeren: Die Sieger bilden Spartacus zum Elitekämpfer aus, richten ihn ab zu einem Schaustück voller Saft und Kraft, zum Abziehbild grenzenloser Überlegenheit, die doch nur Schein ist; zum Vorführmonster, das man hinter Gitterstäben verwahrt, wie eine wilde Bestie im Zoo. Die scharf kalkulierte Absicht der Ausbilder: Spartacus und sein Kampf auf Leben und Tod sollen der Schaulust des römischen Publikums dienen. An seinem Blut – und an dem, das man ihn aus anderen Opfern herauszupressen zwingt – soll sich der römische Mob berauschen. Seine Leiden und seine Qual sollen ein riesiges Volksvergnügen befeuern, eine blutige Orgie der Gewalt.

Spartacus erhebt sich dagegen. Er wehrt sich. Zusammen mit 70 Gladiatoren-Lehrlingen durchbricht er die Gitterstäbe der Kampfschule zu Capua im Jahre 73 v. Chr. Aber ist Spartacus deswegen gleich ein „Revolutionär" im Sinne marxistischer Theorie, als er sich gegen die „Herrschenden" erhebt? Viel wahrscheinlicher ist, was die antiken Geschichtsschreiber andeuten: dass die Aufständischen zunächst keineswegs von Freiheitsfantasien und politischen Utopien getrieben sind, sondern vielmehr von der bitteren Realität ihrer dürftigen Lebensumstände, unter denen sie ihr Dasein fristen müssen.

Ihre Ziele sind pragmatischer Natur und auf eine Verbesserung des täglichen Lebens ausgerichtet. Sie wollen nicht die Welt verbessern, sondern sie wollen anständig essen. Unzufriedenheit mit der Ernährung in der Gladiatorenschule, vielleicht auch mit dem Los der Gefangenschaft überhaupt – das ist das einfache Motiv dieser „Revolution", nicht jedoch Kritik an der gesellschaftlichen Moral.

Wo aber die Geschichte endet, beginnt der weite Raum der Spekulation und der Mutmaßung. Und ist ein schöneres Historienbild denkbar als das vom jungen Revolutionär, in dem man alle Sehnsüchte aus Geschichte und Gegenwart widerspiegeln kann?

Vielleicht ist es ja tatsächlich so, wie der deutsche Dichter Heinrich Heine einmal etwas resigniert resümiert hat: dass das einzig wirklich revolutionäre Mittel, das die Menschen bewege, ihr Hunger sei. Wohlklingende Ideale wie Freiheit, Gleichheit und Brüderlichkeit verklären zumeist erst in späteren Jahrhunderten die Historie – und im Fall Spartacus haben sie ganz massiv der nachträglichen Legendenbildung gedient.

Klirrende Schwerter

Zauber des Kampfes! Eben sind die vier italienischen Gladiatoren per Flugzeug aus Mailand eingetroffen – mit zwei Stunden Verspätung. Wegen aufwändiger Gepäckkontrollen. Den Zöllnern und Sicherheitsleuten am Mailänder Flughafen waren die archaischen Waffen und glänzenden Helme nicht ganz geheuer.

Nun endlich steht sie im Filmstudio, die „familia gladiatoria". In voller Montur. Das blaue Scheinwerferlicht gibt dem geputzten Metall einen eiskalten Schimmer, der die Augen blendet und mich an die Fernsehwerbung für Rasierklingen erinnert: gleißend und messerscharf. Ja, so sollen Gladiatoren im Film aussehen, denke ich. Ein Bild wie aus einem Fantasy-Streifen.

Dabei sind alle Details der Ausrüstung „original römisch". Vom Brustpanzer bis zum Talisman am Halskettchen. Wahrscheinlich arbeiten effektvolle Shows immer nach den gleichen Regeln. Was vor 2000 Jahren die Menschen in Bann geschlagen hat, übt auch heute noch ganz unmittelbar Faszination aus.

„Kamera läuft ... Action bitte!" Was Marco Laurenti und seine Kameraden nun an kunstvollen Kampfeinlagen bieten, begeistert nicht nur meinen Kameramann Ralf Gemmecke. Immer wieder kommt Beifall auf. Beifall von den umstehenden Technikern, den Kabelhelfern und Maskenbildnern, den Lichtleuten und Requisiteuren, die schon vieles in ihrem langen Berufsleben gesehen haben.

Und für mich ist es eine atemberaubende Erfahrung, wie sich innerhalb von Sekunden theoretisches Wissen in plastische Bilder verwandelt. So vieles, was ich in Büchern gelesen habe, wird nun anschaulich und selbstverständlich. Die erstarrten Szenen von alten Zeichnungen und antiken Reliefs werden plötzlich lebendig und unweigerlich bewege ich mich im ersten Moment einen Schritt zurück, beeindruckt und fasziniert von der Heftigkeit des Aufpralls von Mann und Material.

Doch nach der ersten Überraschung wird der Blick schnell geschärft. Sofort fällt ins Auge, wie sorgfältig das Kräfteverhältnis zwischen den Kämpfern austariert ist, mögen sie auch noch so unterschiedlich bewaffnet sein. Was wir sehen, ist kein spontanes Gemetzel, sondern Kampftradition, deren Regeln über hunderte von Jahren gewachsen sind. In abertausenden von Kämpfen ist an all diesen Bewegungen – der Annäherung, der Distanzierung, dem plötzlichen Vorstoß, der Deckung, der Finte – gefeilt worden. Bis ins kleinste Detail wurde die technische Ausstattung der Kontrahenten differenziert und verfeinert – genau wie es bei den Kampftechniken der fernöstlichen Schulen im Mittelalter geschah.

Mag es vielleicht auf den ersten Blick noch so ausgesehen haben, als sei der halb nackte, helmlose Gladiator mit seinem Netz und seinem Dreizack dem bis an die Zähne gepanzerten Schwertkämpfer hoffnungslos unterlegen, so offenbart der Waffengang jetzt etwas ganz anderes: dass nämlich

Die italienische Kampftruppe *Arsdimicandi* demonstriert historisch korrekt Gladiatoren-Typen, einen Netzkämpfer (Retiarius, links) gegen einen Thraex. In der römischen Kaiserzeit wird der Netzkämpfer allmählich zum beliebtesten Kämpfertypus, der bei keiner Veranstaltung fehlen darf.

hier zwei ganz unterschiedliche „Kampfphilosophien" aufeinander prallen; die eine schnell und wendig, die andere zermalmend, aber behäbiger – beide jedoch mit gleicher Chance, den Sieg davonzutragen. Es ist ein Kampf völlig unterschiedlicher Temperamente, eine kunstvolle Choreographie der Verschiedenheit.

Die Gladiatorentruppe mit dem klangvollen Namen *Arsdimicandi*, „Kunst des Kämpfens", hat sich in mühevoller Kleinarbeit das längst vergessene

Wissen erarbeitet, das sie jetzt vor unserer Kamera vorführt. Hauptsächlich anhand archäologischer Funde und der figuralen Darstellungen, die auf Grabsteinen, selten auch auf antiken Gemälden oder Vasen zu finden sind.

„Vor allem ausprobieren!", antwortet Marco ein wenig atemlos nach dem ersten Waffengang auf meine Frage, wie man denn heute noch wissen könne, auf welche Weise ein Schwert oder ein Dreizack vor 2000 Jahren geführt worden sei. „Es verlangt vor allem jede Menge Engagement. Und Leidensfähigkeit ...", fügt er lächelnd hinzu und schüttelt lässig das Blut ab, das jetzt über die Finger seiner rechten Hand tropft.

„Die alten Reliefs und Bilder sind ja nur Momentaufnahmen aus einem längeren Kampfgeschehen", erläutert Dario Battaglia, der wissenschaftliche Leiter der Truppe. Dario ist studierter Archäologe und daher von Haus aus auf Genauigkeit und Präzision aus. „Die Ausrüstung der Gladiatoren wird oft bis in die kleinste Einzelheit in den antiken Dokumenten präzisiert, aber die Darstellungen verraten zum Beispiel nichts über die Dauer des Kampfes oder dessen Ablauf. Wenn man diese Waffen dann sorgfältig nachbaut und sie selbst ausprobiert, entdeckt man schnell alle Möglichkeiten ihres Gebrauchs. Die Praxis kann hier der historischen Wissenschaft eine ganze Menge helfen."

„Experimentelle Archäologie" – unter diesem wissenschaftlichen Etikett akzeptiert man heute sogar auf Universitäten solche Selbstversuche, die von altgedienten Historikern aber immer noch mit Stirnrunzeln zur Kenntnis genommen werden. Mögen aus diesen Experimenten auch wirklich neue Erkenntnisse hervorgehen, so gelten sie manchem Professor doch eher als Sandkastenspiele. „Unwissenschaftlich" und „populär" – Urteile, die vor allem an deutschen Universitäten, weniger an angelsächsischen, manche Begeisterung im Keime ersticken, was aber weniger gegen die Begeisterung spricht, als vielmehr gegen den Wissenschaftsbetrieb. Denn wie sollte man die Anstrengung einer nur fünfminütigen Gladiatur ermessen, wenn die historischen Quellen darüber schweigen und man es nicht selbst ausprobiert hat?

„Wir haben eine Menge aus unserer Arbeit gelernt", erzählt Marco stolz, nachdem er sich jetzt ein wenig erholt hat. „Um nur ein Beispiel zu nennen: Im Kampf erkennt man sofort die große Bedeutung der Schilde, die wir anfangs rein defensiv eingesetzt haben, um die Streiche des Gegners abzuwehren. Man merkt aber schnell, dass man sie auch gut als Offensivwaffe gebrauchen kann, um den Angreifer damit umzustoßen zum Beispiel – oder ihm damit kräftige Schläge zu verpassen."

Nachfolgende Doppelseite: Einerseits wurden im 19. Jahrhundert die neuesten archäologischen Erkenntnisse akribisch umgesetzt, andererseits war die Komposition der ausschmückenden Fantasie des Malers unterworfen. Als Beispiel mag hier die Geste des berühmten, aber historisch unkorrekten „Daumen nach unten" dienen. Gemälde von Jean-Léon Gérome (1872)

„Oder das Netz des so genannten Retiarius, des Netzkämpfers", fügt Mario Gregorio hinzu, der sich auf diesen Kämpfertypus spezialisiert hat. „Versuchen Sie damit mal den Gegner so einzufangen, wie man sich das gemeinhin vorstellt: mit einem geschickten Wurf, bei dem das ganze Netz fein säuberlich über den Gegner fällt und man dann den Sack einfach nur noch zuschnüren muss."

Mario lächelt herausfordernd. „Versuchen Sie's mal in der Praxis! Das klappt nie – höchstens im Film. In Wirklichkeit muss man das Netz, an dessen Enden kleine Bleigewichte hängen, wie eine Schlagwaffe gebrauchen. Dem Gegner damit eins überziehn, das ist effektiv – und vielleicht verfängt sich dann noch eine Masche in irgendeinem Rüstungsteil, dann können Sie Ihren Kontrahenten mit einem kräftigen Ruck umreißen!"

Eine „kleine Gladiatorenschule", denke ich lächelnd und sehe das ansteckende Leuchten in den Augen der „experimentellen Archäologen". „Es ist doch vieles ganz anders gewesen, als es uns heute weisgemacht wird. Jeder spekuliert so vor sich hin. Auch viele historische Berichte sind weiter nichts als Gruselgeschichten!", hatte Dario schon vor dieser Vorführung im Brustton der Überzeugung klar gemacht. „Dass zum Beispiel jemals ein Gladiator seinem besiegten Gegner die Kehle durchgeschnitten hätte, halten wir für solch ein gängiges Märchen. So was hätte ein echter Gladiator niemals mit seiner Ehre vereinbaren können."

Wie bitte? Der Kämpfer, der seinem Gegner auf Fingerzeig des Kaisers den Gnadenstoß versetzt – ihn soll es gar nicht gegeben haben? Und die gesenkten Daumen eines grausam johlenden Publikums – alles bloße Fiktion der Nachwelt? Und die wilden Tiere? Und das Massensterben der Abertausenden? Nur blühende Fantasie?

Daumen nach unten

Alles ist wahr – und dann doch wieder nicht. Halbe Wahrheiten vermischen sich mit handfesten Mutmaßungen. Wieder einmal wird mir bewusst, wie wenig von dem, was man allerorten über antike Gladiatoren so hört und liest, auf wissenschaftlich gesicherten Beinen steht. Dürftig die Schriftquellen, dürftiger noch die Objektivität der historischen Berichte. Offenbar hat man es seinerzeit nicht für wert erachtet, sich über diese Volksvergnügungen ausführlich auszulassen. Und vor allem, darüber sachlich zu berichten. Es gibt in der Antike keine „Geschichtsschreibung von unten". Diejenigen, die über Gladiatoren erzählen, haben wohl niemals persönlich mit ihnen zu tun gehabt. Am ehesten sind es die archäologischen Funde von Rüstungsteilen und Waffen, die heute auf die Wirklichkeit dieser Kämpfe schließen lassen. Und die modernen Versuche mit ihnen …

Als man aber im Mittelalter und stärker noch im 19. Jahrhundert die Geschichtsbilder entworfen hat, die heute noch in unseren Köpfen spuken,

hat man von alledem noch nichts gewusst. Das berühmte Bild von Jean-Léon Gérôme mit dem Titel „Pollice verso", „Daumen nach unten", aus dem Jahr 1872, das ganz entscheidend die neuzeitliche Vorstellung vom antiken Spiel mit dem Tod geprägt hat, ist ein gutes Beispiel für die Vermischung von historischem Halbwissen und geschichtlichem Geraune. Im Detail enthält das Gemälde jede Menge präziser Fakten, die sich auf frühe archäologische Entdeckungen berufen können, besonders auf den Sensationsfund von Rüstungsteilen in der Gladiatorenkaserne von Pompeji in den Jahren 1766/67. Aber die Zusammenstellung der einzelnen Elemente zu einem Gesamtbild entspringt bloßer Fantasie. So ist zwar die Darstellung der einzelnen Rüstungsteile äußerst genau gelungen; allein ihre Kombination ist völlig willkürlich und bei näherem Hinsehen auch unzweckmäßig. Ebenso sind die „gesenkten Daumen" der geifernden Zuschauer das Produkt malerischer Einbildungskraft. Diese Geste ist völlig fiktiv, auch wenn sie sich seitdem zum vielleicht bekanntesten Symbol römischer Unterhaltungsdekadenz gemausert hat.

Ich erinnere mich an das, was mir Dr. Markus Junkelmann, ein deutscher Wissenschaftler, vor meiner Reise nach Rom erzählte. Über 200 Jahre lang habe man die Gladiatorenrüstungen von Pompeji immer wieder theoretisch-wissenschaftlich analysiert, aber niemand habe sie mal ausprobiert! So sei es zu Fehldeutungen gekommen. Zum Beispiel hatte man die Helme, die man fand, mit ihrem Gewicht von drei bis vier Kilogramm für so schwer gehalten, dass man meinte, niemand hätte mit einem solchen Gewicht auf dem Kopf wirklich kämpfen können. Und so habe man diese Helme dann zu bloßen Prunk- oder Schaustücken erklärt, zu Schmuckobjekten bei Fest-Umzügen oder dergleichen. Erst Versuche mit nachgebauten Modellen hätten dann gezeigt, dass sich mit diesen sehr ausgewogen konstruierten Kopfbedeckungen durchaus trefflich fechten lässt.

Junkelmann ist freischaffender Historiker mit Schwerpunkt Waffentechnik und hat – ähnlich wie die Gladiatorentruppe *Arsdimicandi* – unzählige Versuche mit nachgebauten Gladiatorenwaffen unternommen. Der Universitätsdozent, der auf einem Schloss in Bayern lebt, liebt „angewandte Geschichte", und schon 1985 hat er einigen Pressewirbel verursacht, als er mit einer begeisterten Schar junger Studenten in römischer Legionärsuniform über die Alpen gezogen ist, um die Strapazen antiker Feldzüge hautnah nachzuempfinden. Seitdem gilt er als *der* Pionier auf dem Gebiet „gelebte Antike". Sein leidenschaftliches Interesse daran, Geschichte praktisch auszuprobieren, hat ihm hier und da die Kritik der „ernsten" Wissenschaft eingetragen, aber auch viel Zustimmung und öffentliches Interesse. Seine kulturgeschichtlichen Bildbände über das Leben im alten Rom gehören jedenfalls zu den interessantesten und anschaulichsten Publikationen, die zu diesem Thema zu haben sind.

Dr. Junkelmann geht es vor allem darum, die Freude an historischen Fragestellungen auch dem „Otto Normalbürger" zu vermitteln, und deswegen verlässt er dann und wann gerne den Elfenbeinturm hehrer Wissenschaft. Grundsätzlich ist er aufgeschlossen gegenüber allen Versuchen, die Antike in leibhaftigen Bildern wieder auferstehen zu lassen. Für den Film *Gladiator* von Ridley Scott hatte man ihn gar als Fachberater gewonnen. Doch schon nach ein paar Wochen warf er das Handtuch. Mit dem Interesse des amerikanischen Regisseurs für historische Details war es denn doch allzu schlecht bestellt, so meinte selbst der experimentierfreudige Dr. Junkelmann.

Nun gehört der Wissenschaftler aber nicht zu denen, die voller Eifer die kleinsten Fehler, die im Kassenknüller *Gladiator* zu finden sind, auflisten – wie es übrigens spezielle Fangruppen tun, die mittlerweile weit über 100 Schnitzer gezählt haben. Er stört sich keineswegs daran, wenn etwa über dem Kopf des Hauptdarstellers Russell Crowe der Kondensstreifen eines Flugzeugs am Himmel sichtbar wird. Nicht einmal die modernen Napalm-Geschosse, die die antiken Krieger des schönen Effektes wegen zu Anfang des Films abfeuern, irritieren ihn. Sogar der offene Fantasiehelm Crowes „à la Conan der Barbar" mag für ihn hingehen, denn man kann ja verstehen, dass Hollywood nicht Unsummen für einen Leinwandstar ausgibt, um dann sein Gesicht hinter einem historisch korrekten, aber völlig geschlossenen Kopfschutz zu verstecken. Dass aber an so vielen anderen Stellen, wo es doch gar nicht nötig wäre, der Film die Historie „verschlampt", das empfindet Markus Junkelmann als ärgerlichen Mangel.

„Ein Werk, das bewusst auf Ausstattung setzt und den Zuschauern suggeriert, sie mit einer Art Zeitmaschine in die Vergangenheit zu katapultieren, muss es sich gefallen lassen, am eigenen Anspruch gemessen zu werden", meint er kopfschüttelnd und listet gleich auf: Warum trägt Crowe in der Arena einen römischen Muskelpanzer, wie ihn bestenfalls – aber dann auch nicht in dieser Epoche! – ein römischer Offizier getragen hätte? Warum Helmformen aus der Wikingerzeit oder Kettenhemden aus dem türkischen Mittelalter? Und warum stehen in der Arena des Kolosseums kegelförmige Säulen, wie sie auf dem Circus Maximus als Wendepunkte für Wagenrennen gebräuchlich waren? Warum fehlt das große Schutzgitter zwischen Arena und Podium? Und so weiter, und so weiter ...

Spielregeln

Dabei gibt es bei aller Dürftigkeit der Überlieferung doch gerade in diesen Punkten große historische Klarheit. Massenschlägereien, wie sie die Stuntmen Hollywoods in ihren Fantasiekostümen in Szene setzen, widersprechen allem, was man heutzutage sicher weiß. Nämlich dass die Gladiatur zwischen genau definierten Kampfpaarungen stattfand, wie sie von den Mitgliedern der *Arsdimicandi* so vorbildlich demonstriert werden.

Diese spezielle Ausrüstung der Gladiatoren ist kein Produkt des Zufalls und nicht beliebig austauschbar, sondern wirft ein besonderes Licht auf die

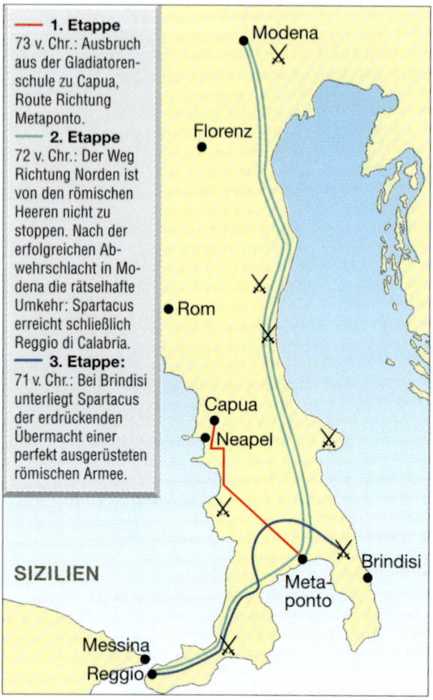

Der Weg des Spartacus

Entwicklung dieser eigentümlichen Tradition. Die „Kostümierung" bestätigt in nachhaltiger Weise die Vermutung, dass es in der Anfangszeit der Gladiatur vor allem Kriegsgefangene waren, die für die Kämpfe herangezogen wurden. In vielen Ausrüstungsdetails klingt Fremdländisches an. Bestimmte Rüstungsteile und Waffen verweisen auf fremde Kulturen und Völker, die von den Römern besiegt und unterdrückt worden sind.

Es ist ja nur zu verständlich: Zum einen erkannten römische Politiker ganz gewiss den wehrtechnischen Nutzen, der darin lag, dem Publikum sozusagen spielerisch die Waffenarsenale möglicher Gegner vorzuführen; zum anderen musste es einen großen Reiz auf die Zuschauer ausüben, merkwürdigste und exotischste Waffen in Aktion zu sehen. Und schließlich hätte es wohl niemandem gefallen, wenn ein als römischer Soldat ausstaffierter Kämpfer beim unvorhersehbaren Ausgang eines Duells unterlegen wäre. Diese Schmach war nur „Ausländern" zuzumuten. Jeder Anklang an eine römische Rüstung und an die aktuelle Politik musste bei solchen Szenen striktens vermieden werden.

Ganz selbstverständlich werden daher die Veranstalter solcher Spiele Rüstungsteile aus aller Herren Länder gesammelt haben, um ihre Kämpfer effektvoll und „political correct" auszustatten. Immer nach dem Motto: je ausgefallener, desto besser. Mit der Zeit – und unter dem Einfluss der verbreiteten Mythologien – schälten sich dann besondere Kämpfertypen heraus, deren Rüstung und Bewaffnung einen spannenden, möglichst lang währenden Kampf versprachen. Manchmal ist aus dem Namen des Typus noch die ursprüngliche, ethnische Verwurzelung herauszuhören, etwa beim Thraex, dem Thraker, dem Samnit oder dem Gallier.

Sechs Standardtypen waren es vor allem, die auf Steinreliefs und Malereien gut dokumentiert sind und die in festgelegten Paarungen auftraten: Thraex, mit kleinem runden Schild und kurzem Krummschwert, und Samnit, der am prächtigsten ausgestattete Schwertkämpfer mit auffälligem Helm. Murmillo, barfuß mit wenig Körperrüstung, aber großem Schild und langem Schwert, wahrscheinlich mit dem Typ Gallier identisch, und Hoplomachus, der eine Weiterentwicklung des Samniten darstellt und ihn ab der Kaiserzeit ganz ersetzt. Retiarius, der Netzkämpfer, und Secutor, ein auf den Kampf mit dem Retiarius spezialisierter Hoplomachus, mit reduziertem, glattem Helm, der dem gegnerischen Netz nicht allzu viel Angriffsfläche und damit allzu leichtes Spiel bot. Die Fotos von den Kämpfern der *Arsdimicandi* machen die Unterschiede dieser Grundtypen anschaulich.

Daneben wurden ständig neue Varianten erdacht, wahrscheinlich um dem gesteigerten Sensationsbedürfnis eines immer anspruchsvolleren Publikums gerecht zu werden. Der Andabates beispielsweise war ein Kämpfer, der in völlig geschlossenem Helm, ohne Augenlöcher, antrat. Allein sein Gehör und Gespür sollten hier über Sieg und Niederlage entscheiden. Der Dimachaerus hingegen kämpfte, wie sonst nur der Retiarius, ganz ohne Kopfschutz, war dafür aber gleich mit zwei Dolchen bewaffnet. Der Veles trat mit einer Lanze in die Arena und scheint nur gegen seinesgleichen gekämpft zu haben; gleichwohl ist überhaupt strittig, ob der Veles einen eigenständigen Typus verkörperte, denn auch vom Samnit oder vom Thraker ist bekannt, dass sie gelegentlich mit Lanzen bewaffnet gewesen sind.

Andere Kämpfertypen sind historisch ebenso fraglich, wie dennoch plausibel. Wieso sollte ein findiger Veranstalter nicht einmal einen berittenen Gladiator, einen Eques, in die Arena geschickt haben? Vielleicht sogar einen Essedarius, einen Streitwagenlenker. Oder einen Sagittarius, einen auf Distanz kämpfenden Bogenschützen? Im Großen und Ganzen dürften diese „Spezialmodelle" aber die klassische, althergebrachte Kampfesweise nicht revolutioniert oder gar infrage gestellt haben. Denn wie auch heute im Fuß-, Hand- oder Basketball beharren doch Zuschauer ublicherweise auf überkommene Regeln, ja wachen geradezu über deren strikte Einhaltung. Wilde Massenkämpfe, wie sie im Film *Gladiator* der Fantasie der Drehbuchautoren entsprungen sind, haben jedenfalls nichts mit dieser Tradition zu tun.

Das stört einen Wissenschaftler wie Dr. Junkelmann sehr, einen Kinobesucher aber überhaupt nicht. Es ist eben die „Action", die da zählt, und es sind sicher auch die vielen computeranimierten Spezialeffekte, die als Kassenmagnet wirken. Wer wollte denn inmitten eines beeindruckenden Feuerwerks à la Hollywood noch über historische Fakten streiten?

Die Wissenschaft wird lernen müssen, dass immer dort, wo große Menschheitsthemen angesprochen sind, die Nachwelt sich ihren ganz eigenen Reim macht. Denn Dramatik und Tragödie beanspruchen nun mal in der Fantasie des Zuschauers ein größeres Recht als wissenschaftliche Akkuratesse. Bei den mittelalterlichen Geschichten über Ritter und Burgfräulein war das schon so und auch bei den Geschichtsmythen von Cowboy und Indianer. Jetzt also Gladiatoren. Die Geschichtsverklärung ist in vollem Gange. Man mag das beklagen, ändern jedoch wird man es nicht. Das Einzige, was die Wissenschaft hier tun kann, ist, dem geweckten Interesse hinterherzulaufen. Ohne Groll, aber mit dem guten Gefühl, die Gunst der Stunde zu nutzen, um hier und da mit Sachinformationen die Mythen der Geschichte auszulüften.

Geburt einer Legende

Legendenbildung ist nicht erst eine Angelegenheit unserer Zeit! Bereits die Römer haben da einiges zustande gebracht. Der Fall des Gladiators Spartacus ist geradezu beispielhaft.

Schon ganz früh wird Spartacus zum Mythos. Bei den Römern zunächst zu einer übersteigerten Angstfantasie, zu einer Gestalt des Bösen. Wie, so mochte wohl ein braver römischer Bürger geschockt fragen, kann es denn mit rechten Dingen zugehen, wenn ein armseliger Kriegsgefangener die Grundfeste der Weltmacht zu erschüttern vermag? Und wie kann es sein, dass ein Gladiator – einer, der doch als Spielzeug des römischen Pöbels dienen soll – seine Waffe nicht so gebraucht, wie es die Unterhaltungsindustrie vorschreibt, sondern sie plötzlich gegen seine Schöpfer richtet? Und mit ihm zusammen hunderte, ja tausende seiner Kameraden!

Und nicht nur die: Dem Aufstand in der Gladiatorenschule zu Capua folgen schon nach wenigen Wochen zehntausende, zumeist Feld- und Hirtensklaven. Der römische Geschichtsautor Appian berichtet gar von 120 000 Aufständischen, die sich aus allen Teilen des Landes der Bewegung anschließen! Die Großmacht Rom – wie so oft an allen möglichen Kriegsschauplätzen des gigantischen Reichs beschäftigt – erzittert und weiß sich in der Überraschung nicht zu wehren.

Ganze Legionen werden im Kampf zerrieben und marodierend zieht die Gladiatorenarmee des Spartacus durch Italien. Zunächst Richtung Süden, offensichtlich mit der Absicht, die „Revolution" auf die Insel Sizilien, den strategisch wichtigen Brückenkopf, zu tragen und sich mit marodierenden Seeräuberbanden zu vereinen; dann aber plötzlich nach Norden – vielleicht von der Sehnsucht getrieben, das Land jenseits der Alpen zu erreichen, das Land, das vielen der Kriegsgefangenen „Heimat", allen aber „Freiheit" bedeutet.

Irgendwann in diesen Wochen und Tagen wird es sicherlich Momente gegeben haben, wo in den Herzen der siegreichen Sklaven und Rechtlosen ein Gefühl gemeinsamer Stärke und Identität aufgestiegen ist, sich tatsächlich ein „revolutionäres Bewusstsein" eingestellt hat.

Doch wie wird er ausgesehen haben – dieser kollektive Rausch der Befreiung? Die Unterschiedlichkeit der verschiedenen Sklavengruppen war doch so groß, wie es der ungeheuren Vielfalt in Art und Weise der Sklavenhaltung im Römischen Reich entsprach! Was hatte denn ein beim Vieh gehaltener Landsklave mit einem griechischen Gelehrten gemein, der in besten städtischen Verhältnissen die Kinder seines Herrn unterrichtete? Was ein Gallier mit einem Afrikaner? Oder ein Schreiber mit einem Gladiator? Ein gemeinsames „proletarisches Bewusstsein" war in diesem bunt zusammengewürfelten Haufen sicher nicht auszumachen. Eine „Klasse" der Sklaven hat es im alten Rom nie gegeben – und genauso wenig eine gemeinsame revolutionäre Idee.

Hier beginnt die Geschichte interessant zu werden, denn im Nebel der legendenhaften Historie sind nur noch ganz undeutliche Schatten auszumachen. Appian verrät zwar einzelne Details, etwa dass Spartacus „die Beutestücke gleichmäßig verteilte" und dass er „seinen eigenen Leuten den Besitz von Gold und Silber verbot". Aus diesen spärlichen Angaben aber auf die Existenz eines „kommunistischen Gesetzes" in einem neuen „Gladiatorenstaat" zu schließen, würde das historische Material überdehnen. Ähnlich steht es um die bescheidenen Ausführungen, wie sie bei Plutarch und Orosius zu lesen sind. Die spannende Frage aber bleibt: Wie lebten diese abertausende von sehr verschiedenen Menschen in den Monaten ihres Aufstandes zusammen? Wie sprachen sie miteinander? Was waren ihre Ziele, ihre Gefühle – und was war der große Traum des Gladiators Spartacus?

Blutige Antwort

Ein Rätsel der Geschichte, das die Fantasie der Nachwelt angeregt hat und das noch durch eine weitere große Ungereimtheit vermehrt wird: Als Spartacus endlich den südlichen Rand der Alpen erreicht – etwas nördlich der Stadt Mutina, bei der man wieder einmal eine komplette römische Legion militärisch überwindet –, da steht das Tor zur Freiheit weit offen. Die Möglichkeit, den römischen Herrschaftsbereich endgültig zu verlassen und sich so allen Nachstellungen zu entziehen, ist zum Greifen nahe. Doch in dieser Situation wendet sich Spartacus wieder nach Süden, in das Herz Italiens! Warum? Was beabsichtigt er? Will er gegen Rom marschieren? Die Weltmacht an sich reißen? Sind er und die Seinen größenwahnsinnig geworden? Oder ist es einfach die Lust am Kampf? Die Lust am rauschhaften Untergang, etwa so wie ihn der Gladiatorentrainer Proximo im Spielfilm *Gladiator* beschwört?

Das Ende kommt dann ebenso schnell wie völlig vernichtend: Die römische Militärmaschine, nach langer Schrecksekunde endlich erwacht, rollt mit geballter Kraft den „Freiheitsheeren" entgegen. Mit dem Großaufgebot von acht Legionen, das sind über 40 000 gut ausgebildete Soldaten, ringt der Feldherr Licinius Crassus die Aufständischen schließlich nördlich von Brindisi nieder. Spartacus fällt in der Schlacht bei dem wahnwitzigen Versuch, zum Feldherrn Crassus selbst durchzudringen, um ihn vor den Augen seiner Soldaten zu erschlagen. Doch die römische Kampfmaschine ist jetzt, vom Ernst der Lage endlich angestachelt, haushoch überlegen. Dem Geschichtsschreiber Appian zufolge sollen es 60 000 Aufständische gewesen sein, aber nur 1000 Legionäre, die in dieser Schlacht ihr Leben gelassen haben. Und ein schreckliches Schicksal erwartet die überlebenden Herausforderer Roms: Entlang der Via Appia, der wichtigsten Handelsstraße Roms, befiehlt Crassus, tausende von Kreuzen aufzurichten, an die er die Rebellen schlagen lässt – zur Abschreckung für alle, die womöglich Ähnliches pla-

Die Via Appia, Roms bedeutende Ausfallstraße, an der Feldherr Licinius Crassus nach seinem Sieg über die Armee des Spartacus tausende von Kreuzen errichten ließ, um die Rebellen zu kreuzigen.

nen. Eine saftige Lektion, ganz nach römischem Geschmack – und der Stoff, aus dem große Mythen gemacht sind.

Das grausige Schicksal des Spartacus und seiner Gefährten, aber auch die Gladiatorenspiele, die Tierhetzen, der Bau des Kolosseums als gigantische Stätte sportlicher Gewalt – all dies sind geschichtliche Erscheinungen, die weit über sich selbst hinausweisen. Es sind nicht bloß Einzelphänomene, sondern zusammen bilden sie den Reflex einer Gesellschaft, die Krieg, Brutalität und Unterdrückung zum fundamentalen Bestandteil ihrer Existenz gemacht hat. Nichts anderes als der unverbrüchliche Glaube an die Macht des Schwertes war es schließlich gewesen, der Rom zu einer Weltmacht aufsteigen ließ. Vorstellungen von Kampf und Unterdrückung, von imperialer Gewalt, waren es, die das römische Rechtsdenken von Grund auf geprägt hatten. Eine Kultur des Friedens oder des demokratischen Ausgleichs der Völker untereinander wurde in diesem zwanghaften Völkerbund niemals entwickelt. „Krieg" als konstituierendes Moment war im römischen Denken stets positiv besetzt, „Frieden" hingegen wurde oft mit Erschlaffung und Verweichlichung gleichgesetzt, mit einer Gefährdung der allgemeinen Moral, die von den altvorderen Wächtern römischer Tugenden misstrauisch beäugt wurde.

Mit dem Zentralbegriff römischer Moral, der „virtus", der „Tugend", verbindet das antike Denken hauptsächlich die Vorstellung militärischer Tapferkeit. Und „misericordia", das Mitleid, wird selbst von gebildeten Römern wie etwa dem stoischen Philosophen Seneca als charakterlicher Mangel abgelehnt; als gefährliche Schwäche – bestenfalls eine Sache für Weiber und Kinder, also für die, die staatspolitisch keine Rolle spielen.

Moderne Vokabeln aus dem Arsenal neuzeitlicher Menschenrechtsideen konnten in dieser Welt erst gar nicht gedeihen – und vor diesem Hintergrund wird deutlich, wie revolutionär und wie irritierend später der christliche Glaube, Jesu Predigt von der Nächstenliebe, auf diese Gesellschaft gewirkt haben muss.

Das Ende der Spiele

Das heißt jedoch nicht, dass alle Christen von vornherein immun waren gegen die Verführungen der Gladiatorenspiele. Das Spiel mit dem Tod – eine Angelegenheit von „wahrem Mannsein", von Sex und Crime, anziehend und abstoßend zugleich, aber immer faszinierend – konnte auch bei gläubigen Christen unendliche Sogwirkung entfalten, bis hin zur Sucht.

So berichtet der große Kirchenlehrer Augustin warnend vom Beispiel seines Schülers Alypius, der dem blutigen Schaukampf zum Opfer fiel, aber nicht *in* der Arena, wie man es von einem überzeugten Christen erwartete, sondern auf den Zuschauerrängen sitzend.

Alypius, Sohn aus gutem Hause und strenggläubiger Christ, hatte sich überreden lassen, bei einem Rombesuch auch einen Blick auf den Spielbetrieb im weltberühmten Kolosseum zu werfen. Doch der Massenansturm des einfachen Publikums erfüllte den frommen Romtouristen mit Ekel. Und so schwor er sich, bei sämtlichen blutigen Darbietungen die Augen geschlossen zu halten.

„Hätte er doch nur auch die Ohren zugemacht!", stöhnt Augustin. Die Schreie der Kämpfer, das Gejohle aus 50 000 Kehlen, das metallische Klirren der Schwerter stacheln die Neugier des Neulings an. „Fest überzeugt davon, allem unzugänglich zu sein", so schildert Augustin betroffen, „öffnete er seine Augen und empfing eine Wunde, die seine Seele tiefer verletzte, als sie den Gladiator ereilte, den er jetzt sah ... Denn in dem Moment, in dem er das Blut erblickte, trank er feurige Leidenschaft. Unfähig sich abzuwenden, heftete er berauscht seinen Blick auf dieses Schauspiel ... und genoss in vollen Zügen die blutige Darbietung. Er war nicht mehr der gleiche Mann, als der er gekommen war!", so schließt Augustin gleichsam mit resigniertem Schulterzucken: „Was soll man da noch sagen!?"

Augustin – er war ein Christ mit Leib und Seele. Allein sein christlicher Glaube war es, der ihn gegen die gängige Praxis der Spiele aufbrachte, genau wie es bei anderen gläubigen Schriftstellern der Fall war, etwa bei Cyprian, der angewidert den morbiden Lebensstil und die ihm zugrunde liegende -philosophie der Gladiatoren anprangerte: „Während sie noch leben, schmücken sie sich für einen freiwilligen Tod. Und sie rühmen sich noch ihrer Leiden, erbärmlich wie sie sind!"

Dabei standen gerade die frühen Christen dem Gedanken des freiwilligen Opfers selbst nicht so fern. Massiv aber unterschieden sich ihre Opferfantasien von denen der Gladiatoren, vor allem was die Zielvorgabe anging. Ein Sterben, das allein der Belustigung der Massen und dem Gelderwerb diente, musste für Christen völlig inakzeptabel sein. So ist es sicher kein Zufall, dass mit der exponentiellen Ausbreitung der christlichen Lehre im 3. und 4. Jahrhundert auch die gesellschaftliche Kritik an der Gladiatur proportional zunimmt. Die Reaktion „von oben" erfolgte geradezu vorauseilend und prompt: 381 erklärte Kaiser Theodosius das katholische Christentum zur allein berechtigten Religion und schon zehn Jahre später mussten sämtliche Gladiatorenschulen im riesigen Reichsgebiet ihre Tore für immer schließen. Das kam durchaus einer kleinen Wirtschaftsrevolution gleich, denn nicht wenige Menschen lebten von dieser „Sportindustrie". Während viele andere antiken Gebräuche und Sitten die Christianisierung ungeschoren überstanden, ja sogar ihrerseits auf das Christentum gestaltend einwirkten und dessen weitere Entwicklung entscheidend mitprägten, gab es für die Tradition der Gladiatur offenbar keinerlei Spielraum im neuen, christlichen Römischen Reich.

Doch ohne Streitbarkeiten wird es bei diesem tief gehenden Traditionsbruch nicht abgegangen sein. Denn über viele Jahrhunderte waren die Gladiatorenkämpfe im Kolosseum doch so etwas wie ein Symbol für die Macht des römischen Staates: kämpfende Barbaren, die vom Kaiser, dem Senat, den Bürgern im wahrsten Sinne des Wortes „umzingelt" waren. Das Kolosseum und seine Spiele: ein Abbild der Staatsdoktrin, der Naturgesetze gar – und für viele Menschen nun eine letzte Erinnerung an die „gute, alte Zeit", in der Rom noch wirklich den Nabel der Welt repräsentierte.

Meist waren es die niederen Stände Roms, die sich bei freiem Eintritt und freier Verpflegung am Ereignis eines Gladiatorenkampfes erfreuten und höchst fachkundig über die strengen Regeln und Gesetze wachten. (Filmszene)

Kein Wunder also, dass die Geschichtsbücher von einem dramatischen Zwischenfall im Jahre 403 berichten. Offenbar finden zu dieser Zeit immer noch Gladiatorenkämpfe im Kolosseum statt, auch wenn der Nachwuchs an Kämpfern allmählich ausgedünnt sein dürfte. Man kann sich gut vorstellen, dass gerade zu einem solchen Anlass jede Menge konservative Römer zusammengekommen sind, vielleicht sogar in bewusster Opposition zu den neumodischen Sitten. Der Mönch Telemachus aber, hitziger Vertreter der neuen Zeit, stürzt in die Arena und versucht, die Veranstaltung augenblicklich abzubrechen. Ein Versuch, den er mit dem Leben bezahlen muss. Denn die erregte Menge steinigt den Spielverderber.

Die Emotionen gehen hoch und der Mord hat Konsequenzen: Noch im gleichen Jahr verbietet Kaiser Honorius per Edikt diese Art der Volksbelustigung endgültig. Kaum 20 Jahre Staatskirche haben ausgereicht, um eine 650-jährige Tradition einfach zu brechen.

Mord an der Totenbahre

Ironie der Geschichte: Eine Religion ist es, die das Ende dieses Kulturphänomens besiegelt, aber eine Religion ist es auch, die an dessen Anfang stand. Dass Menschenblut an den Gräbern von Verstorbenen vergossen wird, ist eine sehr alte rituelle Tradition, die für die meisten Kulturen des Mittelmeerraumes nachzuweisen ist. Der Kirchenlehrer Tertullian berichtet im 2. Jahrhundert davon und er will damit die archaische Rückständigkeit einer noch unchristlichen Welt brandmarken: „Einst kämpften die Menschen, weil sie glaubten, dass die Seelen der Toten mit menschlichem Blut besänftigt würden. Kriegsgefangene und Sklaven weihten sie bei der Beerdigungsfeier."

Für den Christen Tertullian ist diese, wie er sagt, „Ruchlosigkeit" nichts als ein überlebter Aberglaube, für den er nur galligen Spott übrig hat: „So trösteten sie sich über den Tod mit Menschenmord hinweg!"

Bei meinem Besuch im Dörfchen Cerveteri, keine Autostunde von Rom entfernt, geht mir dieser Satz Tertullians wieder und wieder durch den Kopf. Im warmen Abendlicht eines Spätsommertages wandere ich durch eine weitläufige, gut 450 Hektar ausgedehnte Landschaft.

Ein merkwürdiger Landstrich ist das. Dornröschen-Gelände sozusagen. Wie eine schlafende uralte Stadt, die von der Natur überwuchert wurde. Urwald, unter dem aber überall Gebäudeteile hervorschimmern. Behauener Tuffstein, über den Eidechsen huschen. Riesige Kuppeln, dicht von Gras und Buschwerk überwachsen, getarnt wie unterirdische Bunkeranlagen. Eine verwunschen schöne Gegend. Eine Landschaft zum Träumen – aber auch eine Landschaft, die der Tod mitgestaltet hat. Eine Stadt, gebaut für Tote, eine Totenstadt. Eine Nekropole!

Vor gut 3000 Jahren befand sich einen Steinwurf von diesem Ort die etruskische Handelsstadt Caere. Die Etrusker, jenes geheimnisvolle Volk, von dessen Herkunft selbst die Wissenschaft heute nur wenig weiß, bestatteten ihre Toten vor der Stadtmauer in solch gewaltigen Metropolen des Todes. Noch heute sind die überaus solide gebauten, kuppelartigen Totenhäuser zu begehen, und wer ein Gefühl für die Geheimnisse der Vergangenheit zu entwickeln vermag, begegnet in ihrem Inneren dem schönen Ernst der etruskischen Religion. Mit welcher aufmerksamen Liebe haben doch diese Menschen ihre verstorbenen Verwandten zur Ruhe gebettet! Je nach den finanziellen Möglichkeiten sind es einmal kleinere Kammern mit bescheidenen Sitzmöglichkeiten, das andere Mal geräumige Häuser mit reicher figuraler Ausschmückung. Im so genannten Grab der Reliefs sind die Wände über und über mit Stuckaturen von allen möglichen Alltagsgegenständen verziert, die dem Toten das Leben in der jenseitigen Welt komfortabel gestalten sollten. Die Toten – für die Etrusker waren sie gar nicht tot! Sie existierten weiter im Jenseits, wohl versorgt von den Lebenden.

„Sie trösteten sich über den Tod mit Menschenmord hinweg ..." Mit Mord? Das war nur die kalte Interpretation einer späteren Zeit, die den etruskischen Glauben an das ewige Leben längst nicht mehr begriff und auch nicht begreifen wollte. Die Ignoranz einer neuen, selbstgewissen Religion, wie Tertullian sie predigte. Hier, in der Totenstadt von Caere, die im Laufe der Jahre größer und größer wurde, bis sie die Stadt der Lebenden an

Fresko aus einer Grabstätte bei Paestum (4. Jh. v. Chr.). Während zunächst Gladiatorenkämpfe wohl nur bei prachtvollen Leichenbegängnissen zelebriert wurden, entwickelte sich diese Tradition spätestens seit der römischen Kaiserzeit zur eigenständigen Sport- und Unterhaltungsgattung, die regelmäßig ein Massenpublikum faszinierte.

Ausdehnung übertraf, hier soll auch der Ritus entstanden sein, den Tertullian geißelte: die Gladiatur. Der blutige Kampf mit den „glades", den Schwertern, Mann gegen Mann vor der Totenbahre, bis zum tödlichen Ende.

Das Ende? Auch heute weiß man wenig über diesen archaischen Bestattungsritus. Das umfangreiche Schrifttum der Etrusker ist mit ihnen untergegangen und die wenigen Zeichen in Stein, die geblieben sind, kann niemand mehr lesen. Die etruskische Sprache scheint keine Beziehung zu haben zum Lateinischen oder Griechischen. Vielleicht waren die Etrusker in Urzeiten aus dem Orient eingewandert, wie schon der Vater der Geschichtsschreibung, der Grieche Herodot, mutmaßte.

Genauso rätselhaft wie sie in die Geschichte eintraten, verschwanden die Etrusker auch wieder aus ihr. Das Ende ihrer Kultur haben sie übrigens selbst prophezeit: Das genaue Zeitmaß von 9 mal 120 Jahre sollte ihre Herrschaft währen, so waren sie überzeugt.

Das „Ende" kam aber dann doch viel schneller als von den Etruskern selbst erwartet. Doch war es wirklich ein kultureller Untergang, der sich etwa in der Mitte des 1. Jahrtausends v. Chr. vollzogen hatte? Eher war es doch eine Assimilation, ein Aufgehen der Kultur in anderen Kulturen. Ein Eintritt in den kreisenden Strudel aus so vielen Einflüssen, wie sie im

Die Nekropole von Caere (ca. 8.–6. Jh. v. Chr.) umgab die gesamte antike etruskische Stadt. Dieser gigantische Friedhof mit seinen typischen Kuppelgräbern umfasste zuletzt ein Gebiet, das wesentlich größer war als die Stadt selbst.

1. Jahrtausend v. Chr. über Italien wie frische Frühlingswinde hinweggingen und die letztendlich die römische Weltkultur hervorgebracht hatten.

Viele Räuber aus zweieinhalb Jahrtausenden und vor allem die marodierenden Truppen Napoleon Bonapartes, die auf ihren Kunstraub-Feldzügen auch in Caere vorbeigekommen sind, haben nichts als die leeren Grabräume zurückgelassen. So ist heute keine bildliche Darstellung mehr zu finden, die einen sinnfälligen Beweis für die kämpferische Grabsitte der Etrusker liefern könnte. Die Wissenschaft beruft sich hier auf das Urteil des antiken Schriftstellers Nikolaos von Damaskus, der im 1. Jahrhundert n. Chr. lebte und schon damals die feste Überzeugung äußerte, dass die Römer den Brauch der Gladiatur von den Etruskern übernommen hätten.

Vor nicht allzu langer Zeit hat man alte Fresken in den Gräbern von Paestum und Capua, gute 150 Kilometer südlich von Caere, gesichert, die ganz unzweideutig und detailgenau Gladiatorenkämpfe an der Totenbahre darstellen. Die Wissenschaftler diskutieren gegenwärtig über die Frage, ob die Gladiatur mehr dem campanischen als dem etruskischen Erbe zuzurechnen sei. Vielleicht haben ja schon die Etrusker diese Sitte einer noch früheren Kultur entlehnt? Das freilich ist eine akademische Detailfrage, die an einer Grunderkenntnis nicht rüttelt: Dass nämlich die Gladiatorenkämpfe ihren Ursprung nicht in der antiken Sport- und Spaßgesellschaft gehabt haben, sondern zunächst ernstes und religiöses Ritual gewesen sind, Herzstück einer kulturellen Identität, wie sie die ältesten Völker Europas geboren haben.

Panem et circenses

Der Sprachgebrauch, den die Römer selbst zum Thema Gladiatorenspiele pflegten, verweist auch eindeutig auf diese Tradition. Während sie ihre öffentlichen Spiele – wie Wagenrennen und Theateraufführungen – unter dem Begriff „ludi", „Spiele", zusammenfassten, benutzen sie für die Gladiatur ein eigenes Wort: „munus", Mehrzahl „munera". Übersetzt bedeutet das Wort „Pflicht" oder auch „Liebesdienst" und gemeint ist damit traditionell der letzte Liebesdienst, wie ihn Angehörige ihren Verstorbenen bei einer Bestattung entgegenbringen. Diese feierlichen Begräbniszeremonien hatten allein schon in Hinblick auf ihren besonderen Anlass gar keine Verbindung

zu den „ludi". Und das galt natürlich auch für ihre terminliche Planung. Denn Beerdigungen lassen sich nun mal nicht im Jahresrhythmus von vornherein fixieren. Außerdem war der Anlass für die „munera" stets ein äußerst privater. Wenn bei prächtigen Leichenfeiern auch gewaltiger Reichtum und politische Macht zur Schau getragen wurden, so war das doch immer eine Demonstration von Einfluss und Wohlstand einer *einzigen* Familie und nicht, wie bei den öffentlichen Spielen, eine Zurschaustellung der Potenzen des glänzenden Staates.

Hierin lag sicher eine besondere Chance für die Beliebtheit und Verbreitung der „munera", konnten sie doch das Repräsentationsbedürfnis privater und geltungsbedürftiger Kreise befriedigen, die diese Möglichkeit der Propaganda auch gerne nutzten; gleichzeitig lag aber darin eine Gefahr. Denn der Missbrauch solcher Feierlichkeiten zu Zwecken der politischen Eigenwerbung bot sich im römischen Gesellschaftssystem geradezu an.

Vom jungen Caesar etwa wird berichtet, dass er mit den Feierlichkeiten anlässlich der Bestattung seines Vaters 20 Jahre lang (!) wartete, um schließlich als Ädil – als politischer Beamter, der an der Ausrichtung öffentlicher Spiele gemessen wurde – den größtmöglichen Imagegewinn für sich aus dem prachtvollen Fest zu ziehen. Gerade für Politiker, die auf der Karriereleiter schnell nach oben steigen wollten, war es wichtig, die öffentliche Meinung günstig für sich zu beeinflussen. Da aber die üblichen Feste und Spiele für dieses Ziel nur begrenztes Potenzial boten, lagen ehrgeizige Politiker wie Caesar stets auf der Lauer, wenn es darum ging, zusätzliche Attraktionen zu schaffen, die die Sympathien der breiten Masse wecken konnten. Was war da geeigneter als eine rauschende Leichenfeier, die man auf jeden Fall ihrem privaten Ausrichter gutschrieb – und die auch nicht einfach vom Senat als eine unlautere Beeinflussung der öffentlichen Meinung abgelehnt werden konnte?

Die wahnwitzigen Schulden, die der hoffnungsfrohe politische Anwärter bei solchen Gelegenheiten in Gläubigerkreisen anhäufte – denn die Finanzierung der Feste aus eigener Tasche war eine Selbstverständlichkeit –, machte ein „Noch mehr!" oder „Noch besser!" umso dringlicher. Denn nur ein beliebter Ädil durfte hoffen, in den Rang eines Prätors gewählt zu werden und so endlich an die „Fleischtöpfe" zu gelangen. Die Refinanzierung der riesigen Ausgaben war nur möglich bei politischem Erfolg, der wiederum nur gewährleistet war, wenn der Politiker zuvor kräftig investiert hatte. Wer einmal auf diesen Zug aufgesprungen war, musste mit dem immer schnelleren Tempo mithalten – ein riskantes Spiel, sozusagen ein Gladiatorenkampf in der politischen Arena. Im Falle Caesars rentierte sich der ge-

Das Amphitheater von Pompeji (80 v. Chr.) wurde in einen umgebenden Erdwall hineingebaut, der den statischen Druck der Publikumsränge aufnimmt, sodass die Konstruktion relativ einfach ist. In keiner Weise kann sich dieses Bauwerk aber mit der kunstvollen Architektur des frei stehenden Kolosseums von Rom messen.

wagte Einsatz, denn als Prätor und Verwalter von Spanien konnte er später all das Geld aus seiner Provinz herauspressen, das er zuvor seiner Popularität wegen in Rom verjubelt hatte.

Verständlich, dass eine Festkultur, die unter so enormem äußerem Druck stand, ihren privaten Charakter nach und nach verlor. Traten nach einer Notiz des Historikers Livius im Jahre 264 v. Chr. bei dem Begräbnis des Decimus Junius Pera noch bescheidene drei Gladiatorenpaare auf, so waren es gut 50 Jahre später schon 22, die an der Bahre des Aemilius Lepidus fochten. Und wieder 40 Jahre später wird von 60 Paaren berichtet, die anlässlich der Grablegung des Publius Licinius auf Leben und Tod kämpften. Spätestens jetzt legten es die wohlhabenden Familien ganz offensichtlich darauf an, sich bei der Ausrichtung der „munera" gegenseitig zu übertrumpfen. Eine gewisse Organisation wurde erforderlich. Auf dem Forum Romanum wurde eine hölzerne Tribüne errichtet, die der wachsenden Zahl der Zuschauer Rechnung trug. Zugleich wurde, um den ruinösen Wettbewerb unter den Adelsfamilien einzudämmen, eine Obergrenze bei der Zahl der Kämpferpaare festgelegt, die jedoch in wechselnden Beschlüssen und mit unterschiedlichsten Argumenten immer wieder ausgehebelt wurde. Eine neue Unterhaltungsbranche war geschaffen, ein neuer lukrativer Gewerbezweig, der vielen Menschen ein gutes Auskommen bot, zumal die Mode in alle Teile des riesigen Reiches schwappte.

Wie sehr sich schon früh die „munera" zum Publikumsrenner entwickelt haben, beweist eine historische Notiz aus dem Jahre 160 v. Chr. Es wird davon berichtet, dass in diesem Jahr sogar die Aufführung einer sehr beliebten Komödie abgebrochen wurde, weil in der Nachbarschaft des Theaters zeitgleich ein Leichenbegängnis stattfand. Nachdem das Publikum von den „munera" angezogen, in ganzen Hundertschaften aus dem Theater zu der Leichenfeier geströmt war, unterließ man es dann, vor völlig leerem Haus weiterzuspielen. Das Kulturprogramm verzeichnete bereits damals eine deutlich schlechtere „Einschaltquote" als der Sport ...

Wissenschaftler haben ausgerechnet, dass auf dem Höhepunkt römischer Festkultur im 3. Jahrhundert n. Chr. alljährlich über 170 (!) verschiedene Anlässe den Festkalender in Rom bestimmten. Das heißt, dass so gut wie an jedem zweiten Tag eine Feier ausgerichtet wurde, bei der den römischen Bürgern zumeist kostenloser Eintritt und freie Bewirtung gewährt wurde. Zu diesen festen Terminen gesellten sich noch vielfältige „Spontan-Events", darunter eben auch die „munera".

Panem et circenses – Brot und Spiele, das war es wirklich, was der römische Staat spätestens seit dem 1. Jahrhundert v. Chr. seinen Bürgern als Hauptattraktion ihres Lebens bot. Und das in einem so übertriebenen Maße, wie es selbst unsere Gegenwart, oft als moderne „Spaßgesellschaft" gescholten, nicht einmal ansatzweise verwirklicht. Bedenkt man nämlich, dass zusätzlich zu diesen Gratisveranstaltungen jeder freie, männliche Bürger Roms völlig kostenlose Getreidezuwendungen erhielt, die in ihrer Menge etwa dem entsprachen, was einem Soldaten im Felde gewöhnlich zukam, so kann man wohl sagen, dass dieser Staat Müßiggang und Passivität breiter Bevölkerungsschichten systematisch förderte. Finanzierbar war eine so gut gepolsterte soziale Hängematte freilich nur mit den enormen Strömen fremden Reichtums, die aus den ausgebeuteten Provinzen in das Zentrum der Macht flossen – und finanziert wurde der Luxus nur deshalb, weil er politisch gewollt war. Denn die Machthaber profitierten bei ihrem skrupellosen Ränkespiel von dieser einfachen, aber wirkungsvollen Beschwichtigung der unteren Volksschichten und konnten „die soziale Frage" getrost vernachlässigen.

Steingewordene Spaßkultur

Ein kolossaler Steinbau sollte schließlich diese gesellschaftliche Entwicklung krönen. Er ist zum Symbol für den unstillbaren Hunger nach immer häufiger angebotenen und drastischeren Unterhaltungsreizen geworden – und auch zum Sinnbild für die Dekadenz und den Verfall Roms. Dabei sind die Römer relativ spät zu ihrem gigantischen „Multiplex-Theater", ihrem Kolosseum, gekommen. Über Jahrhunderte hatte man sich mit hölzernen Aufbauten beholfen, während die antike Unterhaltungsindustrie an anderen Orten längst mit architektonisch revolutionären Spaßbauten reüssierte. In Pompeji zum Beispiel, wo bereits in den Tagen des Diktators Sulla zwischen 82–79 v. Chr. ein riesiges Amphitheater aus Stein errichtet worden war. Erst 29 v. Chr. zog man in der Welthauptstadt Rom nach mit dem Theater des Statilius Taurus.

Grundsätzlich bestand für die antiken Bürger ein großer Unterschied zwischen einem Theaterraum und der „Rundum-Arena", die mit dem griechischen Ausdruck „amphi", „ringsum", bezeichnet wurde. Während die vielen halbrunden Veranstaltungsplätze des Römischen Reiches für Theateraufführungen, etwa die Tragödien des Sophokles oder die Komödien des Plautus, bestimmt waren, konnte man in den runden oder ovalen Bauten alle Arten von „Aktionskunst" veranstalten, bei denen es weniger auf die Verständlichkeit von Sprache oder Gesang ankam, sondern vielmehr auf die Rundum-Sicht bei unkalkulierbar wechselndem Geschehen. Zusätzlich

Gladiatorenwaffen, Fundstücke aus Pompeji. Es handelt sich hier um Kurzschwerter griechischen Typs, sozusagen Standardwaffen, die von der Mehrzahl der Gladiatoren mitgeführt wurden.

zu diesem „Multiplex-Effekt" hatte eine von Zuschauerrängen umgebene Bühne den Vorteil, dass nichts und niemand ohne weiteres entfliehen konnte. Ob bei Menschen oder Tieren – die Situation im Inneren der Arena war durch ihr Äußeres kontrolliert.

Das Amphitheater spiegelte insofern das römische Staatsverständnis wider, sozusagen in genau umgekehrter Richtung: Während im römischen Weltreich durch das Innere – durch Rom und seine Soldaten – das Äußere – die Barbaren und die fremden Völker – in Schach gehalten wurde, so umgab in der Arena der todsichere Gürtel aus zehntausenden von römischen Bürgern den inneren Ort barbarischer Gewalt. Fremdheit und Bedrohung waren in diesem Steinrondell fest eingeschlossen, sicherheitsverwahrt wie teure, aber gefährliche Preziosen.

Wenn auch das römische Kolosseum nicht das Erste seiner Art war, so muss doch dieser vierstöckige Steinbau mit seinen aufwändigen Gewölbekonstruktionen als ein revolutionärer Schritt auf dem Entwicklungsweg der Baukunst gelten. Und als ein politisches Zeichen, das seinerzeit eine Politik der Wende markieren sollte. Denn die alles überbietende Spielstätte wurde nach dem Sturz und Selbstmord Neros im Jahre 68 n. Chr. vom Kaiser Vespasian an genau derselben Stelle errichtet, an der zuvor Nero seinen riesigen Privatpark mit einem hübschen See garniert hatte.

Zur Erinnerung: Erst kurz zuvor war dieses öffentliche Gelände in den Besitz Neros gelangt, nachdem eine Feuersbrunst im Juli 64 den dicht besiedelten Wohnbezirk in Schutt und Asche gelegt hatte. Und während Nero den Christen die Schuld für das flammende Inferno in die Schuhe schieben wollte, munkelten doch viele Bürger der Stadt, dass es der Kaiser selbst gewesen sei, der da gezündelt habe – nicht zuletzt, um ganz persönlich von dieser „heißen" Stadtsanierung zu profitieren.

Noch heute sind sich die Historiker uneins über die Frage, ob Nero wirklich der Brandstifter Roms gewesen ist. Ein Motiv hätte er zweifellos gehabt. Und da das auch viele Zeitgenossen so sahen, vollzog der kaiserliche Nachfolger Vespasian einen symbolträchtigen Akt: Indem er an dieser Stelle mit dem Bau einer gigantischen Vergnügungsstätte begann, schenkte er gleichsam den Stadtteil der Allgemeinheit zurück.

Von Anfang an wurde das Kolosseum so großzügig dimensioniert, dass die Einzigartigkeit dieser öffentlichen Einrichtung jeden Römer mit Stolz und Freude erfüllen musste: 50 000 Zuschauer konnten in seinem Inneren Platz finden. Das war ein Ort, an dem sich das Selbstbewusstsein des Bürgers wieder aufrichten konnte nach den Jahren der unglücklichen Herrschaft unter Nero, und eine Stätte, die das Kaiserhaus wieder zu neuen Ehren kommen ließ, denn wie das Amphitheater zu Pompeji, so war auch das Kolosseum eine private Stiftung des Kaisers an das Volk.

Freilich zog sich die praktische Umsetzung des ambitionierten Bauplanes mit den damaligen Techniken über viele Jahre hin und erst Vespasians Nachfolger Titus übergab den Grundbau im Jahre 80 der Öffentlichkeit. Bei seiner Eröffnung feierte man fast ein halbes Jahr lang, bei täglich wechselndem Programm. Da im Untergewölbe der Arena noch sämtliche hölzernen Einbauten, wie Fahrstühle, Hebebühnen, Kräne und Personalräume, fehlten, kam man schnell auf die schillernde Idee, ein nahe fließendes Bächlein umzuleiten, das zementierte Fundament unter Wasser zu setzen und eine gewaltige Seeschlacht inmitten des Arenarunds zu inszenieren.

Die Kriegsschiffe, die hierbei maßstabsgerecht und mit hunderten von Kriegern besetzt aufeinander prallten, werden aber nicht wirklich gesegelt haben, wie neueste Untersuchungen am Fundament des Kolosseums gezeigt haben. Wahrscheinlich ließ sich der Wasserstand im Inneren der Arena nur wenig über 40 Zentimeter heben. Auch fehlte inmitten des Rundbaus jeglicher Wind, um die Schiffe über das knietiefe Wasser zu treiben. Da ist es eher wahrscheinlich, dass unter den Booten und unterhalb der Wasseroberfläche Räder angebracht waren, auf denen die Kriegsschiffe wie bewegliche Bühnenbauten über das Wasser gezogen wurden.

Für eine solche kulissenhafte Stilisierung spricht auch, dass der Naturalismus der römischen Gewaltinszenierungen in Hinblick auf ihren historischen Inhalt stets bestimmt war von mythischer Theatralik. Genauso wenig wie man in der Arena je einen römischen Legionär als Gladiator um sein Leben hätte kämpfen lassen, genauso wenig hätte man aktuelle römische Politik auf die Bühne gebracht. Zeitgemäßes oder gar politisches Theater war in dieser Hinsicht noch nicht erfunden. Alle Aufführungen boten das mythisch-historische Flair, das von der griechischen Kultur vorgeprägt war. Es ist sehr auffällig, dass bei den vielen Naumachien, den Seeschlacht-Spielen, die man normalerweise außerhalb des Kolosseums auf künstlichen oder natürlichen Seen ausrichtete, niemals von römischen Seeschlachten die Rede ist, wenngleich es hier genug historischen Stoff gegeben hätte, wie etwa die ruhmreichen Wasserkämpfe gegen den Erzfeind Karthago. Stattdessen wurden solche Ereignisse szenisch ins Gedächtnis gerufen, die schon damals im Dunst märchenhafter Geschichte verschwammen, etwa der legendäre Sieg der Athener über die Perser oder eine Schlacht der Phönizier gegen feindliche Ägypter.

Dass bei solchen Gelegenheiten nicht nur Kriegsgefangene oder Verbrecher, sondern auch Profikämpfer, wie es die Gladiatoren waren, eingebunden wurden, ist mehr als wahrscheinlich. Man nutzte die Fähigkeiten dieser Spezialisten schließlich noch anderweitig, zum Beispiel bei der Ausbildung von Soldaten im Nahkampf, wie eine historische Notiz belegt. Gleichwohl war die Verwendung von Gladiatoren in solch kollektiven Gemetzeln schon so etwas wie ein „Nebenerwerbszweig" der Branche, ein Einsatz

Nachfolgende Doppelseite: Innenansicht des Kolosseums von Rom. Unter dem Arenaboden befand sich einst eine aufwändige Infrastruktur mit über 60 Bodenklappen, durch die Requisiten, Dekoration, ganze Bühnenaufbauten und Darsteller sekundenschnell vor den Augen des Publikums auftauchten und wieder verschwanden.

Titus Flavius Vespasian, römischer Kaiser von 69 bis 79 n. Chr. Er fasste nach dem Selbstmord Neros den Plan zum Bau des Kolosseums und machte es dem römischen Volk zum Geschenk.

außerhalb der angestammten Kampftradition der „munera", wo noch Mann gegen Mann antrat, nach festen Regeln, wie es seit alters her Tradition war.

So richtig fertig gestellt und mit raffinierter Bühnentechnik versehen wurde das Kolosseum schließlich in den Neunzigerjahren unter Kaiser Domitian, dem letzten Spross der Flavier, jener Herrscherfamilie, die dem Bauwerk auch seinen ursprünglichen Namen gab: Flavisches Amphitheater. Dass man bis heute viel eher den Namen „Kolosseum" im Munde führt, erscheint wie eine späte Rache Neros. Der hatte nämlich in seinem Park ein 37 Meter hohes, vergoldetes Bronzestandbild von sich selbst errichten lassen, das Vespasian später in eine neutrale Sonnengottstatue umzudeuten suchte. Der „kolossale" Nero blieb jedenfalls als Sonnengott neben der Baustelle stehen und gab zuletzt dem Bauwerk seinen einprägsamen Namen.

Ist überhaupt ein Bauwerk denkbar, das sich besser als das Kolosseum eignete, zum eindringlichen Symbol für die „Ewige Stadt" gekürt zu werden, für Rom und seine lange Geschichte? Die Postkarten an den vielen Andenkenständen beweisen es: Kein anderes Motiv hat dieser antiken Ruine bis heute den Rang ablaufen können. Und es dürfte wohl nicht einen Romtouristen geben, auf dessen Besuchsprogramm die Besichtigung dieser Stätte fehlte.

Noch am Eingang zum ersten Untergeschoss war mein Blick durch einen der 80 riesigen Galeriebogen gefallen, durch die sich einst tausende von Zuschauern gedrängt hatten. Vor mir lag die ovale Arena, eine Fläche von 86 mal 54 Metern. Das war der Ort, an dem über dreieinhalb Jahrhunderte hinweg das Blut unzähliger Gladiatoren in den Sand gesickert war. Vielleicht die Stelle auf der Welt, so kommt es mir in den Sinn, an dem überhaupt das meiste Menschenblut pro Quadratmeter vergossen worden war, zieht man den langen Zeitraum des blutigen Spielbetriebs in Betracht.

Links vom Eingang, durch den heute unablässig Besucherscharen strömen, die sich in der Hochsaison nicht selten vor der Kasse auf vielen hundert Metern aufstauen, dort am Seitenportal hat die katholische Kirche vor ein paar Jahren ein großes Holzkreuz errichten lassen. Es soll das Gedenken an die vielen Menschen wachrufen, die hier sterben mussten. Dass es vor allem christliche Märtyrer waren, die in der Arena ihr Leben ließen, gehört allerdings ins Reich der Fabel, oder besser: in das Reich christlicher Legendenbildung. Und die begann schon im 4. Jahrhundert, als sich der vom Staat verfolgte Geheimbund der Christen in eine Staatskirche verwandelte.

Für die Bischöfe und Priester, die sozusagen über Nacht zu staatstragenden Säulen der römischen Gesellschaft wurden, muss es ganz selbstverständlich gewesen sein, die unchristliche Vergangenheit Roms in düstersten Farben zu malen. Zahllose Legenden kursierten, die das Leiden der christlichen Pioniere unter den heidnischen Römern dramatisierten. Darunter waren eben auch spannende Erzählungen von unschuldigen, christlichen Jungfrauen, die in Tierfellen eingenäht den Löwen in der Arena zum Fraße vorgeworfen wurden. Alles zum Gaudium des rohen römischen Pöbels, der noch unerlöst allen möglichen, teuflischen Vergnügungen frönte. So wurde der römische Nationalbau zuletzt zu einer Ikone frühchristlicher Pein – und zu dem Symbol heidnischer Verirrung schlechthin.

Festtag

Dabei war noch dreihundert Jahre zuvor das Kolosseum der ganze Stolz der vergnügungssüchtigen, römischen Gesellschaft. Im Zentrum der Stadt gelegen, dicht umstellt von zahllosen Gebäuden, die eine Gesamtansicht vom Monument, wie wir sie heute genießen können, nicht zuließen, wirkte es wie ein gewaltiger Steinwall und Ruhepol inmitten der lebhaften Geschäftigkeit, die sich aus dutzenden von Gassen ergoss. Nur die Fantasie vermag heute nachzuzeichnen, wie damals die Bevölkerung so einer Großveranstaltung entgegengefiebert haben mag, damals, an einem ganz gewöhnlichen, warmen Frühsommertag, irgendwann am Ende des 1. Jahrhunderts.

Schon Wochen zuvor haben dutzende von Plakatierern kräftig die Werbetrommel gerührt. Überall in der Stadt leuchten jetzt in dicken roten Lettern die Werbesprüche, die zur atemberaubenden Vorführung der berühmten Gladiatorentruppe des Ädilen Aulus Suethius Certus rufen. An jeder Ecke werben die Graffiti, am Stadttor, von Häuserwänden, ja sogar auf Grabsteinen.

Die Stadt ist regelrecht in Aufruhr, man erwartet Besonderes. Raffinierteste Kampftechniken sollen diesmal von mindestens 60 Spitzengladiatoren vorgeführt werden – so wird es versprochen. Jetzt, kaum ein paar Stunden vor dem Ereignis, laufen immer noch Sklaven mit Transparenten durch die Stadt. Die Namen aller Teilnehmer sind da aufgelistet, darunter eine „Hand voll besonders prominenter Kämpfer", wie der Gemüsehändler anerkennend bemerkt, der immer in der Nähe des Forums seine Waren anbietet und über alle sportlichen Ereignisse genau Bescheid weiß. Er ist einer von den wenigen hier, die richtig lesen und schreiben können. Aber das laute

Gebrüll der Ausrufer macht die großen Namen auch allen anderen bekannt, ob sie nun wollen oder nicht. Selbst der hagere stoische Philosoph, der mit versteinertem Gesicht gerade vorüberkommt und dem solche Veranstaltungen ein Gräuel sind, kann dem allgemeinen Gejohle aus heiseren Kehlen nicht einmal durch die Verdopplung seines Schritttempos entgehen. Der Lärm verfolgt ihn überallhin an solchen Tagen, das Geschrei hallt in den schmalen Gassen wider, es dringt durch die meist nur papierdünnen Wände der schlecht gebauten Doppelstockhäuser, und die Fenster mit ihrer Bespannung aus dünn geschabtem Leder sind da schon gar kein Hindernis.

So erfahren alle, dass heute der berühmte Thraex Victor kämpfen wird, unbesiegt in 28 Kämpfen; und auch der gewaltige, zentnerschwere Purpureus wird wieder dabei sein, kaum genesen von seiner schweren Schenkelverletzung. Wird der kolossale Gallier je zu besiegen sein? Man diskutiert, man streitet, man darf gespannt sein. Sie ist laut, nervenaufreibend und einigermaßen ungebildet – diese römische Gesellschaft, die sich als Triumphator über die ganze Welt empfindet und die sich nun kindlich auf das große Blutbad im Kolosseum freut.

Noch gestern Abend, bei dem festlichen Gelage der Gladiatoren, das der Veranstalter wie üblich zu Werbezwecken mit großem Tamtam ausgerichtet hat, gestern Abend noch, da hat man die Muskeln der Kämpfer ganz aus der Nähe bestaunen können. Und man hat Wetten abgeschlossen. Wer es wohl schafft und wer überhaupt keine Chancen hat. Von Tisch zu Tisch hat man als braver römischer Bürger schlendern können, während die zukünftigen Helden und Opfer aßen und tranken. Man hat fachkundige Kommentare abgegeben oder zumindest so getan, als ob man fachkundig sei. Und wenn man all seinen Mut zusammengenommen hat, dann hat man auch der einen oder anderen menschlichen Kampfmaschine direkt in die Augen gesehen. Voller Bewunderung, durchaus; aber auch mit einem gewissen Gruseln. Und manchmal sogar mit Mitleid.

Jetzt also beginnt der „dies festus", der Festtag. Von den Ausrufern weiß man das genaue Programm und den Beginn. Zwar ist es noch nicht Hochsommer, aber die Sonne strahlt an diesem Vormittag schon recht erbarmungslos vom milchigen Himmel. Wenn sie dann am Mittag ganz oben am Firmament steht, so überlegt man sich vielleicht, dann wird auch das „velum", das Sonnensegel, das von römischen Matrosen am oberen Rand des Kolosseums aufgespannt wird, längst nicht alle Sitzplätze beschatten können. Also entschließt man sich, doch erst am frühen Nachmittag den Spielen beizuwohnen. Man wird dann allerdings nichts mitbekommen von den Hinrichtungen, die von amtlicher Seite vor dem Auftritt der Gladiatoren, sozusagen als Vorprogramm, in der Arena vollzogen werden. Aber sei's drum. Es ist einfach zu heiß heute.

So richtig los geht es also am Nachmittag. Die Zuschauer, ob arm, ob reich, haben Festtagskleidung angezogen und suchen ihre Plätze auf, die nach strenger Hierarchie geordnet sind: Ganz vorn, sozusagen „in der ersten Reihe", zur Arena hin geschützt durch ein Gitter, sitzen die Adligen und die Reichen; in einem besonders geschmückten Bezirk der Kaiser mit den Seinen. In der Mitte des Tribünenaufbaus das Volk, und das meint: die *Männer* der Mittel- und Unterschicht. Je nach Wichtigkeit oder ihren guten Beziehungen sind sie von vorne nach hinten gestaffelt. Viele von denen, die jetzt auf ihrem Sitzplatz ihrer unterlegenen sozialen Stellung so sinnfällig gewahr werden, schwören sich bestimmt in diesem Moment, irgendwann einen Platz in den vorderen Reihen zu ergattern. Oder zumindest einen, der vor dem des Nachbarn liegt.

Es ist eine strenge Klassengesellschaft, die hier Platz nimmt. Und zu ihrer Ordnung gehört es auch, dass die Frauen ganz oben, also auf den hintersten Rängen, ihre Sitze finden. Die Frauen – sie spielen nur eine ganz untergeordnete Rolle in diesem gesellschaftlich gut eingespielten Wettkampf um Macht, Ansehen und Prestige.

Das Kolosseum – es ist ein Bauwerk, das die soziale Ordnung Roms detailgenau abbildet. Gleichwohl ist es niemals zu einem Gebäude geworden, in dem diese Ordnung je infrage gestellt worden wäre, selbst nicht in unruhigsten Zeiten. Hier ist nicht der Ort, an dem revolutionäre Impulse reifen. Denn alle, die hier sitzen, dürfen ein großes, kollektives Gefühl auskosten: das erhebende Gefühl, Römer zu sein. Alle, wie sie da sind, ob in der vordersten oder der hintersten Reihe, dürfen sich als Herren der Welt fühlen – und an einem Tag wie diesem auch als Herren über Leben und Tod.

Schlag auf Schlag

Die „pompa" beginnt, der feierliche Einzug aller Teilnehmer des Kampfes. Unter ohrenbetäubenden Fanfarenklängen präsentiert sich nun der Veranstalter in seiner Sänfte, die von Afrikanern getragen über den frischen, leuchtenden Sand der Arena schaukelt. Gleich dahinter die Gladiatoren in ihren blendend strahlenden Rüstungen. Und nun ein einziger Schrei des Jubels aus 50 000 Kehlen, der selbst die schrillen Fanfaren übertönt. Zwar sind die, die da jetzt in die Arena einmarschieren, nur Gladiatoren, gesellschaftlicher Abschaum also, sozial weit noch unter dem Geringsten der Zuschauer stehend; aber in dieser Inszenierung werden sie jetzt für Stunden zu kraftvollen Supermännern, zu mitreißenden Fürsten des Lichtes oder der Dunkelheit, von denen jeder Einzelne von mehreren Sklaven ehrfürchtig begleitet wird. Mag es dieses kurze, berauschende Gefühl sein, das manchen freien Mann freiwillig zum Gladiator werden ließ …

Wenige Minuten nur währt der kreischende, lärmende Einmarsch. Schon hat auch die scheppernde, näselnde Musikkapelle, die hinter den Gladiatoren geht, ihren Rundweg durch die Arena beendet, und nun stürmen Männer in die Arena, die mit Knüppeln und Haken bewaffnet sind: Der Wettkampf ist eröffnet, die Paegnarier kommen!

Die Paegnarier – eine Vorgruppe, die die Gemüter anheizen soll, aber noch nicht den erbitterten Kampf auf Leben und Tod bestreitet. Eine Schlägertruppe, die lediglich durch Bandagen geschützt, mit Fäusten, Knüppeln, Eisenhaken und Peitschen aufeinander eindrischt. Die augenscheinliche körperliche Aggression weckt eindeutig die Gefühle für Parteilichkeit beim Publikum, stachelt auch alle möglichen niederen Instinkte in ihm an, belebt manche heimliche Blutlust, manchen verborgenen Sadismus. Erneut und heftiger noch als zuvor erhebt sich das Geschrei. Jetzt kommt endlich so richtig Stimmung auf!

Und schon folgt der nächste Programmpunkt, ein weiterer Schritt auf der dramaturgisch perfekt konstruierten Spannungsleiter: Die Lusorier, Gladiatoren in voller Montur, die aber mit Holzschwertern kämpfen. Es ist wie der Blick in ein Trainingslager für angehende Gladiatoren. Eine Leistungsschau möglicher Angriffe und Finten, die alle Kennerschaft herausfordert, bei der es aber noch nicht zum blutigen Finale kommt. Alle Kampftechniken können jetzt genau beobachtet und diskutiert werden, ohne dass das Publikum abgelenkt wäre durch die Emotionen, die der Tod später erst zu diesem Spektakel beisteuern wird. Die Spannung wächst mit jeder Minute, der Kampf entfaltet einen immer stärkeren Sog. Ein plötzlicher mächtiger Stoß, ein ungeschicktes Ausweichen, 50 000 Menschen halten in derselben Sekunde den Atem an. Was wäre, wenn das Holzschwert in diesem Moment ein scharfes Eisen gewesen wäre?

„Habet!" – „Ihn hat's erwischt!", schreit die Menge wie aus einem Mund, als das Holzschwert des jungen, starken Gladiators krachend auf der nackten Schulter seines Gegners, eines Netzkämpfers, splittert. Der taumelt zwar und fällt strauchelnd zu Boden, steht aber wieder auf und verneigt sich demütig, betäubt. Noch braucht er seinen Fehler nur mit Schmerzen, nicht aber mit seinem Leben zu bezahlen. Dabei ist das Publikum schon längst dabei, vollständig in den Blutrausch der aggressiven Inszenierung abzugleiten. Was ist hier noch Spiel? Was Ernst? Wann fließt Blut? Überall auf den Tribünen erregte, hypnotisierte Gesichter.

Der dunkle Ton der Kriegstrompeten, der durch Mark und Bein fährt, kündet nun den eigentlichen Höhepunkt an, auf den alle schon seit Wochen warten. Und wie von Wunderhand öffnen sich überall im Arenarund Bodenklappen. An die 60 Aufzüge sind es, über die mittels Seilwinden überraschende, fantasievolle Dekorationen auf die Bühne befördert werden. Hunderte von Arbeitern schwitzen im dunklen Bauch des Kolosseums, fünf Meter unter der Bretterabdeckung der Arena, um mit ihrer Muskelkraft ganze Bäume, bizarre Felsbrocken, wilde Tiere ans Tageslicht zu transportieren. In Minutenschnelle entsteht eine Illusionslandschaft, ein romantischer Park mit leichten Anhöhen und sanften Mulden. Eine Zirkuswelt, die unwirklich schnell ersteht. Eine mythische Welt, in der einzig und allein das Recht des Stärkeren gilt, das Recht dessen, der es versteht, sich mit Hand und Schwert diese Welt untertan zu machen.

Von links nach rechts: Thraex, Hoplomachus, Retiarius und Thraker (mit geradem, kurzem Schwert)

Und jetzt stürmen sie heraus, die Gladiatoren, die „Todgeweihten". Zuerst nur ein, zwei Paare; dann aber immer neue Kämpfergruppen, die fechtend, jagend die Fantasielandschaft durchhetzen. Die Zuschauer sehen nicht immer alles, manchmal verstellt ein Baum oder ein Fels den Blick; oder aber ein Kämpferpaar agiert weit entfernt vom jeweiligen Tribünenabschnitt. Auf der anderen Arenaseite bekommen dann die Zuschauer umso mehr von dieser Szene zu Gesicht. Die Töne des Spektakels aber, die Schreie, das Stöhnen, das Geklirre der Waffen, dringen gleichmäßig überallhin, bis hinauf in die letzten Zuschauerreihen, und wecken Fantasien auch über das, was das Auge nicht sieht. So sind alle Sinne des Publikums aufs Höchste angespannt in diesem „Panavisions-Theater", das auch von seiner guten Akustik lebt und in dem sekündlich etwas Neues passiert.

Jetzt zum Beispiel! Schon eine ganze Weile währt der Kampf. Zwei schwer Verletzte sind bereits in Ehren entlassen worden. Man hat sie unter großem Jubel durch die „Pforte der Überlebenden" hinausgetragen. Hinter den Kulissen werden sie nun von Ärzten versorgt. Einem Thraker, wohl einem zum Gladiatorendienst gepressten Kriegsgefangenen, der seinem Gegner nicht nur unterlag, sondern auch einen schlechten, feigen Kampf bot, hat man die „missio" verweigert; unter den Pfiffen des Publikums hat er sich in sein eigenes Schwert gestürzt, die einzige Möglichkeit, sein Gesicht jetzt noch zu wahren. Ihn trug man durch den besonderen „Ausgang des Todes" aus der Arena.

Jetzt betritt der Gallier Purpureus die Arena, ein Zwei-Meter-Hüne mit einem Gewicht von mindestens 120 Kilo. Sein Hoplomachus-Helm glänzt golden in der Sonne und lässt den Giganten noch viel größer erscheinen. Ein anerkennendes Aufstöhnen geht durch die Reihen der Zuschauer. Trompeten ertönen. Ihm gegenüber steht Victor, der erfahrene Thraex, und nun schlagen scheppernd ihre Klingen gegeneinander, das Zeichen für den Beginn ihres Duells.

Der viel kleinere Victor hat gegen den Riesen nur eine Chance: Er muss seinen kolossalen Gegner versuchen zu ermüden, muss seine eigene Wendigkeit und Laufkraft nutzen, um Purpureus zu erschöpfen. Vielleicht wird es ihm dann gelingen, in einem schnellen Moment des Angriffs sein krummes Kurzschwert gegen den Hals des Gegners zu schmettern. Und so läuft Victor unablässig, tänzelt vor der schwerfällig nachstoßenden Klinge seines Kontrahenten, duckt sich geschickt hinter einem Felsen, läuft wieder und wieder im Kreis herum, um den Gleichgewichtssinn seines Gegners zu betäuben.

Habet, habet!

Flucht als Strategie? Das Publikum duldet eine solche Taktik nur für kurze Zeit. Mut sollen sie zeigen, die Gladiatoren Roms! Unbändige Angriffslust und Risikobereitschaft! Und Blut soll fließen! Zunächst nur schwach, dann aber gewaltig anschwellend erhebt sich das Pfeifkonzert des Unmuts. Victor muss zum Angriff übergehen, ob er nun will oder nicht, sonst könnte er schnell die lebenserhaltende Gunst der Zuschauer verlieren. Und so stürmt er plötzlich vorwärts, mit wildem Schrei, der all seinen Mut und seine Kräfte entfesselt, mit Macht presst er seinen Rundschild gegen die Brust des Purpureus, der überrascht zurücktaumelt und lange Momente braucht, um die Veränderung der Lage zu begreifen. Allzu lange Momente! Denn im fortwährenden, wilden Nachstoßen des gegnerischen Rundschilds gerät der Koloss immer mehr ins Wanken. Nun macht sich die schlecht verheilte Schenkelwunde bemerkbar. Purpureus spürt, das sein linkes Bein das ganze Gewicht seines taumelnden Körpers nicht halten kann, und panisch rudert jetzt sein linker Arm mit dem schweren, rechteckigen Großschild in der Luft. Große Teile seines Oberkörpers liegen plötzlich frei. Gleichzeitig sinkt er nach rückwärts, wie eine eben durchhauene Eiche, erst ganz langsam, kaum merklich und doch nie mehr aufzuhalten.

„Habet! Habet!" Das Publikum hebt es von den Sitzen. Unbändiges Gegröle aus 50 000 Kehlen. Noch im Stürzen lässt Purpureus sein Schwert fallen und streckt seine rechte Hand zum Himmel, der ganz erfüllt ist mit rauschendem Klang. Die ausgestreckten Finger – sie sind das Zeichen dafür, dass auch er begriffen hat, wie sein Schicksal sich in dieser Sekunde erfüllt. Wie in diesem Moment Mars, der Gott des Krieges und des Kampfes, der

Typischer Zustand eines Gladiatorenhelms, wahrscheinlich der eines Secutors, ohne konservatorische Behandlung gleich nach der archäologischen Bergung in Pompeji

ihm über so viele Jahre die Treue gehalten hat, sich nun plötzlich abwendet, um einem anderen zu dienen. Jede Gegenwehr ist jetzt zwecklos. Ein guter Gladiator, so einer wie er, erkennt genau den Moment, wenn Widerstand nichts mehr ist als ein hilfloser Reflex, und er lässt es dann, auf so unwürdige Weise mit dem Schicksal zu hadern. Keine Gegenwehr also!

Und genau wie Purpureus augenblicklich betäubt ist vom Horror seines Untergangs, so ist auch Victor von Sinnen, verwirrt vom Rausch seines kommenden Sieges. Schlafwandlerisch setzt er nach, heftig wie ein absurrender Pfeil, und hebt sein Krummschwert zum letzten, zum endgültigen Stoß, der seinem Gegner den Tod bringen soll.

Doch ein schwerer Arm hindert plötzlich den seinen. Eine feste Faust umklammert eisenhart sein Handgelenk. Er hört nicht, er sieht nur links neben sich auf fremden Lippen einen Schrei. Ein Schrei aus einem braunen Kopf, kaum eine Nasenlänge entfernt von dem seinen. Es ist der Schrei des Schiedsrichters, der sich augenblicklich zwischen die Kontrahenten geworfen hat und mit aller Macht den ungleichen Kampf beendet. „Habet, habet!" – alles versinkt in unbändigem Rauschen, in gewaltigem Dröhnen, das nur durch spitze Fanfarentöne schrill durchstoßen wird. „Habet, habet!!"

Victors Arm verliert augenblicklich alle Spannung und liegt plötzlich widerstandslos und erschlafft in der Faust des Schiedsrichters. Die Hand, die eben noch töten wollte, muss jetzt warten. Worauf?

Demonstrativ, mit großer Geste, blickt der Schiedsrichter in das Rund der tobenden Zuschauerränge. Was erwartet der Souverän dieser Veranstaltung? Was will der unumschränkte Herrscher dieses Spektakels? Was fordert König Publikum?

So gut er eben kann zwischen den beiden Männern, versucht der Schiedsrichter die ganze Drehung seines Körpers. Seine Augen überfliegen dabei die unruhige Fläche aus 50 000 Gesichtern. „Missio, missio!" schreien sie jetzt von oben rechts, und auch von ganz vorne, aus den nahen Reihen, von dort, wo es die Vornehmen noch auf ihren bequemen Sesseln gehalten hat. „Missio!" – der Schrei wird jetzt lauter, gemeinsamer, einheitlicher. Ein einziges, immer lauter herausgebrülltes Wort, jetzt in stoßendem Rhythmus, in gleichmäßigem Takt. Hände klatschen dazu, Füße stampfen. „Missio, missio, missio!"

Purpureus hat gut gekämpft. Und er wird wieder kämpfen. Man wird ihm wieder zujubeln. Beim nächsten Mal. Niemand hier will den gallischen Giganten, diese Sensation so vieler spannender Kämpfe, sterben sehen. „Missio!" Purpureus wird erhobenen Hauptes, unverletzt, in Ehren entlassen, aus der Arena schreiten!

So ergeht es hier fast allen besiegten Gladiatoren. Wer gut kämpft, darf auch ungestraft unterliegen. In 90 Prozent aller Fälle ist das die Meinung des einfachen Zuschauers. Das Publikum hat einen tief verwurzelten Instinkt für Gerechtigkeit, mag der auch ganz und gar vermischt sein mit archaischer Blutgier. Nur die, die sich als feige erweisen, die sich unmännlich davonstehlen wollen, die Furcht vor dem Tod zeigen oder schlecht kämpfen, nur die werden mit einem Stoß durch die Kehle ihr Leben beenden. Purpureus aber, der stolze Gladiator, wird leben – und Victor, der Sieger, wird heute den Ehrenkranz tragen. Ein neuer Superstar der Arena ist geboren, denn bislang konnte niemand den Gallier überwinden. Viele Wochen noch wird der Ausgang dieses Kampfes den Gesprächsstoff liefern, der die Gassen und die Tavernen Roms erfüllt.

Neues Denken

Und Spartacus? War es das, wogegen er sich auflehnte? War es dieses Spektakel, gegen das er protestieren wollte, als er mit seiner Gladiatoren-Armee den Aufstand gegen Rom probte?

Keine Zeile von ihm selbst ist überliefert. Kein Zitat aus seinem Munde. Schon gar keine Resolution oder ein Manifest, das über seine Absichten und Träume Aufschluss gäbe. Spartacus bleibt uns bis zum Schluss fremd und unbekannt. Erst zum Revolutionär stilisiert, wird er uns wieder vertraut, weil er sich als Projektionsfläche unserer eigenen Vorstellungswelt eignet. Und die verlangt nach einer historischen Figur, die genau das kritisiert, was uns heute an der antiken römischen Gesellschaft als so unfassbar brutal und menschenverachtend erscheint.

Und doch lässt sich wohl mit ziemlicher Sicherheit vermuten, dass die Motive des Spartacus ganz woanders lagen. Wo, das ist nicht zu sagen. Aber sein unauffindbarer Traum stand sicher niemals in Widerspruch zu den Gesetzen, die in der Arena galten und die die Gesetze dieser Zeit sind.

Spartacus war kein unschuldiges Opfer der Herrschenden. Kein frühes Symbol der unterdrückten und geschundenen Kreatur. Er selbst hätte sich wohl auch niemals in diesem Lichte gesehen, denn er war ein Kind seiner Zeit und seiner Gesellschaft. Mochte er als unterlegener Kriegsgefangener auch sein persönliches Schicksal beklagen, so wäre er doch wohl nie auf die abstruse Idee gekommen, die Realitäten seiner auf Gewalt gegründeten Gesellschaft infrage zu stellen. Das, was er bekämpfte, verehrte er zugleich. Auch er kannte nichts anderes als die Macht des Schwertes. Er stand lediglich auf der anderen Seite der blutigen Frontlinie.

Eine gigantische Veränderung des Bewusstseins, bei dem die ganze gesellschaftliche Basis ins Wanken geriet, war notwendig, um dem „Spiel mit dem Tod" das Ende zu bereiten. Ein neues Verständnis vom Menschen musste entstehen, von seiner Individualität und seinem jeweiligen Lebensrecht. Das aber konnte nur eine Bewegung schaffen, die ganz neue Worte auf ihre Fahnen schrieb, wie Gnade oder Verzeihen. Da galt dann nicht mehr die kühle Einsicht Senecas von der „Welt, in der kein Pardon zu finden ist", sondern eine neue Welt war erfunden, eine, in der nicht Angst und Pessimismus, sondern Erleichterung und Zuversicht sogar über den Tod hinaus herrschen sollten. Von dieser christlichen Weltsicht aber war Spartacus, der ja gut hundert Jahre vor Jesus geboren wurde, ebenso weit entfernt wie seine römischen Zeitgenossen. Und es hat noch fast ein halbes Jahrtausend gedauert, bis dieses neue Bewusstsein in die römische Kultur eingesickert ist.

Peter Glaser
Luise Wagner-Roos

Rätsel in Stein

Das Lächeln der Sphinx

Es war im Zeitalter der Pyramiden, als Bildhauer etwas nie Dagewesenes erschufen: die Sphinx – eine Mischung aus Löwe, Mensch und Gott. Sie war das mächtigste Wesen der damaligen Welt, das Sinnbild für die einzigartige Machtfülle der Pharaonen.

Der Blick der Sphinx ist nach Osten gerichtet, in das Land der Lebenden, das vor ihren Pfoten beginnt – die einst fruchtbare Ebene an den Ufern des Nils. Er führt weiter an den Horizont, wo am Morgen die Sonne aufgeht, und hinaus in die Sternenweite. Heute sind die ehemals grünen Felder überbaut mit staubigen Häuserblocks. Der letzte Ausläufer von Gizeh, Nazlet al-Samman, reicht bis an den Fuß der Hochfläche, auf der die Meisterwerke des Pyramidenzeitalters in die Höhe ragen.

Die Sphinx ruht genau am dramatischen Übergang zum sterilen Sandozean der ägyptischen Wüste. Das lebensfeindliche „Land im Westen", das hinter ihr liegt, war fünfundzwanzig Jahrhunderte der angemessene Ort für die königlichen Grabanlagen der alten Ägypter. Die Sphinx scheint die Grenze zum Reich der Toten zu hüten.

Erhaben schaut sie über die Zeiten. Am Wimmeln der Touristen und Souvenirhändler, den dröhnenden Bussen, dem Leuchten und Lärmen der abendlichen Lightshows stört sie sich nicht. Auf ihrem Vorfeld befand sich in alter Zeit ein Hafenbecken, von dem ein Stichkanal zum Nil führte. Heute ist es in ein weites Parkett weißer Kunststoffsitze verwandelt. Von dort richten Menschen aus aller Welt ihren Blick auf das atemberaubende Ensemble aus den Überresten von Tempeln, der Sphinx und den Pyramiden.

Ein grandioser Gestaltungswille muss diese Figur ohne Vorbild geschaffen haben – wahrhaftig ein großer Wurf, mit dem die erste Monumentalskulptur der Menschheitsgeschichte gelang. Ihr Löwenleib ist über 73 Meter lang, ihr Menschenkopf reicht bis auf die Höhe eines sechsstöckigen Gebäudes. Allein der Mund ist mehr als zwei Meter breit. Die zerstörte Nase, die ihrer Würde im Übrigen keinen Abbruch tut, muss einmal 1,70 Meter lang gewesen sein. An ihrem Gesicht sind noch Reste roter Bemalung zu erkennen, ein zarter Hauch.

Das Rätsel aller Rätsel

Das Wesen von Gizeh stand bereits Jahrhunderte im Sand, als im antiken Griechenland jene Sage aufgeschrieben wurde, welche die Sphinx seither unauflöslich mit dem Rätselhaften verbindet. Auf dem Berg Phikion nahe der griechischen Stadt Theben saß einst ein geflügelter Dämon mit dem Leib eines Löwen und dem Antlitz einer jungen Frau. Jedem Wanderer, der

Vorhergehende Doppelseite: Seit Jahrtausenden ragt die Sphinx aus dem Sand der arabischen Wüste. Über ihren Schöpfer sind sich die Wissenschaftler bis heute nicht einig.

ihm begegnete, stellte er die Frage aller Fragen: „Was ist das: Es geht am Morgen auf vier Beinen, am Mittag auf zweien und am Abend auf dreien? Wenn es sich mit den meisten Füßen fortbewegt, ist es am langsamsten."

Wer die Antwort schuldig blieb, musste sterben. Erst Ödipus, der Prinz von Theben, löste das Rätsel der Sphinx: „Es ist der Mensch. Als Kind krabbelt er auf allen vieren, in der Mitte des Lebens schreitet er auf zwei Beinen und als Greis geht er am Stock."

Der Legende nach stellt eine geflügelte Sphinx den griechischen Prinzen Ödipus vor das Rätsel aller Rätsel. Gemälde von Gustave Moreau (um 1888)

In der Legende stürzt die Sphinx sich danach in die Tiefe. Aber anstatt im Staub der Geschichte zu versinken, hat sie sich zu einem einzigartigen Mythos erhoben, der im Lauf der Zeit die großen Sagen der Welt in sich aufnahm.

Kein anderes Monument hat durch die Jahrtausende Fantasie und forschende Neugier der Menschen so sehr inspiriert. Geheimbünde wie die Freimaurer und Rosenkreuzer erwählten die Sphinx zu ihrem Symbol; große Herrscher in ganz Europa machten sie zum erhabenen Wächter vor ihren Palästen. Dichter haben sie zu allen Zeiten mit klangvollen Versen besungen; und bis heute ist sie ein Sinnbild unergründlicher Weiblichkeit.

Die Faszination ist nach wie vor ungebrochen – nicht nur, weil das Bauwerk immer noch von Mysterien durchdrungen ist. Die Sphinx ist zum Inbild des Geheimnisses selbst geworden. Und für uns Menschen des Informationszeitalters, denen Wissen zu Füßen liegt wie Sandkörner in der Wüste, sind Geheimnisse ein besonderes Juwel.

Faszination durch die Jahrtausende

Schon der griechische Philosoph Platon wurde von der uralten Weisheit ägyptischer Priester in den Bann gezogen. Aus ihrer Quelle schöpfte er seine Kenntnis über eine märchenhafte Insel namens Atlantis. Heute blühen aus diesem Keim kühne Spekulationen. So sollen Überlebende des versunkenen Atlantis ihr geheimes, allumfassendes Wissen nach Ägypten gebracht haben, wo es in einer verborgenen Kammer im Fels unter der Sphinx bewahrt liege.

Andere glauben, an dem steinernen Körper der Sphinx die Spuren einer gewaltigen Flut entdeckt zu haben. Sie sind davon überzeugt, dass das imposante Denkmal von einer unbekannten, lang versunkenen Kultur errichtet wurde. War Noah der Schöpfer des steinernen Löwenmenschen? War die Sphinx der Fels in der Brandung der Sintflut?

Selbst ernannte Himmelsforscher suchen Spuren einer solchen verlorenen Zivilisation in den Sternen. Ihre Indizien scheinen bemerkenswert: Im Jahr 10 500 v. Chr. entsprachen die Sternbilder des Orion und des Löwen exakt der Anordnung von Pyramiden und Sphinx. Wurden die Bauten von einer vorsintflutlichen Hightechzivilisation nach einem astronomischen Masterplan errichtet?

Oder kamen ihre Baumeister gar aus der kosmischen Nachbarschaft auf unsere Erde, womöglich vom Mars? 1976 übermittelte die NASA-Sonde *Viking* ein Foto von der Oberfläche des Roten Planeten, auf dem die Konturen eines gigantischen Gesichts zu sehen sind. Die Frisur, die es umgibt, erinnert an die Haarpracht altägyptischer Könige. Für Alien-Fans steht seitdem fest: Die spektakuläre Botschaft aus dem All belegt die Existenz einer Mars-Sphinx.

Magischer Link in die Vergangenheit

Immer wieder stellen Enthusiasten die Ergebnisse der Ägyptologen mit abenteuerlichen Theorien infrage. Ihre Bühne ist heute das Internet. Auf zahllosen Webseiten spekulieren sie über ein Labyrinth tief unter der Sphinx, in dem heilige Reliquien der Pharaonen verborgen sein sollen. Sie rätseln über eine zweite Sphinx-Skulptur, die einst in Gizeh gestanden haben soll. Und sie fahnden nach dem Täter, der das Gesicht der Sphinx einst zerstört hat.

Waren es die Soldaten Napoleons während dessen ägyptischer Expedition, wie einer Umfrage im Internet zufolge 21 Prozent der Befragten glauben? Waren es osmanische Artilleristen, die im Mittelalter Schießübungen auf ein heidnisches Heiligtum veranstaltet haben? Für die weltweite Internet-Gemeinde ist die Sphinx ein magischer Link in die Vergangenheit, der Fakten mit Fiktionen zu einem neuen Hyper-Mythos vereint.

Wissenschaftler versuchen die kühnen Thesen mit archäologischen Beweisen zu entkräften. Doch selbst unter angesehenen Ägyptologen ist in jüngster Zeit ein heißer Streit über den Schöpfer der Sphinx entbrannt. Folgt man der Lehrmeinung, so stammt die mächtige Figur aus dem Alten Reich. Einig sind sich die Ägyptologen darüber, dass ein Pharao der vierten

Dynastie (2520–2494 v. Chr.) der Auftraggeber war. Es war die Ära der großen Pyramidenbauer. Trägt das Antlitz der Sphinx, wie die meisten Forscher vermuten, die Züge des Gottkönigs Chephren? Oder war es sein Vater, der große Cheops, der sich das gewaltige Denkmal aus dem Fels schlagen ließ?

Die Suche nach Antworten hat uns durch mehr als zwölf Jahrtausende geführt, hinab in den feuchten Fels tief unter die Sphinx und hoch an das nächtliche Firmament. Wir haben mit den maßgebenden Fachleuten gesprochen, mit Menschen, die ein Herz fürs Wundervolle haben, und wir erhielten Eintritt in die heiligen Hallen der Freimaurer. Wir haben uralte Schriften studiert, Computerexperten und sogar Kriminologen konsultiert, um das Rätsel der Sphinx zu lösen.

Und auch danach haben wir uns auf die Suche gemacht: Verborgen in unscheinbaren Museumswinkeln und Magazinen liegen steinerne Stelen mit Hinweisen und Fragmente der Sphinx, die Archäologen im Sand von Gizeh gefunden haben. Ließe sich daraus vielleicht ihr Antlitz rekonstruieren und ihr Schöpfer wieder erkennen?

Der Träumer im Sand

Nur ein einziger Mensch, so glauben die Ägyptologen, hat der Nachwelt ein wahrhaftiges Zeugnis vom Bauherrn der Sphinx hinterlassen. Es ist 15 Tonnen schwer und 3500 Jahre alt.

Damals ging ein ägyptischer Aristokrat in einem nahe der Pyramiden gelegenen „Tal der Gazellen" auf Löwenjagd. Tausend Jahre hatte die Sphinx zu dieser Zeit bereits über das Felsplateau von Gizeh gewacht. Nur noch ihr Kopf ragte aus dem Sand, als sich der Jäger in ihrem Schatten zu einer Rast niederließ und einschlief. Im Traum, so erzählt die Legende, erschien sie ihm als Sonnengott Re und versprach ihm den Thron von Ägypten. So wurde die Sphinx zum Königsmacher.

„Einst sollst du die Königskrone tragen, und die Erde soll dir in Länge und Breite gehören und alles, was von den Strahlen des Herrn des Alls beschienen wird. Ägyptens Reichtümer und große Tribute aus allen Ländern sollen dir zukommen. Es ist schon viele Jahre her, dass mein Angesicht auf dich gerichtet und ebenso mein Herz. Aber der Sand der Wüste, auf der ich stehe, bedrängt mich. Doch ich habe gewartet, um dich das tun zu lassen, was in meinem Herzen war, denn ich weiß, dass du mein Sohn und um mich besorgt bist. Nähere dich, denn ich bin mit dir; ich führe dich."

Zum Dank für die erfüllte Prophezeiung ordnete Pharao Thutmosis IV. an, den steinernen Löwenmenschen vom Sand zu befreien. Fachleute glauben, dass er das Monument sogar renovieren und bemalen ließ – rot, gelb und blau. Zwischen den Pranken wurde auf Befehl des Königs eine 3,60 Meter hohe Granittafel errichtet, auf der seine Geschichte noch heute zu lesen ist – die „Traumstele".

Es gibt keine Möglichkeit, das Alter der Sphinx selbst zu datieren. Sie ist aus gewachsenem Stein gehauen und Methoden wie die bekannte Radiokarbon-Datierung lassen sich nur bei organischen Materialien anwenden. Es gibt auch keine Texte aus dem Alten Reich, in denen die Sphinx erwähnt wird, und keine vergleichbaren Monumente, die eine kulturhistorische Zuordnung erlauben.

Die Traumstele könnte der Schlüssel zum Schöpfer der Sphinx sein. In Zeile 13 des hieroglyphischen Textes war einst ein Wortfetzen zu lesen – „Cheph...". Für die Mehrzahl der Ägyptologen gilt diese fragmentarische Nennung als der ausschlaggebende Beleg dafür, dass es Pharao Chephren war, der die Sphinx errichten ließ.

Experten wie der Direktor des Pyramiden-Plateaus Dr. Zahi Hawass erkennen in den Zügen der Sphinx sein Gesicht. Doch wie sah der König aus? Seine Mumie wurde nie gefunden. Deshalb beziehen sich die morphologischen Vergleiche auf erhaltene Skulpturen. Die bekannteste von ihnen, ein lebensgroßes Meisterwerk aus schwarzgrünem Diorit, ist heute im Ägyptischen Museum in Kairo zu sehen. Wir wollten beweisen, was der „Big Boss" von Sphinx und Pyramiden, Zahi Hawass, behauptet: „Sogar mit dem Computer kann man zeigen, dass die Sphinx das Gesicht von Chephren hat." Für die geplante Gesichtsidentifikation mit digitaler Technik haben wir die Statue aus allen Blickwinkeln mit der Kamera porträtiert.

Der Pharao und der Falke

Der Pharao thront auf einem Löwenstuhl – in seiner Epoche war der Löwe gerade zum neuen Symbol göttlicher Königswürde erhoben worden. Sein Kinn ziert ein zylindrischer Zeremonialbart – zu Chephrens Zeiten eine neue Mode der Monarchen. Die Statue ist eine vollkommene Darstellung des Gottkönigtums. In der vierten Dynastie begann der Kult des Sonnengottes gerade seinen Aufstieg. Von Chephren an nannte jeder Pharao sich „Sohn des Re".

Wohl kein anderes Monument hat Fantasie und forschende Neugier der Menschen mehr inspiriert als die Sphinx von Gizeh. Seit Jahrtausenden ist sie eines der großen Mysterien der Welt. Kreidelithografie von David Roberts (um 1838/39)

Schützend hält der Horus-Falke seine Schwingen über den Nacken des Herrschers. Horus war der Gott des Königtums und des Alls, der Pharao sein irdischer Vertreter – der „lebende Horus". Im Neuen Reich etwa um 1550 v. Chr. lautete die Bezeichnung für die Sphinx „Hor-em-akht" („Horus im Horizont") oder „Bw-Hol" („Platz des Horus"). Ein Hinweis auf Chephren als Baumeister der Sphinx? Die Augen des Himmelsgottes Horus waren die Sonne und der Mond und er war der Beschützer des Königs.

Das berühmte Bildnis des Chephren stand offenbar unter seinem besonderen Schutz. Nur diese eine Skulptur hat unbeschadet eine dunkle Zerstö-

Die meisten Archäologen glauben, in der Sphinx die Gesichtszüge des Pharao Chephren zu erkennen. Das Antlitz des Königs haben die Bildhauer der Antike in dieser meisterhaften Skulptur verewigt. Sie ist heute im Ägyptischen Museum in Kairo zu bewundern.

rungswut überstanden, mit der die Ära der Pyramidenbauer um das Jahr 2130 v. Chr. zu Ende ging. Vier Jahrhunderte nach der Regentschaft des Chephren verwüsteten damals Rebellen das Areal.

Entdeckt wurde die Statue von dem französischen Archäologen Auguste Mariette während seiner Ausgrabungen in Gizeh zwischen 1853 und 1860. Dabei stieß er auf Spuren eines gepflasterten Wegs, der südlich der Sphinx zu einem verschütteten Tempel führte – der Taltempel und der Pyramidenaufweg des Chephren. Da Mariette das Geld ausging, musste er die Arbeiten an dem halb ausgegrabenen Heiligtum jedoch aufgeben.

Nur zehn Arbeitstage von der Stelle entfernt, an der er zu graben aufhören musste, entdeckte er zwei Jahre später die herrliche Statue des Chephren. Als er sie fand, steckte sie kopfüber in einem sechs Meter tiefen Schacht in der Vorkammer des Taltempels, ein Hinweis darauf, dass man versucht hatte, sie vor mutwilliger Zerstörung zu bewahren. Acht weitere Chephren-Statuen barg Mariette als kopflose Fragmente im Tempel.

Mariettes erster Geldgeber, der Herzog von Luynes, war außerordentlich an sensationellen altägyptischen Königen interessiert. Besonders eine Passage in den Schriften des Plinius (23–79 n. Chr.) ließ dem Herzog keine Ruhe mehr:

„Vor diesen Pyramiden steht die Sphinx, eine Gottheit der dortigen Bewohner, welche noch weit mehr Bewunderung verdient, aber von den Schriftstellern fast mit Stillschweigen behandelt wird. In ihr soll der König Haramais begraben liegen, sie selbst aber anderswoher gebracht sein. Sie ist aus einem einzigen natürlichen Stein gearbeitet und das rote Gesicht dieses Ungeheuers wird göttlich verehrt."

Der Herzog fragte sich, ob nicht vielleicht das Grab des Königs im Innern der Sphinx liegen könnte. Das unentdeckte Grab eines ägyptischen Königs war schon eine kleine Auslage wert, weshalb er Mariette 6000 Francs schickte, um es aufzuspüren. Dieser Auftrag brachte dem Archäologen keinen Erfolg. Der von ihm ausgegrabene Taltempel hingegen liefert noch heute eine Vorstellung von der beeindruckenden Begräbnisstätte des Chephren.

Highway in die Ewigkeit

Bestieg in der Epoche der Pyramidenbauer ein Pharao den Thron, so ließ er sofort die Arbeit an dem Mammutprojekt beginnen. Dabei war die Pyramide selbst nur ein Teil einer sakralen Anlage, deren einzelne Elemente jeweils eine Station auf dem Weg ins Jenseits darstellten.

Der Taltempel neben der Sphinx war ein architektonisches Glanzstück. Durch schmale Schlitze in den hohen Granitmauern fiel Licht in das Heiligtum, wo es von dem Kalzit-Fußboden gespiegelt wurde und seinen Schein auf 23 prachtvolle Statuen des Königs warf.

Nur ein einziges Mal wurde diese heilige Stätte benutzt, um jene geheimnisvollen Zeremonien auszuführen, die dem Pharao die Unsterblichkeit und Wiedergeburt als Stern garantieren sollten: die Mumifizierung. Ver-

Im Taltempel vor der Pyramide des Chephren begann die Reise des Pharaos in die Ewigkeit.

mutlich wurde dieses Ritual in Zelten auf dem Dach vollzogen, wie entsprechende Verankerungen erkennen lassen.

An der Nordseite des Tempels begann der Aufweg, über den eine feierliche Prozession den Sarkophag mit der Mumie des Pharao zum Totentempel vor der Pyramide hinauftrug. Einst war der „Highway in die Ewigkeit" überdacht. Sterne zierten die Decke des Tunnels – als Wegweiser für die Reise in das Reich der Toten.

Der Eintritt ins Jenseits erfolgte durch den Totentempel vor der Pyramide. Nur noch Ruinen zeugen von jenem heiligen Ort, an dem das Begräbnis des Pharao zelebriert wurde – nach einem Ritus, den niemand kennt.

Für den Ägyptologen Hawass gehört auch der so genannte Sphinx-Tempel neben dem Taltempel zur Pyramidenanlage des Chephren. Über den Kult, der dort im Alten Reich ausgeübt wurde, ist nichts überliefert. Doch Hawass hat dazu eine Theorie: „Der Tempel hat zwei Nischen, eine, um die aufgehende Sonne anzubeten, und eine andere, um die untergehende Sonne zu verehren. Ich glaube, dass Chephren in diesem Tempel seinem Vater Cheops huldigte und als lebender Horus den Sonnengott Re anbetete. Die Sphinx wurde gebaut, um Horus zu repräsentieren, der mit den mächtigen Pfoten eines Löwen dem Sonnengott opfert."

Auch geologische Indizien lassen Chephren als Bauherrn der Sphinx plausibel erscheinen: Die Kalksteinblöcke, die für den Bau des Sphinx-Tempels als auch für den des benachbarten Taltempels verwendet worden sind, stammen alle aus dem Graben um die Sphinx. Sie wurden kurz vor dem Bau der Sphinx gebrochen. Die Steinblöcke des Taltempels kommen von den Schichten, die durch den oberen Teil der Sphinx verlaufen. Die Kernblöcke des Sphinx-Tempels mit ihren weichen, gelben Streifen zwischen zwei härteren Lagen stammen von knapp unterhalb der Brusthöhe des Sphinx-Körpers.

Streit um den Schöpfer der Sphinx

Ortstermin mit Professor Rainer Stadelmann. Wir treffen den ehemaligen Direktor des Deutschen Archäologischen Instituts in Kairo am streng bewachten Eingang zum Sphinx-Becken. Sorgfältig prüfen die uniformierten und bewaffneten Hüter der Sphinx unsere Papiere, bevor sie uns in den „heiligen Bezirk" einlassen.

Stadelmann zählt zu den profundesten Kennern der Sphinx und tritt derzeit als prominentester „Chephren-Zweifler" in Erscheinung. Überzeugend präsentiert er uns harte Fakten, mit denen er die Lehrmeinung widerlegen will. Er gehört zu den wenigen, die das Denkmal für die Forschung höchstpersönlich erklimmen durften. Mit Zahi Hawass verbindet den gebürtigen Münchner neben der wissenschaftlichen Kontroverse seit vielen Jahren eine kollegiale Freundschaft.

Die Kamera folgt Stadelmanns Blick auf das nackte Kinn der Sphinx. „Sie hatte im Alten Reich bestimmt keinen Bart", sagt Stadelmann. „Wäre es Chephren, der immer einen Bart an seinen Statuen trägt, müsste auch die Sphinx einen Bart gehabt haben. So kann es eigentlich nur Cheops gewesen sein."

Der deutsche Archäologe Prof. Dr. Rainer Stadelmann glaubt im zerstörten Antlitz der Sphinx die Gesichtszüge des legendären Pharao Cheops zu erkennen.

Der Erbauer der großen Pyramide habe Dinge errichten lassen, die bis dahin unerhört und ungesehen waren, so der Archäologe. Für ihn war Cheops der „große Erfinder seiner Zeit". Wer, wenn nicht er, hätte die Sphinx erschaffen können? Stadelmann kann sich vorstellen, „dass Cheops in der Sphinx die ungeheure Macht des stärksten Tieres mit der Intelligenz des Menschen verbinden wollte. Damit war der König der Herr der Welt."

Ein Indiz für Cheops könnte auch der Name der Sphinx im Alten Reich sein: „Seschep-anch Atum" wurde sie genannt, „lebendes Bildnis des Atum" – nach Atum-Re, dem Sonnengott, der sich selbst erschaffen hat. Und Cheops war der König, der bis in die Spätzeit als Sonnengott verehrt wurde. Die heutige Bezeichnung „Sphinx" ist vermutlich eine griechische Verballhornung des ägyptischen „Seschep-anch".

Der fehlende Bart ist nicht das einzige Argument des ambitionierten Forschers. Auch die Traumstele lässt er als Beweis für Chephren nicht gelten. Zwar stellt er die Namen in dem heute abgesplitterten Textfragment nicht infrage. „Es standen dort ganz sicher die Namen des Cheops und des Chephren, die hier Heiligtümer hatten", sagt Stadelmann. „Aber: kein Wort davon, dass Chephren die Sphinx hat errichten lassen."

Gefolgt von neugierigen Kindern und geschäftstüchtigen Kamelreitern, die uns zum Ausritt auf ihre schaukelnden Wüstenschiffe einladen wollen, gehen wir mit Professor Stadelmann den Aufweg zur Chephren-Pyramide hinauf. Dabei fällt auf, dass der „Highway ins Jenseits" merkwürdig schief an der Sphinx vorbeiverläuft.

Die Seiten der Chephren-Pyramide sind, wie die der anderen Pyramiden, exakt nach den Himmelsrichtungen ausgerichtet. Warum ließ der Pharao den Aufweg zu seiner Pyramide nicht ebenfalls schnurgerade und im rechten Winkel zur Pyramide ansteigen? Ein solches Vorgehen würde nur Sinn machen, wenn bereits zu Chephrens Regierungszeit die Sphinx im Weg gestanden hätte, glaubt Stadelmann. Das Bauwerk seines Vaters Cheops habe Chephren zu diesem „Umweg" gezwungen.

Geologen haben eine andere, ebenso pragmatische Antwort auf die Frage gefunden, weshalb der Aufweg nicht gerade verläuft. In der Diretissima hätte erst mühsam eine Senke überbrückt werden müssen. So aber konnten die

Bauherren den Weg über einen gewachsenen Felsstreifen aufführen. Am Nachmittag lädt Professor Stadelmann uns in seine gemütliche Jugendstil-Wohnung im Diplomatenviertel von Kairo ein, um uns mit weiteren Belegen von seiner Theorie zu überzeugen. Auf fast jedem Möbel stehen fantasievolle Sphingen, die der Wissenschaftler im Laufe der Jahre gesammelt hat und die seine Faszination für die Löwenfiguren dokumentieren. Stadelmann zeigt uns ein Foto von jenem Gesicht, das er im zerstörten Antlitz zu erkennen glaubt. Es ist eine Aufnahme, auf der das einzige erhaltene Bildnis von Cheops zu sehen ist: eine winzige Statuette aus Elfenbein, die im Ägyptischen Museum in Kairo aufbewahrt wird.

Kleiner, großer König

Das Museum mit seinen Schätzen aus der Zeit der Pharaonen liegt am Midan el-Tahrir im Zentrum von Kairo. Obwohl Steigerungen des Begriffs „belebt" in der ägyptischen Hauptstadt gar nicht einfach sind, gehört der Freiheitsplatz ohne Zweifel zu den belebtesten Orten der 17-Millionen-Stadt. Unter Hochstraßen und über einen Busbahnhof tönen die Hupkonzerte wie zivilisatorische Dschungellaute. Und um durch den endlosen Fahrzeugstrom hindurch auf die andere Straßenseite zu gelangen, wünscht man sich gelegentlich die Fähigkeiten eines Stabhochspringers oder einfach, auf der anderen Straßenseite geboren worden zu sein.

An der Nordseite des Platzes, hinter einem prachtvollen schmiedeeisernen Portal, beginnt eine andere Welt. Immer noch strömen Massen an einem vorbei, nun sind es Menschen aus aller Herren Länder, die sich in dem Park vor der klassizistischen Fassade des Museums zwischen den Vorboten dessen verlieren, was einen im Inneren erwartet. Unter den Palmen stehen gesockelte Sphingen aus dunklem Granit.

Mehr als 40 000 Exponate aus allen Epochen der ägyptischen Geschichte sind hier ausgestellt. Und mehr als eineinhalb Mal so viele Artefakte haben nach ihrer Entdeckung und einem kurzen Ausflug ans Tageslicht in den Kellern und Magazinen des Museums erneut Station im Dunkel gemacht.

Im Inneren des Museums pure Geschichte, imposant, alt und groß – nein, nicht alles. In einem Raum im Erdgeschoss, alles Altes Reich, befindet sich eine gläserne Vitrine, kleiner als ein Nachtschränkchen. Die Panzerglasvitrine steht frei, was ihrem Inhalt einen besonderen Rang zuweist, denn Platz ist eine große Kostbarkeit in dieser Institution. In ihr sitzt das einzige Bildnis, das von Cheops, dem übermächtigen Erbauer der großen Pyramide, erhalten geblieben ist und das sein Gesicht zeigt.

Von dem Pharao Cheops ist nur ein einziges Bildnis erhalten:
diese weltberühmte, nur siebeneinhalb Zentimeter große Statuette aus Elfenbein.
Sie wird im Ägyptischen Museum in Kairo aufbewahrt.

Im Jahr 1903 fand der englische Archäologe Flinders Petrie die nur siebeneinhalb Zentimeter große, zerbrochene Statuette aus südafrikanischem Elfenbein bei Ausgrabungen in einem Tempel in Abydos im Süden Ägyptens. Während die Aufschrift auf der linken Seite völlig zerstört ist, hat sich auf der rechten Seite glücklicherweise der Name des Königs erhalten. Niemand wäre ohne diese Inschrift auf die Idee gekommen, dass dieses winzige Monument den großen Pharao Cheops darstellt.

Rainer Stadelmann hat das Gesicht des König bis ins Detail untersucht, mit der Sphinx und auch mit der Diorit-Skulptur des Chephren verglichen: „Die Sphinx hat einen eher quadratischen Kopf, ähnlich wie der Kopf der kleinen Cheops-Statue. Chephren hat dagegen ein sehr viel schmaleres, gelängtes Antlitz. Die Ohren der Sphinx sind weit ausladend, während die der Chephren-Statue eng anliegen."

Ein entscheidendes Kriterium für Stadelmann ist das Kopftuch. Allein der König und seine Familie bedeckten das Haupt und trugen die Krone oder das kunstvoll gefaltete Nemes-Kopftuch aus Leinen. Die Statue des Chephren trägt ein Kopftuch, bei dem nur die Lappen plissiert sind. Das Kopftuch der Sphinx dagegen ist auf ältere Art gestaltet – voll plissiert, auch über dem Schädel. „Damit", so Stadelmann entschieden, „gehört die Sphinx einer älteren Periode an."

Bei unseren ersten Dreharbeiten in Ägypten schien sich Stadelmanns Theorie auf magische Weise zu bestätigen. Bei Ausgrabungen in Sakkara, etwa 30 Kilometer von Kairo entfernt, fand ein japanisches Archäologen-Team eine kleine Löwenfigur, auf der – umrandet von einer Kartusche – der Name des Cheops geschrieben steht. Dazu Stadelmann: „Ich finde das fast einen wunderbaren Beweis für meine Theorie, dass Cheops die Sphinx hat errichten lassen, wenn wir in der sechsten Dynastie immerhin noch eine Sphinx haben, die den Namen des Cheops trägt."

Herodots Insel

Einen Aufsehen erregenden Höhepunkt erreichten die Spekulationen um Cheops als Erbauer der Sphinx bereits vor wenigen Jahren. Am 16. Februar 2000 meldete CNN eine archäologische Weltsensation: Unter der Sphinx war ein 30 Meter tiefes Schachtsystem entdeckt worden. Alte Legenden ranken sich um einen Tunnel, der die Sphinx mit der Pyramide des Cheops verbinden soll. Doch zu welchem Zweck? Die Mumie des großen Pharao wurde niemals gefunden. Könnte sie hier bestattet worden sein?

Die einzige historisch greifbare Information über das Grab des Cheops liefert der Historiker Herodot. Er hat das Land am Nil wahrscheinlich Mitte des 5. Jahrhunderts v. Chr. besucht und die Erinnerungen überliefert, die ihm dort über die Zeit der Pyramidenbauer zugetragen worden sind. Erst habe vollkommenste Ordnung und großer Reichtum im alten Ägypten ge-

Dr. Zahi Hawass, Archäologe und „Hüter der Sphinx". Er glaubt beweisen zu können, dass es Pharao Chephren war, der das Monument der Sphinx erbauen ließ.

herrscht. Aber Pharao Cheops habe das Land ins Unglück gestürzt. Er habe alle Heiligtümer schließen lassen, die Menschen mussten stattdessen aus den Steinbrüchen im arabischen Gebirge große Steinblöcke bis an den Nil schleppen.

Zehn Jahre dauerte es, ehe nur die Straße gebaut war, auf der die Steine geschleift wurden, „und die unterirdischen Kammern auf jener Anhöhe, auf der die Pyramiden stehen. Die Kammern", so berichtet Herodot weiter, „sollten seine Grabkammern sein, und er baute sie als Inseln, indem er einen Nilkanal in den Berg hineinleitete." In einer Bemerkung über die Chephren-Pyramide heißt es: „Ein unterirdisches Gemach hat sie nicht, auch fließt kein Nilkanal hinein wie bei jener anderen Pyramide, wo das Wasser in einem künstlichen Bett eine Insel umfließt, auf der Cheops begraben sein soll."

War die Grabkammer, von der Herodot berichtet, in dem Schachtsystem unter der Sphinx verborgen? Die Ausgrabung sollte für die Archäologen ein Abenteuer werden. In einer Tiefe von neun Metern stießen sie auf eine erste Kammer – und fanden sie leer. Doch der Schacht führte noch weiter hinab in die Erde auf eine zweite, 15 Meter unter der Oberfläche liegende Ebene mit sechs in den Fels geschlagenen Kammern. In zwei dieser Nischen standen große Granitsarkophage. Aufgefundene Knochen, Holz und Tonscherben stammen aus der Zeit um 500 v. Chr.

Unter dieser Ebene musste sich noch eine weitere Kammer verbergen. Doch der Schacht war voller Wasser. „Die dritte Ebene lag 25 Meter tief", erzählt Hawass über die ersten Erkundungen, „aber wir wagten es nicht, den Schacht leer zu pumpen – aus Angst, er könnte zusammenbrechen. Deshalb haben wir zunächst Taucher heruntergeschickt. Wir haben ihnen Seile um den Körper gebunden, um sie nicht zu verlieren."

Inzwischen haben die Forscher den Schacht trockengelegt. Und Zahi Hawass lässt es sich nicht nehmen, uns über eine eiserne, rostige Leiter in die Felsentiefe unter der Sphinx zu führen. Beim Blick nach unten überkommt die meisten im Team ein leichter Schwindel. Es ist stickig in dem engen Labyrinth. Schweißgebadet in 30 Meter Tiefe angekommen, reißt ein Handscheinwerfer die Dunkelheit auf. „Das ist es, was Herodot beschrieben hat", sagt Hawass.

Das Licht streift über einen Granitsarkophag, der wie auf einer Insel von Wasser umgeben ist. Die Stümpfe von vier Säulen bilden ein geheimnisvolles hieroglyphisches Zeichen. Bei seiner Entdeckung war der schwere Sarkophag leer. Könnte einst ein Pharao darin bestattet worden sein?

In der Nähe der Sphinx entdeckten ägyptische Archäologen 30 Meter tief unter der Erde ein symbolisches Osiris-Grab. Es erinnert an die Beschreibung des griechischen Historikers Herodot, der eine Grabstätte auf einer künstlichen Insel erwähnt, auf der Cheops bestattet sein soll.

Hawass hält die Verbindung mit Cheops für Spekulation. Er hat eine andere Erklärung für die rätselhafte Grabkammer: „Vermutlich handelt es sich um ein symbolisches Grab für den Gott Osiris. Die vier Säulen bilden das hieroglyphische Zeichen Bir – das bedeutet ‚Haus des Osiris'. Diese Theorie wird unterstützt durch einen Namen, der im Neuen Reich für das Pyramidenplateau gebräuchlich war: ‚Palast des Osiris, Herr von Ro-Setau'. Ro-Setau bedeutet Totenstadt oder auch unterirdischer Tunnel und ist gleichbedeutend mit Gizeh."

Osiris war einer der wichtigsten Götter im alten Ägypten. Der Mythologie zufolge wurde er von seinem Bruder Seth umgebracht und von seiner Schwester und Gattin Isis begraben. Er kam ins Leben zurück als Richter der Toten und Herr der Unterwelt, als „Sonne in der Nacht". Und Osiris war der Beherrscher des Untergrunds unter den Pyramiden und der Sphinx.

Der Osiris-Kult war um 660 v. Chr. besonders populär. Wahrscheinlich stammt die Grabstätte aus dieser Zeit. Damals brachten Könige und Privatleute dem Totengott kleine Stelen und Skulpturen dar. Für sie war der große Herr über das Jenseits zugleich der Garant ewigen Lebens.

Für Zahi Hawass ist das Osiris-Grab die „aufregendste Entdeckung meines Lebens". Was Herodot beschreibt, hatte man bis dahin für eine Legende ge-

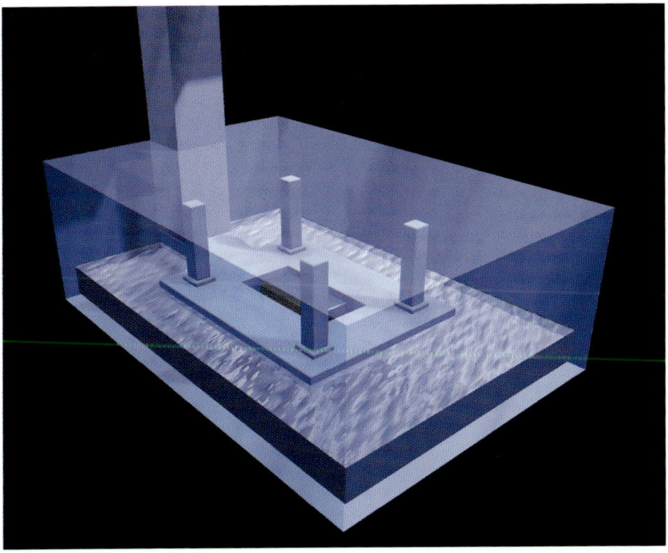

Die Grafik zeigt das unterirdische Inselgrab, das Herodot in der Antike als letzte Ruhestätte des Pharao Cheops beschreibt: Archäologen haben herausgefunden, dass es sich um ein symbolisches Grab für den ägyptischen Totengott Osiris handelt.

halten. Dass der „Vater der Geschichtsschreibung" die unterirdische Grabstätte falsch gedeutet hat, wundert den Archäologen indessen nicht. „Herodot kannte diesen Ort nur vom Hörensagen", sagt Hawass schmunzelnd, „und vermutlich war er auf seiner Ägyptenreise schon viel zu alt, um selbst in den Schacht zu steigen."

Nach altägyptischen Überlieferungen wachte der Erdgott Aker in Gestalt einer Doppelsphinx über das Grab des Osiris. Einige Wissenschaftler sehen darin die Sphinx von Gizeh. Auf einem Wandgemälde in einem thebanischen Königsgrab des Neuen Reichs liegt der Leichnam des Osiris in einer Kammer unter der Doppelsphinx. Nach Hawass' Entdeckung des Osiris-Grabs hat das Bild plötzlich die Anmutung einer Schatzkarte.

Der Kapitän und der Götterbart

Im linken Flügel im Erdgeschoss des Ägyptischen Museums befindet sich eine unauffällige Nische. Auf Podesten und Holzbrettern an der Wand sind hier einige Steinfragmente mittlerer Größe untergebracht, die sich auf den ersten Blick nur schwer zuordnen lassen. Manche zeigen ein Flechtmuster.

Außer einer Beschriftung mit Registriernummern sind sie nicht weiter gekennzeichnet. Es soll sich um Bruchstücke vom Bart der Sphinx handeln.

Bei Nachforschungen im Britischen Museum in London, wo ebenfalls ein großes Bartfragment der Sphinx neben dem berühmten Stein von Rosette ausgestellt ist, wies uns ein Kurator der Abteilung für ägyptische Altertümer auf die so unscheinbar untergebrachten Stücke im Museum in Kairo hin. Nach unseren heutigen Maßstäben ist die Sphinx ein absoluter Megastar, und so verwundert es doch – auch wenn die Bartstücke lange nicht die Eleganz der Chephren-Statue oder den Glanz des Goldes von Tut-ench-Amun haben –, dass man sie nicht prominenter ausgestellt findet.

Woher aber wissen die Forscher, dass diese Fragmente tatsächlich von der Sphinx stammen? Und wie lassen sich diese Fundstücke mit Stadelmanns Befund über ihr glattes Kinn vereinbaren?

Anfang des 18. Jahrhunderts landete der Genueser Kapitän Giovanni Battista Caviglia in Ägypten. Pyramiden und Sphinx faszinierten ihn so sehr, dass er die christliche Seefahrt an den Nagel hing und sich fortan der Schatzsuche widmete. Es begann die Zeit, in der erstmals tausende von Händlern, Touristen und Amateurarchäologen nach Ägypten strömten und der große Ausverkauf der pharaonischen Schätze anfing.

Caviglia bezog Quartier an einem höchst ungewöhnlichen Ort – tief im Inneren der Cheops-Pyramide. Er reinigte eine der kaum einen Meter hohen Entlastungskammern über der Königskammer von Fledermauskot und richtete sich dort häuslich ein. Ein Bekannter charakterisierte ihn als tiefreligiösen Menschen, der fortwährend aus der Bibel zitierte und fest davon überzeugt war, dass im Inneren der Pyramide ein geheimer Raum zu finden sei. Auch habe er Studien der Magie „mit einem solchen Eifer betrieben, dass es ihn fast das Leben gekostet hätte ... und dabei sei er bis an die äußerste Grenze dessen gelangt, was einem Menschen zu wissen erlaubt sei".

Caviglia war der Erste, der die im Sand versunkene Sphinx in moderner Zeit wieder ausgraben ließ. Er war derjenige, der im Jahr 1817 zwischen den Pfoten der Sphinx die Traumstele entdeckte. Und er fand Überreste eines gewaltigen Bartes. Einen Teil seines Fundes verkaufte Caviglia 1818 dem Britischen Museum; die anderen Fragmente fanden später Quartier im Ägyptischen Museum in Kairo. Die vorhandenen Bruchstücke machen etwa 15 Prozent des gesamten Bartes aus. Sie lassen darauf schließen, dass er einst fünf bis sechs Meter lang und 1,10 Meter breit gewesen ist.

Für Ägyptologen steht fest, dass diese Tonnage an Bart nicht aus dem Alten Reich stammt und der Sphinx nachträglich angefügt worden sein muss. Anhand der Gestaltung können sie die Bruchstücke genau datieren: Es handelt sich um einen geflochtenen und an seiner Spitze aufgebogenen Götterbart, wie er im Neuen Reich in Mode war und beispielsweise an der Totenmaske des Tut-ench-Amun zu sehen ist.

„Diese Bartfragmente sind eindeutig eine Ergänzung des Neuen Reiches, als man die Sphinx als Sonnengott aufgefasst hat", sagt Rainer Stadelmann.

„Sie tragen an einem Steg Darstellungen eines Königs aus dieser Epoche." War es Pharao Thutmosis IV., der sein eigenes Bildnis in der Sphinx erkennen wollte und dem Monument den Bart der Götter verlieh?

Zu Chephrens Zeiten hatten die Statuen der lebenden Könige dagegen keil- oder zylinderförmige Zeremonialbärte. Doch bislang gibt es keine Belege dafür, dass die Sphinx einmal einen solchen Bart getragen hat. Stellt sie also doch Cheops dar, dessen einziges Bildnis bartlos ist?

In den Achtzigerjahren des 20. Jahrhunderts wurde der Bart der Sphinx sogar zum Politikum. Ägypten forderte das Britische Museum auf, die Bartfragmente zurückzugeben. Der Bart sollte wieder angebracht werden, um den Kopf abzustützen. Aber die Briten waren äußerstenfalls bereit, den Ägyptern den Bart für eine bestimmte Zeit zu *leihen*. Nach Jahren erfolgloser Verhandlungen hat die Ägyptische Altertümerverwaltung sich inzwischen in einer Art würdevoller Resignation eingefunden: „Die Sphinx ist eine Ruine und sollte als solche bewahrt werden", sagt Zahi Hawass.

Napoleon und die Nase der Sphinx

Von dem markantesten Bruchstück des Denkmals hat Kapitän Caviglia bei seinen Ausgrabungen keine Spur entdeckt – von der Nase der Sphinx. Hartnäckig hält sich das Gerücht, Napoleon habe das Gesicht der Sphinx zerschießen lassen. Am 19. Mai 1798 stach der 29-jährige Bonaparte in Toulon in See, um Ägypten zu erobern. Auf 328 Schiffen waren 35 000 Soldaten untergebracht, dazu 175 Wissenschaftler, die das fremde Land erkunden sollten. Auch Alexander der Große, Napoleons bewundertes Vorbild, hatte auf seinen Feldzügen eine Schar Gelehrter mit sich geführt.

Die Wissenschaftler vermaßen die Bauwerke der ägyptischen Antike, zeichneten sie detailgenau und sammelten zahllose Artefakte – Altertümer von unschätzbarem Wert. Vor der Schlacht an den Pyramiden, bei der die Franzosen 10 000 Mamelucken schlugen, soll Napoleon voller Respekt gesagt haben: „Soldaten – 40 Jahrhunderte blicken auf euch herab."

Am 12. August 1798 besuchte er die Cheops-Pyramide. In der Königskammer bat er darum, allein gelassen zu werden. Er verließ sie blass und sichtlich erschüttert. Fragen nach seinem Befinden wies er mit dem Hinweis zurück, man würde ihm doch nicht glauben. „Bald darauf entstand die Legende", schreibt der Ägyptologe Dietrich Hornung, „dass Napoleon von einem Nachfahren altägyptischer Priester initiiert worden sei – konkret in den Ritus von Memphis, der damals in der Freimaurer-Bewegung sehr beliebt war."

Frühe Zeugnisse belegen, dass der Korse und seine Kanoniere unschuldig sind an dem blessierten Gesicht der Sphinx. Als Pierre Belon im Jahre 1546 Ägypten erkundete, besuchte er auch „den großen Koloss", die Sphinx, die schon damals „den Eindruck von Anmut und Schönheit verloren hatte,

Auf seinem Feldzug nach Ägypten bringt Napoleon Bonaparte nicht nur Soldaten ins Land der Pharaonen. Mit ihm reist ein beeindruckender Stab von Künstlern und Wissenschaftlern. Sie sammeln zahllose Artefakte und lösen mit ihren faszinierenden Bildern in Europa eine beispiellose Ägyptomanie aus. (Filmszene)

den [der arabische Historiker] Abdel Latif im Jahre 1200 noch so bewunderte". Und in den Aufzeichnungen des englischen Gentleman Richard Pococke, der sich 1737 der angenehmen Aufgabe einer Reise nach Ägypten widmete, findet sich auch eine Zeichnung der Sphinx – ohne Nase.

Militärisch misslang Napoleons Feldzug – 1882 marschierten die Engländer in Ägypten ein. In wissenschaftlicher Hinsicht war er ein Welterfolg. Zurück in Frankreich, erschufen 400 Kupferstecher und eine Armee von Malern und Buchdruckern im Lauf der folgenden 25 Jahre die *Description de l'Égypte* – 21 gewaltige Foliobände. Die faszinierenden Bilder einer unbekannten Welt lösten in Europa eine kolossale Ägyptomanie aus. Und unter den vielen Symbolen überstrahlte eines alle anderen – die Sphinx.

In den Metropolen der westlichen Welt erwachte der „Nil-Stil". Im Park des Wiener Schlosses Belvedere wurden über 20 Löwenskulpturen aufgestellt. Und selbst in der fernen Zarenstadt Sankt Petersburg erstrahlten die Paläste im erhabenen Glanz der Pharaonen. Am malerischen Ufer der Newa wachen bis heute Sphingen vor der Akademie der Künste. In Berlin nahe der Siegessäule steht noch immer eine Sphinx, auf deren Rücken die Glücksgöttin Fortuna thront; vor Schloss Sanssouci begrüßt eine Sphinx mit prächtigen Brüsten die Besucher.

Ein Bilderstürmer zerstört die Sphinx

Napoleon war unschuldig an der Zerstörung der Sphinx, er machte sie sogar zur begehrten Berühmtheit in ganz Europa. Der Schlüssel zu demjenigen, der das Gesicht der Sphinx tatsächlich so demolierte, liegt in den Schriften des arabischen Historikers Muhamad al-Husayni Taqi al-Din al-Maqrizi verborgen. Maqrizi berichtet von einem strenggläubigen Derwisch namens Mohamed Saim el-Dahr, der 1378 das Gesicht der Sphinx zerstört habe – um, wie es heißt, „einige Irrtümer in Glaubensfragen zu korrigieren".

Im Mittelalter war längst vieles an Wissen aus der Antike aus dem Bewusstsein geschwunden. Tausende Statuen und Inschriften fielen der Zerstörung anheim. Hieroglyphen wurden für nichts sagende Zeichen gehalten. Die große Bibliothek von Alexandria wurde auf Befehl des Kaisers Theodosius 389 n. Chr. von einem christlichen Mob zerstört. Der Schleier des Aberglaubens umwob das Pyramidenfeld. Es hieß, Gespenster trieben dort ihr Unwesen.

Der Derwisch el-Dahr war das, was man heute einen Fundamentalisten nennen würde. Damals, so wird berichtet, verbrannten die Menschen Milch- und Färberdisteln zu Füßen der Sphinx und sprachen Beschwörungsformeln, die Wünsche in Erfüllung gehen lassen sollten. El-Dahr wollte seinen abergläubischen Zeitgenossen zeigen, dass die Sphinx „nur ein Stein ist, und kein Gott", so Zahi Hawass. In ihrem Gesicht lassen sich noch heute die Spuren der eingeschlagenen Keile finden, mit denen die Nase ausgebrochen wurde.

Ein strenggläubiger Derwisch namens Mohamed Saim el-Dahr soll der Sphinx im Mittelalter die Nase abgeschlagen haben. Ein fanatischer Bilderstürmer, der Männer anheuerte, um „religiöse Irrtümer zu berichtigen". So überliefert es der arabische Historiker Maqrizi. (Filmszene)

Das zerstörte Antlitz der Sphinx in der Rekonstruktion mit den Gesichtszügen des Pharao Cheops

„Seit dieser Entstellung", so Maqrizi, „eroberte der Sand das fruchtbare Land von Gizeh. Die Menschen schreiben es der Verunstaltung der Sphinx zu." Der rabiate Derwisch soll von aufgebrachten Anwohnern gelyncht und in der Nähe der Sphinx begraben worden sein. Interessanterweise erwähnt Maqrizi, dass auch die Ohren zerstört wurden. Aber soweit man sehen kann, hat die Sphinx ihre Ohren immer noch.

Phantombild Pharao

Im Computer sollte die Sphinx mit ihrem ursprünglichen Antlitz wieder auferstehen. Anfang der Achtzigerjahre des 20. Jahrhunderts hat der amerikanische Archäologe Mark Lehner die Sphinx vier Jahre lang detailliert vermessen und sich – mit den damals zur Verfügung stehenden Mitteln – an einer computergrafischen Rekonstruktion versucht. „Für eine Ansicht von oben arbeitete ich per Hand mit Zeichenbrett und Maßband", so Lehner. „Ich kroch auf allen vieren auf dem Steinkoloss herum – und fühlte mich

Das zerstörte Antlitz der Sphinx in der Rekonstruktion mit den Gesichtszügen des Pharao Chephren

wie ein Liliputaner auf Gullivers Rücken." Der Amerikaner war der Erste, der dem Denkmal das intakte Gesicht eines Pharao verlieh. „Mit dem Gesicht von Chephren", sagt Lehner, „erwachte die Sphinx zum Leben."

Sein digitales Bildnis der Sphinx ergänzte er durch eine Skulptur von Pharao Amenophis II., die angeblich einmal vor der Löwenbrust gestanden haben soll. Wissenschaftliche Belege gibt es dafür nicht. Vergleicht man das Gesicht mit der Diorit-Skulptur von Chephren, so ist der Pharao kaum wieder zu erkennen. Lehners Arbeit ist unter Ägyptologen deshalb umstritten. Seine Rekonstruktion sei teils pure Fantasie, so die harsche Kritik.

Inzwischen wurden auf dem Gebiet der Animation enorme Fortschritte erzielt. Wir haben Computerexperten und Künstler beauftragt, das zerstörte Gesicht der Sphinx möglichst originalgetreu mit den Zügen von Cheops und Chephren zu rekonstruieren. Als Vorlagen dienten den Bildhauern am Rechner die Skulpturen der beiden Pharaonen im Ägyptischen Museum in Kairo.

Da es nicht möglich war, die Originale mithilfe eines Lasers dreidimensional zu erfassen, mussten die Köpfe der Könige frei modelliert werden.

Dabei wurden sie digital mit dem ebenfalls im Rechner nachgebauten Gesicht der Sphinx verknüpft. Bit für Bit konnten die Züge der Pharaonen anschließend auf die Sphinx übertragen werden.

Die Animation des Cheops-Kopfes nach dem Vorbild der winzigen und beschädigten Statuette war eine Herausforderung. Ägyptologen, Künstler und Anatomie-Experten – jeder machte sich bei den Recherchen sein eigenes Bild des Königs. Der eine glaubte ein Lächeln, der andere einen mürrischen Ausdruck wahrzunehmen. Zahi Hawass hielt es gar für unmöglich, in der kleinen Skulptur ein richtiges Gesicht zu erkennen.

Die Künstler aber waren beeindruckt vom individuellen Charakter des dargestellten Königs, der im Gegensatz zu Chephren so gar nicht dem Ideal des Alten Reichs von der ewigen Schönheit und Jugend eines Pharao entspricht. Hawass behauptet, dass die Skulptur aus der Spätzeit um 500 v. Chr. stammt – also gut 2000 Jahre, nachdem der letzte Bildhauer Cheops lebend erblickt haben kann. Wenn es um den Erbauer der großen Pyramide geht, fällt es dem temperamentvollen Ägypter schwer, die Emotionen zu bändigen: „Niemals hätte man Cheops zu seiner Zeit so unscheinbar dargestellt."

Als die ersten Ergebnisse der Computer-Künstler vor uns auf dem Bildschirm erschienen, waren wir überrascht, wie sehr der Ausdruck der Gesichter etwa durch Licht oder Texturen verändert werden konnte. Das so genannte Morphing mit der Sphinx barg noch größere Überraschungen: Die Züge der Pharaonen schienen sich auf magische Weise zu verjüngen. Die Computer-Experten stellten zudem fest, dass keines der Gesichter perfekt mit den anatomischen Details der Sphinx übereinstimmte und digital „ein wenig nachgeholfen" werden musste. Wie einst die Bildhauer der Antike schufen auch unsere Künstler eigene idealisierte Porträts.

Kriminologen sind dem Rätsel auf der Spur

Chephren oder Cheops? Wir wollten den Streit der Gelehrten entscheiden und haben Spezialisten für die Erkennung von Gesichtern mit der Klärung dieser Frage beauftragt.

Beim ersten Anruf im Münchner Institut für Gerichtsmedizin zeigten sich die Wissenschaftler von unserem Ansinnen etwas befremdet. Aber nach kurzer Zeit erwachte auch in ihnen erst Interesse und schließlich sogar ein gewisser „ägyptomanischer Enthusiasmus", das Rätsel zu lösen. Die Identifikation eines Pharao anhand von Skulpturen erwies sich als spannende Abwechslung im kriminologischen Alltag.

Der Gerichtsmediziner Dr. Erich Schuller und sein Kollege Dipl.-Ing. Markus Schönpflug überführen sonst Temposünder und Bankräuber mithilfe von Fotos aus Blitzanlagen und Überwachungskameras. Oft behaupten die potenziellen Straftäter, nicht die fotografierte Person zu sein. Dann werden sie in das Institut in der Münchner Frauenlobstraße zum Fototermin bestellt. Ihre Porträts vergleichen die Erkennungsdienstler mit den Aufnahmen vom Tatort, um sie anhand von morphologischen Ähnlichkeiten zweifelsfrei zu identifizieren.

Während Kunsthistoriker die persönliche Anschauung für die Einordnung von Kunstwerken für unabdingbar halten, arbeiten die Mediziner mit Fotos, um eine objektive, auf messbaren Größen beruhende Einschätzung zu gewinnen. Dabei ist es wichtig, dass die zu vergleichenden Aufnahmen exakt aus der gleichen Perspektive fotografiert werden. Diese Voraussetzung erschwerte unsere Analysen. So wäre es für frontale Ansichten vom Gesicht der Sphinx nötig gewesen, vor dem Denkmal einen fast 20 Meter hohen Kran aufzubauen – ein Unterfangen, das von der ägyptischen Altertumsbehörde bislang nicht genehmigt wurde. Die beiden Wissenschaftler hätten die Sphinx, Chephren und den kleinen Cheops am liebsten mit moderner Lasertechnologie vermessen, um unanfechtbare Daten für ihre Analysen zu gewinnen.

Das zweite Problem: Ist der anatomische Vergleich der Skulpturen wissenschaftlich legitim? Inwieweit haben die Bildhauer der Antike den Menschen mit seinen individuellen Merkmalen abgebildet? Waren es nicht doch eher Typisierungen oder idealisierte Darstellungen?

Wir zeigten den Kriminologen eine ganze Reihe von Chephren-Porträts. Ihnen fiel auf, dass der Mund des Pharao mal voller, mal schmallippiger ist. Auch die Nase ist bei den Skulpturen unterschiedlich ausgeprägt. Jeder Künstler hat dem Herrscher einen eigenen Charakter verliehen. Doch es ist zu erkennen, dass es sich stets um die gleiche Person handelt.

Kunsthistoriker weisen darauf hin, dass besonders auffallende Merkmale eines Herrschers offenbar realistisch dargestellt wurden. Der Erbauer der dritten Pyramide von Gizeh, Pharao Mykerinos, wird beispielsweise stets mit einem sehr kleinen Kopf gezeigt. Ob die Künstler der Pharaonen bei ihren Herrscherporträts auch auf die „Einrollung der Außenohrleiste" und ähnliche morphologisch bedeutsame Details geachtet haben, ist überaus fraglich. Doch selbst renommierte Archäologen wie Stadelmann und Hawass argumentieren mit der anatomischen Ähnlichkeit. Wir haben ihre Thesen auf den wissenschaftlichen Prüfstand gestellt.

Der unbekannte Dritte

Mit analytischem Sachverstand und kunsthistorischem Einfühlungsvermögen machten sich die Bilddetektive ans Werk. Nach einem Monat fragten wir nach, ob es bereits einen Favoriten gebe. Darauf stets Antworten mit bayerischem Langmut: „Wir müssten uns noch mal dransetzen." Und: „Könnt's auch *keiner* von beiden sein?"

Endlich die erste „Hochrechnung" – Pharao Cheops wirft Rätsel auf. Im Antlitz der Sphinx lassen sich seine Züge nicht aufspüren. Die Mediziner attestieren dem Herrscher ein fast asiatisches Aussehen. Wie weit könnte dieses Merkmal im Ägypten des Alten Reichs verbreitet gewesen sein? Der Sphinx bescheinigen die Anatomie-Experten dagegen ein eher negroides Gesicht.

Cheops' ausgeprägte Nase wäre ein gutes Entscheidungskriterium gewesen, aber für einen Vergleich ist das Antlitz der Sphinx zu stark zerstört. Ihre Stirn ist stärker geneigt als bei Cheops und auch ihre weit vorstehenden Jochbeine finden sich nicht im Gesicht des großen Pyramidenbauers. Vor allem aber die extrem breiten Kieferknochen der Sphinx entsprechen nicht dem rundlichen, kurzen Kinn des Königs.

Der Fall wurde immer komplizierter: Meist wird das Monument von unten her betrachtet. War es die Absicht des Künstlers, das Kinn kantig und Ehrfurcht gebietend darzustellen? Wurde die anatomische Ähnlichkeit aus dramaturgischen Gründen vernachlässigt? Und inwieweit mussten die Bildhauer beim Modellieren der Sphinx die Struktur des Gesteins berücksichtigen? Hat die Sphinx deswegen so abstehende Ohren?

Aus kriminologischer Sicht ließ sich der Disput zwischen Stadelmann und Hawass dennoch entscheiden: Die anatomischen Merkmale sprechen gegen Cheops.

Chephren hingegen könnte es sein. Die Einrollung der Außenohrleiste stimmt. Das Kinn ist ebenfalls ausgeprägt und weit auslaufend wie bei der Sphinx. Doch es gibt auch hier Merkmale, die sich nicht decken. Für die Überführung eines Straftäters würden die Indizien nicht ausreichen. Frühere Gutachten wie das des New Yorker Gerichtszeichners Frank Domingo schließen Chephren aus.

Immer wieder sei im Lauf der Jahrtausende das Antlitz der Sphinx verändert worden, sagen die Archäologen. Der im Neuen Reich angefügte Götterbart ist nur ein Beispiel dafür. In der altägyptischen Geschichte finden sich viele Pharaonen, die Statuen ihrer Vorgänger für sich in Beschlag genommen haben. Oft wurden nur die Kartuschen mit den Königsnamen „retuschiert". Die heutigen Gesichtszüge der Sphinx könnten auch die Züge einer Reihe anderer Pharaonen sein – etwa die von Ramses II., von dem wir neuerdings wissen, dass er 1279 v. Chr. das Monument umarbeiten und einen Granitaltar zwischen den Pfoten der Sphinx errichten ließ.

„Ich bin Re, ich bin der Löwe"

Bei den Versuchen, das Rätsel der Sphinx zu lösen, verschwimmen manchmal die Grenzen zwischen harten Fakten und Fiktion – selbst in der hohen Schule der Ägyptologie. In einem Punkt aber sind sich die Wissenschaftler einig: Erschaffen wurde die Sphinx von einem König des Alten Reichs. Doch während die Geschichte des Pyramidenbaus sich aus der Vorzeit bis in die vierte Dynastie in stufenweisen Entwicklungsschritten studieren lässt, taucht die Sphinx wie eine Erscheinung aus dem Nichts auf. Was hat die Menschen damals dazu bewogen, mit einem Mal eine so monumentale Mischgestalt aus dem Fels zu schlagen – die sonnenflammende Löwenmähne edel bezähmt unter dem plissierten Nemes-Kopftuch, die animalische Kraft in beherrschter Gemessenheit ruhend, eine unübertroffene Verbindung aus König und Gott, Tier und Mensch.

Ägyptologen sehen in dem kultisch motivierten gigantischen Bauwillen der vierten Dynastie und dem plötzlichen Erscheinen der Kolossal-Sphinx einen Ausdruck der neuen Bedeutung, zu der das Königtum erwachsen war. Die Pharaonen herrschten nun von Assuan im Süden bis zum Nildelta und auf dem Sinai über ein riesiges Reich. Und sie waren nicht einfach nur Monarchen – sie waren Gottkönige. Was Wunder, dass eine solche Machtfülle in Bauwerken dargestellt sein wollte, wie man sie nie zuvor gesehen hatte.

Die Sphinx-Gestalt hob den König über die menschliche Sphäre hinaus. Über den mythischen Zusammenhang zwischen der Sphinx und dem Sonnengott ist erst in späterer Zeit etwas niedergeschrieben worden. Im Totenbuch des Neuen Reichs steht: „Ich bin der, der den Himmel durchfährt, ich bin Re, ich bin der Löwe."

Sphinx und Pyramiden waren nicht nur Bauten für einen, sondern Werke für alle. „Der Pharao artikulierte damit für alle seine Untertanen eine Art Garantie, dass er sie sozusagen mit ins Jenseits nimmt", so Rainer Stadelmann. Für Dr. Zahi Hawass waren die Monumente Symbole des Königtums und der gesamten Nation. Jede Familie in ganz Ägypten nahm an diesen Projekten teil und sandte Arbeitskräfte und Nahrung zur Unterstützung des Königs. „Ich bin der Überzeugung, dass es die Sphinx und die Pyramiden waren, die Ägypten erschaffen haben, und nicht umgekehrt. Durch ihren Bau haben die Ägypter Kenntnisse über Astronomie, Kunst, Wissenschaft und Technologie erworben – und diese Fertigkeiten waren es, die Ägypten aufgebaut haben."

Auf dem Friedhof der Pyramidenarbeiter

In unmittelbarer Nachbarschaft der Pyramiden hat Hawass in den vergangenen Jahren die Überreste einer Arbeitersiedlung aus der vierten Dynastie entdeckt. Der einzigartige Fund eröffnet erstmals Einblicke in das Leben jener Menschen, die am Bau der Pyramiden und der Sphinx beteiligt waren.

In der Ansiedlung lebten etwa 18 000 Menschen. Die höheren Beamten unter ihnen bauten ihre Grabstätten in Form kleiner Pyramiden aus Schlammziegeln. Sie schufen sogar kleine Aufwege, die den Anlagen der Gottkönige nachempfunden waren. Diese Gestalt der Grabanlage war also nicht, wie man zuvor angenommen hat, einzig dem Pharao vorbehalten.

Bislang sind die Archäologen auf etwa 2000 Gräber gestoßen, darunter 80 große Grabstätten. Der Friedhof grenzt unmittelbar an das Dorf Nazlet al-

Am Rand des Pyramidenfelds haben Archäologen in den vergangenen Jahren einen Friedhof aus dem Alten Reich entdeckt und ausgegraben. Hier liegen jene Arbeiter bestattet, die für ihre Könige gewaltige Grabmäler und vermutlich auch die Sphinx in die Wüste gesetzt haben.

Samman, und man erahnt, welche antiken Schätze der unaufhaltsam wachsende Moloch Kairo bereits in jenen Tagen verschlungen hat. Viele der Leute, die ihre Häuser hier errichtet haben – direkt auf der berühmtesten archäologischen Ausgrabungsstätte der Welt –, sollen reich geworden sein. Während des Hausbaus sind sie bei Schachtarbeiten auf Mumien und ande-

re Kostbarkeiten gestoßen und haben sie auf dem florierenden Schwarzmarkt der Kunsthändler verkauft.

Herodot berichtet, dass zehntausende von Sklaven an den mächtigen Bauwerken beschäftigt gewesen seien. Doch die jüngsten Ausgrabungen liefern ein anderes Bild. Die Inschriften an den Wänden der Gräber lassen vermuten, dass hier keine Geknechteten bestattet worden sind, sondern hoch qualifizierte Arbeitskräfte. Ihre Titel geben Hinweise auf die Tätigkeiten, die sie beim Bau der Pyramiden ausgeübt haben – „Vorsteher der Arbeiter" und „Handwerker" etwa oder ein „Aufseher über die Errichtung einer Pyramidenseite".

Nichtsdestotrotz war die körperliche Arbeit auf der wohl größten Baustelle der damaligen Welt ziemlich hart. Das belegen Untersuchungen der Skelette. Schwere Lasten hatten starke Schädigungen der Gelenke bewirkt und auch Verletzungen wie Knochenbrüche gehörten zum Alltag der Arbeiter. An einem Skelett fanden die Archäologen einen gebrochenen Arm, der wieder zusammengefügt wurde. Offenbar gab es auch schon im Alten Reich so etwas wie eine Notfallmedizin.

Eines der prächtigsten Gräber wurde für einen Priester errichtet, der für die Reinigung des Leichnams bei der Mumifizierung des verstorbenen Pharao verantwortlich war. Zu Lebzeiten des Königs führte er die Aufsicht über den Palast. Sein Name war Mutaher-al-malik. Die Inschriften in seiner Grabstätte erzählen, dass er zwei Frauen hatte: Nefer-heteb-es, eine Weberin, die er innig liebte, und Ni-ankh-hathor, seine Nebenfrau. Sie schenkten ihm 19 Kinder. Stelen berichten, was den Priester im Diesseits erfreute und was er auch im Jenseits bei sich zu haben wünschte: Brot und Bier, Blumen und Alabaster, rauschende Feste und Weisheit. Jeweils mit genauem Datum auf einem Kalender festgehalten, hat er vorausbestimmt, wann er im Reich der Toten mit welchen Freuden des Lebens gesegnet werden möchte.

Wie ihre Könige, so glaubten auch die einfachen Menschen an eine Wiedergeburt und ein „Hinaustreten in das volle Licht des Tages". Alle Skelette fanden die Archäologen in fetaler Position – eingerollt wie ein Ungeborenes im Mutterleib. Die Köpfe der Bestatteten waren nach Norden ausgerichtet, zu den Sternen des Polarkreises, wo sie nach ihrer Himmelfahrt ewig weiterleben würden.

Die Bildhauer der Sphinx

Doch die Menschen, deren Hände die Sphinx aus dem Stein gemeißelt haben und deren Geist sie entworfen hat, haben kaum Spuren ihrer Arbeitsweise hinterlassen. Den Grund für die fehlenden Aufzeichnungen sehen Ägyptologen darin, dass ein solches Unternehmen für die alten Ägypter eine heilige Handlung war – und unwiederholbar. Und für etwas Einmaliges verbot sich jede Beschreibung.

An einer Skizze auf Papyrus und dem Bildhauermodell einer Sphinx, das aus späterer Zeit stammt und im Ägyptischen Museum in Berlin aufbewahrt wird, lassen sich einzelne Arbeitsschritte ablesen. Ihren Entwurf auf Papyrus haben die Künstler auf den Rohling aus Stein übertragen, wie an den aufgemalten Linien zu erkennen ist.

Die pharaonischen Steinmetze legten immer die senkrechte Projektion zugrunde, wenn sie einen Bau entwarfen – Grundriss, Seitenriss, Aufriss. Dazu musste jede maßstäbliche Entwurfszeichnung mit einem Quadratgitter überzogen werden, aus dem die wirkliche Größe – auch bei einer Skulptur wie der Sphinx – mithilfe von gespannten Seilen abgeleitet wurde. Landvermesser gingen beim Aufstellen von Vermessungsplänen genau umgekehrt vor. Sie überzogen oft große Gelände mit einem quadratischen Seilnetz, nach dem maßstabsgerecht ein Plan gezeichnet wurde.

Die Senke, in der die Sphinx steht, wurde zweifellos als Steinbruch für den Pyramidenbau genutzt, von wem auch immer. Aus einem übrig gebliebenen Felsbuckel minderer Qualität, der darin aufragte, wurde die Sphinx gemeißelt. Vielleicht war der Baumeister bereits zuvor von der durch Sand und Wind erodierten Form der lang gestreckten Felszunge zu diesem Bildwerk inspiriert worden.

Dieser Fels, aus dem die Sphinx entstand, liegt auf einer mächtigen, etwa 40 bis 50 Millionen Jahre alten Kalksteinbank. Am Körper der Sphinx wird das Sandwich-Gefüge des Gesteins deutlich. Die Basis besteht aus harten, versteinerten Korallen, der Körper aus weicheren Gesteinsschichten. In die Schichtfugen haben die alten Bildhauer genial Mund, Nase und Augenpartien eingearbeitet. Die Pfoten der Sphinx wurden nachträglich mit Hausteinen aufgemauert.

Auch davon, wie die Steinbruchsarbeiten vonstatten gingen, in denen blöckeweise der Graben um den Körper der Sphinx ausgebrochen wurde, können wir uns heute eine gute Vorstellung machen. Mit exakt angesetzten geologischen Abbautechniken hebelte man die eineinhalb Meter mächtigen horizontalen Kalkbänke aus dem Mergel; zuvor hatte man sie mithilfe aufquellender Holzpflöcke und Balken gelockert.

Eisenwerkzeuge, das Rad oder Flaschenzüge gab es nicht. Alle Arbeiten wurden mit Diorit-Hämmern, Beilen, Sägen und Zangen aus gehärtetem Kupfer und Kieselbohrern ausgeführt. Man nimmt an, dass sie beim Zurechtsägen der Steine angefeuchteten Quarzsand als Schleifmittel verwendeten. Winkelmaß, Senkblei, Elle, Schnur und Visierstab dienten der Messkontrolle.

König Cheops und der Zauberer

Die Frage der Archäologen nach dem Erbauer der Sphinx ist nur eines ihrer Rätsel. Seit Jahrtausenden ist die Sphinx eines der großen Mysterien der Welt. In den überquellenden Ausstellungsräumen des Ägyptischen Museums in Kairo ist ein legendäres Beweisstück verborgen, das Auskunft geben soll über das wahre Alter der Sphinx. Eine Stele, die besagt, dass das Bildnis des Löwenmenschen bereits existierte, als Cheops die große Pyramide erbauen ließ.

Selbst den wissenschaftlichen Mitarbeitern des Museums gelingt es erst nach langer Suche, das kostbare Fundstück aufzuspüren. Es hängt seitlich an einem schmalen Mauervorsprung gegenüber der Chephren-Statue und kaum ein Besucher nimmt Notiz davon. Es trägt die Bezeichnung „Register-Stele", da es eine Inventar-Liste von Skulpturen und anderen Dingen enthält, die Cheops vorgefunden haben soll, als er daranging, die Altertümer seiner Zeit restaurieren zu lassen. Die Inschrift beginnt mit den Worten:

„Er, Cheops, fand den Tempel der Isis, Herrin der Pyramiden, an der Seite der Sphinx ... Er restaurierte die bemalte Skulptur des Hüters der Lüfte, die den Wind lenkt mit ihrem Blick. Er verkleidete das fehlende rückwärtige Teil des Nemes-Kopftuchs mit vergoldetem Stein."

Entdeckt wurde die kleine Kalkstein-Stele 1858 bei Ausgrabungen nahe der Cheops-Pyramide. Aus welcher Epoche sie stammt, ist bis heute ungeklärt. Der Stil deutet auf die 26. Dynastie (664–524 v. Chr.) hin, in der man sich bemühte, den Glanz des Alten Reichs wieder aufzupolieren. Es gab zu dieser Zeit Priester, die einen Sphinx-Kult betrieben, und solche, die sich als Priester des Cheops, des Chephren und des Mykerinos bezeichneten.

Die Geschichte wurde möglicherweise erzählt, um dem Kult Authentizität zu verleihen. Dass sie annahmen, die Sphinx sei älter als Cheops, zeigt wahrscheinlich nur, wie weit sich die Historie von den Tatsachen entfernt hatte. Kühne Hypothesen aber ziehen die Stele heute als Beweis heran, dass eine vorzeitliche Zivilisation, die lange vor den Pharaonen in Ägypten gelebt hat, die Sphinx errichten ließ.

Der Hermes-Code

Das Geheimnis der Sphinx zu lüften gleicht der Suche nach dem Stein der Weisen. In einem alten Buch soll der universelle Code verborgen sein, mit dem die Rätsel der Welt gelöst werden können – das *Corpus Hermeticum*. Urheber der heiligen Schrift soll Hermes Trismegistos gewesen sein. Er war der Vater der Geheimlehren. Ein Mann, der nie gelebt hat. Seine Anhänger sahen in ihm die menschliche Inkarnation des altägyptischen Thot, des Gottes der Schreibkunst, der Magie und der Wissenschaft. Skulpturen zeigen ihn als Pavian oder als Ibis – heilige Tiere im antiken Ägypten.

Nach ihm benannt ist auch die „Hermetik", die allgemeine Bezeichnung für Geheimwissenschaft und die geheimen Lehren. Die Alchemisten schrieben „Hermes Trismegistos", dem „Dreimalgrößten Hermes", die Fähigkeit zu, ein Gefäß luftdicht – „hermetisch" – zu verschließen, woraus sich später die Bedeutung entwickelte, etwas sei nur Eingeweihten zugänglich.

Die malerische Bloomstraat in Amsterdam beherbergt die „Bibliotheca Philosophica Hermetica" – eine einzigartige Sammlung hermetischer Schriften. Tausende Folianten von unschätzbarem Wert werden hier aufbewahrt, darunter auch die ersten gedruckten Ausgaben des *Corpus Hermeticum*. Große Dichter und Philosophen, Wissenschaftler wie Isaac Newton, Alchemisten und Astrologen haben in den hermetischen Schriften nach Erkenntnis gesucht.

Der Weisheitsgott Thot wurde im alten Ägypten als Pavian dargestellt.

„Hermes Trismegistos war keine konkrete Person", erläutert der Buchhistoriker Professor Frans Janssen. „Wir nehmen an, dass etwa im 2. Jahrhundert n. Chr. eine Gruppe griechischer Philosophen in Alexandria diese Texte niedergeschrieben hat." Ihr Ursprung aber geht bis in das 2. Jahrtausend v. Chr. zurück, in die Epoche der Sphinx und der Pyramiden.

Das *Corpus Hermeticum* ist in Dialogen verfasst, die der Meister mit seinem Schüler Asklepios führt – dem späteren Heilsgott Aesculap. „Was hier unten ist, ist gleich dem, was oben ist", sind seine berühmten Worte. Über ihren Sinn haben Generationen von Denkern gerätselt.

Im so genannten Schlangenbuch des *Corpus Hermeticum* berichtet Hermes, sein Großvater, der „Hermes der Hermesse", habe die Tempel in Ägypten erbauen lassen, um darin „das gesamte Wissen der Ägypter an Alchemie, Magie, Talismanen, Medizin, Astronomie und Geometrie niederzulegen".

Der – nach seinem Vorbesitzer so benannte – *Papyrus Westcar* aus dem Ägyptischen Museum in Berlin stammt aus dem Mittleren Reich. Er erzählt, dass bereits Cheops nach diesem Hort des Wissens suchte. Der Pharao befragte einen Zauberer namens Dedi nach dem Schlüssel zu dem Heiligtum des Thot:

> *„Was man aber sagt, du wissest die Zahl der Schlösser vom Heiligtum des Thot, wie steht es damit?" Dedi sagte: „Verzeih, die Zahl davon weiß ich nicht, o König, mein Herr, aber ich weiß, wo sie sind." Seine Majestät sagte: „Wo ist das?" Dedi sagte: „Es gibt eine Kiste aus Feuerstein in einer Kammer, die ‚die Revision' heißt, in Heliopolis; in der Kiste sind sie."*

Die Prophezeiung des „schlafenden Propheten"

Nach dem verborgenen Wissensschatz und seinem Hort suchen Esoteriker bis heute – in verborgenen Kammern in den Pyramiden und in einem unterirdischen Labyrinth unter den Pranken der Sphinx.

In moderner Zeit begann die Suche nach der so genannten Halle der Aufzeichnungen mit den Prophezeiungen des Amerikaners Edgar Cayce um das Jahr 1900. Der „schlafende Prophet", wie man ihn nannte, erteilte bereits als Jugendlicher in Trance medizinische Ratschläge. Später kam er in den Sitzungen immer wieder auf sein früheres Leben in Atlantis zu sprechen. Er sei die Reinkarnation des atlantischen Hohepriesters Ra-Ta. Cayce zufolge waren die Bewohner der versunkenen Insel im Jahr 10 500 v. Chr. vor der Sintflut nach Ägypten geflüchtet. Dort gründeten sie eine neue Zivilisation. Mit sich führten sie eine Chronik ihrer 40 Jahrtausende alten Kultur, die in einer „Halle der Aufzeichnungen" unter dem Leib der Sphinx verborgen sei.

1932 gründeten Cayces' Nachkommen in Virginia Beach eine Stiftung, die „Association for Research and Enlightenment" (ARE). Sie verwahrt mehr als 14 000 Sitzungsprotokolle, die der „Atlantide" Cayce hinterlassen hat. „Rund 10 500 Jahre vor der Ankunft Christi auf Erden wurde erstmals zu vervollständigen versucht, was man begonnen hatte und was Sphinx genannt wird." So heißt es in einer der mitstenografierten Trance-Sitzungen Cayces'. In einer anderen beschreibt der „schlafende Prophet" die Lage der Bibliothek des Wissens. „Es gibt eine Kammer oder einen Gang von der rechten Vorderpranke der Sphinx zu diesem Eingang des Raums der Aufzeichnungen."

Durch gezielte Nachforschungen versucht die Stiftung unermüdlich, den Wahrheitsgehalt der Trance-Botschaften unter Beweis zu stellen. 1991

Die Grabkammer der Teti-Pyramide von Sakkara ist reich mit Hieroglyphen verziert und könnte zu einer „Halle der Aufzeichnungen" inspiriert haben.

machte der Geologe Thomas Dobecki seismische Messungen in der Umgebung der Sphinx. Seine Ergebnisse deuteten auf eine große Höhle oder Kammer tief im Gestein unter der Sphinx. Der unerwartete Hohlraum wurde genau an der Stelle geortet, die Edgar Cayce einst genannt hatte – unter den Vorderpranken der Sphinx.

Nun rückte eine amerikanische Expedition der Monumentalskulptur mit gewaltigen Bohrmaschinen zu Leibe. Zwischen den mächtigen Tatzen drangen sie sieben Meter tief in das Gestein. Doch die Bohrungen machten alle Hoffnungen der Mission zunichte. Es handelte sich um ausgewaschene

Der Bauingenieur und Bestseller-Autor Robert Bauval ist davon überzeugt, dass die Architekten von Gizeh den Himmel auf Erden abbilden wollten. Er glaubt nachweisen zu können, dass die Konstellation der drei Gürtelsterne des Orion in der Zeit um 10 500 v. Chr. genau den drei Pyramiden von Gizeh entsprachen.

Hohlräume, wie sie sich auf natürliche Weise im Kalkstein bilden. Weitere Bohrungen wurden von der ägyptischen Altertumsverwaltung untersagt – für die amerikanischen Erben der Atlanter eine gezielte Verschwörung der traditionellen Archäologie.

Viele selbst ernannte Pyramidenforscher sind nach wie vor davon überzeugt, dass die Grabstätten der Pharaonen durch unterirdische Gänge miteinander und mit der Sphinx verbunden sind. Der australische Eisenbahningenieur Robert Ballard etwa hält es für möglich, dass die Pyramiden über einer regelrechten unterirdischen Stadt errichtet worden sind.

Die jüngsten Spekulationen ranken sich um einen Tunnel, den Zahi Hawass in dem Osiris-Grab tief im Untergrund der Nekropole entdeckt hat. An der Westseite der tiefsten Kammer beginnt ein Gang, der nach neun Metern zu eng wird, um in ihm weiter vordringen zu können. „Wir brauchen eine Kamerasonde", sagt Hawass, „um zu sehen, ob uns der Gang vielleicht mit der Sphinx verbindet."

Das ganze Gerede über die Halle der Aufzeichnungen aber hat der Ägyptologe jetzt auf einem internationalen Kongress für Humbug erklärt. Vor einigen Jahren wurde an der Taille der Sphinx zwar ein mysteriöser Gang entdeckt. „Aber ich habe nichts als einen alten Schuh gefunden", erzählt Hawass trocken, „wohl von jemandem, der vor uns da drin war. Selbst wenn wir eine Verbindung finden sollten, werden sich keine geheimen Räume unter der Sphinx auftun."

Der kosmische Masterplan

Dem prominentesten Repräsentanten einer spektakulären Theorie über das „Rätsel in Stein" hat Zahi Hawass sogar ein „Interview-Verbot" in nächster Nähe von Sphinx und Pyramiden erteilt: Robert Bauval. Der Bauingenieur aus London ist seit seiner Kindheit in Alexandria fasziniert von Ägypten. Heute ist es die sakrale Architektur der Pharaonen, die ihn am meisten in den Bann zieht.

Bauval ist davon überzeugt, dass die Schöpfer der Weltwunder von Gizeh bestimmte Sternen-Konstellationen auf Erden nachbilden wollten. Und er glaubt, aus der Rekonstruktion der Himmelskarten vor tausenden von Jahren das Datum ableiten zu können, an dem die rätselhaften Monumente errichtet worden sind. Sein Buch *Der Schlüssel zur Sphinx* wurde ein internationaler Bestseller.

Rund um das Pyramidenplateau ist Bauval eine Berühmtheit und alle mögen ihn. Unser wissenschaftlicher Inspektor und selbst die Polizisten begleiten uns zum Haus eines Parfümhändlers in Nazlet al-Samman, auf dessen Dachterrasse – mit fantastischem Blick auf Sphinx und Pyramiden – wir mit dem „Sternendeuter" aus London sprechen.

„Es ist, als ob der Himmel Ägypten wäre und Ägypten der Himmel", sagt Bauval. „Es ist, als ob es eine Einheit zwischen Ägypten und dem Himmel gäbe. Das hat mich auf die Idee gebracht, dass diese Monumente den Sternen, der Sonne und dem Kosmos selbst zugehören." Inspiriert wurde Bauval auch durch einen weltberühmten Satz im *Corpus Hermeticum*:

„Weißt du denn nicht, Asklepios, dass Ägypten dem Himmel nachgebildet ist? Oder, um es genauer zu sagen, dass in Ägypten alles Tun und Treiben der Mächte, die im Himmel herrschen und walten, auf die Erde hinunter übertragen wurde?"

Für Bauval liegt der Gedanke auf der Hand, dass die Ägypter sich ihr Land als ein Bild des Himmels, als ein Modell des Firmaments vorgestellt haben. „Das *Corpus Hermeticum* bestärkt die Vermutung, dass wir es so sehen müssen: Ägypten ist eine Art Spiegelbild des Himmels."

Bauval meint, die Triebfeder der antiken ägyptischen Zivilisation sei der Glaube gewesen, der König lebe nach seinem Tod für immer im Himmel – „daher ist es offensichtlich, dass diese Denkmäler etwas mit den Sternen zu tun haben". Mit dem Computer ist es heute möglich, den Himmel der Antike zu rekonstruieren und zu sehen, was die Menschen damals erblickt haben. Eine astronomische Zeitreise in die Vergangenheit führte Bauval zu verblüffenden Erkenntnissen.

Für jeden Ort rund um den Globus können die Sternenkonstellationen heute errechnet werden – für jedes beliebige Datum, selbst vor abertausenden von Jahren. Bauval dreht in einem virtuellen Planetarium auf seinem Laptop den Zeiger der astronomischen Uhr zurück – am Himmel über Kairo zeigt sich eine erstaunliche Entdeckung.

Was hier unten ist, ist gleich dem, was oben ist

In der Zeit um 10 500 v. Chr. finden die Pyramiden ein magisches Abbild am Firmament. Die drei Gürtelsterne des Orion entsprechen in ihrer Konstellation genau den nach den Himmelsrichtungen präzise ausgerichteten Grabmälern der Pharaonen. Soll das lediglich ein purer Zufall sein? Oder wurden die rätselhaften Monumente tatsächlich nach einem himmlischen Masterplan ausgerichtet?

Von jeher sind die Augen der Sphinx auf jenen Punkt am Horizont gerichtet, wo die Sonne zur Tag-und-Nacht-Gleiche aufgeht. Jenes Sternbild, das hier im Frühling am Himmel stand, bestimmte nach dem Glauben der Ägypter das astrologische Zeitalter, so Bauval. 10 500 v. Chr. blickte die Sphinx auf ihr kosmisches Ebenbild in den Sternen.

Das Sternbild des Orion nannten die Ägypter „Sahu" – es stand für Osiris, den Gott der Toten und der Wiedergeburt. Osiris wird von seinem Bruder Seth ermordet, erzählt der Mythos. Seiner Schwester und Gemahlin Isis gelingt es, ihn noch einmal zu beleben. Sie empfängt von ihm einen Sohn – Horus. Er besteigt den Thron der Lebenden. Sein Vater Osiris aber regiert über das Totenreich. „Die Menschen glaubten", sagt Bauval, „dass der König nach seinem Tod als Stern weiterlebe."

Von jeher sind die Augen der Sphinx auf jenen Punkt am Horizont gerichtet, wo die Sonne zur Tag-und-Nacht-Gleiche aufgeht. Jenes Sternbild, das hier im Frühling am Himmel stand, bestimmte nach dem Glauben der Ägypter das astrologische Zeitalter. Heute bricht der Tag im Sternbild der Fische an.

Einmal im Jahr wandert unser Planet durch den gesamten Tierkreis. Doch die Position der Sternbilder zur Erde ändert sich im Laufe der Jahrtausende. Das liegt am Phänomen der „Präzession". Fast unmerklich taumelt die Erde im All. So ist es zu erklären, dass zu einem bestimmten Zeitpunkt im Jahr am gleichen Ort nicht immer dasselbe Sternbild am Himmel erscheint. Die Verschiebung können Astronomen dank moderner Computertechnik berechnen. In 26 000 Jahren kreiselt der Blaue Planet einmal um seine Achse.

Für das Jahr 10 500 v. Chr. entdeckte Bauval eine zweite Konstellation, die das „Rätsel in Stein" erklären könnte. Damals ging die Sonne von Gizeh zu Beginn des Frühlings im Sternbild des Löwen auf. Die Sphinx blickte auf ihr kosmisches Ebenbild in den Sternen – „was hier unten ist, ist gleich dem, was oben ist ..."

Bauval behauptet heute nicht mehr, dass Pyramiden und Sphinx von einer unbekannten Zivilisation errichtet worden sind, sondern datiert sie entsprechend der Lehrmeinung auf 2500 v. Chr. Er sagt jedoch, dass der Masterplan für die gesamte Anlage bereits viel früher von einer wissenschaftlichen Elite konzipiert worden ist. Erst im Alten Reich sei die Gesellschaft so weit entwickelt gewesen, dass dieser Plan in die Tat umgesetzt werden konnte.

Archäologische Beweise für Bauvals versunkenes Volk gibt es nicht. Und ob die Baumeister der Pyramiden unsere heutigen Tierkreiszeichen bereits kannten, ist ungewiss. Die meisten Astronomen halten die Orion-Theorie für eine elegante Spielerei. Zieht man die Eigenbewegung der Sterne über die Jahrtausende ins Kalkül, deckt sich die Konstellation der Gürtelsterne nicht mit den Pyramiden.

Auch eine zweite Theorie von einem himmlischen Abbild der großen Sphinx hat sich jüngst als pure Spekulation erwiesen – das Sphinx-Gesicht auf dem Mars. Neue Aufnahmen des „Mars Global Surveyor" belegen, dass es sich um nichts anderes als ein Spiel von Licht und Schatten auf einem Hügel in der Landschaft des Roten Planeten gehandelt hat.

Und so meisterlich scheint der Masterplan dann doch nicht gewesen zu sein. In der Reihe des etwa 100 Kilometer langen Nekropolengürtels am Westufer des Nils stehen von Abu Roasch bis zum Fayum an die siebzig Pyramiden; weitere Pyramiden gibt es bei Theben sowie ausgedehnte Pyramidengruppen bei Napata und Meroe im südlichen Nubien. Außer den drei Pyramiden von Gizeh, und auch bei denen nur auf den ersten Blick, gibt es keine Übereinstimmung mit augenfälligen Sternbildern.

Für den Standort der Pyramiden haben Geologen eine ebenso nüchterne wie plausible Erklärung gefunden. Alle Pyramiden stehen auf natürlichen Plattformen aus festem Kalkstein, während sich auf den dazwischenliegenden Flächen häufig Mulden mit lockeren Sedimenten befinden. Auf diesen hätte eine größere Pyramide keinen Stand gehabt. Daneben kann auch nur ein solcher Kalksteingrund das Material zum Bau der Pyramiden liefern. Woanders als sie errichtet worden sind, hätten die Pyramiden gar nicht gebaut werden können.

Wie aber verhält es sich mit der verschlüsselten Botschaft im *Corpus Hermeticum*? Dem Buchhistoriker Frans Janssen ist Bauvals Auslegung zu großzügig. Zwar hält er ihn für einen ernsthaften Forscher, aber die bekannte Stelle aus dem *Corpus Hermeticum* habe Bauval sehr eigenwillig übersetzt. „Ägypten ist Tempel des Kosmos", so lautet der Text. „Es ist ein geheiligtes Land", so Janssens Interpretation, „dem der Himmel alle Vorzüge geschenkt hat, die es besitzt. Es kann zwar sein, dass die Pyramiden nach einem Sternbild gebaut worden sind. Aber dieser Text ist nicht der Beweis dafür."

Sintflut oder Sandflut?

Arabische Gelehrte berichteten im 12. Jahrhundert – in Anlehnung an das *Corpus Hermeticum* –, dass Hermes die Pyramiden erbaut hatte, weil er die Sintflut kommen sah und das Kulturerbe der Menschheit retten wollte. Die Sphinx soll, wie auch immer, einst auf der Cheops-Pyramide gestanden haben, von dort durch die Gewalt der Flut heruntergeschleudert worden sein.

Der Erste, der tatsächlich einen handfesten Beweis für einen Ozean rund um Sphinx und Pyramiden fand, war der Historiker Herodot. Er berichtete im 5. Jahrhundert v. Chr. von münzgroßen Muscheln im Gestein von Gizeh. Von dem ganzen Pyramidenfeld „hatte ich den sicheren Eindruck", so Herodot, „dass es einstmals ein Meerbusen war".

Herodots Bucht gab es tatsächlich – vor etwa vier Millionen Jahren. Damals entstand der Fels, aus dem der Mensch eines Tages die Sphinx erschaffen sollte. Das Pyramidenplateau war noch eine Halbinsel, ihr Kliff verlief genau dort, wo sich der Sphinx-Felsen bildete. In den vor der Brandung geschützten Bereichen konnten sich Korallenstöcke entwickeln, auf denen sich fossilreiche Schichten vom Festland ablagerten. Es entstand eine Wechselfolge von Kalk und Mergel, die man noch heute sehr deutlich an der Streifung der Sphinx sehen kann.

Manche sehen in den auffälligen senkrechten Erosionsrillen im Kalkstein ein Indiz für sintflutartige Regenfälle. Fantasten widmen sich bis heute der Frage, ob die Sphinx in grauer Vorzeit von einer gewaltigen Flut heimgesucht wurde.

Fasziniert von den hermetischen Geheimlehren machte sich in den Dreißigerjahren des 20. Jahrhunderts der französische Esoteriker René Schwaller de Lubicz auf die Suche nach Spuren der Flut. Zuvor hatte er das erste umfassende Werk über den Tempel von Luxor verfasst, in dessen Architektur er ein Spiegelbild des menschlichen Körpers zu erkennen glaubte.

An der Sphinx entdeckte Schwaller de Lubicz tatsächlich Verwitterungsspuren, die er auf eine Flut zurückführte. Für den Laienforscher ließ das nur einen Schluss zu: Die Sphinx musste Überrest einer versunkenen Kultur sein, die vor tausenden von Jahren ihre Blüte erlebt hat. Bislang konnte von

Nachfolgende Doppelseite: Die senkrechten Erosionsrillen im Sphinx-Becken führt ein amerikanischer Geologe auf eine Flut zurück.

der mysteriösen vorsintflutlichen Zivilisation allerdings kein einziges Atom gefunden werden.

Vor einigen Jahren fiel dem amerikanischen Amateurarchäologen Anthony West auf, dass ein Teil des südlichen Baugrabens der Sphinx eine starke Wassererosion aufzuweisen scheint. Der Geologe Robert Schoch stützte durch eine Untersuchung die Hypothese, dass die Verwitterungsspuren nur durch starke Regenfälle über eine lange Zeit verursacht worden sein konnten. In den vergangenen 3000 Jahren hat es in Ägypten jedoch nicht maßgeblich geregnet. In Anlehnung an Schwaller de Lubicz schloss West daraufhin, die Hinterlassenschaft einer verlorenen Zivilisation vor sich zu haben, die etwa 10 000 Jahre alt sein musste. War etwa die Sintflut über die Sphinx hinweggegangen?

Der deutsche Mineraloge Professor Dietrich Klemm hält das Ganze für „eine wilde Behauptung": „Ähnliche Strukturen kennt man auch aus Steinbrüchen und Gräbern, die nachweislich zur Zeit von Cheops und Chephren entstanden sind." Und warum gerade der Kopf der Sphinx, der als einziger Teil garantiert die ganze Zeit dem Wetter ausgesetzt war, nicht vom Regen erodiert sein soll, vermag auch West nicht zu erklären.

Ursache für die Verwitterungsspuren ist schlicht Abrieb durch Sand. Das Monument wurde im Lauf der Geschichte immer wieder ausgegraben und wehte danach neuerlich mit Sand zu. Herabrieselnde Sandmengen schleifen den Fels genauso ab wie herablaufendes Wasser.

Die Ägypter sind nicht begeistert von Theorien, die ihnen ihr stolzes Erbe aus der Hand nehmen und einer unbekannten Zivilisation in die Hände legen wollen. Zumal die Sphinx ganz in der Mode der vierten Dynastie ausgestattet ist. „Die Sphinx steht nicht einsam in der Wüste", gibt der Ägyptologe Mark Lehner zu bedenken. Bei ihren nahezu 200 Jahre andauernden Ausgrabungsarbeiten haben Archäologen im Umfeld der Sphinx eine Fülle von Material aus der vierten Dynastie geborgen.

„Wenn die Sphinx 10 000 v. Chr. gebaut wurde, wo zum Teufel ist dann der Rest der Kultur, die sie geschaffen hat?", schimpft der amerikanische Ägyptologe Lanny Bell. West versucht sich zu retten, indem er die Sphinx noch älter macht. „Die fehlenden Belege liegen möglicherweise tiefer verschüttet, als man bisher gegraben hat."

Oedipus Aegyptiacus

Die Sphinx ist so rätselhaft und so eng mit den Mysterien der Welt verknüpft, dass sie über die Jahrtausende zum Markenzeichen des Geheimnisvollen wurde. Das Motiv der Löwenfigur als Symbol göttlicher Weisheit kannten auch die frühen Christen. Jesus soll in einem heidnischen Tempel zwei steinerne Sphingen mit den höchsten Engeln der Cherubim und Seraphim verglichen haben, berichten die apokryphen Apostelakten. Eine von ihnen forderte er auf, herabzusteigen und seine göttliche Natur zu bezeugen. „Und sofort sprang in jener Stunde die Sphinx auf", so heißt es, „und selbst die Steine sagten die Wahrheit."

Mit der Verkündigung des Christentums aber verschwand das Kultbild des Sonnengotts – mit Christus stieg die „wahre Sonne" am Horizont des Glaubens auf, so die Botschaft der frühen Kirche.

Die Verbindung von Mensch und Tier hatten die Pharaonen als Zeichen des Göttlichen verehrt. Doch mit den ersten Reisenden, die in das Land am Nil kamen, mutierten die Mischwesen zu Dämonen. Berichte über Sphingen mit braunen Haaren und doppelten Brüsten, die in der afrikanischen Wildnis beheimat sein sollten, beflügelten die Fantasie.

Noch im Mittelalter waren die Menschen von der leibhaftigen Existenz solcher Fabelwesen fest überzeugt – Dämonen, die sie durch den christlichen Glauben zu bannen glaubten. In den Kathedralen wurden Sphingen zu mächtigen Hütern des heiligen Bezirks.

In der Renaissance, dem Revival der Antike, das um das Jahr 1400 das Abendland ergriff, wurde die Sphinx zum Symbol geheimer Wissenschaften. Ihr Bildnis inspirierte die Lehrlinge der Alchemie und Astrologie. Die Gelehrten machten sich mit akribischem Fleiß an die Rekonstruktion und Übersetzung vergessener Texte. Mitte des 15. Jahrhunderts wurde das *Corpus Hermeticum* wieder entdeckt und ins Lateinische übersetzt – das Englisch des Mittelalters. Auch die *Historien* des Herodot wurden in lateinischer Sprache veröffentlicht. Die Sphinx war von Plinius detailliert beschrieben worden. Das bruchstückhafte Wissen der Zeit inspirierte zu aufregenden Spekulationen.

Athanasius Kircher, einer der großen Universalgelehrten jener Epoche, hat das Titelblatt seines Werkes *Oedipus Aegyptiacus* mit einer geflügelten Sphinx geschmückt. Er selbst stellte sich als fragenden Ödipus dar, der das Geheimnis der Hieroglyphen enthüllen will. In der antiken Rätselschrift glaubte er die „höchsten Geheimnisse des Göttlichen" verborgen. Die Urheberschaft schrieb er dem Hermes Trismegistos zu.

Heilige Dämmerung

Die Rückbesinnung auf das hermetische Wissen der Antike brachte in Europa geheime Bruderschaften wie Rosenkreuzer und Freimaurer hervor. Das Land am Nil rückte auf dem europäischen Kontinent in das Zentrum esoterischer Geheimlehren. Auch Kapitän Caviglia hatte eine verborgene Gesellschaft der „Fratres lucis" – „Brüder von Luxor" – propagiert, die angeblich nächtliche Zusammenkünfte in der Cheops-Pyramide abhielt.

Der Geheimbund der Freimaurer geht auf die mittelalterlichen Maurer und Steinmetze zurück, die in Zünften zusammengeschlossen waren. Noch heute erinnern die Bräuche der Freimaurer, die Rituale und die dabei be-

Die altägyptischen traditionellen Symbole der Freimaurer sind im Tempel „Memento mori" noch heute zu erkennen. Hier erlebt der Adept eine rituelle Reise in die höhere Späre des Geistes. Der Horus-Knabe weist dem Schüler den Weg zur Unsterblichkeit. Der Legende nach wurde Horus aus dem Samen seines toten Vaters Osiris gezeugt.

nutzten Geräte wie Winkelmaß, Zirkel, Hammer, Kelle, Schurz und Loge – ursprünglich Bauhütte – an diese Herkunft. Sie sonderten sich gegenüber anderen Handwerkern ab und hüteten ihr Wissen. Sie erfanden Passworte und besondere Handgriffe, um sich einander zu erkennen zu geben.

In der „Africanischen Loge" der Freimaurer-Bewegung ist die „Crata Repoa" oder Einweihungen in der alten geheimen Gesellschaft der ägyptischen Priester entstanden. Das Titelblatt zierte eine Sphinx. Der Autor hatte aus antiken Überlieferungen über ägyptische Priester einen komplizierten Einweihungsweg durch sieben Grade konstruiert. Sieben Prüfungen musste der Adept bestehen, bis er durch sieben Pforten zum Grad eines Propheten gelangte. Er wurde in die hieroglyphische Schrift, in die Sternenkunde und in die Alchemie eingeweiht. Die Pforte des Todes führte den Adepten zum Sarg des Osiris, wo er selbst einen symbolischen Tod erlitt. Das Losungswort, das ihm schließlich die Pforte der Götter öffnete, war der Schlüssel zur Weisheit des Hermes Trismegistos: „Ibis".

Dieses Ritual stieß in Europa auf ein gewaltiges Echo. Es inspirierte nicht nur den skandalumwitterten Grafen Cagliostro, sondern auch die berühmten Ordensmitglieder Goethe und Mozart. Letzterer brachte das legendäre Einweihungsritual in seiner *Zauberflöte* auf die Bühne und doch hat es sein Geheimnis bis heute nicht verloren. Goethe beschrieb es bewegt: „Eine heilige Dämmerung umgab mich, zwischen Pyramiden, Obelisken, ungeheuren Sphingen, Hieroglyphen verirrte ich mich; ein Schauer überfiel mich."

Zum Zeichen für ihren Orden wählten Freimaurer bereits im 18. Jahrhundert die Sphinx. Sie zierte das Siegel der italienischen Loge „Perfetta Unione". Später standen die Löwenfiguren als Portalwächter vor Logenhäusern. „Der Freimaurer Geheimnisse sollen unter heiliger Verhüllung bewahrt werden", so heißt es im *Wiener Freymaurer Journal* von 1784, „damit selbige so wenig wie die Rätsel der Sphinx zu der Wissenschaft des gemeinen Mannes gelangen möchten."

Für unsere Dokumentation erlaubte die Loge der Freimaurer in Hamburg erstmals Filmaufnahmen in ihren heiligen Hallen. Im Tempel „Memento mori" erlebt der Adept eine rituelle Reise in die höhere Sphäre des Geistes. Die reiche Symbolik lässt Anklänge an die ägyptische Tradition und an die Osiris-Legende erkennen. So weist das Bildnis eines Horus-Knaben dem Schüler den Weg zur Unsterblichkeit – nachdem er, eingeschlossen in einem Sarg, den Tod sinnbildlich überwunden hat.

Auch der Orden der Rosenkreuzer blickt zurück auf eine altägyptische Tradition. Davon zeugt noch heute das „Rosicrucian Egyptian Museum" im kalifornischen San José, wo eine Sphingen-Allee zum Eingang führt. Es ist das Zentrum einer Gemeinschaft, die sich „Antiquus Mysticusque Ordo Rosae Crucis", kurz AMORC nennt und im Jahr 1911 von dem Amerikaner Harvey Spencer Lewis gegründet worden ist.

AMORC beruft sich auf ein uraltes geistiges Fundament, das bis auf die Zeit um 1500 v. Chr. zurückgeht. Danach hat König Thutmosis III. den ersten Bund der Rosenkreuzer ins Leben gerufen. „Ketzerpharao" Echnaton habe von hier den Impuls zur Gründung einer neuen Religion erhalten. Die Pyramiden sollen nicht Königsgräber, sondern Schulen und Stätten der mystischen Einweihung gewesen sein.

Spencer Lewis reiste selbst mehrfach nach Ägypten. Er veröffentlichte im Jahr 1936 ein Buch mit dem Titel *The Symbolic Prophecy of the Great Pyramid,* dessen Inhalt an die Trance-Botschaften von Edgar Cayce erinnert. Es enthält genaue Pläne von unterirdischen Gängen und Säulenhallen unter der Sphinx und den Pyramiden. Diese Informationen will Spencer Lewis geheimen Manuskripten entnommen haben, die einst den Archivaren der altägyptischen Mysterienschulen gehört haben. Darin sind auch die Rituale beschrieben, die in der Sphinx und den Pyramiden vollzogen worden sind. Wie er in den Besitz der uralten Schriften gelangt ist, verschweigt der Rosenkreuzer.

Schweigende Majestät

Dr. Zahi Hawass, selten ohne seinen breitkrempigen Indiana-Jones-Hut unterwegs, sitzt inmitten des Telefonklingelns und der Geschäftigkeit in einem zettelübersäten kleinen Büro am Fuß der Cheops-Pyramide und schwärmt von der Sphinx.

„Wenn man sie ansieht, bemerkt man, dass sie lächelt. In diesem Lächeln ist unsere gesamte Vergangenheit enthalten. Es scheint, als ob die Sphinx die Vergangenheit von uns allen aufgezeichnet hat, nicht nur die der Ägypter. Sie behütet sie und kann uns aus diesem Grund auch etwas über unsere Zukunft erzählen. Und deshalb ist die Sphinx erfüllt von Magie und Mysterium."

Von Zeit zu Zeit geht der viel beschäftigte Archäologe von seiner Baracke hinunter zur Sphinx, um mit ihr zu sprechen. Als eines Morgens im Jahr 1988 ein Stück aus der echten Schulter der Sphinx brach, schaute er auf ihr Gesicht, und es schien zu weinen. „Als wir zehn Jahre später eine aufwändige Restaurierung abgeschlossen hatten, lächelte sie wieder", erzählt Hawass mit ehrlich bewegter Stimme. „Ich glaube, sie sagte zu uns: Danke, jetzt bin ich gerettet. Für mich ist die Sphinx ein Mensch und kein Stein."

Ähnlich emotionsgeladen verdammt der Medien-Star Hawass den nicht minder populären „Sternenmann" Robert Bauval. Was den Wissenschaftler dennoch mit dem Privatgelehrten verbindet, ist die poetische Verehrung der Sphinx. „Könnte man Worte wie Magie und Geheimnis in Stein verwandeln, käme die Sphinx dabei heraus", sagt Bauval. „Jeder Schuljunge, jede Hausfrau, jedermann kennt dieses Monument. Alle Menschen, die hierher kommen, stellt sie vor ein Rätsel – die Ägypter in der Antike, die Griechen, die Römer, die Araber. Und selbst heute fühlt jeder, der dieses Denkmal gesehen hat, dass es etwas mit dem Leben selbst zu tun hat, mit der Ewigkeit."

Zwar lebte der Mythos des Rätsels erst mit der griechischen Sphinx auf. Aber die Wurzel der Fragen, die erst Ödipus zu beantworten wusste, reichen tief in die ägyptische Geschichte. Ägyptologen betrachten die Sphinx als Kultbild des Gottes Haramachis. Dieser erst seit dem Neuen Reich belegte Name bezeichnet die Sonne in allen ihren Aspekten. „Ich bin Chepri am Morgen, Re am Mittag, Atum am Abend", so sprach der Sonnengott. In seiner Barke umsegelte Haramachis täglich den Himmel, mystisch verwandelt vom morgendlichen jungen Chepri – dem Skarabäus, Symbol der aufgehenden Sonne – über den kraftvollen Mann Re zur Mittagszeit bis hin zum erschöpften Greis Atum am Abend.

Von der Antike bis in die Gegenwart haben Dichter die Sphinx als Sinnbild der Ewigkeit besungen. So schreibt der Engländer William Alexander Kinglake, der Ägypten im Jahr 1834 besuchte:

> *„Diese esoterische Sphinx hat auf uralte Dynastien äthiopischer und ägyptischer Könige – auf griechische, römische, arabische und osmanische Eroberer herabgeblickt, auf Napoleon, der von einem morgenländischen Empire träumte, auf Schlachtfelder und Seuchen, auf das nicht enden wollende Elend des ägyptischen Volkes – auf neugierige Reisende, gestern Herodot, heute Warbourton – und all dies und noch mehr hat sie betrachtet ... Und wir, wir sterben irgendwann, der Islam wird untergehen, und der Engländer, der die Hand weit nach seinem geliebten Indien ausstreckt, wird die Ufer des Nils mit festem,*

Zu allen Zeiten hat das Lächeln der Sphinx Dichter und Denker, Bildhauer und Maler inspiriert. Kolorierter Kupferstich nach Luigi Mayer (1805)

sicherem Schritt betreten und den Thron der Gläubigen besteigen. Und auch das wird dieser schlaflose Fels beobachten sowie die Taten dieses neuen, rastlosen Volkes – mit denselben traurigen, ernsten Augen und dem ruhigen, unsterblichen Antlitz."

Zu den bekanntesten Dichtern des 20. Jahrhunderts, die sich altägyptischer Motive bedient haben, gehören Franz Kafka, Oscar Wilde und Rainer Maria Rilke, der Ägypten im Jahr 1911 bereist hat. Schon vor der Reise sprach er in einem Brief von der Sphinx und dem „unendlichen Raum um dieses Bild, das hinter den Sternen weitergeht". In seinen *Duineser Elegien* heißt es schließlich:

„Naht aber Nacht, so wandeln sie leiser,
und bald mondets empor, das über Alles
wachende Grab-Mal. Brüderlich jenem am Nil,
der erhabene Sphinx –:
der verschwiegenen Kammer Antlitz."

Der Dichter Max Eyth lässt *Die Sphinx von Giseh* klangvoll verklingen:

„Dann schwieg die Sphinx und schwieg seit jenen Tagen
Als wär' sie wirklich Stein. Kein Ohr vernahm
Ihr Rufen mehr, in Freude oder Klagen …"

Keine Figur hat den menschlichen Geist mehr beflügelt als diese Schöpfung aus Stein. Und nichts beschäftigt unseren Geist so sehr wie ihr Schweigen. In ihrem Bildnis haben Menschen zu allen Zeiten nach Erkenntnis gesucht. Immer wieder scheint sie zu sprechen aus den Tiefen der Jahrtausende. Und nicht immer ist klar, ob es kühles Wissen ist oder nur ein Traum im Schatten der Sphinx.

Michael Gregor

Das Blut des Sonnengottes

Francisco de Pizarro und die Eroberung Perus

Die klare Luft in fast viertausend Meter Höhe ist eiskalt, als der Morgen des 21. Juni heraufdämmert. Auf der südlichen Erdhalbkugel ist heute das Datum der Wintersonnenwende und in Cuzco wird darum das traditionelle Fest „Inti Rayimi" zu Ehren des alten Sonnengottes Inti gefeiert. Zwar schreiben wir den Beginn des dritten Jahrtausends unserer Zeitrechnung, doch der Bergfried der antiken Inka-Festung Sacsayhuamán wird erschüttert wie vom Kriegsgeschrei einer riesigen indianischen Streitmacht. Hoch über der einstigen Hauptstadt des Großreiches der Inka scheinen alle Volksstämme und Provinzen Perus zusammenzuströmen, jeder Meter ist angefüllt mit farbenprächtig gekleideten Menschen.

Unzählige Kapellen stampfen im Rhythmus aus allen Himmelsrichtungen herbei, Pauken und schrille Musikinstrumente treiben die Menge voran. Die Musiker schwanken bedrohlich, ob vor Erschöpfung in der sauerstoffarmen Höhenluft oder durch den reichlich genossenen Alkohol, wer will das entscheiden. Aus aller Welt sind viele tausend Menschen herbeigereist, um mit den Einheimischen tagelang zu feiern.

Auf dem Festplatz erhebt ein mit Goldschmuck behängter Mann einen ebenfalls goldenen Becher gen Himmel. Er stellt eine Zeremonie nach, die vor fünf Jahrhunderten ein letztes Mal im Original zelebriert wurde. Ein Zeitzeuge beschrieb, wie sich zu Beginn das Volk mit dem Gesicht nach unten auf den Boden warf und nicht sehen konnte, wie der herrschende Inka in aufrechter Haltung einen heiligen Trank in eine sorgfältig gemeißelte Steinrinne goss, von wo er hinab bis zum Sonnentempel fließen konnte. So trank Gott Inti, was ihm sein irdischer Sohn spendete – daran glaubten Volk und Herrscher. Doch kurze Zeit später sollten der goldene Sonnentempel und das mächtige Imperium in Trümmern liegen. Zerstört von einer Hand voll goldgieriger Fremder, die wie ein Spuk über das Meer gekommen waren.

Auf steilen Bergpässen und durch schroffe Schluchten schleppen Lama-Karawanen und tief gebeugte Menschenrücken die Schätze des Inka-Reiches nach Cajamarca. Hier halten die spanischen Eroberer den letzten Sohn der Sonne Atahualpa in seinen eigenen Heilbädern gefangen. Im Austausch gegen die unermesslichen Reichtümer der Inka soll er seine Freiheit wiedererlangen, so hat es ihm Francisco Pizarro geschworen. Doch was zählt ein Ehrenwort gegenüber einem Ungläubigen! Obwohl silberne und goldene Preziosen im Überfluss eintreffen, bricht der spanische Oberkommandierende sein Versprechen und lässt den unglücklichen Atahualpa hinrichten.

Mit seiner Herrschaft gehen auch die herrlichsten Kunstwerke zugrunde – sie werden zum Zweck besserer Transportmöglichkeiten und aus Ignoranz rücksichtslos eingeschmolzen. Wie der Chronist Pedro de Léon berichtet, ist alles der Vernichtung preisgegeben – der Untergang des Inka-Reiches ist damit besiegelt:

Vorhergehende Doppelseite: In der Festung Sacsayhuamán zelebriert der Inka-Herrscher Rituale zu Ehren des Sonnengottes Inti. (Filmszene)

„Aus einem der reichsten Tempel der Welt ein Bildnis der Sonne, sehr groß, aus Gold gemacht, wunderschön gearbeitet und mit vielen wertvollen Steinen besetzt."

Der Traum von Eldorado

Der Vizekönig von Peru Don Francisco de Pizarro

Weit über 30 Millionen Euro soll das Lösegeld für Atahualpa nach heutiger Rechnung wert gewesen sein. Aber wo ist dieser ungeheure Schatz abgeblieben? In die Tresore der spanischen Krone gelangte offenbar nur ein geringer Teil. Hat Francisco Pizarro sich selbst bereichert? Stand sogar seine spätere Ermordung in Zusammenhang mit unterschlagenem Inka-Gold? Oder muss man wirklich den Berichten Glauben schenken, die getreuen Gefolgsleute des Inka-Herrschers hätten während eines todesmutigen Aufstandes den Großteil der Reichtümer wieder entwendet? Bis heute sind die Gerüchte über angebliche Goldverstecke auf eisigen Anden-Gipfeln oder in feuchtheißen Dschungelhöhlen nicht verstummt. Immer wieder haben sich seit den Zeiten der Konquistadoren Abenteurer und Wissenschaftler auf die Spur des verschollenen Goldes begeben; mancher von ihnen hat die Suche mit dem Leben bezahlt.

Auch Francisco Pizarro lässt sich durch nichts von seinem Weg abbringen. Wer ist dieser Mann, der das mächtige Reich der Goldfürsten zum Sturz gebracht hat? Was hat ihn getrieben, den extrem mühsamen Weg bis in die Hochebenen der Anden zu suchen und mit wenigen Männern gegen das mächtigste Heer anzutreten, welches bis dahin je auf amerikanischem Boden bestanden hat?

Der Hass des Bastards

Im Herzen der südspanischen Provinz Estremadura liegt eingebettet in eine karge Felsenlandschaft Trujillo. 1232 wurden im Zuge der Reconquista, der Rückeroberung der Iberischen Halbinsel aus den Händen der moslemischen Mauren, die letzten feindlichen Truppen aus der Stadt vertrieben. Unter

Der ehrgeizige Francisco Pizarro kämpft für Gold und Ruhm – und gegen die Demütigungen seiner Kindheit. (Filmszene)

den Adelsfamilien, die an der Erstürmung Trujillos teilnahmen, waren auch die Pizarros.

1476 bringt die Bauerntochter und Nonne Francisca González einen Jungen auf die Welt, einen Bastard, wie die unehelich geborenen Kinder bezeichnet wurden. Sein Vater ist der Hidalgo Gonzalo Pizarro. Doch der stolze Landadlige will von seinem Sohn nichts wissen. Der kleine Francisco wird zu Verwandten der Mutter gegeben, wo er später als Jungknecht dienen muss. Er erhält keine Schulausbildung und bleibt bis zu seinem Tod Analphabet. Vom mäßig wohlhabenden Vater wird er nie anerkannt, auch nicht im Testament bedacht.

Eine Legende berichtet, der kleine Francisco hätte mit seiner Mutter versucht, auf dem Anwesen des Vaters Einlass zu erhalten. Doch das schmiedeeiserne Tor blieb ihnen verschlossen. Da hätte das Kind voller Wut mit einem Holzschwert auf das Eisengitter eingeschlagen und tränenüberströmt geschworen, nie mehr als Bittsteller aufzutreten, sondern mit dem Schwert für sein Recht zu kämpfen.

In solch einer Stadt von ruhmreichen Glaubenskriegern wie Trujillo will sich der junge Pizarro jedenfalls nicht mit dem elenden Schicksal eines Bastards und Knechts zufrieden geben. Er will teilhaben an Ruhm und Reichtum, an dem, was ihm seiner Meinung nach offenbar das Schicksal zu Unrecht verwehrt hat.

Hoffnung auf die „Neue Welt"

Selbst in die tiefe spanische Provinz sind die Nachrichten von einem unermesslich reichen Land jenseits des Atlantischen Ozeans gedrungen. Die Estremadura nennt nur armselige Ackerböden ihr Eigen. Und die Schafzucht kann nicht einmal alle Nachkommen selbst der ansässigen Adelshäuser ernähren. Wer von den nachgeborenen Söhnen der kinderreichen Familien keine Aussicht auf ein Erbe hat, folgt dem Ruf von Kirche und Krone über das Meer nach Amerika. Dort soll sich die Hoffnung auf eine glorreiche Zukunft, auf ein Leben im Überfluss erfüllen.

Auch den ehrgeizigen jungen Francisco zieht es in die neu gegründete Kolonie Panama. 1502 geht es endlich los; er darf an einer Expedition zur „Tierra Firme", dem Festland des amerikanischen Kontinents, teilnehmen. Dort beteiligt er sich an zwei Stadtgründungen und avanciert zum Hauptmann. Mit ein paar leibeigenen Indios bewirtschaftet er ein Stück Land, das man ihm zugewiesen hat, und wartet auf seine Gelegenheit. Denn Panama ist keineswegs das gelobte Land, das er sich erträumt hat. Das tropischheiße Klima zermürbt die Spanier und Gold findet sich keineswegs einfach im Vorübergehen.

1513 nimmt Pizarro an einer Expedition Vasco Núñez de Balboas ins Landesinnere teil. Der beschwerliche Weg über den Isthmus fordert den Entdeckern alles ab; die Unternehmung ist immer wieder vom Scheitern bedroht. Feuchtschwüler Dschungel und ausgedehnte Sümpfe sind eine ideale Brutstätte für tödliche Krankheiten. Doch am 25. September erreichen sie tatsächlich als erste Europäer den Pazifik und finden ansehnliche Beute: Gold und Perlen. Ein Kazike berichtet ihnen von noch größeren Schätzen: „Weit im Süden wohnt ein Volk, reich an Gold, mit großen Städten aus Stein."

Bei ihrem Vormarsch ahnen die Konquistadoren nichts von dem immensen Reichtum, den Schätzen versunkener Kulturen. (Filmszene)

Das Imperium der Inka

Lockruf des Goldes

Der Traum von dem sagenhaften Goldland „Biru", benannt nach einem Fluss, lässt Pizarro nicht mehr los. Mit dem Partner Diego de Almagro gründet er 1524 ein Unternehmen zur Eroberung Perus. Die erste Schiffsexpedition scheitert kläglich. Doch mit einer kleinen Mannschaft von Abenteurern gelingt es tatsächlich nach mehreren waghalsigen Seereisen, an der nördlichen Küste Perus bei Túmbez ein erstes Mal an Land zu gehen. Sichtbarster Erfolg dieser Unternehmung ist aber die zufällige Kaperung eines großen Inka-Handelsschiffes, reich beladen mit wertvollem Schmuck und Textilien.

1531 bricht der mittlerweile 54-jährige Pizarro wieder von Panama auf. Mit drei Schiffen, 180 Männern, 37 Pferden und reichlich Waffen und Proviant an Bord sticht er in See, Richtung Süden. In der Tasche hat er den persönlichen Auftrag seines Königs Karl V. und die Genehmigung des Westindischen Kronrats. Doch Pizarro fährt auf eigenes finanzielles Risiko. Er hat im Herbst seines Lebens noch einmal alles auf eine Karte gesetzt und seinen in Panama durch Jahrzehnte erworbenen bescheidenen Besitz verkauft. Ein Zurück gibt es für ihn nur noch in Schande – das heißt für ihn: „Niemals!"

Der ehemalige Schweinehirt ist selbst im fortgeschrittenen Alter noch immer ein stattlicher Mann: hoch gewachsen, kräftig in den Schultern, dunkle, tief in den Augenhöhlen liegende wachsame Augen und eine schmale, energisch gebogene Nase. Ihm bietet sich die letzte Chance, um seinen Jugendtraum zu erfüllen und doch noch auf der gesellschaftlichen Leiter ganz nach oben zu klettern. Ein ungeheurer Erfolgsdruck lastet von nun an auf ihm. Die von regelrechten Hungersnöten geplagte Estremadura darf ihn nur als Edelmann mit Macht und Reichtum wieder sehen; seine zukünftigen Erfolge sollen die vornehm tuende Gesellschaft von Trujillo demütigen.

Erfolg oder Untergang?

Im Jahr zuvor war Pizarro noch einmal nach Spanien zurückgekehrt, um vom König die Erlaubnis zur Eroberung Perus zu erhalten. Der ernennt ihn kurzerhand im Vorgriff zum Gouverneur des Landes – sehr zum Leidwesen Almagros, der sich um seinen Anteil an der Macht in spe geprellt fühlt und zum erbitterten Gegner wird.

Aus Spanien bringt Pizarro für das gewagte Unternehmen seine jüngeren Brüder Hernando, Juan und Gonzalo als Pagen den erst 16-jährigen Vetter

Nachfolgende Doppelseite: Schon lange vor den Inka errichteten die Peruaner gewaltige Bauten aus Lehmziegeln wie die Shimu-Festung Paramonga.

Pedro mit. Sie sollen ihm bei diesem Himmelfahrtskommando den Rücken freihalten; nur den engsten Blutsverwandten kann er jetzt noch vertrauen.

Eine schnelle Abreise soll den neidischen Exkumpanen abschütteln. Doch Diego de Almagro heftet sich von nun an wie ein Bluthund auf die Fährte. Mit List und Tücke gelingt es ihm immer wieder, den Konkurrenten herauszufordern, um einen Anteil an der reichen Beute zu ergattern. Pizarro wird den gefährlichen Verfolger nicht mehr los.

Doch vorerst warten Schwierigkeiten ganz anderer Natur auf den Kommandanten einer bunt zusammengewürfelten Schiffsbesatzung. Ein Expeditionsteilnehmer beschreibt anschaulich die zwiespältigen Gefühle seiner Mitstreiter:

„3. Januar 1532. Auf See. Die Hölle ist ein Ort jenseits des Südmeeres und wir sind auf dem geraden Weg dorthin. Wir steuern auf nie gesehene Küsten zu – und nur Gott der Herr weiß, ob man uns mit Früchten oder mit Pfeilen empfangen wird. Die Indios haben uns gewarnt: Ihr werdet kämpfen müssen mit mächtigen Königen! Mögen die Heiligen uns beschützen."

In Peru geht die kleine Streitmacht wieder in Höhe der heutigen Stadt Túmbez an Land. Der erste Kontakt mit den Eingeborenen verläuft erfreulich; niemand leistet den Ankömmlingen gewalttätigen Widerstand.

Marsch ins Ungewisse

1532 beginnt der mühsame Marsch von der neu gegründeten Siedlung San Miguel am Chira-Fluss in die Hochebene der Anden, ins Herz des Inka-Reiches.

Schon kurz nach seiner Landung an der Küste Perus hat das spanische Expeditionskorps unter Führung von Francisco Pizarro von den üppigen Gold- und Silbervorkommen in dem gigantischen Gebirge gehört, das sich vor ihnen beängstigend hoch auftürmt. Niemand ahnt etwas von den zwölf Millionen Menschen, die in dem hervorragend organisierten Anden-Staat leben. Wochenlang hängen die Reiter mehr auf ihren Pferden, als dass sie reiten. Ihre schweren Panzerwesten, Helme und Waffen ziehen sie nach unten. Die einfachen Soldaten stolpern der Reiterschar über glitschige Bergpfade und staubige Hochebenen hinterher. Die Truppe macht einen abgerissenen Eindruck, eine vermeintlich leichte Beute für jeden entschlossenen Angreifer. Doch die Tage und Wochen vergehen, und niemand unternimmt den Versuch einer Attacke, obwohl die Spanier unter ständiger Beobachtung stehen.

„25. Mai 1532. Nachtlager. Die meisten, die mit uns ums Feuer versammelt sitzen, sind keine Zierde des Abendlandes. Gemeine Halunken sind sie, angeworben in den elendsten Dörfern Spaniens und getrieben einzig von der Gier nach Gold. Ihr lebt alle in Todsünde und werdet darin sterben! – so predigt einer der katholischen Padres."

Die Gier nach Gold treibt die Truppe vorwärts, lässt sie alle Hindernisse und Gebrechen überwinden, wird auch in den folgenden Jahrhunderten immer wieder aufs Neue Hasardeure und Verbrecher in das alte Inka-Reich locken.

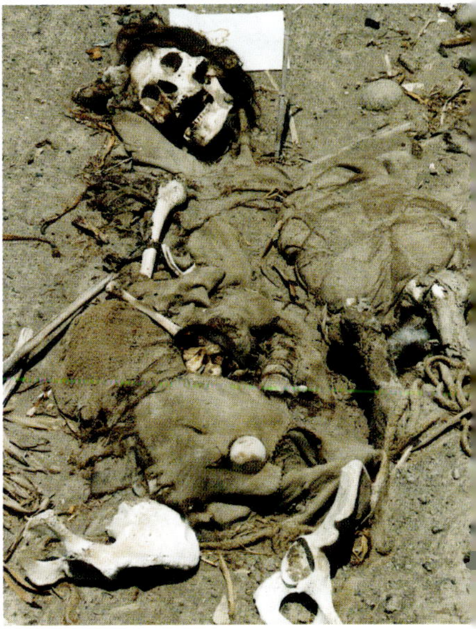
Von Grabräubern verwüsteter Inka-Friedhof

Grabraub ohne Gnade

Im Jahr 1602 leiten Schatzsucher sogar einen Fluss um. Die Fluten des Rio Moche unterspülen einen Teil der Sonnenpyramide von Trujillo und bringen sie zum Einsturz. Im Trümmerschutt liegt reiche Beute; über 500 Kilogramm Gold kommen zum Vorschein. Offenbar mehrere Jahrhunderte lang werden in Batan Grande Gräber und Tempel der Lambayeque-Kultur geplündert. Ungeheure Mengen an goldenen und silbernen Schmuckstücken und Kultgegenständen fallen den Räubern in die Hände. Moderne Archäologen zählen über 100 000 Suchschächte, die goldgierige Ausgräber in den Boden getrieben haben.

Die Hinterlassenschaft der Beutezüge ist bestürzend: durchwühlte Gräberfelder wie in Chankay, auf denen die Schürflöcher wie Bombentrichter zwischen den öden Geröll- und Sandhügeln gähnen. Überall liegen Knochen, Schädel, Haarbuschel und mumifizierte Körperteile umher. Das trockene Wüstenklima hat alles konserviert – so lange es geschützt vor Wind und Wetter im Boden ruhte. Jetzt verwesen die Überreste jahrhunderte- oder gar jahrtausendealter Leichname im stetigen Wind.

Grabräuber wurden lange Zeit nicht als Kriminelle verfolgt, auch die katholische Kirche hatte gegen die Schändung der heidnischen Friedhöfe nichts einzuwenden. Es gab regelrecht „ehrenwerte Gesellschaften", die mit Duldung der staatlichen Autoritäten dem Geschäft der Grabplünderung nachgingen und die „Schürfrechte" dieser makabren „Bodenschätze" unter sich aufteilten.

Die Inka haben eine lange Kette von Vorfahren, die alle ihre Toten möglichst dauerhaft bestatteten. Seitdem vor wahrscheinlich über 20 000 Jahren die ersten Einwanderer von Sibirien kommend die schmale Landbrücke zwischen Asien und Amerika überwanden, zogen diese Jäger und Sammler immer weiter nach Süden. Auf der Suche nach Nahrung hatten sie bereits

Wie ein normales Wohnhaus waren in der Nasca-Zeit die Gräber errichtet worden.

um 9000 v. Chr. die Südspitze des Kontinents erreicht. Archäologen entdeckten Siedlungsorte an der Pazifikküste, deren Bewohner vor 5000 Jahren vom Fischfang gelebt hatten. Und schon bald darauf waren diese frühen Amerikaner im Andengebiet in der Lage, große Kultbauten aus Stein und Lehmziegeln zu errichten.

Die älteste Stadt Perus?

Als Sensation gelten den Wissenschaftlern die Ausgrabungsfunde von Caral in der Bergwüste Perus. Die Forschung nahm bisher an, alle frühen Kulturen hätten sich nur direkt an der Pazifikküste entwickeln können. Dort, wo der kalte Humboldtstrom das ganze Jahr über ausreichend eiweißreiche Nahrung im Meer bietet. Die neu entdeckte Ruinenstadt liegt aber weit landeinwärts in einer durch ihre geringe Niederschlagsrate für die Landwirtschaft gänzlich ungeeignet erscheinenden Gegend. Doch die peruanischen Archäologen fanden die Überreste von Kanälen und terrassenförmig angelegten Feldern in den Flusstälern. Die Bewohner von Caral kannten also schon eine künstliche Bewässerungstechnik, die Grundlage auch aller folgenden Zivilisationen im Andengebiet. Nur wer über diese Kenntnisse verfügte, konnte sich die Kraft aus Strömung und Gefälle nutzbar machen, um mithilfe der Gebirgsflüsse in der extrem regenarmen Wüste zu überleben. Eine Zerstörung der Bewässerungssysteme hatte unweigerlich auch die Auslöschung der Kultur zur Folge.

Aus den vorgefundenen Spuren rekonstruierten die Forscher die Ackerfrüchte von Caral: Baumwolle, Bohnen, Süßkartoffeln, Chilischoten, Gurken und Kürbisse. Diese landwirtschaftlichen Errungenschaften konnten die Bauern an der Küste gegen Meeresgetier eintauschen. Die massenhaften Abfälle von Miesmuscheln und Sardinen zeugen noch heute davon. Der florierende Handel erreichte sogar die Dschungelvölker jenseits der Anden und bildete den Grundstock für den wachsenden Reichtum der Wüstenmetropole.

Die Radiokarbon-Messungen der archäologischen Funde ergeben ein Alter von 4600 Jahren. Sie stammen damit aus einer Zeit, als auch in Ägypten und Mesopotamien monumentale Pyramiden und Zeremonialtürme errichtet worden sind. Caral gilt jetzt als die älteste Stadt Amerikas. Sechs gewaltige Stufenpyramiden warten hier auf ihre vollständige Erforschung. Das Amphitheater bot der ganzen Bevölkerung Platz. Ein in Caral gefundener Satz von Querflöten, gefertigt aus den Flügelknochen der Pelikane, lässt auf Musikfeste schließen. Geschah dies zur allgemeinen Belustigung oder als Kultveranstaltung? Die Frage blieb bisher unbeantwortet.

Der Haupttempel birgt einen rituellen Feuerplatz. Eine geheiligte Flamme wurde hier ständig am Lodern gehalten, um die vielen Opfergaben restlos zu verbrennen. Ob auch Menschen an diesem Platz den Göttern geopfert worden sind, ist umstritten. Das aufgefundene Skelett eines Kleinkindes mit mehrfachen tödlichen Wirbel- und Schädelbrüchen lässt kein endgültiges Urteil zu. Viertausend Jahre später gehörten in der Inka-Zeit Menschenopfer jedoch zum religiösen Alltag.

Die geopferten Kinder

1995 machen Archäologen im Süden Perus nach einem Vulkanausbruch eine bestürzende Entdeckung. Das Schmelzwasser des Gipfeleises auf dem über sechstausend Meter hohen Nevado Ampato hatte ein im ewigen Frost verborgenes Stoffbündel mit in die Tiefe gerissen. Darin eingebunden liegt die erstarrte Leiche eines Menschen. Die Untersuchung des Zufallsfundes verblüfft die Wissenschaftler: Es handelt sich um ein junges Mädchen aus der Inka-Zeit. Die im Umkreis der Fundstelle verstreuten Keramikscherben und Textilreste bestätigen die Datierung. Auch drei in der Vulkanasche verschüttete Statuen mit Federschmuck stammen zweifelsfrei aus der Inka-Epoche.

Der ungewöhnliche Fund aus dem Eis gelangt glücklicherweise noch in gefrorenem Zustand in einen hochmodernen Computertomographen. So wird den Forschern ein zerstörungsfreier Blick in das Innere der laut Analyse ihrer Zahnabnutzung ungefähr 14-jährigen Toten ermöglicht. Ein harter und gut gezielter Schlag hatte hinter dem rechten Auge den Schädel zertrümmert, offensichtlich die Todesursache. Der 1,47 Meter große Leichnam

Rekonstruktionszeichnung der Mondpyramide von Moche

weist sonst keinerlei erkennbare Verletzungen von Menschenhand auf. Nach Meinung der Archäologen deuten alle Indizien darauf hin, dass es sich um eine rituelle Tötung gehandelt hat. Kein Einzelfall im Reich der Inka, denn auch auf anderen eisigen Anden-Gipfeln fanden sich die Spuren von Menschenopfern. Dadurch sollten die Götter, insbesondere der Sonnengott Inti, in größtmöglicher Himmelsnähe gnädig gestimmt werden.

Auch auf die Konquistadoren aus Europa hätte wahrscheinlich ein solches Schicksal als Götteropfer erwartet, wenn sie der gewaltigen militärischen Übermacht der Inka unterlegen wären.

Unsichtbare Schätze

Der Zustand von Pizarros kleiner Streitmacht verschlechtert sich mit jedem Tag und Schritt. Obwohl das Kernland der Inka-Macht überhaupt noch nicht erreicht war.

„15. Februar 1532. In der Wüste. Die Sonne brennt senkrecht auf die eisernen Panzer und die gefütterten Wämser unserer Soldaten, die kurz vor der Ohnmacht stehen. So weit das Auge blickt, nur Sand und verbrannter Boden."

Noch immer ziehen die Spanier durch uraltes Siedlungsgebiet der Mochica und anderer Vorgängerkulturen der Inka.

Fast 400 Jahre später bricht hier wieder das Goldfieber aus. Antiquitätenräuber machen in zwei Grabanlagen überaus reiche Beute. Doch diesmal kommen die Archäologen nicht völlig zu spät. Peruanische Wissenschaftler beginnen 1987 in der Gegend von Sipán ebenfalls mit Ausgrabungen und werden belohnt. Sie entdecken das prächtig ausgestattete Grab eines Mochica-Würdenträgers, der als Fürst von Sipán in die Geschichte der Archäologie eingeht. Ein Jahrhundertfund.

Der peruanische Archäologe Dr. Walter Alva leitet die Ausgrabungen in Sipán. Sein Augenzeugenbericht schildert die gespenstischen Vorkommnisse aus dem Jahr 1987. Die Polizei stürmte damals das Gelände der illegalen Grabung. Dr. Alva stand selbst eine lange Nacht mit gezogener Pistole auf dem Pyramidenhügel, umgeben von verängstigten Polizisten. In der Dunkelheit hatte sich fast die gesamte Bevölkerung versammelt und stieß wüste Verwünschungen und Morddrohungen aus, weil sie sich um ihren vermeintlich gerechtfertigten Lohn gebracht sah. Der Archäologe sicherte die bereits verwüstete Grabkammer. Vor 700 Jahren ließ sich der Fürst zusammen mit seinen getöteten Lieblingsfrauen und Ministern zur ewigen Ruhe betten – eine Illusion, wie bei so vielen Mächtigen in der menschlichen Geschichte.

Heute sind die goldenen Prachtstücke der Sipán-Fürsten im Museo del Oro von Lima zu bewundern. Goldene Totenmasken, Ohrringe mit Lapislazuli-Einlagen, eine märchenhaft schöne Halskette mit Anhängern aus Gold und Silber in Form von Erdnüssen.

Die Fähigkeiten der peruanischen Goldschmiede haben eine lange Tradition. Die für das Schmelzen der Metalllegierungen notwendigen Temperaturen erreichten die Schmiede in kleinen Öfen aus Ton. Schon in der Chavín-Epoche (1200–200 v. Chr.) stanzten die Handwerker Brustplatten und Ohrpflöcke aus Goldblech, verziert mit mythologischen Tierdarstellungen. Sie kannten Einlege-, Filigran- und Lötarbeiten, formten Pokale und

Die schweren Rüstungen werden unter den extremen Klimaverhältnissen zur Belastung. (Filmszene)

Die spanischen Eroberer leiden genauso wie ihre Pferde unter der sauerstoffarmen Luft in 4000 Meter Höhe. (Filmszene)

Teller um Schablonen aus Holz. Mit den vielfältigen Methoden der Metallbearbeitung wurden Schmuck und Statuen gegossen, vergoldet und versilbert. Eine regelrechte Massenproduktion goldener Gegenstände entstand um das Jahr 1100 in der Chimú-Kultur.

Als die spanischen Eroberer an dieser trockenen Küste landen, sind die meisten Zeugnisse der großen Kulturen von Chavín und Chimú jedoch längst durch das mörderische Wüstenklima zu Staub zerfallen oder vom ewig blasenden Wind unter Sandmassen begraben worden.

Doch die aus getrockneten Lehmziegeln errichtete Sonnenpyramide in der alten Chimú-Hauptstadt Chan Chan ist weithin sichtbar. Mit einer Basislänge von 228 Meter mal 136 Meter und einer heutigen Höhe von 41 Meter ist sie noch immer das größte Lehmbauwerk der Welt. Die Fantasie eines vorbeiziehenden Spaniers dürfte jedoch nicht ausgereicht haben, um sich in der fast menschenleeren Wüstenei das Vorhandensein prächtiger Schatzkammern auszumalen.

Die Indios an der Küste schwiegen beharrlich, selbst wenn sie mehr wussten. Sie wollten die Fremden so schnell wie möglich wieder loswerden in Richtung der aufgehenden Sonne. Selbst unter der Folter und unter Androhung der Todesstrafe erfanden sie Lügenmärchen von riesigen Schätzen und Edelmetall in Hülle und Fülle hinter dem Horizont. Das sagenhafte Goldland Eldorado jenseits der Berge wird zur fixen Idee bei Pizarros Leuten. Wie konnten sie auch ahnen, wie viel Gold vor ihrer Nase zum Beispiel unter den staubigen Ruinenhügeln von Sipán ruhte?

Vormarsch in die Anden

Trotz des oft grausamen und rücksichtslosen Vorgehens der Spanier wächst die Anzahl der Indios, die sich mit ihnen verbünden. Berichte machen die Runde über die Gepflogenheiten der Inka, die ihre erschreckende Wirkung auf die geschwächten Männer nicht verfehlen:

„10. Oktober. Grausame Spottlieder der Inkas über ihre Feinde sind uns zu Ohren gekommen. – Wir werden aus ihrer Hirnschale trinken, aus ihren Knochen Flöten schnitzen. Wir werden ihnen die weiße Haut abziehen und als Leder auf unsere Trommel spannen! –"

Trotz des beschwerlichen Weges erbeuten Pizarro und seine Gefolgschaft schon auf dem Marsch in das eigentliche Kernland des Anden-Reiches viel Gold und Silber. In zwei Schiffen wird die Beute zurück nach Panama geschickt, um damit den angeforderten Nachschub zu bezahlen. Doch ohne die Rückkehr der Verstärkung abzuwarten, bricht Pizarro auf in Richtung der Heilbäder von Cajamarca. Er will die gute Gelegenheit nutzen, dass sich der Herrscher der Inka zur Thermalkur fern seiner Hauptstadt Cuzco aufhält. Diese geheime Information haben ihm Boten aus einer mit dem regierenden Inka verfeindeten Fraktion des Herrscherhauses hinterbracht. Gerüchte über einen mit allen Mitteln ausgetragenen Machtkampf im gegnerischen Lager sind Pizarro längst zu Ohren gekommen; er wird ihn für sich nutzen. Der spanische Kommandant muss auf eine baldige Entscheidung hinarbeiten, denn der Zustand seiner Truppe wird immer erbärmlicher:

„2. November. In den Anden. Das Atmen der dünnen Luft schmerzt in den Lungen. Des Tages tasten sich die Männer unter argem Keuchen mit ihren Pferden an den Schwindel erregenden Abgründen entlang, sodass sich unsere Prozession wie ein verwundeter Lindwurm zwischen den Bergen hindurchzieht. So fürchterlich sind die Strapazen, dass ein jeder nur noch ihr Ende herbeisehnt – was immer danach auf ihn warten mag."

Unterwegs plündern die hungrigen Männer die Vorratsspeicher. Die Anden-Bauern haben seit Jahrhunderten fast 200 verschiedene Kartoffelsorten gezüchtet. Diese ursprünglich nur in Amerika vorkommende Ackerknolle hat das Leben der Europäer viel stärker verändert als alles Gold und Silber.

Um das Grundnahrungsmittel zu konservieren, wendeten die Indios eine raffinierte Methode an. Sie entzogen den Kartoffeln das Wasser, indem sie sie in der sehr trockenen Höhenluft dem starken Nachtfrost aussetzten; Vorbild für die heute erfolgreich und oft praktizierte Gefriertrocknung. Mais und Bohnen hielten sich jahrelang frisch durch ihre Lagerung auf keimtötenden Kräutern.

Das größte Imperium Amerikas

Wer heute mit dem klapprigen Überlandbus in das 2750 Meter hoch gelegene Cajamarca einfährt, bewegt sich wohl ziemlich genau auf den Spuren der spanischen Militärexpedition. Die Stadt gilt mit ihren malerischen engen Gassen und den alten Kolonialhäusern als eine der schönsten Ortschaften des Landes. Noch immer sprudeln unweit die heißen Thermalquellen in den jetzt so genannten Baños del Inca. Diese heilenden Wasser wurden dem stolzen Inka-Fürsten zum Verhängnis.

Pizarro zog damals in eine entleerte Stadt ein – Atahualpa hatte sie beim Herannahen der Spanier verlassen. Sein großes Heer schlug ebenfalls außerhalb von Cajamarca das Standquartier auf. An den strategisch günstig gelegenen Hängen des Tales von Jequetepeque wartete die überwältigende Inka-Streitmacht: 30 000 bis 50 000, möglicherweise noch wesentlich mehr Krieger, geführt vom „Sohn der Sonne", der sich vorerst die Zeit im Bad Pultamarca vertreibt, gemeinsam mit seiner Lieblingsschwester.

Wenn die spanischen Zeitzeugen glaubhaft sind, rückten nur 168 Abenteurer mit 67 Pferden, bewaffnet mit 15 Armbrüsten und drei Arkebusen (vielleicht führten sie auch einige Kanonen mit) gegen den Feind vor. Schier unglaublich erscheint darum der Bericht der Chronisten, schon am ersten Kampftag seien 7000 indianische Krieger niedergemacht worden. Wie konnte es dazu kommen?

Das so genannte „Bad des Inka“ in Tambo Machay bei Cuzco ist eine monumentale Brunnenanlage.

Die Inka hatten ihr Reich in nur wenigen Jahrzehnten erobert und immer weiter ausgebaut. Ihr militärisches Vorgehen erwies sich als unwiderstehlich. Bevor die Truppen angriffen, schickten sie Boten zu ihren Feinden, mit der Aufforderung, sich zu ergeben und die Oberherrschaft der Inka anzuerkennen. Der daraufhin praktizierten Unterwerfung folgten tatsächlich reiche Geschenke. Und die besiegten Fürsten behielten ihr Amt – als Vasallen. Trotzdem kam es im schnell wachsenden Reich vereinzelt zu Aufständen. Doch ein perfekt organisiertes Kuriersystem alarmierte umgehend das Oberkommando des Heeres. Die Meldeläufer legten in Stafetten 2000 Kilometer in nur fünf Tagen zurück. Für Kenner des Anden-Gebietes noch unter heutigen Bedingungen ein schier unfassbares Tempo, sind doch dabei eine unendlich erscheinende Anzahl von schroffen Schluchten und Schwindel erregenden Pässen zu überwinden. Über 16 000 Kilometer ausgezeichnet ausgebauter Straßen dienten vor allem militärischen Operationen. Wenn aber alle Unterdrückungsmaßnahmen versagten, siedelte man ganze Völkerscharen kurzerhand um. Die Inka standen den Römern in ihrem unbedingten Herrschaftswillen in nichts nach.

Die Arroganz der Macht

Pizarro schickt eine Delegation in das gegnerische Heerlager, um Atahualpa zu einem Gipfeltreffen einzuladen. Mit eisigem Schweigen empfängt der oberste Inka die Fremden. Er sitzt bewegungslos vor seinem Zelt auf einem goldenen Schemel, ohne jemanden des Blickes zu würdigen. Der Delegationsleiter Hernando de Soto will sich solch einen beleidigenden Empfang nicht bieten lassen. Um die erschreckende Wirkung seines Pferdes wissend – ein derartiges Tier hat der Inka wohl noch nie zuvor zu Gesicht bekommen –, lässt er ihm die Zügel schießen, setzt die Sporen und galoppiert los. Kurz vor Atahualpa reißt er das Pferd auf die Hinterbeine. Doch der Inka bewahrt Haltung, kein Muskel bewegt sich in seinem Gesicht. Einige Männer seiner Begleitung sind aber erschrocken zusammengezuckt. Später werden sie dafür hingerichtet.

Die Situation scheint sich zu entspannen, als Maisbier serviert wird. Doch Atahualpa trinkt seine Chicha aus dem mit Goldblech ausgekleideten Totenschädel seines Bruders Atoc, den er grausam töten ließ. Dem Spanier wird endgültig klar: Nur durch Kampf haben sie noch eine geringe Chance, Cajamarca lebend zu verlassen. Zu sehr erinnert sie ihr Gastgeber an eine Spinne, die in ihrem Netz nur auf den günstigsten Moment wartet, um ihr tödliches Gift zu injizieren.

Atahualpa lässt sich viel Zeit vor dem Treffen mit Pizarro, obwohl er sicher neugierig ist. Denn die Indios der Küste haben ihm mitteilen lassen, die seltsamen Fremden seien göttlichen Ursprungs. Pizarro, der Anführer, sei wahrscheinlich sogar der Gott Viracocha selbst. Atahualpa ist davon anfangs auch überzeugt. Und er glaubt an seine eigene Göttlichkeit. So fällt ihm die Annahme nicht schwer, dieser Gott käme nun höchstpersönlich, um ihm seine Aufwartung zu machen.

Für den Fall, dass die Ankömmlinge allerdings böse Absichten hegen, sorgt er umsichtig vor. Ein Priester wirft für ihn die magischen Coca-Blätter. Und siehe da, das Orakel verkündet Atahualpa den sicheren Sieg. Wie könnte es auch anders sein, wenn man unter dem persönlichen Schutz des obersten Gottes zu stehen scheint? Der „Sohn der Sonne" ist sogar so vornehm, dass er nicht auf die Erde, sondern in die Hände von Dienerinnen ausspuckt.

Angesichts des übermächtigen Feindes vor den Toren der Stadt, wo tausende von Lagerfeuern glühen, warten die Konquistadoren mit beklommenen Herzen auf die Morgendämmerung. Der kommende Tag wird ihr Schicksal wohl endgültig besiegeln.

„15. November. Nacht in Cajamarca. Die Angst liegt über dem Lager wie ein schwarzes Daunenbett. Auch dem größten Draufgänger scheint nun der Wahnsinn des Unternehmens vor Augen zu stehen: 168 Mann gegen zehntausende! Alle wissen, dass nur ein Wunder uns retten kann. Und mancher mag nun zweifeln, ob er dem Himmel ein Wunder wert ist."

Das Wunder von Cajamarca

Atahualpa ist tatsächlich der Einladung des spanischen Anführers nach Cajamarca gefolgt. Getragen in einer vergoldeten Sänfte nähert er sich, seine Adligen im Gefolge, alle unbewaffnet im Vertrauen auf ihre Unbesiegbarkeit. Nur ein Heer von Dienern fegt mit Reisigbündeln vor ihnen den Weg sauber.

Lang gezogene Töne aus großen Muschelhörnern schallen über die Stadt, als die Sänfte in der Mitte des Platzes zum Stehen kommt. Der glänzende Auftritt soll seine Gegner offensichtlich beeindrucken und einschüchtern, doch er stachelt ihre Gier umso stärker an. Nur der kleine Pedro Pizarro muss sich vor Angst übergeben. Pizarro hat vorgesorgt und seine kleine, aber kampfkräftige Truppe gut getarnt um den Treffpunkt verteilt. Atahualpa wird nicht einmal im Traum erwartet haben, diese seltsamen Fremden könnten ihm eine Falle stellen.

Der schwarzbärtige Kommandant der Spanier erscheint hoch zu Ross. Dann tritt der Feldprediger Vicente de Valverde mit einem Kruzifix vor und lobt überschwänglich seinen himmlischen Herrn und will Atahualpa eine Bibel überreichen. Als der Inka-Herrscher den unerklärlichen Gegenstand zu Boden wirft, schlagen die Spanier los. Sie haben diesen Vorwand erhofft, wenn nicht sogar provoziert, um eine moralische Rechtfertigung für das folgende Gemetzel zu haben. Wie schon im Kampf gegen die für sie ungläubigen Mauren tönt der Schlachtruf ihres Nationalheiligen Santiago über den Platz. Die Schützen feuern mit ihren Hakenbüchsen ununterbrochen in die wehrlose Menge. Atahualpas adlige Leibgarde, gekleidet in himmelblaue Gewänder und geschmückt mit smaragdbesetzten Ohrringen, liegt dahingemetzelt im Staub. Wer nicht stirbt, sucht sein Heil in der Flucht.

Die indianische Kriegsführung litt generell unter einem erheblichen Schwachpunkt: Wenn der Häuptling oder Herrscher starb oder in Gefangenschaft geriet, galt der Kampf schon als verloren. Dann herrschte nur noch Kopflosigkeit und Chaos. Das psychologische Moment spielte also eine bedeutende Rolle. Davon profitierten die Spanier erheblich. Zwar waren ihre Waffen nicht allzu effektiv, weil zu ungenau, aber der von ihnen ausgehende Donner und Rauch verbreitete in beträchtlichem Maße Angst und Schrecken.

Pferde sind für die Inka unbekannte, Furcht einflößende Ungeheuer. (Filmszene)

„16. November. Nun brachen die Truppen aus allen Toren und stürzten sich mit lautem Gebrüll auf die völlig überrumpelten Indianer. Sie zerstückelten die Unbewaffneten mit ihren Schwertern wie Brotlaibe – es war das schlimmste Schlachten, das ich je sah. Auf dem Platz türmen sich die Leichen, es riecht nach Blut und Tod."

Am Ende des Tages ist Atahualpa gefangen, das Wunder geschehen. Ob sich indianische Hilfstruppen bei den Kampfhandlungen auf spanischer Seite beteiligt haben, ist nicht überliefert, aber durchaus wahrscheinlich.

Das Glück des Tüchtigen

Pizarros unermüdlicher Drang nach Erfolg und Ruhm und seine ungestillte Gier nach Gold mögen die Waghalsigkeit erklären, nach so vielen ausgestandenen Gefahren und Strapazen alles auf eine Karte zu setzen. Aber es ist nicht nur Draufgängertum, das Pizarro auszeichnet. Selbst in der höchst bedrohlichen Lage von Cajamarca entwickelt er den raffiniert einfachen Plan, der den überraschenden Erfolg bringt. Der so erstaunliche Sieg über das riesige Inka-Heer lässt sich aber nicht nur durch strategische Brillanz erklären.

Ihre zahlenmäßige Unterlegenheit machen die Spanier mit List und Mut wett. (Filmszene)

Pizarro hatte Glück: Das Inka-Reich befand sich im Bürgerkrieg. Eine Blattern-Epidemie, von den Spaniern in Amerika eingeschleppt und über Kolumbien nach Peru gelangt, hatte zwei Inka-Herrscher und ihren Hofstaat dahingerafft.

In der Folge entwickelte sich ein blutiger Streit um die Thronfolge. Als ältester Sohn von Inka Huayna Capac und damit rechtmäßiger Erbe wurde Huascar von der Priesterschaft in Cuzco inthronisiert. Doch sein ehrgeiziger Bruder und Rivale Atahualpa scharte eine zahlreiche Anhängerschaft in Quito im heutigen Ecuador um sich. Auch er pochte auf traditionelles Recht, nämlich die Thronfolge durch den Fähigsten. Die Generalität teilte seine hohe Meinung von sich selbst. Mithilfe der Armee gelang es ihm, den unglücklichen Huascar vom Thron zu stürzen und gefangen zu nehmen. Doch der Kampf im Machtapparat schwelte weiter und Pizarro nutzte geschickt die Parteigänger des Unterlegenen für seine Zwecke.

Militärisch hatten die Inka zudem trotz zahlenmäßiger Überlegenheit wenig Chancen: Sie kannten weder Pferde noch Waffen aus Stahl, noch Kanonen, noch feste Rüstungen. Dennoch bleibt ein Rest Unerklärbares, warum die in Krieg und Frieden sonst so zielstrebig und geschickt handelnden Inka so töricht in die Falle der Spanier gelaufen sind.

Der unglückliche Atahualpa ist in einem Turm eingekerkert. Allerdings sind die Haftumstände durchaus angenehm. Seine drei Lieblingsfrauen dürfen ihm die Gefangenschaft versüßen, seine Berater haben die Erlaubnis, mit ihm zu tagen. Pizarro will Atahualpa bei Laune halten. Noch braucht er ihn als Geisel, um einen Angriff der neu formierten Inka-Truppen zu verhindern.

Der Untergang der Unbesiegbaren

Am 15. November 1533 zieht Pizarro in der Inka-Hauptstadt Cuzco ein, ohne auf größeren militärischen Widerstand zu treffen. Noch ist die Metropole unzerstört, erst zwei Jahre später brennt sie bei der Niederschlagung einer von Atahualpas Nachfolger Manco II. angezettelten Revolte fast vollständig nieder. Die neuen Herren hatten nach der Bluttat von Cajamarca diesen Inka-Fürsten als ihre Marionette auf den verwaisten Thron gesetzt. Doch einmal zum Herrscher proklamiert, spielte er ein doppeltes Spiel gegen seine Förderer.

Cuzco soll der Legende nach einst vom ältesten Herrscher Manco Capac gegründet worden sein. Die Stadt liegt in 3500 Meter Höhe in einem von schneebedeckten Anden-Gipfeln umgebenen fruchtbaren Hochtal. Geschützt wird sie von dem gigantischen Mauerring der Bergfestung Sacsayhuamán.

Der seltsame Grundriss Cuzcos ist nach mythologischen Gesichtspunkten als Symboldarstellung eines Pumas angelegt worden. Den Kopf bildet die Festung, den Körper der spitz zulaufende Bereich der Wohnstadt und den Schwanz der Zusammenfluss von zwei kanalisierten Flüssen.

„Nachdem der Inka Yupanqui Pachacutec die Stadt in der beschriebenen Weise eingeteilt hatte, gab er allen Plätzen und Grundstücken eigene Namen und die ganze Stadt zusammen nannte er Puma-Körper. Und er sagte, die Bürger und Bewohner seien Teile dieses Pumas und er selbst sei der Kopf."

So berichtet der Chronist Vázquez de Espinosa. Sein spanischer Mitstreiter Sancho de la Hoz ist fasziniert von der Lebensqualität in der Hauptstadt des mächtigen Inka-Reiches:

„Sie ist voll von stattlichen Palästen, nirgendwo sieht man armes Volk. Jeder Herr hat sich ein Haus gebaut, obwohl er nicht immer darin wohnt. Die meisten dieser Häuser sind aus Stein und bei anderen ist doch die Fassade zur Hälfte aus diesem Material. Außerdem haben sie viele Häuser aus Backsteinen und sie sind in perfekter Ordnung die Gassen entlanggebaut, die alle gepflastert sind und in der Mitte einen kleinen Kanal aus Steinen haben."

Dieser Wasserablauf diente dazu, die Straßen sauber zu halten. Rechts und links davon gab es regelrechte Bürgersteige. Die Häuser verfügten zumeist über einen geräumigen, mit Blumenvasen geschmückten Innenhof, um den die Wohn- und Wirtschaftsräume geordnet waren. Diese wurden nicht durch Türen, sondern mit schönen Geweben verschlossen. Auf den Böden lagen Tierfelle.

Um das Zentrum mit seinen feudalen Bauten folgten Viertel mit bescheideneren Behausungen. Die Hütten in den Außenbezirken waren sogar aus Stroh. Cuzco besaß zwei zentrale Plätze, die von einem Wasserlauf durchflossen wurden. Garcilaso de la Vega, selbst einer adligen Inka-Familie entstammend, sammelte die Berichte von Zeitzeugen aus der vorkolonialen Ära:

Die Inka-Treppe in Tambo Machay ist beispielhaft für die perfekte Technik der Steinbearbeitung und einer Bauweise, die völlig ohne Mörtel auskommt.

„Der Platz, den sie Cusipoata nennen, ist ein Platz der Fröhlichkeit und des Vergnügens. Zur Zeit der Inka bildete man aus beiden Plätzen einen einzigen; der ganze Bach wurde mit dicken Balken zugedeckt, darauf legte man große Steine, die als Boden dienten; denn bei den Hauptfesten, die sie zu Ehren der Sonne feierten, versammelten sich so viele Herren Vasallen, dass sie auf dem Platz, den sie Hauptplatz nennen, nicht Raum gefunden hätten."

Im Garten der goldenen Götter

Mit der Stärkung der Inka-Herrschaft veränderten sich auch die religiösen Anschauungen. Der alte Schöpfergott Viracocha trat hinter den Sonnengott Inti zurück. Das hatte einen einsichtigen Grund: Der Inka-Herrscher betrachtete sich als Intis Sohn und Vertreter auf Erden. Im Zentrum des Sonnenkultes stand der Coricancha, der „Goldhof". Die Innenwände dieses Gotteshauses waren aus edlen Materialien gefertigt und mit Goldplatten ausgekleidet. Hier verrichteten Priester die rituellen Zeremonien, gemeinsam mit den Tempeljungfrauen. Diese waren unter den schönsten Mädchen des ganzen Reiches ausgewählt und in die Residenzstadt gebracht worden, wo sie nur der Inka als Stellvertreter des Sonnengottes berühren durfte.

Die Opfergaben bestanden aus Muschelschalen und Coca-Blättern, Gold und Silber sowie einer großen Menge von Lamafeten. Gold galt als das Metall des Sonnengottes; es war dem Heiligen vorbehalten und wurde niemals als Handelsware oder Zahlungsmittel benutzt. Silber symbolisierte die Tränen der Mondgöttin. Besonders der so genannte Goldene Garten beeindruckte die spanischen Chronisten: „Sie machten Felder von Mais ..., alle genau nachgebildet. Der Bart des Kolbens war aus Gold und der Rest aus Silber, wobei die Teile zusammengelötet waren."

Andere Berichterstatter sahen ebenfalls Begeisterndes: „Erdklumpen aus feinstem Gold ... zwanzig goldene Lamas mit ihren Jungen und goldene lebensgroße Hirten mit Krummstäben und Schleudern."

Im Haupttheiligtum befand sich das Kultsymbol des Sonnengottes, eine riesige Scheibe aus Gold, umgeben von einem Strahlenkranz, laut Bericht des Garcilaso de la Vega „so groß, dass sie den ganzen Raum des Tempels von Wand zu Wand ausfüllte". Hinter diesem Saal lag der mit Silberplatten ausgekleidete Kultplatz für den Mond. Hier war die Götterscheibe aus purem Silber und zeigte das Gesicht der Mondgöttin Quilla. Nebenan befand sich das Pantheon der Inka-Ahnen. Auf goldenen Thronen saßen die mumifizierten früheren Inka-Herrscher, verehrt wie Halbgötter.

Es ist zu befürchten, dass auch die Kunstschätze des Coricancha von den skrupellosen Eroberern eingeschmolzen worden sind. Obwohl bis heute die Gerüchte über verborgene Felskammern mit geretteten Sakralpreziosen nicht verstummt sind, die im Gebiet von Cuzco durch glaubenstreue Sonnenpriester angelegt worden sein sollen.

Lange Zeit war Machu Picchu der dafür von allen Schatzsuchern favorisierte Ort. Die bis heute von Legenden umwitterte Ruinenstadt liegt hoch über dem Rio Urubamba auf einem schwer zugänglichen Berggrat. Nebelschwaden steigen aus der tief eingeschnittenen und feuchtheißen Schlucht empor und verbergen die Inka-Bauten immer wieder vor den staunenden Blicken der Besucher. Unten am Fluss herrscht noch tropisches Urwaldklima, doch das Stadtgebiet gehört schon zur kühleren Hochgebirgszone. Die kluge Wahl des versteckten Siedlungsortes ohne Malariamücken und allzu giftiges Getier garantierte der indianischen Bevölkerung ein unentdecktes Dasein. Wohl bis lange nach der spanischen Eroberung Perus existierte in Machu Picchu eine von fremden Einflüssen unbehelligte Lebensweise – wie zur Zeit der Inka. Noch immer gibt der Ort den Wissenschaftlern Rätsel auf.

Der Mittelpunkt der Inka-Welt

Der Palast des jeweiligen Inka-Herrschers verbleibt nach seinem Tod im „Familienbesitz". Darum errichtet jeder Thronfolger in Cuzco für sich einen neuen Palast. In seiner Nachbarschaft leben in einer Art Harem die aus dem ganzen Reich herbeigeschafften auserwählten Frauen, die als Mätressen des Adels und fingerfertige Herstellerinnen von Stoffen erster Qualität gedient haben.

Hier liefen die Überlandstraßen aus den vier Teilen des Reiches zusammen. „Tahuantinsuyu", das Reich der „vier zusammengehörenden Regionen, der vier Weltgegenden", so lautete der offizielle Titel des Staates. Die aus diesen Regionen stammenden Menschen bewohnten in der Hauptstadt eigene Viertel. So stellte der Ort ein Abbild des ganzen Reiches dar, Symbol des Imperiums einer in der Überzahl bäuerlichen Bevölkerung. Hier war der Nabel der Inka-Welt.

Der Chronist Vázquez de Espinosa schreibt:

„Es waren so viele fremde und unterschiedliche Nationen vertreten in Cuzco, von Pasto und Quito im Norden bis nach Chile und weiter, dass zwischen den beiden Extremen eine Entfernung von mehr als 1000 Meilen war. Und die Vertreter der einzelnen Völker und Provinzen wohnten in den Stadtvierteln, die ihnen von den Gouverneuren und Beamten der Inka in der Stadt zugewiesen waren, sodass auf diese Weise die Stadt das ganze Reich umfasste und verkörperte …"

Genaue Angaben über die Einwohnerzahl der Hauptstadt sind der Nachwelt nicht überliefert. Aber moderne Berechnungen haben eine ungefähre Anzahl von 20 000 Bewohnern für den Stadtkern und 150 000 für den Großraum Cuzco ergeben. Diese Metropole gedeiht auch dank des fleißigen Heeres der aus dem ganzen Imperium zusammengezogenen Zwangsarbeiter. Sie bewältigen die immer gigantischeren Bauarbeiten, den Ausbau des weit verzweigten Straßennetzes mit seinen unzähligen Brückenkonstruk-

In der Bergfestung Machu Picchu lebten die Inka noch lange Zeit verborgen vor den spanischen Eroberern.

tionen und garantieren die Versorgung der Bevölkerung mit Nahrungsmitteln durch die Anlage von Bewässerungskanälen und Terrassen für die Landwirtschaft. Dieser staatliche Arbeitsdienst trägt entscheidend mit bei zu dem außerordentlichen Erfolg des Staatsmodells der Inka. Beeindruckend sind auch die meisterlichen Leistungen der Ingenieure bei den städte- und wasserbaulichen Projekten.

Cuzco, hier in einer idealisierten Darstellung von 1595, war Residenzstadt und Verwaltungszentrale des Imperiums.

Der Jaguar mit dem Zyklopen-Kopf

Oberhalb der Wohnstadt Cuzcos erhebt sich bedrohlich die Festung Sacsayhuamán. Ein dreifacher Mauerring, in komplizierter Zickzackbauweise errichtet, ist für die Waffen indianischer Angreifer uneinnehmbar. Ein durchdachtes System von Ausfallpforten ermöglicht den Verteidigern wirkungsvolle Gegenangriffe im Falle einer Belagerung. Die äußerste Verteidigungsmauer besteht aus riesigen Felsblöcken, deren exakte Verfügung ohne jeglichen Mörtel auf außerordentlich talentierte Steinmetze verweist. Die Kunstgriffe ihrer Arbeit nur mithilfe von Steinwerkzeugen sind bis heute noch nicht alle erforscht.

Geradezu rätselhaft erscheint dem modernen Betrachter die Technik, mit der die bis zu 2000 Tonnen schweren Felskolosse an ihren Bestimmungsort transportiert worden sind. Berichtet wird von angeblich über 6000 Arbeitern, die jeden der Blöcke an Stricken allein mit ihrer Muskelkraft vorwärts bewegt hätten. Wahrscheinlicher sind jedoch Angaben zwischen 2000 und 2500 Personen. Ihren Transportweg haben sie mit nasser Erde oder kleinen Kieselsteinen gleitfähig gemacht, mancherorts sind die dabei entstandenen Schleifspuren noch heute auf dem Untergrund sichtbar. Nachweislich haben die Inka-Ingenieure Strecken bis zu einer Entfernung von 35 Kilometern überwinden können.

Normalerweise wurden die Blöcke aber in Steinbrüchen gebrochen, die nur wenige hundert Meter vom Bauplatz entfernt lagen. An manchen Felsen sind dort noch heute die Spuren der angewandten Schneidetechnik zu erkennen. Entlang der Linien des natürlichen Felsbruches befinden sich gebohrte Löcher. In sie haben die Steinmetze Holzpflöcke gesteckt, die mit Wasser befeuchtet worden sind. Das nasse Holz schwoll dann auf und sprengte den Felsbrocken ab. So wurden auch die Blöcke für Sacsayhuamán gewonnen. Der Chronist Sancho de la Hoz beschreibt die Verteidigungsanlage als riesige Waffenkammer:

„Die ganze Festung war ein Depot von Waffen, Keulen, Lanzen, Schleudern, Äxten, Schilden, mit Baumwolle gepolsterten Kampfwesten und Kleidung aller

Art für die Soldaten, die dort aus allen Teilen des von den Herrschern Cuzcos regierten Reiches zusammengezogen waren."

Den ersten Spaniern, die Sacsayhuamán erblickt haben, mag es als ein großartiges Gottesgeschenk erschienen sein, dieses uneinnehmbar wirkende Bollwerk so gut wie kampflos ausgeliefert zu bekommen. Die Festung mit ihren Zyklopenmauern hat vermutlich auch eine große Tempelanlage beherbergt. Denn die Chronisten berichten einhellig über einen Hort kostbarer Textilien und Edelmetalle, der in unterirdischen Magazinen neben dem Kriegsgerät aufbewahrt worden sein soll. Notizen solchen Inhalts lockten seit Jahrhunderten unzählige Schatzsucher nach Cuzco. Sie durchwühlten unermüdlich jeden Zentimeter Erde auf dem Festungshügel. Doch bis heute ohne Erfolg.

Die Verteilung der Beute

Am 23. März 1534 vollzieht Francisco Pizarro den offiziellen Akt der städtischen Neugründung von Cuzco in spanischem Namen. Während der feierlichen Gründungszeremonie verteilt er im Auftrag des Königs Grund und Boden an seine verdienten Mitstreiter:

„Auf dass der Hauptplatz dieser Stadt, die ich hier gründe, der sei, der von den Eingeborenen angelegt war, und die Grundstücke, auf denen die Bürger ihre Häuser bauen sollen, um diesen eingemessen und verteilt werden, so wie ich es nun anweisen werde."

Dem rasanten Aufbau der kolonialen Stadt steht nichts mehr im Weg. An der Stelle und teilweise sogar auf den Grundmauern des Palastes von Viracocha Inka erhebt sich als triumphale Machtdemonstration des siegreichen Christentums bald die prächtige Kathedrale.

Vor dem neuen Rathaus zeigt die weltliche Herrschaft in späterer Zeit gnadenlos ihre Stärke. Wegen Verschwörungen und Aufständen gegen die Krone werden dort sowohl das letzte Mitglied des Pizarro-Clans wie auch der Erbe aus der Inka-Dynastie, Tupac Amaru II., öffentlich und feierlich enthauptet.

Besonders pikant ist die Errichtung des Nonnenklosters der heiligen Catalina auf dem Areal des ehemaligen Harems. Ob auch dessen frühere Insassinnen praktischerweise einfach übernommen worden sind, ist nicht dokumentiert.

Fünf Jahrhunderte später bevölkert die indianische Nachkommenschaft des Sonnenreiches unüberseh- und unüberhörbar den großen Platz vor der Kathedrale als ambulante Händler. „icompráme chompa! – Kauf mir einen Pullover ab!", so schallt es den Besuchern lautstark entgegen. Oft sind das die einzigen spanischen Vokabeln, die den radebrechenden Indios geläufig sind. Doch auch der Tourismus ändert nicht viel am kärglichen Einkommen dieser Menschen, die häufig aus weit entlegenen Bergdörfern nach

Mit welchen technischen Meisterleistungen die Inka arbeiteten, beweisen die noch heute intakten Terrassenfelder von Pisac.

Cuzco gezogen kommen. Sie leben immer noch am Rand des Existenzminimums, so wie schon während der ganzen Kolonialherrschaft der Spanier und auch in den Jahren seit der Unabhängigkeit Perus.

Die Inka hingegen sorgten in ausreichender Weise für ihre Untergebenen. Eine ausgeklügelte Vorratswirtschaft und die Rückverteilung des vom Staat eingezogenen „Bruttoinlandsproduktes" unter der gesamten Bevölkerung garantierten ein gesichertes Auskommen.

Dorfgemeinschaften, „ayllus" genannt, bildeten die Basiszelle der Gesellschaft. Ihre Mitglieder bestellten gemeinsam die Felder und hüteten die Herden. Das fruchtbare Land war in drei Teile aufgeteilt. Die Ernte des ersten wurde von der Regierung beansprucht, der zweite kam den Tempeln und dem Opferdienst der Priester zugute und erst den dritten erhielten die Bauern. Aber das System funktionierte. Jede Familie bekam so viel Land zugeteilt, wie sie für die Ernährung der Familienmitglieder brauchte. Gemeindebeamte überprüften die individuelle Bedürftigkeit immer wieder aufs Neue; junge Ehepaare erhielten Sonderleistungen. Die Bevölkerung bezahlte allerdings die soziale Sicherheit mit erheblichen Einschränkungen ihrer persönlichen Freiheiten.

Die Diktatur der Sieger

Die neuen Kolonialherren von Cuzco setzen eine strikte Apartheidpolitik durch. Alle Indios dürfen nur in begrenzten Bezirken wohnen, die umgekehrt für Spanier gesperrt sind. Im Umland werden „reducciones", Zwangsdörfer, errichtet, in denen die Landbevölkerung kaserniert wird. Statt mit Agrarwirtschaft ihr Auskommen zu sichern, müssen die ehemaligen Bauern Fronarbeit in Textilbetrieben und im Minenwesen leisten. In den Schächten des legendären „Cerro Rico", des Silberberges von Potosí, schuften hunderttausende, die aus der ganzen Kolonie zusammengetrieben werden.

Im modernen Peru gilt die koloniale Unterdrückung und Ausbeutung der Ureinwohner als Erklärung und Entschuldigung für die heutige Misere des Landes. Selbst gebildete Peruaner im Bildungs- und Beamtensektor, genetisch offensichtlich überwiegend von Europäern abstammend, missbrauchen die Schrecken der Vergangenheit gerne dazu, um vom eigenen Verschulden an den aktuellen Mängeln der Gesellschaft abzulenken, von der Korruption und dem persönlichen Desinteresse am Wohl der Allgemeinheit.

Atahualpa bleibt in Cajamarca weiterhin unter schärfster Bewachung. Pizarro besucht ihn immer wieder, er will ihm die Verstecke des immensen Inka-Schatzes entlocken. Atahualpa lernt lesen, schreiben, Schach spielen. Und kämpft mit allen Tricks um Leben und Freiheit. Die eigene Halbschwester Huaillas bietet er dem Sieger an. Obwohl Pizarro misstrauisch bleibt, lässt er das Mädchen auf den christlichen Namen Ines taufen. Zwar heiratet er sie nicht offiziell, aber ein Jahr später kommt eine gemeinsame Tochter zur Welt. Ungeachtet dessen hat der Kindsvater den Bruder seiner Geliebten (und Onkel des Neugeborenen) in der Zwischenzeit längst ermorden lassen.

Viele Konquistadoren folgen dem Vorbild ihres Anführers und nehmen sich indianische Frauen – das Recht des Siegers, wie es zuvor auch schon immer von den Inka ausgeübt worden ist.

Die Spanier erobern, anscheinend wohl sogar mithilfe Atahualpas, immer größere Gebiete des Riesenreiches, das sich über 4000 Kilometer von Kolumbien im Norden bis nach Chile im Süden erstreckt. Pizarro erfüllt den Auftrag seines Königs im fernen Spanien und gründet ein gewaltiges Kolonialreich. Zur Belohnung ernennt ihn die Krone zum Gouverneur und Vizekönig.

Der größte Schatz der Geschichte

Aber immer noch ist das Inka-Gold nicht aufgetaucht. Pizarro wird allmählich ungeduldig und setzt den Inka mit falschen Anklagen unter Druck. Atahualpa sei insgeheim Anführer einer Widerstandsorganisation gegen die neuen Herren, worauf die Todesstrafe wegen Hochverrats stehe. Atahualpa verliert unter der Todesdrohung nun die Nerven und gibt sein einziges Faustpfand aus der Hand, er lässt nach dem Staatsschatz rufen.

Ein letztes Mal zeigt sich die Macht des Inka-Herrschers. Aus allen Teilen des Landes setzen sich Lamakarawanen in Bewegung, schwer beladen mit dem Stoff, aus dem die Träume der Spanier sind: Gold!

„28. Dezember. Da Atahualpa die Gier nach Gold nicht verborgen geblieben ist, hat er Pizarro ein Angebot gemacht: Er will einen großen Raum mit Gold füllen lassen – wenn er im Gegenzug seine Freiheit erhält."

In Cajamarca ist zudem auch Pizarros ehemaliger Partner und jetziger Intimfeind Diego de Almagro aufgetaucht, um mit seinen Spießgesellen einen Anteil an der Beute zu verlangen. Die Spannungen zwischen den Erzrivalen werden immer unerträglicher.

Tag und Nacht schleppen die Untertanen Atahualpas säckeweise Gold und Geschmeide aus Tempeln und Palästen herbei, um ihren Herrscher zu retten. Nach zwei Monaten ist das Versprechen eingelöst. Mit buchhalterischer Akribie lässt Pizarro seinen persönlichen Anteil errechnen. Insgesamt 1,3 Millionen Goldpesos sind zusammengekommen, eine ungeheure Summe. Angeblich müht sich ein Heer von Goldschmieden 34 Tage mit dem Einschmelzen der kostbaren Gegenstände ab. Auch ein goldener Springbrunnen befindet sich darunter, auf dessen Rand silberne Vögel sitzen.

Nur der Anteil des Königs wird nicht eingeschmolzen, Karl I. soll die prachtvollen Geschmeide mit eigenen Augen bewundern. Er wird jedoch nur wenig davon zu Gesicht bekommen. Ein Teil der Fracht versinkt auf Galeonen der spanischen Flotte in der stürmischen Karibik oder wird von Piraten aufgebracht; der Großteil verschwindet spurlos.

Keine Gnade für den Sohn der Sonne

Jetzt ist Pizarro an der Reihe, sein Atahualpa gegebenes Wort einzulösen. Doch er denkt überhaupt nicht daran. Für die einen findet in der Folge eines der schändlichsten Verbrechen der Weltgeschichte statt; den anderen ist es nur ein kühl kalkuliertes Stück Realpolitik. Nicht nur manche Konquistadoren sehen in dem gefangenen Herrscher eine Gefahr für die innere Sicherheit der noch sehr fragilen Kolonie. Für sein Verschwinden plädieren auch viele indianische Stammesfürsten, denen unter seiner Herrschaft viel Unrecht und Willkür angetan worden ist. Sogar noch in der Gefangenschaft habe Atahualpa den Befehl zur Ermordung seines Bruders und rechtmäßigen Herrschers Huascar gegeben.

In einem Schauprozess lässt Pizarro den Inka kurzerhand zum Tod verurteilen. Er habe eigene Truppenverbände aus dem Süden gegen die Spanier

Atahualpa trinkt aus dem Totenschädel seines von ihm ermordeten Bruders. (Filmszene)

Traditionell gekleideter Indio aus Tarabuco im heutigen Bolivien

zu Hilfe gerufen; so lautet die fingierte Anklage. Der Rest ist abgekartetes Spiel. Pizarro zögert nicht, das verhängte Todesurteil zu unterschreiben.

Am 29. August 1533 wird Atahualpa im Fackelschein auf den Hauptplatz von Cajamarca geführt, wo ein Scheiterhaufen errichtet ist. Die johlende Menge bespuckt und beschimpft ihn wegen seiner Vielweiberei, als Brudermörder und Götzenanbeter. Mit der Garotte, der Würgeschlinge, befördert der Henker den Geschmähten quälend langsam aus dem Leben. Diese Exekutionsart wird als Gnadenbeweis angesehen, weil der Todeskandidat zuvor der christlichen Taufe zugestimmt hat. Als sich die Todesnachricht im Reich verbreitet, öffnen sich hunderte die Pulsadern, um ihrem Gebieter ins Jenseits zu folgen. Doch viele ehemalige Untertanen feiern den Tod des ihnen verhassten Ehrgeizlings.

Die Legende vom Ursprung aller heutigen Übel Perus durch den spanischen Kolonialismus wird auch in Cajamarca gepflegt. Ein einziges noch erhaltenes vorspanisches Haus ist offiziell zum ehemaligen Kerker des unglücklichen Atahualpa erklärt worden. Nun strömen die Besucher, vor allem Schulklassen, herbei, um den letzten Inka-Herrscher als Friedensfürsten einer angeblich paradiesischen Vorzeit zu verehren. Eine Geschichtslüge, die ebenso wenig der historischen Wahrheit entspricht wie die Legende von den spanischen Zivilisationsbringern in der Kolonialepoche.

Denn auch die Inka waren für viele indianische Völker nichts anderes als grausame Unterdrücker. Als ihre Truppen fünf Jahrzehnte vor der spanischen Invasion das Volk der Chachapoyas unterwarfen, töteten und verschleppten sie tausende. Darum begrüßten die so brutal Besiegten die Feinde ihrer Feinde zuerst einmal als Retter – ein bitterer Irrtum, wie die Chachapoyas bald einsehen sollten.

Teufelsmetall

Zur traurigen Wirklichkeit des Andenhochlandes an der Schwelle zum 3. Jahrtausend gehört auch eine nur regional bekannt gewordene Katastrophe: Ein Lastwagen fährt von der Goldmine Yanacocha die eng gewundene Bergstraße hinab in Richtung der Hauptstadt Lima. Die Mine in der Nähe von Cajamarca gilt als die größte Lateinamerikas und als eine der ertragreichsten der Welt, doch ihre Anwohner profitieren wenig von den Erlösen. Ein nordamerikanisches Unternehmen hat vor Jahren der Regierung den ganzen Bergzug einfach abgekauft – zum Spottpreis von 500 Millionen Dollar.

Aber an diesem Unglückstag im Juni des Milleniumsjahres 2000 glauben die Bewohner der Ortschaften Choropampa und San Juan doch, einmal das große Los gezogen zu haben. Denn der schwer beladene Lastwagen verliert vor ihrer Haustür über 150 Kilogramm eines glänzenden Metalls in flüssiger Form. Der Transport kommt aus der Goldmine, also liegt Gold auf der Straße – so schließen die Dörfler messerscharf und sammeln den Metallfund ein. Sie ahnen nicht, dass sie reines Quecksilber in ihren bloßen Händen halten. Das hochgiftige Metall dient als Hilfsmittel bei der Goldgewinnung.

Die Indios schicken nichts ahnend ihre Kinder mit Strohhalmen auf den Asphalt, um den flüssigen Stoff aufzusaugen und in Sammeleimer zu spucken. Erst jetzt treten die Minenbetreiber auf den Plan und bieten eine geringe Summe als Finderlohn gegen Rückgabe des Quecksilbers. Zwar lässt sich der Skandal nicht gänzlich vertuschen, aber auch durch Strafgeld und Entschädigung kann der gesundheitliche Schaden nicht wieder gutgemacht werden. Das Gift wirkt langsam wie eine Zeitbombe in den Körpern der Kinder weiter. Der Yanacocha-Skandal erscheint wie eine drastische Inszenierung des Zufalls, um das ewige Lebensdrama der indianischen Bevölkerung zu illustrieren.

Berg des Glücks – Berg des Todes

Zum weltberühmten Symbol für die gnadenlose Ausbeutung der Indios in der Kolonialzeit wurde der Cerro Rico, der „Reiche Berg" von Potosí. Schon die Inka nutzten den „Hügel, aus dem Silber fließt". Doch die Spanier konnten erst 1545 in die zerklüftete Berglandschaft im Herzen des heutigen Bolivien vordringen. Ihnen bot sich ein grandioser Anblick: Über 5000 Meter hoch erhob sich dort ein ebenmäßig geformter Gigant aus Stein. Sein Inneres barg einen der größten Schätze, der je von Menschenhand geborgen

Potosí war in ihrer Glanzzeit eine der reichsten Städte der Welt.

wurde: Silber in Hülle und Fülle. Ein unendlich erscheinender Strom dieses Edelmetalls ergoss sich nach Europa und beeinflusste entscheidend die wirtschaftliche Entwicklung des Kontinents.

In der „Casa de Contratación", dem Außenhandelsamt der Spanischen Krone in Sevilla, sind die unglaublich anmutenden Daten in langen Listen überliefert. Allein zwischen 1503 und 1660 wurden demnach 185 000 Kilogramm Gold und 16 Millionen Kilogramm Silber aus Amerika kommend im Hafen von Sanlúcar de Barrameda an der Mündung des Guadalquivir angelandet.

Es wurde verbreitet, sogar die Hufeisen der Pferde wären in Potosí aus purem Silber, ebenso wie die Kirchenaltäre und Heiligenstatuen. Verbürgt ist, dass die Bürger zum Fronleichnamsfest des Jahres 1658 die Pflastersteine der Prozessionsstraße durch Silberbarren ersetzten.

Die Stadt, in 4000 Meter Höhe am Fuß des bald von unzähligen Stollen durchzogenen Berges gelegen, wurde zum Mekka des Vizekönigreiches Peru. Von überall her strömten Abenteurer und Glücksritter in die vegetationslose Bergwüstenei, um ihren Traum vom unermesslichen Reichtum wahr werden zu lassen. Die Stadt wuchs in wenigen Jahren auf 160 000 Einwohner. Damit gehörte sie damals zu den bevölkerungsreichsten Metropolen der Welt wie etwa London und war größer als Madrid oder Paris. Eine der reichsten war sie ohnehin, voller neu errichteter Kirchen und Bordelle.

Doch es gab auch eine Kehrseite der glänzenden Medaille. In den Bergwerksstollen schufteten unzählige Arbeitssklaven unter menschenunwürdi-

gen Bedingungen. Insgesamt sollen acht Millionen Indios im Cerro Rico jämmerlich zu Grunde gegangen sein. Bischof Bartolomé de Las Casas (1474–1566) formulierte seine Anklage gegen Pizarro und die neuen Landesherren mit drastischen Worten:

„Er mordete, raubte, plünderte ohne Maß und Ziel und hielt weder Treue noch Glauben. Ganze Örter wurden von ihm verheert und ihre Einwohner erschla-

Der legendäre Silberberg „Cerro Rico" von Potosí heute

gen und vertilgt. Er allein brachte so viel Unheil über dies Land, dass wir fest überzeugt sind, es sei niemand imstande, dasselbe zu schildern und zu beschreiben ... Wollte ich jede Grausamkeit und Mordtat einzeln erzählen, welche die Christen im Königreich Peru begingen und noch täglich begehen, so würde sich finden, dass alle übrigen, welche sie in anderen Gegenden verübten, sowohl in Ansehung der Menge, als Abscheulichkeit, gegen diese für nichts zu achten sind."

Heute ist der einst so reiche Berg von Potosí wohl restlos ausgeplündert. Eine große Zinnmine stellte vor wenigen Jahren endgültig die Förderung ein. Auch hier hatte der Staat als Unternehmer versagt und seinen Besitz heruntergewirtschaftet. Die Angestellten bedienten sich lieber selbst an den immer magereren Gewinnen, anstatt diese in Modernisierungsmaßnahmen zu investieren. Ein sinkender Weltmarktpreis für Zinn und billigere Produktionskosten anderswo taten ein Übriges. Die Zeche zahlten wieder einmal tausende indianischer Bergleute, für die es kaum eine andere Arbeitsmöglichkeit in Potosí gibt.

Mit dem Mut der Verzweiflung wagen sich einige Kumpel in die uralten Minen hoch oben unterhalb des Berggipfels, wo die Luft ganz besonders sauerstoffarm ist. Die niedrigen Stollen sind nur gebückt zu begehen. Die Überreste der hölzernen Deckenstützen liegen auf dem Boden, auf dem ständig ein bräunliches Rinnsal fließt. Es ist stark schwefelsäurehaltig und lässt die Haut bei Kontakt verschrumpeln. An den Wänden haben sich weiße Mineralausblühungen gebildet; hochgiftiges Arsen. Hier suchen die Mineros nach Silberflözen, die in der Kolonialzeit vielleicht übersehen worden sind. Doch die Ausbeute ist kaum der Rede wert und der ungesunde Arbeitsplatz fordert ständig seine Opfer. Die Lebenserwartung der hier Tätigen ist kaum höher als die ihrer Vorfahren in der Kolonialzeit.

Ein Ende mit Schrecken

Die ersten Jahre des neuen Vizekönigreiches Peru waren geprägt von einer nicht enden wollenden Gier nach noch mehr Gold und noch mehr Macht. Francisco Pizarro ist in seinem Amt überfordert. Als Soldat und Stratege war er erfolgreich, doch als Gouverneur und Staatsmann scheitert er. Es gelingt ihm nicht, eine funktionierende politische Ordnung zu errichten. Die Rivalitäten unter den ehemaligen Waffengefährten werden immer gewalttätiger und lähmen das Land. Besonders der Konflikt mit Diego de Almagro spitzt sich immer mehr zu.

Der Kampf um die Herrschaft wird jetzt offen ausgetragen, bis Pizarro den verhassten Gegner hinterhältig ermorden lässt. Anders kann der Scheinprozess nicht genannt werden, bei dem der gealterte und kranke Almagro wegen eines Putschversuchs in Cuzco durch Hernando Pizarro zum Tode verurteilt wird.

Das Kolonialreich droht im Chaos zu versinken. Spanier kämpfen gegen Spanier, Inka gegen Inka, Spanier und Inka gegen andere Inka. Pizarro gelingt es immer weniger, Kompromisse mit seinen Mitstreitern herbeizuführen, vorhandene Strukturen zu nutzen und die Inka zu integrieren. Mit Mühe hält er das Land im Griff. Schließlich aber rächt sich seine Gier.

Am 26. Juni 1541, im Jahre neun seiner Regentschaft, dringen die stets gedemütigten und mittlerweile völlig verarmten Gefolgsleute des ermordeten Diego de Almagro in den Gouverneurspalast von Lima ein. Die gerade anwesenden Gäste fliehen in den Garten, die wenigen Vertrauten, die zur Hilfe eilen, werden niedergemetzelt. Am Ende kämpft Pizarro allein. Sein Rheuma hindert ihn daran, eine Rüstung anzulegen. Trotzdem braucht es angeblich zwölf Männer, um Francisco Pizarro umzubringen. Er wird 63 Jahre alt. Er soll mit dem eigenen Blut noch das Kreuzzeichen auf den Boden gemalt haben, bevor ihn ein Gnadenstoß endgültig ins Jenseits befördert. Die Verschwörer stürmen mit ihren bluttriefenden Schwertern auf die Straße und verkünden den Tod des Tyrannen Pizarro.

Auch seinen Brüdern und Mitstreitern bringt Peru kein Glück. Hernando muss für die umstrittene Hinrichtung Almagros 22 Jahre in spanischen Ker-

kern schmachten. Noch vor Francisco ist Juan bei einem Inka-Aufstand in Cuzco ums Leben gekommen. Gonzalo, der Gouverneur von Quito, wird des Hochverrats angeklagt und enthauptet.

Doch auf dem Hauptplatz des kleinen Provinzstädtchens Trujillo in der spanischen Estremadura reckt sich heute ein bronzenes Standbild des Francisco Pizarro gen Himmel. Hoch zu Ross lässt er den stolzen Blick weit in die Ferne schweifen, bis hin zu den voll besetzten Storchennestern auf der Stadtmauer. Immerhin, man hat den einstigen Schweinehirten in der Heimat nicht vergessen.

Der Tod Francisco Pizarros.
Gemälde von Manuel Ramírez Ibáñez (1877)

Günther Klein

Geheimnis Babylon

Hochfliegende Pläne

Das Internet lenkte mich auf die Spur und machte die Sache plötzlich so spannend wie einen Krimi. Dabei hatte alles ganz harmlos angefangen. Ich hatte, vielleicht etwas zu blauäugig, bei den zuständigen Behörden der irakischen Verwaltung in Bagdad angefragt, ob und wie ein Hubschrauberflug über der Ausgrabungsstätte des antiken Babylon zu verwirklichen sei. Nur aus der Luft, so meine sachliche Erklärung und Begründung für den optimistischen Antrag, könne man das wirkliche Ausmaß dieser uralten Metropole ermessen. Und ein Dokumentarfilm über Babylon müsse nun einmal eine Ahnung von der gewaltigen Ausdehnung dieser Stadt vermitteln. Außerdem diene man der archäologischen Forschung, deren Wissenschaftler immer Feuer und Flamme sind, wenn man ihnen Luftbilder von ihrem Ausgrabungsgelände verschafft. Aus der Vogelperspektive werden oft landschaftliche Besonderheiten sichtbar, mit deren Hilfe die Fachleute Bauten aus längst vergangener Zeit orten können; Baulichkeiten, die der Wüstensand überweht hat, die vollständig zerfallen sind und die dem Fußgänger daher niemals auffallen würden.

„Nichts ist so dauerhaft wie ein Loch", hatte mir einmal ein Archäologe erklärt, der auf die Auswertung von Luftbildaufnahmen spezialisiert war. Dieser Satz hatte mich beeindruckt, auch in philosophischer Hinsicht, wird doch damit so etwas wie die „Ewigkeit des Nichts" sinnbildlich veranschaulicht. Später hatte ich dann mit eigenen Augen auf einem Erkundungsflug sehen können, wie an den Stellen, wo irgendwann in grauer Vorzeit mit einem Spaten in das Mikrosystem des Erdbodens eingegriffen worden war, deutliche Farbnuancen die Taten vergangener Zeiten verrieten. Wie auffällige Narben auf glatter Haut – so stachen damals die Umrisse jahrtausendealter keltischer Viereckschanzen aus den bewachsenen Äckern und Wiesen, die wir an einem späten, sonnigen Herbstnachmittag überflogen.

Wäre so ein Überflug nicht auch über dem Terrain der ältesten Metropole der Welt eine tolle Sache? Ein Flug über ein Gelände, das der deutsche Gelehrte Robert Koldewey erst vor hundert Jahren dem Vergessen entrissen hatte und das bis heute keineswegs vollständig erforscht ist! Es war damals ja nur ein Bruchteil der einstigen Stadtfläche, den Koldewey in den 18 Jahren seiner archäologischen Spurensuche wirklich hatte ausgraben können, und er hatte sich bei der Auswahl seines Terrains ganz auf seine Intuition verlassen müssen. Luftbilder gab es zu jener Zeit noch nicht.

Mancher Schutthügel blieb unberührt oder wurde durch nur kurze Stichgrabungen erschlossen. Der hohe Grundwasserspiegel verhinderte damals, dass man bis in die tiefsten Tiefen der frühen Stadtschichten vordrang. So

Vorhergehende Doppelseite: Eines der klassischen „Mischwesen", wie man sie auf den Wänden der Prozessionsstraße heute noch sehen kann. Sie sind geradezu zum Inbegriff des babylonischen Baustils geworden.

gelang es eben auch nicht, jene Keilschrift-Tafeln zu bergen, die wahrscheinlich reiche Hinweise über das längst vergangene Leben in der Großstadt Babylon geben können und von denen Wissenschaftler gegenwärtig vermuten, dass sie noch in ungeheurer Menge unter dem Schutt von Babylon begraben liegen. Ein Schatz, der noch zu heben ist.

Robert Koldewey, um 1910 in typischer Pose in seinem Grabungshaus. Der deutsche Archäologe leitete von 1899 bis 1917 die Ausgrabungen von Babylon.

Wie auch immer: Mein Antrag zur gedeihlichen Anwendung der Luftbild-Archäologie über irakischem Terrain wurde abgewiesen, schon im ersten Anlauf. Vor allem mit Hinweis auf das von Amerika verhängte geltende Flugverbot. Mit einigem gutem Willen hätte man hier freilich Lösungen finden können. Moderne Videoelektronik ermöglicht es heute bespielsweise, die Aufnahmetechnik so klein zu halten, dass sie von einem ferngesteuerten Modellflugzeug oder einem kleinen Gasballon getragen werden kann. Der eigentliche Grund war wohl ein anderer. In den Sechziger- und Siebzigerjahren des vergangenen Jahrhunderts hatte sich der gegenwärtige Herrscher des Iraks, Diktator Saddam Hussein, einen gewaltigen Wohnsitz mitten auf das alt-babylonische Gelände setzen lassen. Und dieser Palast des irakischen Staatspräsidenten darf unter keinen Umständen ins Bild gebracht werden, schon gar nicht aus der Luft.

Selbst bei unseren Filmaufnahmen auf Augenhöhe, die wir mit Sondergenehmigung des Kulturministeriums später im rekonstruierten Teil des alten Babylon durchführten, mussten wir peinlich genau darauf achten, dass das Objektiv der Kamera niemals in Richtung des Präsidentenpalastes zeigte. Allein die Anwesenheit einer Videokamera im Drei-Kilometer-Umkreis des Gebäudes machte die Militärs derartig nervös, dass man zweimal eine kleine Abordnung zu uns schickte, die genau zu prüfen hatte, was denn da vor sich ginge.

Babylonischer Traum

Wo Militärs Rechte beanspruchen, ist es um die Wissenschaft schlecht bestellt. Und um den Journalismus allemal. Dennoch lagen ein gutes halbes Jahr später grandiose Luftaufnahmen von Babylon auf meinem Tisch, und die waren so detailscharf, dass man Nummernschilder hätte entziffern können, wenn denn Autos über das alte Ausgrabungsgelände gefahren wären. Alles ist auf diesen Bildern bis ins Kleinste zu erkennen: das Areal, das Robert Koldewey erforscht hatte und auf dem vor gut 30 Jahren irakische Archäologen – ausgebildet an deutschen Universitäten – mit der Rekonstruktion der antiken Stadt begonnen hatten; dann das viereckige Loch, das genau den Grundriss des berühmten Turms zu Babel wiedergibt, jenes legendären Bauwerks, das die Bibel zum Symbol für menschliche Vermessenheit und Größenwahn schlechthin stilisiert hat.

Natürlich ist auch die berühmte Doppelmauer von Babylon zu erkennen, eines der sieben Weltwunder der Antike. Selbst da kann man anhand der Luftaufnahme ihren Verlauf ausmachen, wo längst keine Mauerreste mehr stehen, aber eine dunkle Verfärbung des Bodens oder ein verwehter Trampelpfad Hinweise darauf gibt, wie weit die Stadtgrenzen dieser Metropole der Antike einst gespannt waren.

Und dann ist auf den Fotos auch der neue Palast Saddam Husseins klar zu lokalisieren, direkt in das ehemalige Ausgrabungsgelände Koldeweys hineinplatziert und mit seiner linken Flanke jenes kleine Dorf bedeckend, das hier noch in vergangenen Jahrhunderten gestanden hat. Das Dorf Kuwairisch. Auch Koldewey hatte darin seinerzeit Quartier bezogen. Nun ist es ja wissenschaftlich gesehen ganz unsinnig und der Archäologie sicherlich abträglich, wenn man Zeugnisse aus uralter Vergangenheit mit neuen Gebäuden überbetoniert. Gleichwohl ist die politische Botschaft dieser Maßnahme deutlich zu erahnen: Ohne Zweifel tritt an diesem historischen Ort ein neuer Nebukadnezar in die Fußstapfen des alten. Und sein Name ist Saddam Hussein.

So hatten es mir auch die kadertreuen Berater gleich nach meiner Ankunft in Bagdad klar machen wollen: Der Irak, Wiege aller menschlichen Kultur, habe zwei große Söhne hervorgebracht, eben Nebukadnezar und Saddam Hussein. Darum, so hatte man mir warnend bedeutet, sei ein Film über Nebukadnezar ein durchaus heikles Unterfangen. Alles, was man über den alten Herrscher sage, werde als Beurteilung des neuen verstanden. Besser also wäre es, den Focus mehr auf die Stadt Babylon als auf ihren alten Herrscher zu legen. Political Correctness selbst bei der Rückschau in die allerfernste Antike – die war bei diesem Dreh gefordert!

Sozusagen beiläufig erzählen die Luftbilder eine ganze Menge über die strategische Raffinesse des neuen Palastes von Babylon, genauso wie sie

Die moderne Rekonstruktion eines Teils der Stadt wirkt eher kulissenhaft und künstlich.

Aufschluss geben über die Verteidigungstechnik der alten Stadt: Der Palast Saddams steht auf einem riesigen Hügelkegel, den man künstlich über der alten Grabungsstätte und dem kleinen Dörfchen aufgeschüttet hat. Der Weg zum Gebäude führt spiralförmig um den Hügel herum, sodass eine Erstürmung über die Zufahrtsstraße einen denkbar langen Weg bedeuten würde; einen Weg, der zudem von der Anhöhe des Palastes aus auf seiner ganzen Länge voll einsehbar ist und mit Geschützfeuer gut zu bestreichen wäre. Diese moderne Wehrburg hat historisch gesehen ihr direktes Gegenstück in der 18 Kilometer langen Doppelmauer, die das alte Babylon einst schützend umgab und die diese Stadt damals uneinnehmbar machte. Der alte babylonische Traum – mit Saddam Hussein wird er auch heute noch weitergeträumt.

www.sovinformsputnik.com

Nun aber soll das Rätsel aufgelöst werden: Wie kam ich schließlich in den Besitz dieser sowohl archäologisch wie wehrtechnisch interessanten Fotografien? Die Antwort ist schnell gegeben und lautet in der Sprache des Internets: www.sovinformsputnik.com.

Lange schon sind die Zeiten vergangen, in denen Fotoaufnahmen von Bahnhöfen, Außenministerien und Truppenübungsplätzen noch wirklich bedeutsame neue Erkenntnisse liefern können. Spionage mit der Kleinbildkamera vor Ort – das ist längst ein alter Hut, auf den wohl kein Geheimdienst dieser Welt wirklich angewiesen wäre, auch wenn in so vielen Ländern der filmende und fotografierende Journalist noch immer skeptisch beäugt und mit unsinnigen Verboten belästigt wird. Satelliten sind es längst, deren Zahl bereits in die hunderte geht, die auf ihren endlosen Kreisbahnen Tag und Nacht unzählige Bilder von unserem Blauen Planeten schießen.

Die gestochen scharfen Aufnahmen aus 18 bis 25 Kilometer Höhe liefern alle Details von jedem Fleckchen auf unserem Erdenrund. Da gibt es keinen Quadratmeter mehr, der nicht irgendwie erfasst und prospektiert wäre. Waren in den Zeiten des Kalten Krieges solche Fotos noch „strenge Geheimsache" – sowohl in der östlichen wie der westlichen Hemisphäre –, so kann man heute das alte 007-Know-how einfach mieten. Die Russen etwa bieten über ihre Firma Sovinform so ziemlich jeden Ort der Welt als Luftbild an. Große Städte wie New York oder Bagdad sind sogar zum Discountpreis für etwa 1000 Dollar zu haben und auch Extra-Wünsche werden bei Angabe der genauen Koordinaten prompt erfüllt. So war es auch mit meinem speziellen Bilderwunsch: 32°33′ nördlicher Breite, 44°26′ östlicher Länge, das alte Babylon.

Wie schön, dass sich nach dem Ende des Kalten Krieges zumindest diese Schwerter von einst zu Pflugscharen im Dienste interessierter Laien und Wissenschaftler verwandelt haben.

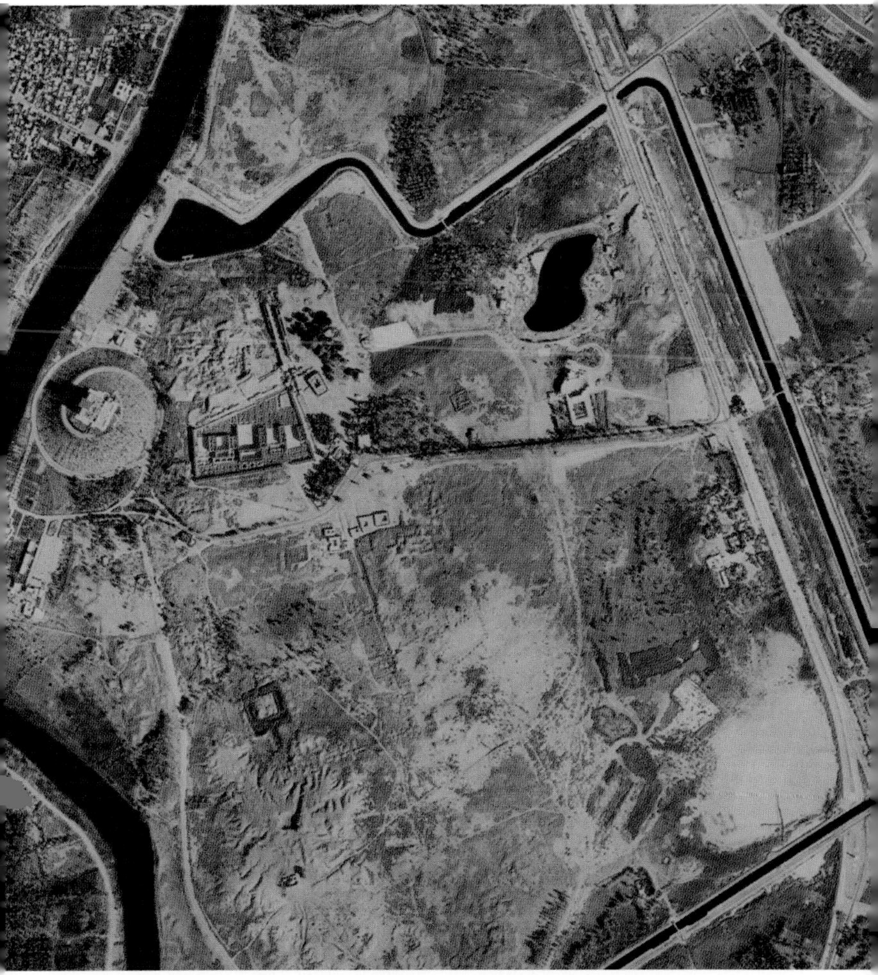

Auf der Satellitenaufnahme von Babylon ist sogar Mitte links der Palast von Saddam Hussein zu erkennen. Gleich westlich angrenzend der rekonstruierte Teil der Stadtanlage. Südlich davon ein viereckiges Loch, ehedem Standplatz des Turms zu Babel.

Mythos Babylon

Was für eine Stadt! Welch gigantische Metropole! Und was für ein Rätsel!

Mehr als 2000 Jahre, bevor auf einem wilden Ackerstück an der Ostküste des amerikanischen Kontinents der erste Spatenstich zum Bau einer kleinen Siedlung getan wurde, die später unter dem Namen New York alle städtebaulichen Superlative in sich vereinen sollte – mehr als zwei Jahrtausende zuvor pulsierte bereits in der Metropole am Euphrat das bunte Leben einer ausgedehnten Großstadtkultur. Viele hunderttausend Menschen lebten hier dicht an dicht. Der Name des babylonischen Herrschers Nebukadnezar II., der in seiner Regierungszeit von 605 bis 562 v. Chr. die Stadt zu einer Größe führte, wie sie in der ganzen Menschheitsgeschichte zuvor gänzlich unvorstellbar war, verbindet sich untrennbar mit dem legendären Ruf Babylons, wie er bis in unsere Neuzeit widerhallt und wie er den Namen jener geheimnisvollen Metropole längst zu einer mythischen Formel gemacht hat.

Wie sehr trieb doch der Name dieser Stadt alle möglichen fantastischen Spekulationen an! Wie heftig reizte er das Vorstellungsvermögen der Maler und Dichter späterer Jahrhunderte! Und wie sehr vermögen diese Produkte der ausufernden Fantasie heute noch zu faszinieren. Man denke nur an das gigantische Bild des Turms zu Babel, das der niederländische Maler Pieter Brueghel der Ältere mehrfach variiert hat, mit hunderten von Details, die das Studium dieser Darstellung zu einer längeren, abenteuerlichen Reise in eine fremde Welt machen.

Kaum irgendetwas auf diesem Gemälde kann beanspruchen, wirklich fundierte, historische Tatsachen wiederzugeben. Nicht einmal die äußere Gestalt des Turms, der auf dem Gemälde rund dargestellt wird, in Wirklichkeit aber quadratisch war, wie die Luftbilder beweisen, entspricht der historischen Wirklichkeit. Das aber tut der Faszination keinen Abbruch – im Gegenteil! Und ähnlich ist es bei den dutzenden von anderen Darstellungen aus allen Zeiten. Sie entfalten allesamt ihre enorme Anziehungskraft, gerade weil sie unrealistisch das Stadtbild von Babylon widerspiegeln, weil sie stattdessen ein Urbild von der Stadt schlechthin entwerfen, ein Urbild, das alle Möglichkeiten der Metropole – die schönen und die furchtbaren – ahnen lässt. Babylon ist längst zu einem Objekt solcher Projektionen geworden – aber das macht eben den einmaligen Reiz aus, der von dieser besonderen Stadtgeschichte ausgeht.

Dabei haben die Altertumsforscher längst jede Menge Fakten und historische Tatsachen zusammengetragen. Diese säuberlich von den Mythen zu trennen ist guter wissenschaftlicher Anspruch – aber gerecht werden die Archäologen der ganzen Wahrheit damit auch nicht. Unauflösbar hat sich

Das eigens angefertigte Babylon-Modell in einer abendlichen Lichtstimmung. Gut eine Million Menschen sollen zur Zeit Nebukadnezars in der Metropole gelebt haben.

schon früh ein Gespinst von Sagen und Legenden so fest um die Geschichte gelegt, dass alles das, was über Babylon zu sagen wäre, eingesponnen ist in einen Kokon großer Menschheitsthemen: Strafe und Sühne, Hochmut und Fall, Hoffnung und Enttäuschung. Das war schon zu der Zeit so, als das Alte Testament der Bibel verfasst wurde. Bereits damals, vor über 2000 Jahren, ist Babylon mehr als nur Stadt gewesen, mehr als eine Ansammlung von prachtvollen Gebäuden und Straßen, die man archäologisch untersuchen könnte; damals galt sie den Juden als der Gestalt gewordene Zorn Gottes, als ewiges Mahnmal, das für gerechte Strafe steht, Strafe für unendlichen Größenwahn.

Zorn, Trauer und Wut mischen sich in diese Stadtgeschichte, in das Bild, das man sich von jenem Ort gemacht hat. Und wie es der Stadt im Ganzen erging, so wurden in ähnlicher Weise einzelne Gebäude mystifiziert, der Turm natürlich, aber auch die Stadtmauer, die schon im 3. Jahrhundert v. Chr. von den Menschen zu einem der sieben Weltwunder gezählt wurde – ebenso wie der sagenhafte Garten der Prinzessin Semiramis, der sich als zweites Weltwunder, das diese Stadt zu bieten hat, wie eine Fata Morgana aus der Geschichte erhebt, historisch kaum zu fassen, genauso undeutlich und märchenhaft wie die Gestalt der Prinzessin selbst. Alles das ist Babylon – Wirklichkeit und Mythos, Vergangenheit und Zukunftsvision zugleich.

Bestandsaufnahme in Hellbraun

Zunächst aber zur Wirklichkeit, zur sachlichen Bestandsaufnahme. Steht man heute vor dem Gelände, auf dem sich einst die mächtige Metropole erhoben hat, empfindet man zunächst ein ungewöhnliches Glück, das in Zeiten des Massentourismus dem Reisenden zum seltenen Erlebnis geworden ist: das Glück, nach langer und anstrengender Reise ganz allein ein Areal durchstreifen zu dürfen, das weltpolitisch eine so einmalige, bedeutende Rolle gespielt hat. Selten nur gelangen Touristen hierher, der Irak ist touristisch völlig unerschlossen, und selbst wenn man die Mühsal der Einreise mit sorgfältigster Gepäckkontrolle und Aids-Test vor Ort auf sich zu nehmen bereit ist, so schreckt doch die 1000 Kilometer lange Autoreise vom jordanischen Amman nach Bagdad. Denn seit dem Luftembargo, das die USA über den Irak verhängt haben, gibt es keine bequemere Möglichkeit, das Ziel zu erreichen, als den Weg im Landrover quer durch die Wüste. Die ungewöhnliche Entschädigung für diese Anstrengung ist dann eben, dass man Babylon sozusagen „ganz für sich hat", denn wo keine Touristen sind, da sind auch keine Museumswärter.

Nachfolgende Doppelseite: Babylon, im heutigen Irak am Euphrat gelegen, gilt als Wiege der Kultur.

Noch heute sind auf der Prozessionsstraße die Reste des Asphaltbelags auszumachen, mit dem die Babylonier vor über 2500 Jahren ihre Hauptstraße ausgekleidet haben.

Der zweite Eindruck, wenn man dann durch das laienhaft mit blauer Ölfarbe getünchte Ischtar-Tor – eine klägliche Komplettnachbildung des Originals, das heute in Berlin steht – zum Kassenhäuschen geht: Die Bescheidenheit der Mittel, mit denen hier ein gewaltiges Weltkulturerbe mühsam gepflegt wird, stimmt nachdenklich. Aber woher sollte in der derzeitigen politischen Situation finanzielle Hilfe für Babylon kommen? Während in anderen Ländern mit der touristischen Vermarktung vergleichbarer Stätten jede Menge an Devisen hereinfließen, waltet hier ein Kassierer, den man erst herausläuten muss, seines selten gefragten Amtes.

Man zahlt, ohne ein Ticket zu erhalten, einen kleinen Betrag, der irgendwie im Ermessen des Kassierers zu liegen scheint. Und dann geht man über einen sanft ansteigenden Weg zur großen Prachtstraße von Babel, der berühmten Prozessionsstraße, auf der noch Reste der ursprünglichen Teerbeschichtung auszumachen sind: 2500 Jahre altes Erdpech, das die Straße damals widerstandsfähig machte gegen abertausende von Füßen; gegen sämtliche Füße, die die Stadt aufzubieten hatte – und das waren hunderttausende –, wenn einmal im Jahr alles sich aufmachte, um beim großen Neujahrsfest hinter dem Götterwagen herzuschreiten, der mit der Statue des Stadtgottes Marduk zum berühmten Turm von Babel, seinem Heiligtum und Tempel, rollte.

In den Seitengassen – links vorbei an den fabelhaften Mischwesen, diesen berühmten plastischen Wanddarstellungen, in denen alle möglichen tierischen Merkmale kombiniert sind, von der Adlerkralle bis zum Löwenkopf, allesamt Attribute für Stärke und Macht – taucht man ein in das weitläufige Labyrinth einer halb ausgegrabenen, halb neu rekonstruierten Stadtwelt. Es ist eine Stadt ohne Menschen – und ohne Farben. Babylon ist heute „monochrom", einfarbig wie das helle Lehmziegelbraun, aus dem hier alles – konsequent zurückhaltend – gebaut ist. Das war einst in altorientalischer Zeit sicher ganz anders. Grellbunte Pflanzen- und Erdfarben dürften damals von allen Ecken und Enden geleuchtet haben. Die himmlisch blauen Ziegel, wie sie am Ischtar-Tor zu bewundern sind, geben eine Ahnung davon.

In Babylon selbst ist von diesem letzten Farbenrest einer untergegangenen Hochkultur nichts mehr zu erahnen. Denn die Archäologen, die die Rekonstruktion wagten, hielten sich mit Mutmaßungen zurück. Schließlich standen sie doch vor kaum mehr als den Resten der untersten Grundmauern, als sie ihre Arbeit begannen. Manchmal waren es sogar nur „Negative" von Mauern, die sie fanden, das heißt Abdrücke im Erdboden vom ehemaligen Mauerwerk, das Einheimische zur Weiterverwendung längst abtransportiert hatten. Indem die Wissenschaftler die Löcher im Wüstenboden oder die kläglichen originalen Sockelreste mit neuen Ziegeln auffütterten, um die Wände der Häuser und Paläste wieder in alter Höhe entstehen zu lassen, mussten sie sich doch selbst fragen – und kritisch fragen lassen –, inwieweit dieser Neubau wirklich dem alten Stadtbild entsprechen konnte.

Was konnte man denn wirklich über Leben und Farben in diesen Straßen wissen? Doch kaum mehr als das, was antike Augenzeugen wie Herodot oder Berrossos erzählten. Und bereits die hatten zweifellos mit dem verklärten Blick staunender Zeitzeugen ihre Umwelt beobachtet – und in ihren Berichten verfälscht. Was war da Wirklichkeit? Was bloße Legende? Und die modernen Archäologen? Gewiss, sie hatten Grundmaße exakt berechnet und anhand der Funde Hypothesen aufgestellt. Aber vieles war bei näherem Hinsehen dann doch wieder eine Frage der Fantasie, wenn auch der wissenschaftlich fundierten. Immerhin: Der Gefahr, mit dieser Rekonstruktion ein archäologisch verbrämtes Disneyland zu erschaffen, war man sich schnell bewusst. „Reduktion" war das Gebot, Zurückhaltung und Andeutung statt greller Farben und mutiger Fabulierlust.

Der Nachteil einer solchen „wissenschaftlichen" Rekonstruktion wird freilich schnell spürbar, wenn man die einförmigen Straßenzüge durchwandert. Das neue Babylon ist heute für niemanden so recht zuständig, für niemanden so recht zu verwenden – für die Touristen nicht, die sich, wenn sie denn kämen, eher eine aufregende Stadt voller virtueller, „echt babylonischer" Attraktionen wünschten; aber auch für die Wissenschaftler und Archäologen nicht, die wohl kaum wertvolle Erkenntnisse aus nachgebildeten Lehmziegelwänden ziehen können. Und selbst der fantasiebegabte Dokumentarfilmer tut sich schwer, in dieser verlassenen, einfarbigen Ziegelwelt inmitten der Wüste ein Bild von einer Vergangenheit zu entwerfen, das dem alt-orientalischen Lebensgefühl auch nur ahnungsweise nahe kommen könnte – höchstens mit zusammengekniffenen Augen, von der Ferne, im Gegenlicht.

So bleibt denn alles das, was heute noch zu sehen ist, äußerlich und fremd. Gewiss: Hier, an dieser Stelle, hier war einst das mächtige Babylon. Ein Ort bedeutender Menschheitsgeschichte, zweifellos. Eben das muss man sich aber immer wieder einreden in dieser menschenverlassenen Einöde aus Staub und Hitze, die diesen Genius Loci sonst allzu schnell vergessen macht.

Zeichen im Ton

Andere Dinge geben über das Leben in Babylon mehr Aufschluss: originale Dokumente! Die Kultur Babylons war von Anfang an eine Kultur der Schrift und der aufwändigen Dokumentationen. Schon vor dem Beginn des 3. Jahrtausends v. Chr. hatten die Ureinwohner des südlichen Mesopotamiens, die Sumerer, mit der Erfindung der Keilschrift eine gesellschaftliche Revolution vollzogen, die Kommunikation, städtisches Zusammenleben und Traditionspflege über weite Geschichtsräume hinweg gestattete. „Geschichtsschreibung" und „Dichtkunst" wurden nun möglich, ganz neue Formen der Kommunikation entstanden, auch wenn die Weiterentwicklung des Schriftsystems, das zunächst allein der wirtschaftlichen Registratur von Besitzständen diente, noch viele, viele Jahrhunderte brauchte. Diese neue Entdeckung, die Erfindung der Schrift, war es jedenfalls, die Mesopotamien, dem Zweistromland, den Ruf einer uralten „Wiege der Kultur" eingetragen hat.

Gute zweieinhalb Jahrtausende später, zu Lebzeiten Nebukadnezars, war die Schriftsprache längst hoch entwickelt. Alles und jedes wurde auf Tontäfelchen notiert und festgehalten. Die Zahl dieser Überlieferungen geht in die Millionen und die Assyriologen – die Wissenschaftler, die sich mit der Übersetzung dieser Keilschriften befassen – vermuten, dass noch heute viele

Vermauerter Ziegel, auf dem in Keilschrift Nebukadnezar seine Bauleistung preisen ließ.

hunderttausend Texte unentdeckt im irakischen Wüstensand schlummern. Ein großes Aufgabengebiet für zukünftige Archäologen, die hier noch jede Menge neuer Erkenntnisse über den Alten Orient werden schöpfen können.

Was nun die Informationen über die Topographie und Gestalt des alten Babylon angeht, so sind die Hinweise in den originalen Keilschriften schon heute fast unübersehbar vielfältig, obwohl sie erst zu einem geringen Teil wissenschaftlich aufgearbeitet worden sind. Vor allem sind es die Mengen an Privaturkunden aus alter Zeit – sie gehen in die tausende! –, die immer wieder konkrete Aufschlüsse geben können, über Ortsverhältnisse, aber auch über gesellschaftliche Stimmungen. In den Vertragsurkunden wird detailliert über Mieterträge und Verkäufe von Grundstücken berichtet. Mit diesen Informationen könnte man, wenn man sie denn systematisierte, sozusagen zentimetergenau den Stadtplan Babylons abstecken. Zudem sind Schriftzeugnisse nicht allein aus der Zeit Nebukadnezars überliefert, sondern ihr großer Anteil umfasst einen ungefähren Zeitraum zwischen 700 und 300 v. Chr., sodass man aus dem Vergleich dieser Materialien auch auf Veränderungen im Stadtbild und auf Wandlungen im gesellschaftlichen Leben schließen könnte. Die Auswertung dieser Funde hat genau genommen eben erst begonnen.

Daneben existiert eine immense Zahl religiöser Texte. Bedenkt man, dass – ganz im Gegensatz zu unserer heutigen Welt – zur Zeit der Babylonier wirklich jeder Lebensvollzug in Zusammenhang mit dem Wirken der Götter gesehen wurde, dass mithin jedem Alltagsereignis auch religiöse Bedeutung zugemessen wurde, so wird schnell klar, dass die religiösen Texte dieser Zeit immer etwas über die Stadt und das Leben dort zu sagen haben. Vor allem sind es die Opferkalender, die termingenau Einblicke in den Tagesablauf eines babylonischen Bürgers ermöglichen.

Damit aber nicht genug! In der verschütteten Keilschrift-Bibliothek des assyrischen Herrschers Assurbanipal – der um 660 v. Chr. von der Stadt Ninive aus das Zweistromland beherrschte, bevor im Jahre 612 v. Chr. der Volksstamm der Meder im Verein mit den Babyloniern diese Vorgänger-Metropole dem Erdboden gleichmachte und damit die Herrschaft der Assyrer beendete –, fanden die Archäologen bereits im 19. Jahrhundert eine Keilschrift, die sich später als komplette Stadtbeschreibung Babylons erwies. Und das blieb nicht die einzige, wie eine weitere Tafel beweist, die heute unter der Inventarnummer VAT 554 in den Beständen auf der Berliner Museumsinsel verwahrt wird. Ein gutes Dutzend anderer bekannter Schriften gibt zumindest Ausschnitte solcher Stadtbeschreibungen wieder und setzt man die Puzzlestücke zusammen, so erhält man einen erschöpfenden Überblick über Topographie und Straßennetz des altorientalischen Babylon.

Wie in einer Inventarliste für Hausrat sind in diesen Dokumenten sämtliche Gebäude aufgezählt. Allein schon die Einleitung der Stadtbeschreibung aus Assurbanipals Zeit macht klar, wie enorm groß die Metropole bereits damals, ein halbes Jahrhundert vor Nebukadnezar, gewesen sein muss und wie sehr das Leben in dieser Stadt von tiefem religiösem Bewusstsein geprägt war: „53 Tempel der Großgötter gibt es innerhalb von Kadingirra", so heißt es in der Schrift, in der Babylon noch mit dem ältesten Namen „Kadingirra", das heißt übersetzt „Gottespforte", bezeichnet wird. Und damit nicht genug: „55 Zellen (gemeint sind damit kleine Gedenkstelen oder Kapellen) des Gottes Marduk", der alles beherrschenden Hauptgottheit Babylons. Weiter dann „zwei Heerstraßen, acht Stadttore, 24 Straßen und drei Kanäle", welcher der Stadt den wohl ab dem 7. Jahrhundert v. Chr. ebenfalls gebräuchlichen Namen Eki, Kanalstadt, eingetragen haben.

Nun folgt noch die Aufzählung der religiösen Nebenstätten, deren Zahl man sich wirklich einmal bildlich vergegenwärtigen muss, um die religiöse Inbrunst jener frühen Stadtkultur begreifen zu lernen, die unserem säkularisierten Bewusstsein so fremd geworden ist: „300 Zellen der Igigi und 600 Zellen der Anunnaki, 180 Altäre der Ischtar, 180 Altäre des Adad und des Nergal, zwölf Altäre der Siebengottheit." Gemeint sind mit dieser Gottheit die Plejaden, das „Siebengestirn", dessen Stand am Himmelsfirmament die Babylonier sorgsam beobachteten, war doch aus dem Lauf der Sterne stets

Ganz Babylon war aus quadratischen Lehmziegeln erbaut, die in Holzrahmen massenhaft produziert wurden. (Filmszene)

auf den Lauf der irdischen Welt zu schließen. So ist es denn kein Wunder, dass zuletzt in dieser Liste auch noch die Vier Altäre des Regenbogens verzeichnet sind – und die Sechs Altäre der „Schwänze", das war damals der Name für das Sternbild der Fische.

Alles in dieser Welt war auf Religion bezogen, so offenbart es, ohne dass es weiterer Zeugnisse bedarf, die Stadtbeschreibung – und der „gestirnte Himmel über mir", der viel später selbst noch den modernen Aufklärungsphilosophen Immanuel Kant nach eigener Aussage zum Philosophieren trieb; eben dieser „gestirnte Himmel" war den Babyloniern Dreh- und Angelpunkt ihrer Existenz. Sie waren die eigentlichen Erfinder der Sternbilder, wie sie heute noch gelten und wie sie von nicht wenigen Zeitgenossen als „zukunftsweisend" angenommen werden.

Wer heute in einem der vielen bunten Blätter, die den Zeitschriftenmarkt überschwemmen, nach seinem Horoskop sucht, der lässt, sicherlich unbewusst, die alte babylonische Tradition der Sternenschau wieder aufleben. Eine Tradition, die übrigens mit der Vorherrschaft der Römer über das Mittelmeer eigentlich vollends vergessen worden ist und natürlich auch keine Wiederbelebung durch das Christentum erfahren hat. In der Neuzeit blickt die Menschheit wieder interessiert in den Himmel, und das nicht nur mit Fernrohren und allerlei wissenschaftlichen Gerätschaften, sondern

Die Babylonier fassten bestimmte „Sternfamilien" zu Bildern zusammen, wohl um die Position der Sterne mit dieser Erinnerungshilfe leichter wieder erkennbar zu machen. Noch heute haben diese Sternzeichen Bedeutung für viele Menschen.

auch mit esoterischem Bewusstsein, das von der abnehmenden Schar gläubiger Christen heute gerne als „neues Heidentum" abgewertet wird. Plötzlich, so etwa ab der Mitte des 16. Jahrhunderts, erwachte dieses Interesse an den „Zeichen des Himmels" aufs Neue, bei den ersten modernen Propheten wie Nostradamus oder Paracelsus zum Beispiel. Bei aller Skepsis, die gegenüber solcher Sterndeuterei sicherlich angebracht ist, bleibt dennoch festzuhalten, dass damit ein tief in der Menschheitsgeschichte wurzelndes religiöses Gefühl berührt wird, das noch weiter zurückreicht als die Tradition des Christentums und dessen Erforschung uns vielleicht heute noch dem Lebensgefühl des alten Orients näher bringen kann.

Politische Archäologie

War es Zufall, dass die Wiederentdeckung Babylons und die Begeisterung für die altorientalischen Schätze in eine Zeit fiel, in der man den Überlieferungen der Bibel und der christlichen Botschaft immer weniger Glauben schenkte? Und auch – aus politischen Gründen – nicht mehr schenken wollte? Als Kaiser Wilhelm II. Ende Januar1898 „mit Freuden" den Vorsitz der Deutschen Orient-Gesellschaft annahm, die in den folgenden Jahren zur treibenden Kraft bei der Erforschung Babylons werden sollte, da lag der Höhepunkt des preußischen Kulturkampfes, in dem sich die deutsche Staatsführung unter Bismarck erbittert gegen den Einfluss der katholischen Kirche sträubte, kaum zwei Jahrzehnte zurück.

Mochte es dem Kaiser – anders als seinem entlassenen Reichskanzler Bismarck – am Ende des Jahrhunderts äußerlich um Ausgleich und Versöhnung mit den Interessen Roms gehen, so konnte ihm doch nicht entgangen sein, welche kirchenkritische Potenz in den Erkenntnissen steckte, die von den Wissenschaftlern der Assyriologie zu Tage gefördert wurden. Immerhin zeigte sich Wilhelm II. ganz begeistert von den Thesen, mit denen Friedrich Delitzsch, Professor für Orientalische Philologie an der Universität Berlin und Leiter der Vorderasiatischen Abteilung der Königlichen Museen, 1902 in seinem ersten Vortrag über „Bibel und Babel" einen wissenschaftlichen Streit vom Zaun brach, der viele Christen in ihrem Glauben schwer erschütterte.

Delitzsch suchte mit den frühen Keilschriftfunden zu beweisen, dass die angebliche Einmaligkeit der biblischen Überlieferungen auf nichts als jahrtausendelanger Täuschung beruhte. Keineswegs sei das Wort Gottes vom Himmel gefallen, sondern es gründe auf einer Tradition, die weit hinter die Glaubenswelt der Christen und Juden zurückreiche. Nicht nur literarisch – wie an vielen Beispielen, etwa dem Schöpfungsmythos oder der Sintfluterzählung nachzuweisen möglich ist – habe die Bibel „abgeschrieben", sondern die ganze alttestamentliche Religion basiere auf der Lebenswelt Babylons, ja sei von Babylon vollständig abhängig. Dieser religiöse Relativismus und der Verweis auf die innige Verwandtschaft mit einer fernen Religion, die doch aus Sicht gutgläubiger Christen dem tiefsten Aberglauben zuzurechnen war, wirkte wie ein Faustschlag ins Gesicht konservativer, aber auch liberaler Theologen und brachte gleichzeitig das Blut manches Rabbiners ins Wallen.

Heute kann man sich kaum mehr eine Vorstellung davon machen, wie heftig diese Thesen auf das Weltbild gutbürgerlicher, im 19. Jahrhundert christlich sozialisierter Menschen wirkten; Menschen, die ja sozusagen noch das Bild vom weißbärtigen Gottvater im Herzen trugen und die die Vorstellung von der Überlegenheit der abrahamitischen Religionen hegten. Welches Erschrecken und welche Frustration mussten da die neuen, wissenschaftlichen Erkenntnisse auslösen. Delitzsch galt plötzlich als neuer Charles Darwin, der an allen fundamentalen Gewissheiten rüttelte – ein Ketzer den einen, ein wahrer Aufklärer den anderen. In jedem Falle aber einer, der die Meinungen radikal polarisierte.

So entwickelte sich der „Babel-Bibel-Streit" in Folge weiterer Vorträge Delitzschs zu einer europaweiten, höchst emotional geführten Diskussion, die den Bekanntheitsgrad der Deutschen Orient-Gesellschaft zwar enorm steigerte, gleichwohl Kaiser Wilhelm dann doch dazu veranlasste, erschreckt zur Mäßigung aufzurufen: Delitzsch gerate „in theologisch-religiöse Schlüs-

Das Ischtar-Tor, das Koldewey als bedeutendste Trophäe seiner Grabung von Babylon nach Berlin transportieren ließ.

se, welche doch recht nebelhaft und gewagt" seien, so schrieb der Kaiser in einem öffentlichen Brief, und er könne ihm nur „dringend raten, seine Thesen nur in theologischen Schriften und im Kreise seiner Kollegen zu ventilieren, uns Laien aber und vor allem die Orient-Gesellschaft damit zu verschonen".

Ob diese Kritik so ernst gemeint war, wie sie klang? Im Anbruch des neuen Jahrhunderts schien die Zukunft jedenfalls mehr den Assyriologen zu gehören als den Theologen, das war keine Frage. Orient und Babylon waren jetzt „in", auch was Theater, Literatur, Musik und Design betraf; Christentum war eher „out". Und das Judentum sowieso, was sich deutlich im Aufkommen eines europaweiten Antisemitismus abzeichnete.

Einher mit dieser Entwicklung ging bereits ab Mitte des 19. Jahrhunderts eine brutale, politische Expansionsbewegung, die alle mächtigen Staaten Europas zu dieser Zeit erfasst hatte und die als „Kolonialpolitik" Probleme heraufbeschworen hat, die noch heute eine menschenverachtende, blutige

Spur hinterlassen. Der egoistische und rücksichtslose Verteilungswettkampf, den die damaligen Großmächte um die Reichtümer der Welt auf Kosten hilfloser Drittländer führten, kam seinerzeit nicht selten im Gewand praktischer Nächstenliebe daher und verstand sich als Entwicklungshilfe, in deren Gefolge jede Menge Wissenschaftler die Reise in den Orient antraten. Auch nach Babylon, wohl nicht selten mit dem sonnigen Gefühl kultureller Überlegenheit im Reisegepäck.

„Am deutschen Wesen soll die Welt genesen!", so hatte Wilhelm II. gesprochen und der deutsche Botschafter in Konstantinopel, Hans Freiherr von Wangenheim, hatte das noch etwas klarer formuliert:

„Die Idee der allmählichen geistigen Eroberung Kleinasiens durch Deutschland ist durchaus gesund und entwicklungsfähig ... An die intellektuelle Eroberung wird sich die wirtschaftliche als natürliches Ereignis anschließen ... Aber zur Durchführung einer solchen weit schauenden Politik ist es vor allen Dingen nötig, dass wir zu schweigen wissen ..., dass wir mit unseren Kulturwerten in der Türkei etwas anderes verfolgen, als die Befriedigung deutschen wissenschaftlichen Ehrgeizes ..."

Auch die Wissenschaftler – die Archäologen, Orientalisten und Assyriologen – sind Anfang des 20. Jahrhunderts nicht viel mehr als Spielfiguren auf einer politischen Landkarte, die in heftige Bewegung geraten ist. Dem Suezkanal und Ägypten, der unbedingten Kontrollzone Englands, will der deutsche Kaiser mit dem Bau einer Eisenbahnlinie zwischen Bosporus und dem Persischen Golf einen alternativen Handelsweg nach Osten, nach Indien, entgegensetzen. Der heutige Irak, durch den diese Bagdad-Bahn führen soll, stand damals unter türkischer Oberhoheit. Daher ist dem Kaiser dringend an besten Verhältnissen zu den „dortigen Muselmanen" gelegen, und so versichert er anlässlich eines Besuchs in Konstantinopel, „dass zu allen Zeiten der Kaiser ihr Freund sein wird".

Was hätte eine solche Politik besser unterstützen können als die erwachende Orient-Romantik, die Ende des Jahrhunderts in Europa grassierte? Und was hätte diese Romantik besser fördern können als die Entdeckung und Zurschaustellung geheimnisvoller Schätze, die deutsche Wissenschaftler aus dem Sand der Wüste bargen? Bei allem wissenschaftlichen Ernst, den die Doktoren und Professoren ganz persönlich an den Tag legen mochten, war ihre Arbeit dennoch vor allem ein Reflex abgefeimter Politikinteressen. Das gilt auch für das Werk Koldeweys, des ehemaligen Berufsschullehrers aus dem Harz. Er, der aufgrund seiner sensationellen Ausgrabungen in Babylon schon zu Kaisers Zeiten zum Helden der Archäologie stilisiert worden war, hätte selbst wohl nie wahrhaben wollen, dass sein entbehrungsreiches Engagement für die Wissenschaft nichts anderes als ein Dienst an kolonialen Sehnsüchten war. Und doch war es wohl so, großpolitisch betrachtet: Das nationale Machtstreben bildete den schrecklichen Hauptantrieb dieser Zeit, deren getarnte Brutalität sich dann vollends im Ersten Weltkrieg entladen sollte.

Das blaue Wunder

Als Koldewey im März 1899 das zukünftige Grabungsgelände von Babylon erreicht, ist er am Ziel all seiner Träume angelangt. Babylon! Was für ein großes Wort, das er dauernd vor sich hin gemurmelt hat, in den über drei Monaten der mühsamen Anreise mit Sack und Pack. Noch kann er es nicht wissen, vielleicht mag er es ahnen, ganz bestimmt aber wäre ihm jetzt vor Glück schwindlig geworden, wenn er sein weiteres Schicksal vorausgesehen hätte: Ganze 18 Jahre lang wird er diese Stadt wieder entdecken dürfen. 18 Jahre – es werden die besten seines Lebens werden!

Dabei hat er sich nach der ersten Erkundungsreise durch Mesopotamien, die er ein gutes Jahr zuvor mit Eduard Sachau, einem Professor der Keilschriftkunde, im Auftrag der Orient-Gesellschaft absolviert hat, keine großen Chancen ausgerechnet. Mehrfach sind die beiden unterschiedlichen Temperamente auf dieser Reise aneinander geraten. Ähnlich wie der Keilschriftexperte Sachau nicht das rechte Verständnis für die Erkenntnisse und Anstrengungen des Baufachmanns Koldewey aufbringen kann, so ist es auch umgekehrt. „Ich hätte gut und gerne das Doppelte gesehen, wäre ich alleine gereist", stöhnt der agile Koldewey frustriert in vertraulichem Kreis, nachdem er von dieser Reise nach Berlin zurückgekehrt ist.

Sachau oder Koldewey! Der bedachte Professor mit Vorliebe für Theorie und aufgeräumte Schreibtische? Oder der dynamische Architekt, Praktiker und Frischluft-Fanatiker, der so herbe Abhärtungsmethoden pflegt – zum Beispiel Schlafen in nasser, eiskalter Bettwäsche –, dass er seine Gesundheit damit nachhaltig schädigt? So viel ist klar: Nur einer von beiden wird die Renommier-Expedition führen können, die die Orient-Gesellschaft zu finanzieren bereit ist.

Sachau favorisiert eine archäologische Grabung in Assur, der alten assyrischen Hauptstadt am Tigris. Koldewey hält dagegen jenen menschenverlassenen Platz für geeignet, den die Einheimischen „Kasr" nennen. Jenen gewaltigen Schutthügel, ganz in der Nähe des Euphrats bei dem kleinen Dorf Kuwairisch, von dem er einige blaue Tonscherben mitgebracht hat und der nur einen Steinwurf weit entfernt ist von einem zweiten, vielleicht noch interessanteren Grabungsobjekt: dem Hügel Babil, mit dessen Name die Erinnerung an die alte Metropole erhalten geblieben ist. Später wird sich dieser Tel Babil als Ruine des Sommerpalastes Nebukadnezars erweisen.

Aber noch ist es längst nicht so weit. Koldewey oder Sachau? Das ist zunächst keineswegs ein Wettstreit sachlicher Argumente, der vor den ehrwürdigen Mitgliedern der Orient-Gesellschaft ausgefochten werden muss. Das ist in erster Linie eine Frage der besseren Beziehungen! Und die hat der arrivierte Professor. Da siegt nicht immer die Gerechtigkeit, wie man weiß. „Leute wie X können so dumm sein, dass man Wände damit einrennen kann, es schadet ihnen nichts, sie steigen höher und höher", knirscht Robert Koldewey, der von seinem Naturell her eher zu ausgesprochener

Die Prozessionsstraße von Babylon in einem Modell, das die dekorative Wirkung der blauen Glasur nur erahnen lässt. Anfang des 20. Jahrhunderts war man von einer solchen Rekonstruktion angesichts der unzähligen von Koldewey zusammengetragenen blauen Ziegelbröckchen noch weit entfernt.

Skepsis und bissiger Ironie neigt, in einem seiner Briefe. „Unsereiner kommt und kommt nicht weiter ..."

Was wäre aus dem 43-jährigen Lehrer an der Baugewerbeschule Görlitz wohl geworden, wenn er Babylon nicht hätte ausgraben dürfen? Was wohl? So mag man vorsichtig fragen – bei einer so ausgeprägten Neigung zu Bitterkeit und enttäuschtem Ehrgeiz. Aber manchmal sind es die ganz kleinen Dinge, die über die Köpfe der Menschen hinweg die wesentlichen Entscheidungen des Lebens fällen, die das Ruder gerade noch rechtzeitig in die richtige Richtung lenken – und damit die Entfaltung eines großen Talents erst ermöglichen.

In diesem Falle sind es drei kleine Ziegelbröckchen, die in einer Handtasche Platz finden können. Koldewey hat sie aus Babil mitgebracht und nun besieht sie sich Richard Schöne, der Generaldirektor der Königlichen Museen zu Berlin. Fasziniert ist er von diesen Scherben. Wunderbar blau leuchten sie. Was sieht Richard Schöne in diesem Blau? Ganz bestimmt nicht das Ischtar-Tor, von dem er ja noch nichts wissen kann. Es ist wohl eher eine unbestimmte Ahnung, die ihn berührt haben mag; ein Instinkt für die Pracht von Dingen, die möglicherweise dort verborgen sein könnten, wo solche Ziegelbröckchen herumliegen. Vielleicht ist es das.

Koldewey bekommt jedenfalls den Auftrag. Er wird Leiter der großen Babylon-Expedition. Reichlich mit Geld ausgestattet – insgesamt werden es in den 18 Jahren fast 2,8 Millionen Goldmark sein – und mit umfassender Befehlsgewalt. Er bekommt das, was er in Briefen „meinen Sieg" nennt. Ein Lebenstraum geht über Nacht in Erfüllung. Babylon hat nach über 2000 Jahren einen neuen Herrscher.

Das große Los

Einen Kronprinzen gibt es auch schon. Der ist gerade 25 Jahre alt geworden, hat eben sein Studium der Architektur und Baukunstgeschichte in Dresden abgeschlossen und heißt Walter Andrae. Andrae, der begabte Zeichner, soll die Entdeckungen der Expedition im Bild festhalten. In der exakten Zeichnung, aber auch im stimmungsvollen Aquarell.

Er wird diesen Auftrag mit großer Meisterschaft erfüllen – und noch mehr: Mit seinen romantischen Euphrat-Bildern und den unzähligen, witzigen Karikaturen, die er auf Karten, in Gästebücher, auf Zettel jeder Art kritzelt, schlägt er den Bogen zwischen hehrer Wissenschaft und der frohen menschlichen Grundstimmung, ohne die man nicht auskommt, wenn man jahrzehntelang in der Wüste graben will. „Wie unverdorben dieser sonst sehr nette und offenbar gute 24-jährige Jüngling ist, magst du daraus ersehen, dass er keine Ahnung davon hatte, was ein Stemmloch ist!", amüsiert sich Koldewey mit mildem Spott in einem seiner ersten Expeditionsbriefe über seinen neuen Assistenten. Gewiss, der junge Mann ist ein Greenhorn, aber ein sympathisches. Und: „Zeichnen tut er famos!"

Andrae wird Koldeweys rechte Hand werden, ja er wird ihn zeitweise völlig ersetzen, ohne ihm aber je seine „Königswürde" streitig zu machen. Eine „Königswürde", die von der Öffentlichkeit begierig zelebriert wird und die Koldewey in ein ähnlich mystisches Licht tauchen will, wie es auch Nebukadnezar umgibt. Rätselhaft und geheimnisvoll sollen sie beide sein: Ausgräber und Ausgegrabener. „Unvergesslich", so raunt voller Pathos etwa Sven Hedin, der berühmte schwedische Berufsabenteurer, nach einem Besuch im Jahre 1917, „wird mir das Arbeitszimmer des Gelehrten sein, das zu betreten eine Auszeichnung bedeutete, die nur wenigen Fremden zuteil wurde ... Es hatte etwas von einer Eremitenklause ...Wenn man aus diesem mystischen Dunkel wieder ins Helle trat, war man wie geblendet ..."

Wie sehr diese beiden, durchaus extremen Individualisten von Anfang an harmoniert haben, lassen die Sätze ahnen, die der sensible, hellsichtige Andrae über die früheste Phase ihrer Beziehung notiert hat und die nach seinem Tod 1956 in seinem Nachlass gefunden worden ist:

„Am 6. Dezember 1898 trafen sich im Hafen von Triest an Bord der Cleopatra … zwei Männer, die sich kurz zuvor in Berlin nur flüchtig kennen gelernt hatten, aber beide von sich hätten behaupten können, dass das Schicksal ihnen das große Los in den Schoß geworfen habe. Sie sagten es jedoch weder sich selbst noch anderen …"

Es war wohl dieses augenzwinkernde, ein wenig selbstironische Schweigen, das beide verband. Das einmütige Schweigen der stillen Genießer, die ihr Glück teilen, ohne je darüber ein Wort zu verlieren. Das Glück? In diesem Falle war es nichts als ein staubiger Wüstenort, menschenleer und öde, mit Temperaturen, die im Sommer auf über 50 Grad Celsius steigen. Der biblische Prophet Jesaja, der die feindliche Großstadt noch in provokanter Blüte sah, hatte zweifellos den Nagel auf den Kopf getroffen, als er vor über zweieinhalb Jahrtausenden sein schauriges Zukunftsszenario von Babylon ausmalte, rachelüstern und maßlos zwar, aber doch nicht ganz unrealistisch:

„So soll Babel, das schönste unter den Königreichen, die herrliche Pracht der Chaldäer, zerstört werden von Gott wie Sodom und Gomorrha, dass hinfort niemand da wohne noch jemand da bleibe für und für, dass auch die Araber dort keine Zelte aufschlagen noch Hirten ihre Herden lagern lassen, sondern Wüstentiere sich da lagern werden und die Häuser voll von Eulen sein werden. Strauße werden da wohnen und die Feldgeister werden da springen und wilde Hunde werden in ihren Palästen heulen und Schakale in den Schlössern der Lust." (Jesaja 13, 19–22)

Und nun – am Anfang des 20. Jahrhunderts – hatten sich noch zwei Archäologen dazugesellt.

Die verbrauchte Metropole

Die beiden waren übrigens nicht die Ersten. Und sie waren auch keine wirklichen Entdecker. Anders als in Troja oder bei den Pharaonengräbern musste man Babylon nicht im eigentlichen Sinn wieder entdecken. Babylon war ja immer schon da gewesen. Zwar vom Wüstensand überweht und vom Klima zernagt, aber doch gut bekannt. Sogar der alte Name der Stadt hatte mit dem Hügel Babil alle Zeiten und Herrscher überdauert. Und im Bewusstsein der Einheimischen aus der nahen Stadt Hille war die gewaltige Stadtruine über Jahrhunderte eine gute Adresse für kostenloses Baumaterial gewesen. Das war schließlich auch der Grund dafür, dass die alte Stadt wirklich bis auf die Fundamente verfiel. Was die Natur nicht schaffte, erledigten die Ziegelräuber.

Die Gesamtansicht des Ausgrabungsgeländes, das unter der Leitung von Robert Koldewey in den Jahren von 1899 bis 1917 freigelegt wurde.

So waren fast alle Neubauten in dieser Gegend „babylonisch gestempelt", wie auch Koldewey mit gewohnter Ironie in seiner Unterkunft im Dörfchen Kuwairisch feststellte:

„Unser jetziges Wohnzimmer ist für uns ein höchst interessanter Raum, weil er aus lauter schönen großen gestohlenen Nebukadnezar-Ziegeln gebaut ist. Sie sind liebenswürdigerweise nicht einmal mit Mörtel bedeckt, sondern in ihrer ganzen antiken Schönheit vom Rauch des Kaffeeherdes geschwärzt. Auch der Fußboden ist aus den ganz gut erhaltenen Ziegeln konstruiert, die überall den schöngeschriebenen Stempel Nebukadnezars, des Erbauers von Babylon etc., tragen …"

Nein, Babylon musste man nicht suchen. Man stand darauf, ehe man es sich versah. Babylon war so gesehen alles andere als ein Geheimnis. Es war, als Koldewey kam, wie ein offenes Buch, dessen Blätter im Wüstensand flatterten. Die Wissenschaftler mussten nur darin lesen. Sie konnten aus den Inschriften und den Bautechniken der verschiedenen Zeiten auch auf die Geschichte der Stadt schließen, die plötzlich klar und deutlich vor Augen stand, keineswegs so rätselhaft und fluchbeladen, wie es die Bibel weismachen wollte. Auch der Niedergang der Metropole war nun nüchtern erklärbar.

Nach dem Tod Nebukadnezars, wohl im Jahre 562 v. Chr., regierten in rascher Folge sein Sohn Awel-Marduk, dann Schwiegersohn Neriglissar (der offenbar seinen Schwager beseitigen ließ) und Nabonid, zeitweise wohl auch dessen Sohn Belsazar, der nach dem Bericht der Bibel während eines ausschweifenden Gastmahls mit einem göttlichen Bannfluch gestraft wird, dem bekannten, sprichwörtlich gewordenen Satz: mene tekel uphasin – „gewogen und für zu leicht befunden" (vgl. Daniel 5, 1–6). Laut Bibel war der – ziemlich abrupte – Untergang der Stadt folglich die gerechte Strafe für Unmoral und Gottvergessenheit. Babylon war sozusagen ein zweites Sodom und Gomorrha – und sein Untergang das selbstverständliche Werk des gerechten Gottes.

Viele Wissenschaftler meinen aber heute, dass bereits der strahlende Herrscher Nebukadnezar mit seiner ausufernden Bautätigkeit den Grundstein für den wirtschaftlichen Niedergang des babylonischen Reiches gelegt hat, ein Niedergang, der durch weitere enorme Bauausgaben unter den nachfolgenden Herrschern noch beschleunigt wurde. Der rege Herrschaftswechsel an der Staatsspitze – immerhin war ein „Verschleiß" von vier Thronfolgern in 20 Jahren zu vermelden – brachte zusätzliche Unruhe und bedingte die militärische Schwächung des Landes. Völlig verheerend auf die Staatsmoral aber wirkte sich schließlich aus, dass Nabonid, aus welchen Gründen auch immer, über Jahre in der Oase Theima in der Nähe des Roten Meeres weilte und dort sozusagen eine Nebenresidenz eröffnete, gute tausend Wüstenkilometer von Babylon entfernt und damit unerreichbar für Verwaltung und Priesterschaft.

Für Babylon war das ein unerträglicher, unheilsamer Zustand. Denn nun musste das alljährliche Neujahrsfest ausfallen, bei dem der König durch das Ergreifen der Hände des Stadtgottes Marduk den göttlichen Bund erneuerte; ein lebenswichtiger, ritueller Akt, mit dem die Grundlage für die Existenz von Stadt und Mensch jeweils neu geschaffen werden musste. So ist es denn kein Wunder, dass die Priesterschaft von Babylon selbst dieser unhaltbaren Situation rasch ein Ende bereitete.

Es liegt eine gewisse Tragik darin, dass die gewaltige Doppelmauer von Babylon – die wahrscheinlich die wirksamste Verteidigungsanlage des Altertums darstellte und die mit so enormen Anstrengungen errichtet worden war – niemals einem äußeren Feind hatte standhalten müssen. Der neue starke Mann der Region, der persische König Kyros II., hatte jedenfalls keine größeren Anstrengungen unternehmen müssen, um Babylon seinem Herrschaftsbereich einzuverleiben: Die frustrierte Priesterschaft hatte ihm im Jahre 539 freiwillig die Stadttore geöffnet.

Letztlich war es wohl die richtige Entscheidung, denn unter der Perserherrschaft blühte die Stadt wieder auf, wie zahlreiche Urkundenfunde be-

Nachfolgende Doppelseite: Die soliden Lehmziegel der Mauer von Babylon, des siebenten Weltwunders, haben bis heute den Stürmen der Geschichte standgehalten.

weisen. Immerhin war Babylon jetzt die Hauptstadt der reichsten Provinz im riesigen Perserreich, und die neuen Herrscher waren so klug, nicht nur die Ansprüche des Gottes Marduk rituell zu befriedigen, sondern auch ein Residenzschloss in der Metropole zu unterhalten. So lebte man denn mehr oder weniger schiedlich-friedlich fast zwei Jahrhunderte lang unter persischer Fremdherrschaft.

Und dann kam Alexander der Große. Nach seinem Sieg über Darius III. im Jahre 331 waren die Griechen die neuen Herrscher von Babylon. Mit seinem wachen Sinn für die Würde und Heiligkeit dieser jahrtausendealten Stätte plante der junge Weltenherrscher in Babylon Gewaltiges. Die Stadt eignete sich wie keine andere als kultureller Schmelztiegel weltweiter und uralter Traditionen. Babylon – die multikulturelle Stadt der vielen Sprachen, die Stadt der „Sprachverwirrung" nach biblischer Lesart – sollte in diesem neuen Denken zum Mittelpunkt eines neuen weltumspannenden Universalismus werden, zu einer modernen Großstadt. Damals war das ein wahnwitzig-mutiger Globalisierungstraum. Eine gewaltige Utopie, die sicherlich in der Zeit zwischen Alexanders erstem Einzug in Babylon 330 und seiner Wiederkehr 325 reifte, in den fünf Jahren nämlich, in denen der junge Herrscher mit seinem riesigen Heer einen Eroberungsfeldzug antrat, der ihn bis nach Indien führte.

Der plötzliche Tod des 33-Jährigen in der Stadt selbst aber vereitelte alle Pläne. Eben noch hatte er den baufälligen Turm zu Babel bis auf das Fundament abtragen lassen, um ihn hundertmal so prächtig als Neubau wieder auferstehen zu lassen. Doch mit seinem Ende blieb es plötzlich bei dieser Demontage, das Bauvorhaben stoppte, und es scheint so, als habe sich die Stadt vom Verlust ihres bedeutendsten Symbols nie mehr richtig erholen können.

Der alte Zauber jedenfalls war dahin. Die Nachfolger Alexanders, die Seleukiden – so genannt nach ihrem Herrscher Seleukos I., einem Freund und Feldherrn Alexanders –, haben dann ihre Residenz von Babylon nach Seleukia verlegt, etwa 100 Kilometer nordwärts am Tigris gelegen.

Die große Geschichte zog nun plötzlich an den Toren der einstigen Metropole vorbei, ohne bedeutende Spuren zu hinterlassen. Die „Besatzer" wechselten, nach den Griechen kamen die Parther, denen wiederum im Jahre 227 n. Chr. die Sassaniden folgten, eine persische Dynastie, unter der das zweite persische Großreich erblühte; schließlich erschienen um 624 die Araber. Da hatte man schon längst – schon bereits seit Mitte des 1. Jahrhunderts n. Chr. – verlernt, die Keilschrift zu lesen. Diejenigen, die noch in Babylon lebten, waren zu Fremdlingen in ihrer eigenen Kultur geworden, die sie umgab. Und im 10. Jahrhundert, als in Europa das kulturelle Bewusstsein allmählich erwachte, da hatte die einstige Megapolis ihre große Glanzzeit längst hinter sich gelassen. Babylon war in ein primitives Ruinendorf zurückmutiert, in dem nur noch eine Hand voll arabischer Bauernfamilien hausten.

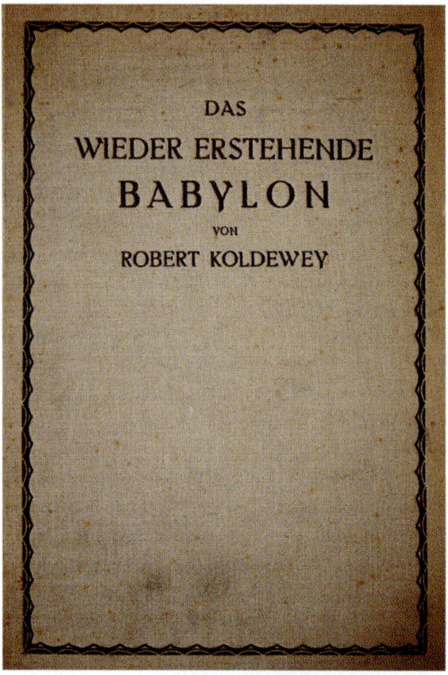

Koldeweys Buch, Frucht und Quintessenz seines Lebens, das sich ganz und gar dem „Geheimnis Babylon" verschrieben hatte

Einen großen Kampf mit gewaltigen Verheerungen, mit ausgeklügelten Verteidigungsstrategien, mit glänzendem Aufstieg und dramatischem Fall hat es da nie gegeben. Babylon wurde einfach abgelebt, wurde im Laufe der Geschichte gleichsam aufgebraucht.

Mit der klaren, biblischen Definition dieser alten Großstadt als „Sündenbabel", als Stadt der Sprachverwirrung und des Lasters, scheint das Interesse der Nachwelt an ihr dann auch geistig abgeschlossen zu sein. Selbst wer die biblischen Geschichten nur im Groben kennt, weiß, was er von Babylon zu denken hat. Die Eindeutigkeit dieses Symbols, wie es vom Anfang unserer Geschichtsschreibung an gegolten hat, macht die Stadt sozusagen zu einer feststehenden Größe im Kanon christlich geprägter Kultur. Da gibt es dann keine großen Fragen und Diskussionen mehr.

Nicht verwunderlich also, dass die Berichte der Reisenden des Mittelalters, die an Babylon vorbeikommen, einigermaßen abgeklärt und wenig geheimnisvoll klingen. Der Rabbiner Benjamin von Tudela zum Beispiel, der im 12. Jahrhundert Mesopotamien durchreist, legt viel mehr Wert auf die Besichtigung der Stadt Gehiagin, „zwei Tagereisen von Bagdad", denn dort stehe eine große Synagoge. „Von da nach Babylon ist es eine Tagesreise", ergänzt er kurz und bündig. „Das ist eine Ruine im Umfange von 30 Meilen. Daselbst sieht man den zerstörten Palast des Nebukadnezar, den aber niemand betritt. Aus Furcht vor den Schlangen und Skorpionen, die darin hausen", fügt Benjamin von Tudela fast pflichtschuldig hinzu, ohne sich wohl selbst mit eigenen Augen davon überzeugt zu haben; frei nach dem Motto: „Und die Bibel hat doch Recht ..."

Die Fama von den wilden Tieren, die Babylon angeblich bewohnen und dessen Begehung unmöglich machen, nährt auch im 14. Jahrhundert der unfreiwillige Tourist Schiltberger, ein bayerischer Ritter. Als Gefangener der Türken erlebt er im Vorbeimarsch die desolate Stadtanlage und sieht – so erzählt er – auch den berühmten Turm. Offenbar liegt dabei aber eine Verwechslung mit dem Tempelturm von Borsippa vor, der noch heute gute 25 Kilometer von Babylon entfernt in den Himmel ragt und der die ersten Forschungsreisenden zu dem Fehlschluss animiert hat, dass das Stadtgebiet Babylons sich einst bis hierhin erstreckt habe. „Der Turm ist in der großen Wüste von Arabia auf dem Weg, wenn man gen Chaldea zieht", berichtet Schiltberger, dämpft aber im gleichen Atemzug alle Besichtigungswünsche: „Aber es mag niemand dazu kommen vor Drachen und Schlangen und andern bösen Gewürme, das auch viel in derselbigen Wüste ist." Babylon bleibt eben Babylon. Eine tote Stadt – so, wie es die Bibel gesagt hatte: Ein Ort, an dem „niemand da wohne noch jemand da bleibe für und für ..."

Zollstock und Peitsche

Koldewey war Bauingenieur, ebenso wie Andrae. Was beide in Babylon suchten, waren nicht goldene Schätze oder antike Statuen. Solche Funde waren im Übrigen hier ja nicht zu vermuten, an einem Ort, der nicht durch eine Katastrophe, sondern durch jahrhundertelangen wirtschaftlichen Niedergang seine einstige Pracht eingebüßt hatte.

Aber auch nicht den massenhaften Keilschriften, dem wirklich bedeutenden Erbe, das ihnen in die Hände fiel, galt ihr hauptsächliches Interesse. Später hat diese Haltung durchaus manche Kritik von Seiten der Altphilologen, der Schriftforscher, hervorgerufen. Man hat Koldewey eine regelrechte Abneigung nachgesagt gegenüber den Wissenschaftlern, die sich mit der Übersetzung und Deutung von Keilschriften befassten. Vielleicht war das auch so. Vielleicht hatte ihn die gemeinsame Reise mit dem schriftforschenden Professor Sachau regelrecht traumatisiert. Aber im Wesentlichen war diese „Nachlässigkeit" wohl eher die Konsequenz aus einem neuen und bis dahin einmaligen Forschungskonzept, das Koldewey sozusagen neu erfunden hatte und das er mit der ihm eigenen Hartnäckigkeit, ja Sturheit, verfolgte.

Die Quintessenz dieses Konzeptes beschreibt am besten der Titel des Buches, das die Zusammenfassung seines Lebenswerks darstellt und das 1913, also noch während der Grabung, in erster Auflage in Leipzig erschienen ist: *Das wieder erstehende Babylon*. Fast amüsant, aber auf jeden Fall bezeichnend ist es, dass gleich im Anschluss an diesen Buchtitel in gleicher Schrifttype und -farbe die Worte „von Robert Koldewey" angefügt sind. Ja, dieses neue Babylon ist wirklich „das wieder erstehende Babylon von Robert Koldewey", sein Babylon.

Alles, was in der Nachfolge an Zeichnungen und Rekonstruktionen entstanden ist, fußt auf den exakten Maßangaben und bautechnischen Fakten, die Koldewey aus dem Wüstensand ausgegraben hat. Maßband und Schaufel – das sind auf dieser archäologischen Expedition die wesentlichen Instrumente, mit denen er der historischen Wirklichkeit nahe zu kommen sucht. Die archäologische Erschließung Babylons – sie ist in erster Linie ein Werk der technisch orientierten Bauforschung.

Für die Genauigkeit, mit der bei der Prospektierung Babylons vorgegangen worden ist, hat es damals noch keine vergleichbare archäologische Methodik gegeben. Koldewey entwickelt sie mit dem Ehrgeiz des Ingenieurs, weniger mit dem des Kulturhistorikers oder des Kunstfreundes. Geologische Erkenntnisse etwa werden fruchtbar gemacht, besonderes Augenmerk auf den Verlauf von Erdschichtungen gelegt, Spezialistentrupps zum Aufspüren und Freilegen von Mauern ausgebildet. Stets wird nur „vor der Natur", also vor den Objekten im Freien, auch unter sengender Sonne, gezeichnet und nicht, wie sonst üblich, nach oberflächlichen Skizzen im stillen Archäologen-Kämmerlein. „Das ist die einzige Methode, alle Fehlerquellen zu vermeiden, die entstehen müssen, wenn man Skizzen von draußen mitbringt und zu Hause einträgt", schreibt der routinierte Zeichner Andrae und ist sich darin mit Koldewey völlig einig. Die Freundschaft der beiden ist auch das Ergebnis eines Hangs zur Perfektion, den beide hegen. „Ihre Methoden ermöglichten einen Leistungsstandard der archäologischen Technik, der damals alle Erwartungen übertraf", schrieb Jahrzehnte später Seton Lloyd, ein englischer Archäologe. Mit weniger als einem solchen posthumen Lob hätten sich die beiden auch wohl nicht zufrieden gegeben ...

Bei seiner konsequenten, wissenschaftlich kühlen Suche nach den exakten Maßen Babylons ist Koldewey durchaus weit gegangen, manchmal wohl zu weit. Rücksichtslos, vor allem auch gegen sich selbst, lässt er schon im ersten und zweiten Jahr den ganzen Hochsommer hindurch graben. Sein kurzes Argument für diese Knochenarbeit bei 45 Grad Celsius im Schatten: Es gehe „bei einer Unterbrechung sehr viel Zeit nutzlos verloren" und außerdem werde das Grabungsgelände, „sobald wir weggehen, den Ziegelräubern so gewiss verfallen, wie 2 x 2 = 4 ist".

„Das wieder erstehende Babylon" – das ist die Maxime, der sich alle zu unterwerfen haben. Auch die zunächst 66, später gar 250 Helfershelfer, die trotz elfstündiger Arbeitszeit der Perfektionsgier Koldeweys nicht immer genügen: „Unsere Arbeiter machen bisher während dieses Sommers einen recht wenig widerstandsfähigen Eindruck. Ich glaube, dass dieser Umstand weniger der großen Hitze – 46 Grad im Schatten – als vielmehr der unvernünftigen Lebensweise der Leute zuzuschreiben ist ...", meint Koldewey in schönster Besserwisser-Manier, aus der die Kühle eines selbstbewussten Kolonialbeamten spricht. Auch Koldewey ist eben ein Kind seiner Zeit ...

Gefährlicher Ehrgeiz

Für sein hehres Ziel lässt Koldewey sogar abenteuerlichste und gefährliche Grabungen anstellen, die heute kein Archäologe der Welt guten Gewissens verantworten könnte. Da gibt es etwa den so genannten Esangila-Tempel. Das ist der zentrale und wohl wichtigste Marduk-Tempel, zweifellos eines der bedeutendsten Bauwerke von Babylon, galt doch das alljährliche Bündnis mit diesem höchsten Gott als Voraussetzung aller staatlichen Wohlfahrt. Verständlich also, dass Koldewey den genauen Ort und die Gestalt des Tempels dokumentieren will. Eine erste Stichgrabung im vermuteten Bezirk schafft Gewissheit: Gestempelte Ziegel werden gefunden, die den Namen Esangila aufweisen. So weit, so gut. Doch der Tempel befindet sich offenbar in einer Tiefe von über 20 Meter! 20 Meter Tiefengrabung in lockerem Sandboden – Andrae berichtet vom gewagten Versuch, diese bedeutende Stätte freizulegen:

„Koldewey ließ ein großes Quadrat aus dem hohen, breit und tief hingelagerten Hügel ... ausschachten ... Zunächst entstand bis zur Höhe der Förderbahn hinab eine unheimliche schwarze Grube von 30 mal 30 Meter, die eigentlich nichts ergab, als den gefährlichen Müllstaub, der jeden Augenblick abrutschen und jemand verschütten konnte, was glücklicherweise nur einmal geschah und einem Arbeiter beinahe das Leben kostete. Dann aber ging es noch einmal zehn Meter in die Tiefe und nun erst erschienen vier und fünf Meter dicke verfallene und verbrannte Lehmziegelmauern ..."

Eine vollständige Freilegung der heiligen Stätte scheint unmöglich zu sein. Das muss nach achtmonatiger Grabung, in der gut 30 000 (!) Kubikmeter Erde von Hand bewegt werden, auch Koldewey einsehen. Zunächst lässt er die weitere Arbeit an dieser Stelle einstellen. Doch sein heftiges Interesse an Esangila, wohl auch Neugier und Ehrgeiz, treiben Koldewey Jahre später zu noch gefährlicheren Versuchen am Esangila-Bezirk: In so genannten Tunnelgrabungen wird in 20 Meter Tiefe dem Mauerverlauf des Tempels nachgespürt. Wenn man schon den Tempel nicht komplett freilegen kann, so die Überlegung, so könnte man doch zumindest in unterirdischem Vortrieb den Grundriss des Gebäudes ertasten!

Die Aktion gerät zur mühseligen Wühlarbeit, bei der jeder der Arbeiter dauernd in Lebensgefahr schwebt. Denn jederzeit kann das lockere, sandige Erdreich zusammenstürzen. In seinem Grabungsbericht aus dem Jahr 1909 gibt Koldewey eine „Arbeitsplatz-Beschreibung" dieser Tätigkeit – mit der sachlichen Kühle eines Mannes, für den es ganz selbstverständlich ist, wenn Material und Menschen sich für den notwendigen Dienst an der höheren Sache aufopfern:

„Die Arbeit in den langen Gängen stellt keineswegs geringe Anforderungen an die Leute. Fast ganz nackt arbeiten sie hier ‚im Schweiße ihres Leibes'. Schwer und dunstig schlägt einem die Luft entgegen und eine primitive Ölfunzel macht mit ihrem Schwelen den Aufenthalt noch unangenehmer, ohne ihrem eigentlichen Zweck, zu leuchten, sonderlich zu dienen."

Von Lebensgefahr ist da allerdings keine Rede, es ist eher eine andere Sorge, die Koldewey zu schaffen macht und die ihn ja auch schon zu den mörderisch heißen Sommergrabungen getrieben hat: „... da geht allerdings die Arbeit sehr langsam vonstatten".

In dieser Hinsicht will Koldewey immer viel mehr, als er vermag – und sein gieriger Optimismus ist es wohl, der ihn, den nüchternen Baufachmann, die größten Rechenfehler machen lässt. Hatte er noch anfangs, als er mit den Ausgrabungen begonnen hatte, eine Dauer von etwa fünf Jahren veranschlagt, so werden es schließlich 18; und es wären mit Sicherheit noch viele Jahre mehr geworden, wenn nicht mitten im Krieg 1917 die vorrückenden Engländer der deutschen Grabung ein Ende bereitet hätten. Koldewey hat in einem Moment nüchterner Bilanz, im Jahre 1913 – also 14 Jahre nach Grabungsbeginn –, konstatiert, dass erst die Hälfte der notwendigen Arbeit geleistet sei ...

Und so schlummert denn auch Marduks bedeutender Tiefentempel bis heute im Wüstenboden Babylons – in seinem Grundriss zwar dokumentiert, aber in seinen Innenräumen noch unentdeckt. Vielleicht werden zukünftige Archäologen hier einmal kostbare Zeugnisse babylonischer Kultur finden; Götterstatuen vielleicht, denn die bedeutenden Götter hatten in den Nebenräumen des Tempels, in der direkten Nachbarschaft zum großen Gott Marduk, ihre Wohnstatt.

Aufgaben für Archäologen der Zukunft sind in Babylon noch zuhauf zu finden – und das gilt nicht nur für das Freilegen von ganzen Stadtteilen, in denen Koldewey nicht gegraben hat. Auch dort, wo der Spaten des Ausgräbers schon umfassend angesetzt hat, gibt es noch Unbekanntes zu entdecken. Denn Koldewey hat vor allem das Babylon Nebukadnezars freigeschaufelt – und das der Zeit danach. Dabei hat die Stadt eine Geschichte, die 2000 Jahre vor Nebukadnezar zurückreicht. Der Grund, warum Koldewey der Blick in diese noch ältere Welt verschlossen geblieben ist, ist in der Tatsache zu suchen, dass der gestiegene Grundwasserpegel bisher ein Vordringen in tiefere Bodenschichten nicht erlaubt hat. Wollte man archäologisch noch weiter zurück in die Geschichte eindringen, so müsste man zunächst aufwändig das Grundwasser absenken. Das wäre eine bautechnische Maßnahme gewaltigen Ausmaßes, an die bei der gegenwärtigen politischen Lage gar nicht zu denken ist.

Kunst am Bau

Betritt man heute das kleine Museum von Babylon, das der Mann an der Kasse bereitwillig aufschließt, so ist man schnell enttäuscht. Denn hauptsächlich sind DIN-A4-große Fotografien darin ausgestellt. Dutzende von Fotos aus allen möglichen Kunstbüchern sind da zusammenkopiert, von hinten mit einer Neonlampe dürftig illuminiert, und sie zeigen alle einen Gegenstand: den Turm zu Babel, wie ihn sich die Künstler aller Zeiten vorgestellt haben. Mittendrin stehen zwei angestaubte Relieflandschaften, die das Grabungsgelände Koldeweys plastisch abbilden. Dahinter, an der Wand,

Aberhunderte von Helfern legten in den 18 Jahren der Grabung den Kern des alten Babylon frei, hier die so genannte „Akropolis".

ein mannshoher Ausschnitt aus einer blau glasierten Ziegelfassade mit den so typischen Reliefs schreitender Löwen. Das ist auch schon das Prunkstück dieser Sammlung. Mindestens 200 solcher Löwendarstellungen waren einst rechts und links der Prozessionsstraße in die Mauern eingelassen, sie begleiteten den Besucher sozusagen auf ganzer Wegstrecke. Hier in Babylon ist nur ein einzelnes Fragment davon zurückgeblieben – oder besser gesagt: wieder zurückgekommen; denn offenbar handelt es sich bei diesem Wandausschnitt um eines der Stücke, von denen Andrae 1931 – inzwischen ist er zum Direktor der Vorderasiatischen Abteilung der Berliner Museen ernannt worden – erzählt, dass sie nach der Einrichtung der Berliner Babylon-Säle noch übrig sind und „sozusagen auf Lager liegen": „Einige Exemplare konnte ich als Geschenk an das Antiken-Museum in Istanbul und an das Irak-Museum in Bagdad absenden. Andere bot ich ... in- und ausländischen Museen an." Gegen bare Münze, versteht sich, denn mit den Einnahmen, einer guten Viertel Million, will Andrae andere Ausstellungsstücke erwerben: „Mehrere Epochen der vorderasiatischen Kultur sind bei uns gar nicht oder schwach vertreten", stellt er ernüchtert fest. Andrae steht damals vor dem gleichen Problem wie heute der irakische Museumsdirektor: Eine bautechnische Grabung, bei der vor allem Maße und räumliche Dimensionen interessieren, liefert nun mal nicht nebenbei das Material für eine faszinierende Museumseinrichtung.

Dass es keine „Schatzfunde" in Babylon gab, ist im Grunde mehr als verständlich, bedenkt man, über welch langen Zeitraum die Stadt verwelkte. Über Jahrhunderte haben die Bewohner natürlich alles Brauchbare aus dem Schutt geklaubt, zuletzt sogar die relativ wertlosen Ziegel. Wie hätte da ein goldenes Kunstwerk bis in unsere Tage versteckt überleben können?

So sind eigentlich nur vier besondere Objekte – neben den Bauwerken – in den 18 Grabungsjahren den Archäologen in die Hände gelangt und haben, gerade weil sie die seltene Ausnahme bilden, sogleich zu feurigsten Spekulationen Anlass gegeben: Da ist eine mannshohe Löwenplastik, aus merkwürdig rund geschliffenem Basalt. Der steinerne Löwe scheint sich über einen Menschen zu stürzen, der am Boden liegt. Dann eine metergroße Dolerit-Stele mit dem Bildnis eines Wettergottes; weiter eine Kalksteinplatte, 1,20 Meter hoch und offenbar ein unvollständiges Fragment, auf dem das Abbild eines „Statthalters des Landes Suchu und Mari" zu sehen ist, wie die inzwischen entzifferte Inschrift verrät. Und eine mannshohe Statue, die sich aufgrund der Inschrift genau datieren lässt: Das Porträt des Statthalters Puzurischtar ist über 4000 Jahre alt!

Alle diese „Kunstobjekte" haben etwas gemeinsam: Sie sind offenbar nicht zu Nebukadnezars Zeiten in Babylon entstanden. Ihre kunstgeschichtliche Einordnung ist äußerst schwierig – und gibt daher wildesten

Vorhergehende Doppelseite: Die geheimnisvolle Löwenstatue von Babylon wirkt wie eine moderne Steinskulptur, ist aber vielleicht schon 5000 Jahre alt.

Theorien Aufschwung. Über die monumentale Löwenstatue wurde so viel gemutmaßt, dass sie heute als umstrittenste altorientalische Plastik gelten darf. Man hat ihre Entstehung in die Zeit des späten 4. Jahrtausend v. Chr. datiert, aber auch als Werk der mittelalterlichen Mongolen gedeutet.

Was aber haben Objekte aus frühen Zeitepochen und aus fremden Kulturen im Babylon Nebukadnezars zu suchen? Das war – und das ist die Frage. Die Antwort darauf war zunächst zu Zeiten Koldeweys schnell gegeben – in der ersten Euphorie der Wiederentdeckung traute man den alten Babyloniern offenbar alles zu. War es einem so hoch stehenden Volk, das eine solche riesige Stadt schuf und das sogar die biblischen Mythen bereits vorwegnahm, nicht auch möglich, dass es so etwas wie ein bildungsbürgerliches Kulturleben hervorgebracht hatte? Ein ausgeprägtes Geschichtsbewusstsein entwickelte? Kurz, dass die Babylonier bereits Museen erfunden hatten, in denen sie die Kunst fremder Völker und ferner Zeiten ausstellten? Und das lange vor den Griechen, deren „Museion" in Alexandria bis dahin doch als Prototyp aller Museumskultur gegolten hatte.

Der Gedanke schien seinerzeit so bestechend, dass bis heute wie selbstverständlich von einer „Sammlung" die Rede ist, die sich angeblich in Nebukadnezars Hauptburg befunden haben soll. Nebukadnezar selbst war es übrigens, der diese Spekulationen noch befeuert hat, denn in einer Königsinschrift ließ er folgenden Text bezüglich seiner „Hauptburg" festhalten: „Jenes Haus stellte ich zum Staunen her, zum Anschauen für die Gesamtheit der Leute füllte ich es mit strotzender Pracht. Üppigkeit, Fruchtbarkeit, Ehrfurcht, Glanz königlicher Majestät umgeben seine Seiten ..."

Auch jemand, der Fantasien liebt, muss ehrlicherweise zugeben, dass Nebukadnezars Worte nicht gerade als „Beweis" für die Existenz einer Museumskultur in Babylon herhalten können. Die schriftlichen Quellen werden da sicher überinterpretiert und manches lässt sich in Worte „hineingeheimnissen". Es zeigt sich wieder, wie sehr doch der Name Babylon zu Spekulationen ermuntert. Die wissenschaftlichen Tatsachen sind dann oft enttäuschender, als man es für eine so geheimnisvolle Metropole wahrhaben möchte.

Im Falle der vier „Kunstobjekte" kamen Wissenschaftler neuerdings zu solch einer ernüchternden Erkenntnis, als sie nachgeforscht hatten, wo denn genau die Monumente gefunden worden waren. Zunächst einmal: Alle diese Objekte befanden sich offenbar außerhalb des vermeintlichen „Schlossmuseums", auf öffentlichen Plätzen. Vielleicht als Kriegsbeute irgendwann mitgenommen und irgendwo aufgestellt. Und die Beachtung, die man später dieser Kriegsbeute entgegenbrachte, war wohl auch nicht so einfühlsam und kunstsinnig, wie man es sich gerne ausgemalt hätte. Für die Puzurischtar-Statue, die über 4000 Jahre alte Plastik, jedenfalls gilt, dass sie offenbar in der Westfront der Prozessionsstraße vermauert war. Ein solider Baustoff zum Schutz der Verteidigungsanlage – das war das uralte Kunstwerk für die Babylonier!

Babylons Glanz und Gloria

Koldewey und Andrae hatten aufs rechte Pferd gesetzt, als sie den abenteuerlichen Entschluss fassten, weniger Einzelobjekte, sondern ganze Bauwerke in hunderte von Holzkisten zu verpacken und nach Berlin zu schicken. Das Ischtar-Tor, die Prozessionsstraße und die Fassade des Thronsaals sind zweifellos die wirklichen Preziosen dieser Grabung. Das wunderbare Blau der Ziegelglasur mit dem Tierfries und der orientalischen Ornamentik – das ist es, was bis heute alle Vorstellungen von Babylon entscheidend geprägt hat, was den „babylonischen Stil" ausmacht.

Heute würde man an eine so monströse Ausstellungskonzeption noch nicht einmal zu denken wagen, wie sie Anfang des 20. Jahrhunderts selbstverständlich war: Riesige Gebäude über 5000 Kilometer zu transportieren, um sie in einem noch riesigeren Gebäude wieder aufzustellen – diese Museums-Gigantomanie war eine bombastische Konsequenz des Repräsentationshungers, wie er die Kaiserzeit beherrschte. Alles sollte da möglich sein. Eine Sehnsucht nach großartigen Herrschaftszeichen aus ferner Zeit bewegte die Menschen, die sich jetzt selbst als Nation entdeckten. Ein Bedürfnis, Glanz und Gloria auch in den entferntesten Winkeln der Geschichte aufzufinden – und damit das eigene pompöse Nationalgefühl zu heiligen.

Dass die Museumsdidaktik sich da mehr der „Bühnenwirkung" als der wissenschaftlichen Wahrhaftigkeit verpflichtet fühlte, ist nur allzu verständlich. Auf den Effekt kam es an. Und da man in Babylon ja nur Trümmer und Scherben aus dem Wüstensand gegraben hatte, geriet man beim Wiederaufbau der Gebäude in Berlin auf allerlei methodische Abwege. Über einen solchen Irrweg berichtet Andrae (der sich übrigens 1908 selbst nicht zu schade war, für das plüschige Bühnenspektakel *Sardanapal* ein „echt babylonisches" Bühnenbild zu entwerfen):

> *„Bei meinem Besuch in Berlin gegen Ende des Urlaubs 1912 interessierte mich, es wird mir niemand verdenken, das Schicksal unserer babylonischen Löwen, Stiere und Drachen brennend. Stolz zeigte man mir im Museum mehrere in Eisenrahmen gefasste Exemplare, an denen aber auch nichts zu fehlen schien. Man hatte die aus Babylon ‚gelieferten' Klamotten mit der Säge zurechtgeschnitten und fein säuberlich zusammengepasst; wo doch etwas fehlte, war mit schöner dicker Ölfarbe nachgeholfen worden! Die sehr alten und sehr langsam arbeitenden Museumsrestauratoren waren stolz auf diese Leistungen, so auch der Direktor der Vorderasiatischen Abteilung und Seine Exzellenz der Herr Generaldirektor."*

Gewiss, diese Art der „Restaurierung", sozusagen mit der Brechstange, versuchte Andrae so schnell wie möglich zu unterbinden, was ihm übrigens nur sukzessive gelang. Aber auch er, der gewöhnlich auf das kleinste Detail und historische Authentizität hohen Wert legte, musste bei der mutmaßlichen Rekonstruktion oft beide Augen zudrücken. Nur wenigen Besuchern der Vorderasiatischen Abteilung der Berliner Museen ist es wohl so richtig

Ob die Verzierung der Thronsaalfassade tatsächlich so aussah, wie sie Robert Koldewey rekonstruierte, ist heute unter Wissenschaftlern mehr als fraglich.

bewusst, dass sie vor Objekten stehen, die in wesentlichen Elementen mehr der Fantasie als der historischen Wirklichkeit folgen. Wem ist schon so richtig klar, dass der ganze obere Teil des Ischtar-Tores auf reiner Spekulation beruht, viele der blauen Ziegel in Berliner Keramikwerkstätten nachgebrannt sind und es mindestens ein Dutzend – sehr unterschiedliche – Theorien gibt, wie in Wahrheit die Thronsaalfassade ausgesehen habe. Es ist ja noch nicht einmal mit Sicherheit auszumachen, ob der Thronsaal einst ein Flachdach trug, wie man neuerdings annimmt, oder ein Tonnengewölbe hatte, wie es Koldewey vermutete. Von den Dimensionen der Prozessionsstraße ganz zu schweigen, die in ihren Maßen offensichtlich nicht von der Wirklichkeit, sondern von den – viel begrenzteren – Raumverhältnissen des Museums bestimmt wird: Was hier 30 Meter lang und acht Meter breit ist, maß in Babylon einst 300 mal 20 Meter! Aller Bombast der Kaiserzeit reicht nicht – Babylon kann nur in der Fantasie wieder auferstehen.

Himmlisches Blau

„Das eigentlich Überwältigende ist doch dieses wunderbare Blau!" Dr. Stephan Fitz schaltet das Thermostat des Brennofens auf exakt 950 Grad Celsius. „Und wenn man bedenkt, dass am Tor der Göttin Ischtar mindestens 20 000 Glasurziegel verbaut sind, dann ist das schon eine atemberaubende Leistung." Stephan Fitz ist Chemiker und schon vor Jahren hat er Ziegelbröckchen der alten Babylonier spektralanalytisch untersucht. Das heißt, er hat die Molekularstruktur der Glasuroberfläche derart genau unter die Lupe genommen, dass er heute exakt nachvollziehen kann, wie die Babylonier ihre farbigen Ziegel seinerzeit erzeugt haben. Und das will er uns jetzt im praktischen Versuch demonstrieren.

Um das Geheimnis der blauen Glasurziegel vor laufender Kamera zu lüften, hat der Berliner Keramikspezialist Andreas Fritsche sein „Experimentierstübchen" zur Verfügung gestellt und steht mit seinem Know-how zur Seite. Auch er – der Praktiker – ist lebhaft daran interessiert zu erfahren, wie es vor zweieinhalb Jahrtausenden den Menschen möglich gewesen war, eine so außergewöhnliche Technik zu entwickeln.

Wichtig ist vor allem eine genaue Rezeptur, wenn man eine einheitliche Färbung und einen gleichmäßigen Glanz der Ziegeloberfläche erzeugen möchte. Und zahlreiche Arbeitsschritte sind notwendig. Zunächst einmal wird Sand und Soda zu so genannter Fritte, dem Glasurgrundstoff, verschmolzen. Sand, Quarzsand von großer Reinheit, gab es damals wie heute in der Wüste Mesopotamiens im Übermaß; Soda, chemisch Natriumkarbonat, gewann man seinerzeit aus der Asche salzhaltiger Meeres- und Steppenpflanzen – ein Verfahren, das übrigens bis etwa 1850, also bis in die Neuzeit, angewendet wurde.

Um Sand und Soda zu verschmelzen, bedarf es exakt 950 Grad Celsius –

eine hohe Temperatur, die zudem noch relativ gleichmäßig über längere Zeit gehalten werden muss. Was bei uns der computergesteuerte Ofen leistet, mussten die Babylonier mittels ihrer mit Erdpech oder Erdöl betriebenen steinernen Brennöfen erledigen. Man kann davon ausgehen, dass sie es bei diesen Brennverfahren schon früh zu hoher Meisterschaft gebracht haben. Denn das holz- und steinarme Mesopotamien hatte seine Bevölkerung seit jeher dazu gezwungen, alternatives Baumaterial zu entwickeln. Man fand es im Lehm, den man zu quadratischen Ziegeln formte. Um die Widerstandskraft gegen Wind und Wetter zu erhöhen, lernte man schnell, die Ziegel zu brennen – Erdpech, mit dem man glühend heiße Feuer entfachen konnte, quoll ja zuhauf aus dem Boden dieser erdölreichen Region. Je nach den bautechnischen Erfordernissen verwendete man auch noch im „modernen" Babylon Nebukadnezars hochwertige gebrannte Ziegel neben einfachen „luftgetrockneten".

Fritte, das Rohglas, sieht weißem Kandiszucker ähnlich. Um die etwa erbsengroßen Glasstückchen weiterzuverarbeiten, müssen sie zu staubfeinem Pulver zermahlen werden – eine mühselige Mörserarbeit, die angesichts des großen Aufgebots an Glasurziegeln in Babylon sicherlich Heerscharen von Menschen, vielleicht vor allem Frauen und Kinder, beschäftigt hat. Und dann kommt der große Moment, im religionsdurchdrungenen Babylon sicherlich eine Art priesterlicher Akt: Eine exakte, in ihrem Verhältnis zur Fritte immer gleiche Menge von Kobalt- und Kupferoxid wird beigemischt. Schon ganz kleine Mengen reichen aus, um später das leuchtende Blau zu erzeugen.

„Man muss bedenken, dass Kobalt und Kupfer in Mesepotamien kaum zu finden sind, und wenn, dann nur mit anderen Schwermetallerzen vergesellschaftet", erklärt Dr. Fitz die Schwierigkeit der Rohstoffbeschaffung. „Die Tatsache, dass die Babylonier solche Ziegel herstellen konnten, wirft ein besonderes Licht auf die Handelsbeziehungen mit den Mittelmeerländern. Offenbar gab es da einen regen Importhandel."

Vorsichtig vermischt Dr. Fitz eine Messerspitze Kobaldoxid mit einem haben Pfund Fritte-Pulver und verrührt die Mixtur mit destilliertem Wasser zu einem dünnflüssigen graublauen Brei, der fertigen Glasur. „Was nun im nächsten Arbeitsgang geschieht, nennen wir ‚Angießen' – und so wie es die Babylonier gemacht haben, machen wir es auch heute noch", erläutert Andreas Fritsche, der Praktiker, und nimmt einen Lehmziegel zur Hand. Routiniert hält Fritsche den Ziegel in leichter Schräglage, setzt das Gefäß mit dem Glasurbrei an der oberen Kante an und lässt eine eben ausreichende Menge der Flüssigkeit über die Ziegeloberfläche fließen. Kaum ein Tropfen geht verloren. „Jetzt muss noch einmal gebrannt werden, zwölf Stunden lang. Bei 1050 Grad Celsius!"

Alles in allem eine nicht unkomplizierte Technologie, denke ich und staune über die Fähigkeiten der Babylonier, die all das auch gekonnt haben – und noch mehr. Sie haben diesen Prozess großtechnisch beherrscht. Al-

Über Jahrhunderte galt der Tempelturm von Borsippa, der noch in Sichtweite von Babylon liegt, fälschlicherweise als Turm zu Babel.

lein das Ischtar-Tor ist ja mit abertausenden solcher Ziegel verkleidet. Und wenn man den Thronsaal, die Prozessionsstraße und die Repräsentationsbauten hinzurechnet, die ebenfalls in diesem dekorativen Blau erstrahlten, dann wird klar, welchen enormen Umfang die Massenproduktion von Glasurziegeln damals gehabt haben muss. Es war wohl dieses Können, das auch Andrae den größten Respekt vor der babylonischen Kultur hatte empfinden lassen, viel mehr noch als es die klassischen Symbole vermochten, wie der Turm zu Babel oder die Weltwunder-Mauer. „Farbigkeit in höchstem Glanz und in größter Ausdehnung" – das war es, was Andrae an Babylon so bewundert hatte. „Es ist, man kann es ruhig behaupten, ein Gipfel der Kunst, farbige Keramik stilecht im Monumentalbau zu verwenden!", resümierte er in seiner Rede bei der Eröffnung der babylonischen Säle in Berlin.

Ein Gipfel der Kunst? Gewiss hat Andrae damit Recht, überlege ich, während ich durch das Sichtfenster des Brennofens unseren „Filmziegel" schmoren sehe. Aber neben der Entfaltung größter Kunst, die von der Entwicklung dieser neuen Technik ausgegangen ist, ist damals, vor zweieinhalb Jahrtausenden, noch etwas anderes in Babylon geschehen: Eine neue Produktionstechnologie ist erfunden worden – die des „Fließbands". Die babylonische Ziegelproduktion kann für sich in Anspruch nehmen, als erste industrielle Fertigungstechnik der Menschheitsgeschichte zu gelten. Niemals zuvor ist ein Gegenstand so massenhaft und so normgerecht produziert worden wie der babylonische Glasurziegel. Und niemals zuvor ist es gelungen, mithilfe der Technik ein so einheitliches „Design" zu schaffen.

Wobei Design gewiss das falsche Wort ist, um die stilistische Einheitlichkeit des babylonischen Stadtbilds in einen Begriff zu fassen. Treffender ist es da, von „Gottesdienst" oder von „Religion" zu sprechen. Denn die ästhetischen Kategorien der Neuzeit haben im alten Babylon keinerlei Gültigkeit gehabt. Kein Babylonier wäre wohl jemals auf die Idee gekommen, die Schönheit seiner Stadt an den Vorstellungen eines „modern living" zu messen. „Wohlfühlplätze", „Verweilinseln" oder „humane Architektur" hat es für Babylonier sicher nicht gegeben. Und auch der Begriff von der Schönheit als einem „zwecklosen Wohlgefallen", wie ihn der Aufklärer Immanuel Kant geprägt hat, hat in Babylon bestimmt nicht die Hand des Architekten geführt.

Himmel auf Erden

Genau genommen taugt nicht einmal der Begriff „stilecht" dazu, um den einheitlichen Gestaltungswillen der Babylonier zu charakterisieren, selbst wenn Andrae dieses Wort benutzt. Es gab keinen „Stil" in Babylon, sondern allein das Bewusstsein, dass alles Erbaute der Gottesverehrung zu dienen hatte und allein aus diesem Grunde einer festen Regel folgen musste, einer strengen Norm. Die magischen Rituale, die mit jeder Grundsteinlegung verbunden gewesen sind und von denen uns einige auf Keilschrifttafeln erhalten sind, geben darüber präzise Auskunft. Die repräsentativen Gebäude Babylons – sie sind eben keine Designerobjekte, sondern sie sind Stein gewordene Gebete. Sie sollten in erster Linie den Göttern dienen: „Für Gott Marduk und Nabu befestigte ich das Innere der Straße mit Asphalt und gebrannten Ziegeln" (und eben nicht für den Steuer zahlenden Bürger!), so lässt Nebukadnezar auf seinen Ziegelstempeln tausendfach verkünden. „Möget ihr Götter fröhlich wandeln auf diesen Straßen!"

Kein Wunder, dass die Farbe Blau dabei eine so überragende Rolle gespielt hat. Schließlich ist Blau die Farbe des Himmels, in den die Babylonier intensiv geblickt haben, um aus dem Lauf der Sterne auf die Entwicklung ihrer Zukunft zu schließen. Es ist eine göttliche Farbe, eine Farbe des Lebens und der Hoffnung, aber auch des erfrischenden Wassers, die Farbe von Euphrat und Tigris, den Lebensadern, die Mesopotamien durchströmen. Das ganze Bewusstsein der alten Babylonier scheint sich zum Himmel, zum Sinnbild des Lebens, auszurichten. Wirklich sinnfällig wird mir das, als am nächsten Morgen Andreas Fritsche stolz „seinen" babylonischen Glasurziegel präsentiert. Dieses glänzende Blau leuchtet nicht nur wunderbar, es reflektiert mit seiner glasglatten Oberfläche wie ein Spiegel das Licht der Sonne. Es fängt die Strahlen des Himmels ein und lenkt sie weiter – Leben spendend und freundlich.

Vom Turm zu Babel ist heute nur noch ein viereckiges Loch im Boden geblieben.

Ganz unmittelbar wird mir an diesem Morgen klar, warum der Turm zu Babel in der weiteren Geschichte zu jenem überragenden Symbol geworden ist, das sich in den Köpfen der Menschen am intensivsten festgesetzt hat. Der Turm vermittelt nämlich als Bauwerk handgreiflich jene Botschaft, die in der Farbe Blau eher versteckt und symbolisch anklingt, die aber all das umfängt, was Babylon ausmacht: die „vertikale Ausrichtung" der babylonischen Gesellschaft, ihren dauerhaften Blick in den Himmel, von dem alle Wahrheit für die Menschen dieser Stadt ausgeht.

Für Wissenschaftler mag es eine interessante Frage sein, was der genaue Zweck der Zikkurats gewesen sein mag, jener zahlreichen, aus millionen von Lehmziegeln geschichteten Türme des Zweistromlandes, von denen sich der Turm zu Babel als der berühmteste in das Gedächtnis der Nachwelt eingeprägt hat. Waren es Hochtempel oder Sternwarten? Aussichtsplattformen oder Kultstätten? Repräsentationsbauten oder Symbole gesellschaftlichen Größenwahns, wie es die Bibel nahe legt? Für mich ist diese Frage jetzt eher zweitrangig. Der kulturelle Sinn dieses Bauwerks scheint mir auf der Hand zu liegen, ganz unabhängig von seinem praktischen Nutzen. Genau wie die Farbe Blau stellt der Turm das eindringliche Symbol für das Lebenskonzept der Babylonier dar, ein Sinnbild für deren radikale Orientierung am Himmel und seinen Erscheinungen.

Auch die Juden, die von Nebukadnezar besiegt und in die babylonische Gefangenschaft geführt worden sind, müssen diesen Zusammenhang klar erfasst haben. Viel mehr als den Herrscher und seine Stadt haben sie den Turm zum alles überragenden Zeichen gesellschaftlicher Vermessenheit stilisiert. Sie haben genau erkannt, dass gerade im Turm zu Babel der religiöse und gesellschaftliche Grundimpuls, die Identität Babylons, am kraftvollsten aufscheint; indem sie die tiefe Religiosität, die in diesem Symbol greifbar geworden ist, so heftig diffamiert und bekämpft haben, haben sie sich allerdings als einseitige, intolerante Parteigänger ihrer Glaubenswelt erwiesen.

Vom Turm ist nicht mehr geblieben als das riesige Loch im Boden. Babylon selbst ist unter den Händen der Rekonstrukteure zu einer halb toten, menschenleeren Filmkulisse geworden. Das Ischtar-Tor und Teile der Prozessionsstraße sind heute Museumsstücke, sozusagen Relikte unter Glas, die man nicht anfassen darf. Von Koldewey und Andrae existieren nur noch die vergilbten Grabungsberichte.

Allein die Farbe Blau ist es vielleicht, in der sich am eindringlichsten die Erinnerung an die Welt Babylons konserviert hat, an all das, was einst Turm und Stadt und Menschen gewesen sind. Die Farbe Blau – sie ist die letzte Erinnerung an das große Geheimnis des alten Orients, das nur die Fantasie heute noch zu lüften vermag.

Hans-Christian Huf

Wettlauf nach Indien

„Freitag, den 18. Mai, nachdem wir 23 Tage kein Land gesichtet hatten, erschienen vor uns hohe Berge ... Wir sahen das Land zum ersten Mal in einer Entfernung von acht Leguas vor uns und hatten bei 45 Faden Grund."
(Eintrag im anonymen Bordbuch von der Reise Vasco da Gamas bei Sichtung Indiens)

Das war im Jahr 1498. Wir kommen ein bisschen spät für die Fünfhundertjahrfeier von Vasco da Gamas Entdeckung des Seewegs nach Indien. Das ist gut so, denn zu diesen Feierlichkeiten wären wir nicht willkommen gewesen mit unserem Vorhaben, die Ankunft der Portugiesen an der Malabarküste am Originalschauplatz mit Schauspielern nachzustellen. Denn im Gedächtnis des offiziellen Indien gilt Vasco da Gama immer noch als Bösewicht, als derjenige, der die jahrhundertelange Fremdherrschaft europäischer Mächte über Indien begründet hat.

Viele Einheimische hier an der Südküste sehen das allerdings anders. Einige sind sogar stolz darauf, portugiesisches Blut in ihren Adern zu haben. Wir kommen leider auch nicht mit dem Schiff, sondern mit einem Flugzeug der Kuwait Air von Frankfurt nach Trivandrum, der Hauptstadt des südindischen Staates Kerala mit etlichen Kisten voller Kostüme und Requisiten im Gepäck. Vasco da Gama und einige seiner portugiesischen Begleiter haben wir auch mitgebracht.

In der Halle wartet bereits Nova Thomas, unsere Produktionsleiterin. Ihr weißer Sari leuchtet von weitem. Mrs. Nova, wie sie von allen genannt wird, ist eine vornehme ältere Dame, kennt alle wichtigen Leute in Kerala und ist unermüdlich in ihrem Bemühen, unseren europäischen Schauspielern, die noch nie zuvor in Indien waren, die Begegnung mit dem fremden Land so angenehm wie möglich zu gestalten. Am schlimmsten ist die Hitze. Vasco da Gama verflucht seine Jeans und wünscht sich einen Wickelrock, einen „Mundu", wie ihn hier viele Einheimische tragen. Kein Problem für Mrs. Nova. Nur der Kameramann meint, der passe nicht in Vascos Rolle. „Vasco im Wickelrock, das ist so wie Mahatma Ghandi in Lederhosen." Aber der Wickelrock ist ja auch nur für die Freizeit. Und die Kinder in den Dörfern freuen sich, wenn Vasco so aus dem Bus steigt, um sie zu fotografieren und ein paar Kugelschreiber und Gummibärchen zu verteilen.

Ein paar Stunden Fahrt, und wir treffen an unserem ersten Drehort in den Backwaters von Kerala ein, an der größten Lagune in der Nähe von Cochin. Boote gleiten lautlos vorüber, ein Reiher lässt sich auf dem ausladenden Gestänge eines Fischernetzes nieder, riesige Kokospalmen wiegen sich leise im Wind. „Idylle pur", meint der Tonmann und freut sich schon darauf, hier gute Atmos festzuhalten. Unsere Gastgeber, Jörg und Txuku Drechsel, haben hier eine alte Villa zu einem kleinen Hotel umgestaltet, eine Dependance ihres Boutique-Hotels *Malabar House* in Cochin – von verwöhnten Reisenden geschätzt.

Vorhergehende Doppelseite: Typisches Transportboot auf den Backwaters von Kerala

Ankunft Vasco da Gamas in Indien mit Gefolge (Filmszene)

Der Tisch ist gedeckt unter Palmen, kalte Getränke werden gebracht von freundlichen Kellnern, die Speisekarte verspricht frischen Fisch aus der Lagune. Manfred, der Kameramann, hat den Filmapparat schon aufgebaut. Als Erstes will er das glitzernde Auf und Ab der Fischernetze bei untergehender Sonne drehen.

Plötzlich ein dumpfer Schlag, Manfred springt zur Seite. Erschrocken schauen wir uns um. Eine Kokosnuss ist aus 15 Meter Höhe nur einen Meter neben die Kamera gefallen und kullert Richtung See. Das ist ja absurd, das gibt es doch gar nicht, lacht Vasco da Gama. „Deutscher Kameramann von Kokosnuss erschlagen", das wär doch 'ne gute Schlagzeile – oder? Der Kellner lächelt verlegen, es täte ihm Leid, das sei noch nie passiert, „this is a friendly tree, you know". Ein freundlicher Baum? Mrs. Nova lässt den Tisch trotzdem ein paar Meter weiter rücken.

Die Sonne ist für ein Abendspektakel bereit, der Dreh kann beginnen.

Am nächsten Morgen steht in der Zeitung unter Vermischtes: „Jährlich kommen weltweit sieben Menschen durch Bisse von Haien zu Tode, 175 werden von Kokosnüssen erschlagen."

Niemand von uns ist abergläubisch, und wir freuen uns, drei Wochen unter Palmen zu drehen.

Christoph Kolumbus (1451–1506). Wenige Jahre vor Vasco da Gamas Expedition hatte er behauptet, Indien auf der Westroute über den Atlantik erreicht zu haben.

Die größte Entdeckung

Am 12. Oktober 1492, gegen 2 Uhr morgens, kommt das Land in Sicht. Der größte Tag im Leben des Christoph Kolumbus. Er glaubt zu wissen, was da in der nächtlichen Dunkelheit vor ihm liegt: Indien, das sagenhafte Land des Ostens. Lange Jahre hat er auf diesen Moment gewartet. Keiner hat ihm geglaubt, dass man Indien auf dem Seeweg in Richtung Westen erreichen könnte, trotz seiner ausführlichen Demonstrationen am Globus. Kolumbus fühlt sich seinem Triumph nahe. Dass er einen unbekannten Kontinent zwischen Europa und Asien entdeckt haben könnte, daran denkt er keine Sekunde.

Als die Sonne aufgeht, notiert Kolumbus seine Eindrücke. „Unseren Blicken bot sich eine Landschaft dar, die mit grün leuchtenden Bäumen bepflanzt und reich an Gewässer und allerhand Früchten war." Ein irdisches Paradies. Er geht mit der königlichen Flagge als Erster an Land. Die beiden anderen Kapitäne, die Brüder Pinzón, begleiten ihn. Der Notar der Krone, Rodrigo de Escobedo, erstellt feierlich eine Urkunde und nimmt die Küste für die spanische Krone in Anspruch – ein Moment von Erhabenheit. Die Eingeborenen sehen verwundert zu. Die erste Begegnung zweier Welten beschreibt Kolumbus folgendermaßen:

„Sofort sammelten sich an jener Stelle zahlreiche Eingeborene der Insel an. In der Erkenntnis, dass es sich um Leute handle, die man weit besser durch Liebe als mit dem Schwerte rette und zu unserem heiligen Glauben bekehren könne, gedachte ich sie mir zu Freunden zu machen, und schenkte also einigen unter ihnen rote Kappen und Halsketten aus Glas und noch andere Kleinigkeiten von geringem Wert, worüber sie sich ungemein erfreut zeigten. Sie wurden so gute Freunde, dass es eine helle Freude war."

Sie können nicht wissen, was ihnen bevorsteht. Nur wenige Jahrzehnte später wird die Welt dieser Menschen unwiederbringlich zerstört sein, sie selbst werden von den Europäern „durch das Schwert errettet", in Sklaverei oder elendem Tod enden.

Kolumbus reist mit seiner kleinen Flotte nach nur zwei Tagen von dieser zauberhaften Insel Guahani ab. Er ist ungeduldig. Dieser idyllische Ort, das ist ihm klar, kann nicht das gesuchte Festland sein. Zu sehr weichen die Beschreibungen von den unglaublichen Reichtümern Indiens und die Wirk-

Kolumbus' erste Reise

lichkeit seiner neuen Welt voneinander ab. Trotzdem versucht er, von den Bewohnern der Insel, die er „Indianer" nennt, Neuigkeiten über Indien zu erfahren. Es sei noch weiter im Westen zu suchen, glaubt er aus ihren Antworten zu verstehen.

Wieder auf dem Meer, werden Kolumbus und seine Männer in den folgenden Tagen weitere Inseln entdecken, darunter Colba, das heutige Kuba, das er zunächst als unbekannte Küste des asiatischen Festlands identifiziert. Die Suchtrupps, die er an Land setzen lässt, sollen nach der Hauptstadt des Kublai Khan Ausschau halten. Denn Kolumbus glaubt, er habe das legendäre Cathay gefunden, von dem der Asienreisende Marco Polo so viele wunderbare Dinge berichtet hat. Immer mehr scheint Wunschdenken seine Handlungen und Befehle zu prägen; keine Spur von der nüchternen Kalkulation des erfahrenen Seemanns. Seine Späher finden an Land nur einfache Hüttendörfer. Aber manche der Menschen dort tragen goldene Schmuckstücke. Ist das der Hinweis auf große Schätze im Landesinneren?

Im Moment hat er eine dringendere Mission. Er will der Welt beweisen, dass er Recht behalten hat. Hatte er nicht jahrelang auf Landkarten und mit mathematischen Beweisen demonstriert, dass man Asien mit einer Fahrt über den Atlantik erreichen könnte? Hatten die Mächtigen Europas seine Ideen nicht stets abgelehnt? Jetzt will er seinen Erfolg auskosten, will seine Rechte als Entdecker und Visionär endlich anerkannt sehen.

Nachdem er einige Indianer als Beweisstücke mit an Bord genommen hat, befiehlt er am 16. Januar 1493 die Rückkehr nach Spanien. Es wird eine stürmische Reise über den Atlantik. Ein heftiges Unwetter, unmittelbar vor der portugiesischen Atlantikküste, zwingt ihn in der Mündung des Tejo-Flusses Zuflucht zu suchen.

Am 4. März 1493 lässt Kolumbus seine Leute an Bord der *Niña*, dem Flaggschiff seiner Flotte, Kurs auf den Hafen der portugiesischen Hauptstadt Lissabon setzen. Er ist in Portugal gelandet. Als Kommandeure der portugiesischen Marine zu ihm an Bord kommen, berichtet er, den Anschluss zu seinen anderen Schiffen im Sturm verloren zu haben. Ein Zufall? Oder Absicht des raffinierten Ränkeschmieds Kolumbus? In seinen Aufzeichnungen stellt er sich ganz naiv.

„Als sich das Gerücht verbreitet hatte, dass ich aus Indien angekommen sei, erschien eine solche Menschenmenge aus Lissabon, um mich zu besuchen und die Indianer sehen zu können, dass ich mich nicht genug wundern konnte. Alle Besucher erstaunten uns sehr, dankten Gott und meinten, dass die göttliche Vorsehung den Königen von Kastilien dies alles habe zukommen lassen, weil sie so gottesfürchtig und von dem Wunsche beseelt waren, Gott zu dienen."

Fünf Tage später, am 9. März, einem Samstag, wie er in seinem Bordbuch penibel vermerkt, bittet ihn der portugiesische König João II. zur Audienz. Kolumbus muss das vorhergesehen haben. Der Entdecker in Diensten der spanischen Monarchie wird seinen Erfolg zuerst am Hof des portugiesischen Rivalen präsentieren – obwohl der über viele Jahre hinweg die Pläne des Seefahrers abgelehnt hat.

Der König scheint von den Reiseberichten fasziniert. Wird er nun die nächsten Fahrten des Kolumbus noch weiter nach Westen finanzieren? Wird dieser Bericht die Portugiesen dazu bewegen, ihre Suche nach einem Seeweg in den Osten endgültig aufzugeben? Oder hat der Wettlauf nach Indien gerade erst begonnen?

Nach Indien!

Indien ist für die Menschen jener Jahre ein Traum. Eine entfernte Wirklichkeit, Sammelbegriff für all die asiatischen Länder, deren genaue Ausdehnung und Lage man nicht kennt. Für die Menschen der damaligen Zeit, die nur wenige Kenntnisse von der geografischen Gestalt Asiens haben, vermengen sich Indien, China, Ceylon, die Inselwelt der Molukken und andere Länder zu einem Mythos: dem Land Indien.

Lange ist es her, seit die antiken Kulturen Griechenlands und Roms regelmäßigen Handel mit Indien und China trieben, seit Alexander der Große mit seinen Heeren bis nach Indien vordrang. Die Völkerwanderung mit ihren Umstürzen und der Untergang Roms haben vor vielen Jahrhunderten diesen Kontakt abrupt unterbrochen. Die Ausbreitung des Islam seit dem

Indische Gewürze wie Zimt, Ingwer, Nelken, Muskatnuss und Pfeffer waren zur Zeit der Entdeckungsreisen äußerst kostbar. Hier wird grüner Pfeffer auf Tüchern ausgebreitet und zum Trocknen in die Sonne gelegt.

achten Jahrhundert unserer Zeit hat den Landweg nach Asien für die europäischen Christen weitgehend blockiert. Mit der Zeit ist das Bild vom Fernen Osten jenseits der Glaubensbarriere, jenseits der „Ungläubigen", wie man damals im christlich geprägten Europa sagt, immer verschwommener geworden.

Der Osten, Asien, Indien, das ist jene Weltgegend, aus der all die wertvollen und köstlichen Gewürze kommen, dazu Baumwolle, Seide und Edelsteine. Für die wenigen Reichen jener Jahre sind diese Dinge längst unverzichtbar geworden. Gewürze, die heute für uns selbstverständlich sind, Pfeffer, Zimt, Muskatnuss, Nelken, Ingwer, Kardamom, werden damals in Europa mit Gold aufgewogen. Als exotische Beigabe schmücken sie die Tafeln der Reichen, überdecken den Geschmack des oft verdorbenen Fleischs, reinigen mit ihrem betörenden Geruch die stickige Luft.

In einem Europa, das immer wieder von Seuchenzügen heimgesucht wird, in dem Krankheit und jäher Tod Alltag sind, schätzt man die kostbaren Gewürze auch als Wundermedizin. Gewürznelken, in eine goldene Muschel gefüllt, sollen gegen die Pest helfen. Pfeffer, glaubt man, wirke als Gegenmittel bei Giftanschlägen. Die edlen Seiden- und Baumwollstoffe spielen eine wichtige Rolle an den europäischen Fürstenhöfen und in den reichen Städten – wo die Kleidung bis ins kleinste Detail Stand, Reichtum und Macht anzeigt.

Aber es gibt noch einen anderen Grund, einen Weg nach Indien zu suchen. Ein christlicher Herrscher, der „Priesterkönig Johannes", so hört man bisweilen, soll hinter den islamischen Ländern ein mächtiges Reich beherrschen. Wenn man sich mit ihm verbündete, vielleicht könnte man zusammen den Islam besiegen und die alten Handelswege wieder herstellen? So vermischen sich Gewinnstreben und religiöser Eifer unentwirrbar. Doch existiert dieser Priesterkönig überhaupt – und wie kann man ihn erreichen? Selbst die Gelehrten können damals keine schlüssige Antwort geben. Ihr Wissen haben sie aus den Erzählungen längst vergangener Jahrhunderte.

In den Klosterbibliotheken, hinter mächtigen Mauern vor allen Umstürzen geschützt, haben sich alte Handschriften von wagemutigen Reisenden in die unbekannten Welten des Ostens erhalten. Manche sind reine Fantasieprodukte: die farbigen Illustrationen zeigen Menschen mit Hundsköpfen, Riesen und Zwerge, Menschen mit nur einem Fuß, Fabelwesen und Monster. Andere schildern echte Erlebnisse. Wie die *Historia Mongolorum* des italienischen Franziskanermönchs Giovanni de Piano Carpini. Fast 250 Jahre vor der Fahrt des Kolumbus, im April 1246, war der damals 63-Jährige von Lyon aus in eine ungewisse Zukunft aufgebrochen. Auf Geheiß des Papstes sollte er den Großkhan der Mongolen bekehren, dessen Heere damals Europa bedrohten.

Carpini reist tausende Kilometer zu Pferd, durch ganz Russland, durch Steppe, Wüste und Gebirge. Und tatsächlich erreicht er den Hof des mongolischen Herrschers. Da er diesen nicht zum Christentum bekehren kann, tritt er bald die Rückreise an. Nach nur eineinhalb Jahren, im November 1247, kehrt er nach Lyon zurück. Seine Aufzeichnungen waren für jeden Kaufmann oder Abenteurer ein großer Gewinn – aber sie zeigen auch, wie unendlich beschwerlich ein solcher Ritt in den Osten war.

Nur fünf Jahre später, 1252, zog ein weiterer Franziskanermönch in die Mongolei, Wilhelm von Rubruk. Auch er hatte den mongolischen Hof erreicht – und ebenso wie sein Vorgänger war er unverrichteter Dinge, aber mit präzisen Aufzeichnungen zurückgekehrt.

Es blieb einem weiteren großen Reisenden vorbehalten, über die Mongolei hinaus weiter nach Osten und Süden vorzustoßen: einem Händler, dem Venezianer Marco Polo. Als 17-Jähriger hatte er im Jahr 1271 Asien erreicht, begleitet von Vater und Onkel. Die ebenso lange wie beschwerliche Reise hatte die Polos über die Türkei nach Hormus am Persischen Golf geführt, von dort über das Hindukuschgebirge und die Hochebene von Pamir, nach Kaschgar an der Seidenstraße, quer durch die Wüste Takla Makan, bis nach Shang Tu, der Sommerresidenz des mongolischen Großkhans.

Vier Jahre hatte diese unglaubliche Unternehmung gedauert. Aber sie sollte der Mühe wert sein. Dem jungen Marco Polo war es gelungen, das

Vertrauen des Großkhans zu erringen, der zu dieser Zeit über weite Teile Asiens herrschte. Ausgedehnte Reisen im Auftrag des Khans führten Marco Polo immer tiefer in entfernte Gegenden Asiens, von der chinesischen Provinz Yünnan bis nach Burma. Selbst der zivilisierte Venezianer war über die Errungenschaften der chinesischen Kultur erstaunt. In der Stadt Chiansai, heute Hangzhou, in der er sich drei Jahre aufhielt, seien sogar die Straßen mit Steinen gepflastert, vermerkte er anerkennend. Und nicht weniger als 12 000 Brücken führten über die zahllosen Kanäle dieser ebenso reichen wie großen Stadt.

Nachzulesen ist Marco Polos Staunen noch heute in seinem Reisebericht. Er hat ihn 1298 in seiner italienischen Heimat verfasst, drei Jahre nach seiner Rückkehr aus China. Von seinen Jahren im Lande Cathay ist darin die Rede, von goldenen Dächern auf den zahllosen Palästen, von unerhörten Mengen an Juwelen, von einem verfeinerten Luxusleben, das sich selbst die reichsten und wohlgeborensten Europäer damals nur erträumen konnten. Und von seiner Rückreise auf dem Seeweg, die ihn an Bord einer chinesischen Dschunke durch die Straße von Malakka führte, an Ceylon vorbei bis an die Küste Südindiens. Er berichtete vom Reichtum der Handelsstädte Calicut und Goa, von seiner Überfahrt nach Hormus am Persischen Golf und den Schwierigkeiten, von dort auf dem Landweg zurück nach Venedig zu gelangen.

Zweihundert Jahre später gehört dieses Buch zur Lieblingslektüre des Christoph Kolumbus. Er will ins Land des Marco Polo reisen – auf dem nicht so beschwerlichen Seeweg. Aber es gibt auch Leser seiner Schriften, die daraus ganz andere Schlüsse ziehen. Die Landsleute des Marco Polo zum Beispiel.

Der Reichtum der Republik

Auf der Insel Rialto im Herzen Venedigs, der ehrwürdigen Stadtrepublik an der Adria, laufen die internationalen Warenströme zusammen. Der Markt von Rialto ist Handelszentrum, Geld- und Nachrichtenbörse. Unter den Arkaden des kleinen Platzes der Kirche San Giacomo haben die „banci di scrittura", die Privatbanken, ihren Platz. Mit ihren Verbindungen ins In- und Ausland, mit ihren hochmodernen internationalen Wechselgeschäften ermöglichen sie den Handel der Republik. Noch heute zeugt die Calle di Sicurta, der „Sicherheitsweg" direkt an diesen Arkaden, von einem anderen Geschäftszweig jener Zeit: den Versicherungsmaklern, die Kaufleute und ihre Waren vor den finanziellen Gefahren ihrer Handelsreisen schützen. Die Lebensgefahr können sie den wagemutigen Händlern freilich nicht abnehmen.

In der Nähe befinden sich auch die Stände mit den wertvolleren Waren. Die weniger kostbaren werden an den Uferpromenaden der Insel Rialto, den „rive", verkauft. Noch heute heißen die beiden Quais jenseits und diesseits der Rialtobrücke Riva del Vin und Riva del Carbon, „Wein-" und „Kohleufer".

Fremde Kaufleute bauen sich auf der Insel ihre eigenen prunkvollen Niederlassungen. Der heute noch existierende Fondaco dei Tedeschi ist das Haus der deutschen Händlerschaft. Im ersten Stadtführer von 1493, ein Jahr nach der Entdeckung des Kolumbus, beschreibt der Venezianer Mario Sanudo die Szenerie:

„In diesem Stadtteil liegt die Insel Rialto, sozusagen der reichste Platz der ganzen Welt ... Hier werden alle Waren, die zum Verkauf gelangen, gewogen und für Zoll und Umsatzangaben Buch geführt. Hier befindet sich das eigentliche Rialto, ein kleiner Platz, wo am Morgen und nach dem Mittagessen alle zusammenkommen. Und es werden große Geschäfte getätigt mit einem Wort: ‚Ja' oder ‚Nein'."

Bis heute zeugen die grandiosen Paläste, die prachtvollen öffentlichen Bauten, die vielen reich ausgestatteten Kirchen von Prunk und Macht der Republik Venedig in ihrer Glanzzeit. Kaum ein Hafen am Mittelmeer, in dem man damals nicht einen Venezianer trifft. Nur sie haben Handelsbeziehungen zu den arabischen Kaufleuten, die als Zwischenhändler die begehrten Luxuswaren aus Indien heranschaffen. Die Venezianer hüten ihr Geheimnis gut. Kein fremder Kaufmann darf ihre Galeeren betreten. Andere zahlende Passagiere sind an Bord gerne gesehen – aber es ist bei Todesstrafe verboten, den Fremden venezianische Handelsgeheimnisse zu verraten. Selbst die Handelsrouten werden von den fachkundigen Senatoren von Staats wegen festgelegt. Unter dem Geleitschutz von Kriegsgaleeren führt ein staatlicher Capitano den „mudo", den Konvoi der Handelsschiffe.

Heute kennt man die einstmals bestgehüteten Geheimnisse der Venezianer: Der Seeweg führt sie über das Mittelmeer zu den arabischen Zwischenhändlern ins ägyptische Alexandria – obwohl der Papst den Handel mit den islamischen Mameluckenherrschern dort immer wieder verboten hat. Über die gefährlichere Landroute reisen die Venezianer an die Schwarzmeerküste, nach Trapezunt, wo sie seit 1319 eine Handelsniederlassung besitzen. Die Gewinnspannen lohnen jede noch so beschwerliche Reise. Das 80-fache ihres Einkaufspreises, schätzt man heute, erzielen die Gewürze aus dem Osten beim Verkauf in Europa.

Wenn jemand einen anderen, direkteren Weg nach Indien finden und damit das Monopol der italienischen Zwischenhändler zerschlagen könnte – Macht und Reichtum Venedigs wären gebrochen. Die Venezianer glauben jedoch nicht daran, dass so etwas möglich sei. Seit Jahrhunderten haben sie allen Veränderungen der Welt getrotzt. Als Marco Polo von seinen fantastischen Reisen durch Asien und seinen Erlebnissen in Indien berichtet hat,

Nachfolgende Doppelseite: Eine Karavelle, Nachbau eines der Schiffe aus der Zeit Vasco da Gamas

Vasco da Gamas Reise nach Indien

haben sie ihn ausgelacht. Keiner könnte eine solche Reise überlebt haben, meinen sie.

Zweihundert Jahre später ist Christoph Kolumbus für sie nur ein weiterer Scharlatan. Seine Lügen, behaupten sie, sind so offensichtlich, dass man sich mit ihnen nicht ernsthaft befassen muss. Das Entsetzen der stolzen Venezianer über die neue Wirklichkeit der Welt wird umso größer sein.

Ausgerechnet Portugal

Die Eroberung der Welt beginnt am anderen Ende Europas, in seinem äußersten Westen: im Königreich Portugal. Für die Venezianer ist dieses Land ein unzivilisierter und karger Flecken Erde am Rand der christlichen Welt. Erst 1139 war Portugal zum unabhängigen Königreich geworden, nach schweren Kämpfen gegen Mauren und Spanier. Das Landesinnere ist wegen andauernder Feindseligkeiten und der wenigen, schlechten Straßen nur mühsam zu durchqueren. Das behindert Handel und Entwicklung. Wahrscheinlich leben in diesen Jahren des ausgehenden Mittelalters weniger als eine Million Einwohner in den kleinen Städten als Handwerker, in den vielen Klöstern als Angehörige religiöser Orden, als Bauern auf den großen Gütern des Südens und den kleinen Bauernhöfen des Nordens.

Portugal ist gemessen an dem niedrigen Standard der damaligen Zeit ein rückständiges und isoliertes Land. Das Königreich leidet unter Wirtschaftsschwäche. Ihm fehlen die Edelmetalle für die Münzprägung. Ohne Münzen kommen Handel und Erwerbsleben zum Erliegen. Aber es gibt schon erste Anzeichen künftiger Besserung. Das Meer ist in Portugal nie weit – und auf dem Meer können sich die Portugiesen mit ihren Schiffen erfolgreich bewähren. Zwar wagen sich die Fischer mit ihren kleinen einmastigen Booten nicht weit hinaus auf die offene See. Trotzdem lernen sie mit der Zeit, die Herausforderungen des Ozeans immer besser zu bewältigen. Über Jahre und Jahrhunderte entwickeln sie ihre Schiffe zu großer Robustheit.

Der Fischfang wird, trotz der schroffen Küste und der rauen Wasser des Atlantiks, für die Portugiesen zur wichtigen Quelle von Einkommen und Nahrung. Und die Schifffahrt leistet noch mehr: Entlang der Küsten reisen einheimische und fremde Händler nach Süden, zu den Häfen des Mittelmeers, nach Norden an die Küsten Flanderns und Englands. Aus Portugal exportieren sie Meersalz, Honig, frische und getrocknete Früchte, Öl, Kork. Im Tausch führen sie andere Waren ins Land ein: Getreide und Mehl, Holz, Metallwaren, Tuche und vieles mehr. Auf ihren Fahrten sammeln sie Erfahrungen in fremden Häfen, lernen die Sprachen Europas und studieren die Schiffe anderer Nationen.

In einigen Städten wie Lissabon und Porto entsteht bald ein Handelsbürgertum mit internationalen Verbindungen. Der Königshof fördert diese Interessen. Portugal hat das Glück, in schweren Zeiten von hellsichtigen Herrschern regiert zu werden. Nach den Kämpfen der Vergangenheit haben sie in ihrem Land einen festen Stand. Sie nutzen ihn, erkennen die Möglichkeiten, die Portugals Lage am Meer bietet. Sie lassen eine Flotte bauen, erheben Schiffsbauer in den Adelsstand, bieten verarmten Adeligen neue Perspektiven als Kapitän und Befehlshaber. Portugal schickt sich an, seine Nachteile zu überwinden.

Der Irrtum des Kolumbus

Es muss Kolumbus spätestens auf seiner zweiten Reise klar geworden sein, dass er weder das sagenhafte Cathay noch die Insel Cipangu erreicht hat, wo der Palast des Kaisers nach Marco Polos Bericht „mit Gold bedeckt ist, wie hierzulande die Kirchen". Hat er nicht selbst das Logbuch gefälscht, um die Entfernung zur fremden Küste so zu verkürzen, dass sie seinen Berechnungen entspricht? Trotzdem bleibt Kolumbus dabei: er hat die Küste Asiens erreicht.

Wenn er nur das wahre Cathay finden könnte, durch die Meerenge von Malakka und den Golf von Bengalen fahren, der Seeroute des Marco Polo in umgekehrter Richtung folgen – er würde, glaubt er, an die Küste Indiens gelangen. Seinen Notar zwingt er auf dieser zweiten Reise, an der kubanischen

Küste ein Dokument aufzusetzen, das besagt, die Mannschaft habe sich am Ufer des asiatischen Kontinents befunden.

Am 11. Juni 1496 ist Kolumbus wieder zurück in Spanien. Auch diesmal hat er das indische Festland nicht erreicht. Dafür bringt er an Bord seiner zwei Karavellen erneut einige Eingeborene mit und jetzt sogar etwas Gold. Der spanische Königshof empfängt ihn trotz der spärlichen Beute in allen Gnaden. Außerhalb Spaniens wachsen die Zweifel an seiner Entdeckung. Der italienische Kaufmann Strozzi notiert:

„Sie brachten Zimt in Mengen, hell wie schlechter Ingwer, Pfefferschoten, die wie Brechbohnen aussehen, der Pfeffer sehr scharf, aber im Geruch nicht so kräftig wie der levantinische, Hölzer, sie sagen, es seien Sandelhölzer, aber weiß, Papageien wie Jagdfalken und rot wie Fasane. Und viele dunkelhäutige Männer mit breiten Tatarengesichtern und bis auf die Schulter reichenden Haaren, hoch gewachsen. Und sie essen Menschenfleisch von Knaben wie kastrierten Männern."

Das alles, meinen Strozzi und viele andere, klingt nicht nach dem Indien der Gewürze, des Luxus, der großen Herrscher und mächtigen Städte. Hat sich Kolumbus in eine Sackgasse verrannt? Ist er das Opfer seiner eigenen Vision geworden? Nur aufgrund einer Weltkarte, geleitet von mathematischen Berechnungen und einer vagen Ahnung, hat er sich auf den Weg gemacht. Er ist der berühmteste Kartengläubige seiner Zeit. Ist er einem Irrtum der Kartographen aufgesessen?

Die Kartographie, die Lehre von den Landkarten, spielt in diesen Jahren für alle Gebildeten in Europa eine entscheidende Rolle. Kartographie ist eine Modewissenschaft geworden. Kein berühmter Astronom oder Mathematiker, der nicht Landkarten zeichnet. In einer Zeit, da die Europäer gerade erst anfangen, die Erde wieder zu entdecken, wird der Kartograph zum Künstler, zum Entwerfer eines neuen Weltbilds. Aus den Aufzeichnungen der Seefahrer und Entdeckungsreisenden trägt er die neuesten Informationen für seine Landkarten zusammen. Häufig machen ihn die Erzählungen und Logbücher mit ihren Übertreibungen, falschen Ortsangaben, unter- oder überschätzten Entfernungen zum Opfer fremder Irrtümer. Oft stimmen die Karten nicht mit der Wirklichkeit überein, das ist auch den Zeitgenossen klar. Doch die Wirkung der grafischen Darstellung ist so groß, dass immer wieder Seefahrer nur aufgrund einer Karte in die unbekannte Weite der Meere ziehen. Christoph Kolumbus ist der berühmteste unter ihnen.

Im Kolumbus-Archiv im spanischen Sevilla werden jene Bücher aufbewahrt, die dem Entdecker die Ideen gaben. Viele davon tragen seine handschriftlichen Anmerkungen. Sein Sohn Ferdinand schreibt später über ihn,

„dass eines zum anderen kam, und der Admiral [Kolumbus] eine Gedankenkette in Gang setzte, als er während seines Aufenthalts in Portugal zu überlegen begann, dass wenn die Portugiesen so weit nach Süden segeln können, es möglich sein müsste, genauso weit nach Westen zu segeln. Es war für ihn logisch, dass man in dieser Richtung auf Land stoßen müsste."

Der entscheidende Gewährsmann für Kolumbus ist – neben dem Venezianer Marco Polo – der Gelehrte Paolo dal Pozzo Toscanelli aus Florenz, damals eine Berühmtheit in ganz Europa. Toscanelli glaubt als einer der Ersten an die Möglichkeit, den Fernen Osten auf dem Seeweg nach Westen zu erreichen. Leider haben nur wenige Werke von seiner Hand in der Biblioteca Nazionale Centrale in Florenz die Jahrhunderte überdauert. Dem jungen Seemann Kolumbus schreibt er auf dessen drängende Fragen, diese Reise sei „nicht nur möglich, sondern eine sichere Sache, verspricht unschätzbare Ehre und Gewinn sowie höchsten Ruhm unter den Christen".

Toscanelli stützt sich weitgehend auf wieder entdeckte Berechnungen von Gelehrten aus dem antiken Griechenland. Er übernimmt ihre Angaben in seine Karten – und damit ihre Fehler. Die Entfernung nach Indien auf dem westlichen Weg sei, meint er, nicht weiter als der Weg von Portugal nach Südafrika – eine Strecke, die damals schon als beherrschbar gilt.

Das wird sich als grobe Untertreibung herausstellen. Dafür platziert er auf seinen Karten mitten im Atlantik einige mythische Inseln, auf denen Seefahrer Proviant und Wasser fassen könnten. Es gäbe, schreibt Toscanelli 1474 über einen Mittelsmann an den portugiesischen Königshof, auf dem Weg nach Indien „keine großen Wasserflächen, die überquert werden müssten".

Die Detektivarbeit der Historiker wird Jahrhunderte später ermitteln, dass Toscanelli und Kolumbus für ihre Ideen einen einflussreichen Fürsprecher am portugiesischen Hof haben: Fernão Martins de Roriz, den Beichtvater König Alfonsos V. Trotzdem wird Kolumbus mit seinen Plänen in Portugal immer wieder abgewiesen. Das geheime kartographische Beratergremium des portugiesischen Königs, die Junta de Matemáticos, scheint wichtige Fehler in den Berechungen Toscanellis erkannt zu haben. Woher haben die Berater der portugiesischen Krone ihr überlegenes Wissen?

Es beginnt in Sagres

Sagres liegt einsam an der portugiesischen Atlantikküste. Das nahe Cabo de São Vincente, etwa sechs Kilometer von der kleinen Stadt entfernt, ist der südlichste Punkt Portugals und der südwestlichste Europas. Von den grauen Klippen der Steilküste aus blickt man auf eine scheinbar unendliche Wasserfläche, nur unterbrochen von den Farbtupfern einzelner Schiffe. Ein mächtiger Leuchtturm weist den Kapitänen den Weg.

An diesem menschenverlassenen Ort, an einer ausgesetzten Küste, die in den stürmischen Atlantik hineinragt, beginnt die europäische Eroberung der Welt. Auch heute noch toben die Stürme um das Kap, schlagen Wellen und Gischt an die steile Küste. Nach wie vor vermittelt das Kap des heiligen Vincent einen Eindruck von der Wildheit und Gefährlichkeit der Elemente, eine Ahnung von den Geheimnissen jenseits des großen Ozeans. Der passende Ort für einen Entdecker: Im Süden führt der Seeweg nach Afrika; im Westen, jenseits des Meeres, liegt Amerika.

Auf dem Weg in die Wasserwüsten des Atlantiks markiert die Landspitze den endgültigen Abschied von Europa. Über Jahrhunderte treffen vor dem Kap Seefahrer aller Nationen zusammen. Viele Seeschlachten werden in diesen Gewässern geschlagen. Francis Drake, der berühmte Freibeuter in englischen Diensten, jagt vor dem Cabo de São Vincente spanische Kriegs- und Schatzschiffe, überfällt dort mit seinen Truppen die Siedlungen der feindlichen Spanier. Im Jahr 1693 bringt die französische Flotte einem britischen Schiffsverbund eine schmerzhafte Niederlage bei. Kaum 100 Jahre später schlagen die Briten dort gleich zweimal die spanische Flotte.

Heute erinnert wenig an diese bewegten Zeiten. Im Sinne des modernen Tourismus hat man sich zu helfen gewusst: Die mächtigen, weiß gekalkten Festungsmauern der Fortaleza de Sagres tragen über dem Eingangstor stolz das Wappen des berühmtesten aller Bewohner von Sagres, Heinrichs des Seefahrers – obwohl die Festung in ihrer heutigen Gestalt erst Jahrhunderte nach seinem Tod entstanden ist. Aber die kleine Kapelle der Nossa Senhora da Graca und ein großer, mehrfach unterteilter Steinkreis, genannt Rosa dos Ventos, „Windrose", sollen stumme Zeugen für die größte Epoche von Sagres sein – auch wenn das nicht sehr wahrscheinlich ist. Denn es gibt

Cabo de São Vincente bei Sagres, einst der westlichste Ort der bekannten Welt und Wiege der portugiesischen Seefahrt und Entdeckungen

einen konkreten Hinweis auf die Zerstörung aller Bauten aus der Zeit Heinrichs des Seefahrers: Sie seien, verzeichnet ein britisches Logbuch, im Kriegsjahr 1597 von den Männern des Kapitäns Drake niedergebrannt worden.

Mit ihnen könnten die Aufzeichnungen vieler portugiesischer Entdeckungsreisen unwiederbringlich verloren gegangen sein. Denn in den Gebäuden seiner Residenz hat der portugiesische Prinz Dom Henrique, der jüngere Bruder des Königs, genannt „Heinrich der Seefahrer", fast 200 Jahre zuvor die Grundlage für den Aufstieg Portugals zur Seemacht geschaffen. Eine so genannte Seefahrer-Akademie, von der die Lesebücher und Reiseführer berichten, hat es dort allerdings nie gegeben. Etwa um das Jahr 1419 zieht sich Heinrich in die Einsamkeit von Sagres zurück. Bis zu seinem Tod 41 Jahre später werden Sagres und das nahe Cabo de São Vincente sein Lebensmittelpunkt bleiben.

Heute ist es außerordentlich schwer zu sagen, was an den wenigen erhaltenen Zeugnissen über den einsamen Prinzen Wahrheit und was Dichtung ist. Trotz aller historischen Forschung hat man nur wenig über ihn erfahren können. Prinz Heinrich wird am Aschermittwoch, dem 4. März 1394, geboren, zu einer Zeit, als das Mittelalter Portugal noch fest im Bann hält. Tödliche Intrigen im Königshaus um Erbfolge und Macht bestimmen seit vielen Jahre das Schicksal des Landes. Zum ersten Mal hat sich damals die portugiesische Monarchie mit ihrer eben erst errungenen Unabhängigkeit vom mächtigen Nachbarn Kastilien stabilisiert. Die Erinnerung an die lang dauernden Kämpfe mit den Mauren, den arabischen Eroberern der Algarve, ist noch frisch. Das benachbarte Granada halten sie noch besetzt. Aber Portugal ist schon auf Expansionskurs.

Als junger Mann ist Heinrich im Jahr 1415 an der Eroberung der nordafrikanischen Maurenfestung Ceuta beteiligt. Die Portugiesen veranstalten ein furchtbares Gemetzel unter der muslimischen Bevölkerung – und erbeuten unglaubliche Reichtümer. Die Lagerhäuser von Ceuta quellen über von Weizen aus Nordafrika, Salz und Gold aus den Ländern südlich der Sahara, von Pfeffer, Zimt, Nelken, Ingwer aus dem fernen Indien. Reich beladen mit diesen Schätzen kehren die Eroberer zurück. Die gefangenen Bewohner Ceutas verkaufen sie in Portugal als Sklaven. Die Zukunft zeichnet sich ab. Eroberung und Krieg, Versklavung und skrupellose Beutejagd werden die Welt verändern.

Auf einem Raubzug hat Prinz Heinrich seine Bestimmung und die Zukunft Portugals gefunden. Es wird berichtet, er habe auf dem Markt die ihm zustehenden Sklaven freigekauft. Hat er Schuldgefühle? Ahnt er, was die Zukunft bringen wird? Oder will er nur seine christliche Seele mit einer guten Tat reinigen? Bald nach seiner Rückkehr zieht er sich auf die einsame Landspitze von Sagres zurück. Portugal wird er nur noch einmal verlassen. Aber er wird aus seiner klösterlichen Zelle mit seltener Konsequenz den Wettlauf nach Indien organisieren. Unter seiner strengen Aufsicht werden die folgenden Seeexpeditionen die europäische Sicht der Welt ein für alle Mal verändern.

Reisen ans Ende der Welt

Heinrich der Seefahrer (1394–1460) gründete in Sagres eine Art Seefahrerschule, in der er Fachleute für Meteorologie, Astronomie und Navigation versammelte.

Expedition um Expedition lässt Heinrich in den folgenden Jahren die Atlantikküste Afrikas entlangsegeln und erforschen. Alle Beobachtungen müssen die Kapitäne notieren, die Fahrtrouten sorgsam kartieren. Heinrich der Seefahrer lässt sich diese Aufzeichnungen erklären – und studiert sie sorgfältig. In seiner Residenz in Sagres muss er mit den Jahren ein unglaubliches Archiv zusammengetragen haben. Dabei führt er ein einsames Leben, unterbrochen nur von den regelmäßigen Gottesdiensten, den Vorträgen seiner Kapitäne, seinem Studium in Bibliothek und Kartenraum. Einen großen Hofstaat hat er nicht, wohl auch keine Gleichgesinnten, mit denen er sein Wissen und Streben teilt. Er lebt wie ein königlicher Einsiedler, ohne Freunde, ohne Verpflichtungen. Sein ganzes Leben, seine Macht, seine Verbindungen und sein Vermögen stellt er in den Dienst einer Sache.

Mit seiner Zielstrebigkeit und Ausdauer wird Heinrich der Seefahrer in seiner Lebenszeit die europäische Welt verändern, die Grenzen der bekannten Welt erweitern. Ein Mann auf der Schwelle vom Mittelalter zur Neuzeit: Seine Frömmigkeit ist noch ganz mittelalterlich, sein Denken revolutionär. Keine der althergebrachten Erzählungen über die Gestalt der Welt akzeptiert Heinrich ungeprüft. Grenzen der Erkenntnis scheinen für ihn weder wünschenswert noch existent. Dabei lebt er wie ein Mönch. Ein offensichtlich zerrissener Mann.

Was treibt ihn an? Selbst die Zeitgenossen rätseln. Will er ein Schicksal erfüllen, das ihm im Horoskop vorhergesagt wurde, wie viele seiner Zeit? Dürstet er, der nie König werden wird, nach Gold, Macht und Einfluss? Sucht der Einsiedler jenseits der Sahara nach dem christlichen „Priesterkönig Johannes", um mit seiner Hilfe die Mauren zu besiegen? Wahrscheinlich ist es eine Kombination aus all diesen Faktoren – gepaart mit der größten Leidenschaft der Zeit: der Entdeckung des Unbekannten.

An der Westküste Afrikas, südlich des Kap Bojador, das tausend Meilen südwestlich von Tanger und hundert Meilen südlich der Kanaren in den

Atlantik ragt, beginnt das unerforschte Gebiet. Die Theorien darüber, was dort, jenseits der bekannten Welt, zu finden sei, sind vielfältig. Das Ende der scheibenförmigen Welt erwarte den wagemutigen Seefahrer dort und die Gischt an den Klippen von Kap Bojador sei tatsächlich der Rauch, der am Rande der Erde aufsteige, sagen die einen. Andere vermuteten an dieser Stelle zähflüssige Ozeane, riesige Seeschlangen und gigantische Monster. Über das Kap Bojador nach Süden sollen Heinrichs Kapitäne vordringen, über die Grenzen der Welt hinaus vorstoßen. Entschuldigungen akzeptiert er nicht.

Bald kommen die ersten Resultate. Seine Kapitäne haben im Westen die Insel Madeira entdeckt. Einige Jahre später, 1427, erreicht in seinem Auftrag Diego de Silves die Azoren. Seit der Antike sind die Inseln in Vergessenheit geraten. Nach den Anweisungen des Prinzen aus dem fernen Sagres errichten seine Abgesandten dort blühende Kolonien. Die Inseln werden zu portugiesischen Marinestützpunkten mitten im Atlantik, zu fest verankerten Versorgungsschiffen für folgende Missionen.

1434, nach mehreren vergeblichen Anläufen, gelingt es Gil Eanes, mit seiner Mannschaft das mythische Kap Bojador zu umfahren. Er findet dort weder das Ende der Welt noch mythische Monster – nur offenen Ozean und unbekannte Küsten. Eine seemännische wie psychologische Großtat: „Nur wer die feste Überzeugung der Menschen des 15. Jahrhunderts akzeptiert, die Welt sei hinter Kap Bojador an der Westküste Afrikas zu Ende", schreibt der Schifffahrtsjournalist und Segler Bernhard Kay, „der kann den Mut ermessen, der zur Umsegelung dieses Kaps nötig war."

Nachdem dieses Hindernis überwunden ist, geht alles ganz schnell. Zwei Jahre später, 1436, erreichen Gil Eanes und Alfonso Baldaia den Senegal. 1443 läuft Nuño Tristão die Küste des heutigen Mauretanien an. Im folgenden Jahr entdeckt Dinis Dias die Kapverdischen Inseln, die sich später als wertvoller Stützpunkt auf der Fahrt nach Amerika erweisen werden. 1456 erreichen die Portugiesen die Küste von Guinea, das Jahr darauf Sierra Leone. Mittlerweile locken auch kommerzielle Interessen, die Portugiesen haben den Sklavenhandel und seine hohen Gewinne für sich entdeckt.

Für die Menschen entlang der Küste wird die Anwesenheit der Europäer bald zum Fluch. Immer weiter dringen die Portugiesen nach Süden vor, auch nach dem Tod Heinrichs des Seefahrers. 1487 schafft Bartolomeu Dias, was keinem vor ihm gelungen ist: Er umfährt die Südspitze Afrikas. Er nennt sie „Kap der Guten Hoffnung".

Auf ihren gefährlichen Reisen erkennen die Portugiesen, wie sie ihre Schiffe immer weiter verbessern können. Eanes und Baldaia, die über das Kap Bojador hinaussegeln, treffen dort auf starke Gegenwinde. Mit der herkömmlichen Besegelung lassen sich die Schiffe in diesen Gewässern nicht mehr manövrieren. Eine neue Segelkombination aus dem dreieckigen Lateinersegel, das auch die arabischen Dhau trägt, Mars- und Rahsegeln wird sich in Zukunft als geeigneter erweisen.

Originalgetreuer Nachbau der Karavelle des Bartolomeu Dias auf einer Werft in Portugal

Was immer sich im Ausland an Erfolg versprechenden Konstruktionen anbietet, die portugiesischen Schiffsbauer übernehmen es für ihre Zwecke. Von den Koggen der nordischen Hanse haben sie sich den flachen Boden, den geringen Tiefgang und den „Kastell" genannten Aufbau am Heck des Schiffs abgeschaut. So können die Schiffe auch an flachen Küsten landen, Flussläufe befahren – und vom erhöhten Aufbau aus verteidigt werden. Bei Expeditionen in unbekannte Gegenden sind das wichtige, bisweilen lebenswichtige Vorteile.

In den Werften Portugals entsteht so allmählich ein neuer Schiffstyp: die Karavelle. Sie wird die großen Eroberungen der kommenden Jahrzehnte erst möglich machen. Die neuen Schiffe sind wendig, sehr robust und stark genug konstruiert, um beidseitig Kanonen zu tragen.

Trotzdem bleibt die Fahrt auf den vergleichsweise kleinen Schiffen, die selten die Größenordnung einer modernen Yacht überschreiten, ein gefährliches Abenteuer. Im Interview präzisiert der Marineoffizier und ehemalige Direktor des portugiesischen Marinemuseums Eustacio dos Reis die Gefahren: „Wenn wir die geringe Tonnage der Schiffe, die ganz auf ihre Segel angewiesen waren, in Betracht ziehen, ihre primitive Ausrüstung, die relative Unwissenheit der Navigatoren, die Dürftigkeit der Lebensmittelvorräte, die Fremdheit der Meere, die sie befuhren, und der Länder, die sie suchten, grenzt das Vorhaben der Portugiesen ans Unglaubliche."

Behaims Geheimnisse

Um das Jahr 1487, als Bartolomeu Dias gerade die Südspitze Afrikas umsegelt, lässt sich auf der fernen Azoreninsel Fayal ein Deutscher aus Nürnberg nieder. Er hat die Tochter des dortigen Gouverneurs geheiratet. Sein Name ist Martin Behaim. Von seinem Schwiegervater hat er, wenn man den wenigen Chronistenberichten über sein Leben glauben darf, eine Sammlung von Reiseschilderungen portugiesischer Kapitäne geerbt. Dieselben Zeugen überliefern, Behaim habe in den Häfen der Azoren systematisch heimkehrende Seefahrer befragt.

Immer wieder hört man dort Geschichten von unbekannten Inseln, von fremden Küsten, weit im Westen, an die Schiffe und Mannschaften von schweren Stürmen verschlagen werden. Noch nie, beteuern die Seeleute, sei es einem von ihnen nach der glücklichen Heimkehr gelungen, zu diesen Küsten zurückzukehren, so weit sie auch in den Westen gesegelt seien. Niemand weiß, ob das nur Seemannsgarn ist, Dichtung und Erfindung der Seeleute, die sich auf Kosten der Landbewohner einen Scherz erlauben.

Behaim scheint da anderer Meinung zu sein. Vielleicht haben ihn seine Erkundungstouren entlang der Inselküsten von der Realität eines bisher unbekannten Landes im Westen überzeugt. Immer wieder finden die Bewohner der Azoren, angetrieben durch starke Stürme, unbekannte Gegenstände, offenbar von Menschenhand gefertigt, und entwurzelte Pflanzen. Deutet das nicht auf eine Landmasse hinter dem Horizont, auf der anderen Seite des Atlantiks hin? Und ziehen nicht von Zeit zu Zeit Vogelschwärme über die Azoren hinweg, scheinbar in Richtung Westen?

Viele auf den Inseln werden sich diese Fragen stellen – aber keiner ist so qualifiziert, sie zu beantworten, wie der Nürnberger Behaim. Ungefähr drei Jahre zuvor, in den ersten Julitagen des Jahres 1484, 24 Jahre nach dem Tod Heinrichs des Seefahrers, ist er in der portugiesischen Hauptstadt Lissabon eingetroffen. Er ist damals etwa 22 Jahre alt, von Beruf Tuchhändler. Obwohl noch jung an Jahren, hat er schon ungewöhnlich viel von der Welt gesehen. Sein Gewerbe hat ihn im Jugendalter aus dem heimischen Nürnberg ins flandrische Antwerpen geführt – und bringt ihn nun nach Portugal. Trotz seiner Jugend scheint Behaim nicht nur ein fähiger Händler, sondern auch ein viel versprechender Mathematiker zu sein. In Nürnberg, bei seinem Nachbarn, dem berühmten Gelehrten Regiomontanus, hat er dessen astronomische Berechnungen kennen gelernt – und eine neue Methode, die Sonnenhöhe auf See mit einem einfachen Werkzeug, dem Jakobsstab, zu berechnen.

João II., der neue König auf dem portugiesischen Thron, und seine Berater erkennen sofort das Potenzial des jungen Deutschen. Noch oft wird sich

Der deutsche Seefahrer und Astronom in Portugal Martin Behaim schuf 1492 den ersten Globus, ein Bild der Erde als Kugel.

Der portugiesische König und seine Berater erörtern den Seeweg nach Indien. (Filmszene)

diese – in der Häufung schon fast rätselhafte – Fähigkeit des portugiesischen Königshofs zeigen, die richtigen Leute für die jeweilige Aufgabe zu gewinnen. Mit Nachdruck hat João II. seit seiner Thronbesteigung die systematische Erkundung der afrikanischen Küsten fortsetzen lassen. Aus den berühmtesten Gelehrten der Landes, darunter sind auch viele jüdische Wissenschaftler, hat er ein Beratergremium zusammengestellt, die bis heute geheimnisumwitterte Junta de Matemáticos. Lange Zeit haben die Historiker Zweifel an ihrer Existenz gehegt – zu wenige Beweise haben sie in den Archiven gefunden.

Heute, nach einer weitgehend ergebnislosen Suche, halten es jedenfalls einige Forscher für möglich, dass diese fehlenden Akten noch während des 16. Jahrhunderts in einer groß angelegten Aktion vernichtet worden sind. Zu viele Unterlagen fehlen, zu viele Details über Expeditionen, ihre Leiter, zu viel von ihrem Briefwechsel, zu viele Logbücher und Karten, als dass man das mit einem einfachen Zufall erklären kann. Manches mag, wie im Fall von Sagres, durch Kriegseinwirkung, Feuer und andere Naturkatastrophen vernichtet worden sein. Aber nicht alles. Einiges spricht dafür, dass der portugiesische Königshof seine größten Geheimnisse durch die Zerstörung der schriftlichen Unterlagen beschützen wollte. Denn die Kenntnisse der portugiesischen Gelehrten und Kapitäne, das weiß man mittlerweile, stehen in diesen Jahren unter strengstem Schutz.

Überall im Königreich Portugal sind Spione anderer europäischer Staaten aktiv, Spanier, Venezianer, auch Agenten der italienischen Handelsstädte Genua und Pisa. Oft sind sie selbst als Seeleute, Entdecker, als Mathematiker oder Kartographen getarnt. Für sie ist es eine lebensgefährliche Mission, denn jedem, der portugiesische Karten oder Logbücher außer Landes bringt, droht die Todesstrafe. Martin Behaim scheint unverdächtig. Möglicherweise haben andere sich für seine Zuverlässigkeit verbürgt. Bald ist er aufgenommen in den kleinen Kreis der Eingeweihten, vielleicht sogar Mitglied in der Junta de Matemáticos.

Vermutlich schon 1485, nur ein Jahr nach seiner Ankunft in Lissabon, reist Martin Behaim mit einer portugiesischen Schiffsexpedition in Richtung Süden ab. Die Fahrt führt entlang der afrikanischen Küste durch schon bekanntes Gebiet. Auf See soll der junge Nürnberger die neuen Navigationsmethoden seines einstigen Nachbarn und Lehrers Regiomontanus erfolgreich erprobt haben. Ob diese Fahrt Martin Behaim und seine Mitreisenden auch in unentdeckte Gefilde führt, ist unter den Historikern umstritten. Wieder gibt es nur wenige Hinweise in den Dokumenten dieser Zeit. Möglicherweise ist das Ziel jener Expedition mit den neuen Messungen schon erfüllt – das könnte zur Organisation der portugiesischen Entdeckungsreisen durchaus passen.

Über die folgenden Reisen Martin Behaims ist wenig bekannt. Manche der erhaltenen Quellen behaupten, bei einer weiteren Fahrt in Richtung Südwest sei er auf einem portugiesischen Schiff bis an die Küste Brasiliens gelangt – und habe damit den amerikanischen Kontinent für Portugal entdeckt, Jahre vor Kolumbus. So heißt es in einem alten Manuskript aus dem Nürnberger Stadtarchiv: „Martin Behaim war ein berühmter Ritter, schiffet in Indien, erfand neue Schifffahrt und Inseln."

Hat Martin Behaim aus Nürnberg wirklich vor Kolumbus Amerika erreicht? Seine berühmteste Hinterlassenschaft lässt alles offen. Zurück in Nürnberg, bei einem seiner wiederholten Besuche, irgendwann in den Jahren nach 1490, erteilt er einem Nürnberger Tischler einen seltsamen Auftrag. Eine hohle Kugel aus leichtem Material soll der bauen, mit einer Halterung oben und unten drehbar auf einem hölzernen Gestell befestigt. Auf die Kugel soll er eine Landkarte von allen bekannten Weltteilen kleben, die sein Auftraggeber eigens in mehreren Abschnitten hat anfertigen lassen.

1492, kurz vor der ersten Fahrt des Kolumbus, ist das ungewöhnliche Möbelstück fertig: ein Globus – ein Bild der Erde als Kugel. Amerika sucht man darauf allerdings vergeblich. Davon kann man sich heute noch überzeugen, denn der Globus hat alle Zeitläufe überstanden. In seiner Heimatstadt Nürnberg wird er aufbewahrt, sorgsam in einem dunklen Raum vor dem schädlichen Sonnenlicht geschützt. Die Überprüfung zeigt: Wie auf allen Landkarten seiner Zeit grenzt auch auf dem Behaim'schen Globus der Atlantik im Westen direkt an die Küsten Asiens.

Vielleicht hat Behaim seine neu entdeckte Küste im Westen für die Ausläufer Asiens gehalten, vielleicht musste er seine Entdeckung auf Geheiß der portugiesischen Korne verschweigen – oder er hat sie einfach nie erreicht. Für Kolumbus muss dieser Globus der endgültige Beweis seiner Theorien gewesen sein. Kann man nicht auf der runden Oberfläche mit dem Finger eine Linie über den Atlantik ziehen, von der portugiesischen Atlantikküste bis nach Asien?

Ob Behaim, dem der portugiesische König die Ritterwürde verleiht, Kolumbus im persönlichen Gespräch seine Geheimnisse verrät? Gelegenheiten dazu hätte es viele gegeben, im Umkreis des portugiesischen Hofs in Lissabon, wo Kolumbus wiederholt sein Projekt vorstellt, oder auf den Azoren, die er bei manchen seiner Reisen anläuft. Vielleicht ist dieses Gespräch das letzte Glied in der Gedankenkette des Kolumbus. Vielleicht – denn einen schriftlichen Beweis für das Treffen haben die Historiker bis heute nicht gefunden.

Verarmt und einsam soll Behaim in Portugal gestorben sein, verlassen von königlicher Gunst, Macht, Geld und Familie, heißt es in den erhaltenen Chroniken. Das Ergebnis eines Verrats? Die Quellen schweigen. Der Nürnberger Martin Behaim hat seine Geheimnisse bis zum heutigen Tag bewahrt.

Der Agent des Königs

Lissabon, 1487, das Jahr, in dem sich Martin Behaim auf der Azoreninsel Fayal niederlässt. Noch fünf Jahre bis zur ersten Fahrt des Christoph Kolumbus. Am 7. Mai verlassen zwei Männer, die portugiesischen Adeligen Pero de Covilhão und sein Begleiter Alfonso de Payva, fast unbemerkt die portugiesische Hauptstadt. Niemand wird sie vermissen. Beide sind weder reich oder berühmt noch von hohem Adel. Vermutlich sind sie mit bescheidenen Mitteln unterwegs, um jedes Aufsehen zu vermeiden.

Zweck und Ziel ihrer Reise scheinen nicht ungewöhnlich. Über Spanien und Neapel wollen sie mit dem Schiff nach Rhodos gelangen. Vielleicht sind sie auf der Suche nach Handelsgewinnen, einem neuen Abenteuer oder einem lukrativen Posten. Für verarmte Adelige oder bürgerliche Händler ist das im Europa dieser Jahre nichts Außergewöhnliches. Möglicherweise erzählen sie neugierigen Fragestellern auch von einem Gelübde, das sie zu einer weiten Pilgerfahrt verpflichtet, oder einem dringenden Auftrag ihres Dienstherren.

Erst auf Rhodos werden sie ihre wahre Mission enthüllen. Die Insel ist damals ein vorgeschobener Posten des christlichen Europa vor den Küsten der islamischen Welt. Wahrscheinlich treffen Covilhão und Payva dort Verbin-

Das Porträt zeigt Vasco da Gama (1469–1524).

dungsleute, vielleicht jüdische Händler oder Angehörige eines christlichen Ritterordens. Gut möglich, dass dieses Treffen von langer Hand vorbereitet ist. Bestimmt erhalten die beiden Portugiesen von ihren Kontaktpersonen wertvolle neue Informationen. Die haben sie bitter nötig. Denn Covilhão und Payva sind Agenten des portugiesischen Königs. Ihr Auftrag ist streng geheim – und selbst bei perfekter Planung nahezu selbstmörderisch: Die beiden Portugiesen sollen, nach dem Willen des Königs und seiner Berater, auf dem Land- und Seeweg unerkannt die Küste Indiens erreichen. Dabei sollen sie alle Handelswege und Zentren Ägyptens, Arabiens und Ostafrikas sorgsam kartieren. Im Osten, im Rücken der islamischen Welt, sollen sie auf ihrer Reise den sagenhaften Priesterkönig Johannes ausfindig machen und ihm eine persönliche Botschaft König Joãos II. übergeben.

Wenig weiß man bis heute über die beiden Männer, die diese ungewöhnliche Reise angetreten haben. Pero de Covilhão gehört dem niederen portugiesischen Adel an. Nach seiner Jugend, das berichten die historischen Quellen, hält er sich sieben Jahre im spanischen Sevilla auf. Nachdem er in sein Heimatland zurückgekehrt ist, findet er ein Amt am portugiesischen Königshof. Mehr weiß man nicht. Das Vorleben seines Gefährten Payva bleibt ganz im Dunkel der Vergangenheit.

Auf ihrer Mission werden beide Männer Kenntnisse zeigen, die für portugiesische Adelige äußerst ungewöhnlich sind. Woher haben sie die Fähigkeit, in der arabischen Welt überzeugend als Muslime arabischer oder nordafrikanischer Herkunft aufzutreten? Wo haben sie das Arabische in Wort und Schrift so perfekt gelernt? Man ist auf Mutmaßungen angewiesen. Vielleicht hat Covilhão in Sevilla Kontakt zu jüdischen Gelehrten mit Verbindungen in die islamische Welt gepflegt – oder er wurde von konvertierten Mauren unterrichtet. Möglicherweise sind er und Payva in jungen Jahren bei einer Schiffsreise auf dem Mittelmeer von nordafrikanischen Muslimen gefangen genommen und später von portugiesischen Gesandten freigekauft worden – auch das kein ganz ungewöhnliches Schicksal.

Noch auf Rhodos beweisen Covilhão und Payva ihre Wandlungsfähigkeit. Scheinbar mühelos nehmen sie Aussehen und Identität arabischer Kaufleute an. Das Rollenspiel rettet ihr Leben. Mit dem Schiff reisen sie in die ägyptische Hafenmetropole Alexandria. Dort erwartet sie eine existenzielle Bedrohung, eine verheerende Fieberepidemie. Was für viele der Bewohner in der tödlichen Katastrophe endet, erweist sich für die beiden Portugiesen schließlich als Glücksfall. Offenbar gelingt es Covilhão und Payva im Schutz ihrer falschen Identität, Freunde und Vertraute unter den Karawanenkaufleuten zu finden, die wegen der Seuchenquarantäne in der Stadt festgehalten werden.

Im Februar 1488 segeln sie mit einer Karavelle weiter in Richtung Süden, nach Suez ans Rote Meer, in ein Gebiet, das christliche Europäer seit langer Zeit nicht mehr betreten haben. Was sie dort vorfinden, muss ihre Erwartungen bei weitem übertreffen. Dicht an dicht liegen in den Häfen der Handelsstädte die Schiffe aus Arabien, Afrika und Asien. Ungeheure Menschenmassen pilgern jedes Jahr nach Mekka. Die Pilgerfahrten und der Fernhandel haben über die Jahrhunderte aus Hafen- und Karawanenstädten mächtige Handelszentren geschaffen. Kaufleute der verschiedensten Nationen und Religionen können hier ihre Waren umschlagen, beschützt von lokalen Herrschern, die somit ihren eigenen Wohlstand sichern. Nur Christen sind wegen der fortwährenden Religionskriege unbeliebt und ihres Lebens nicht sicher.

Immer noch gut getarnt, erreichen die beiden Portugiesen auf dem Seeweg die jemenitische Handelsstadt Aden. Die Überfahrt auf den trügerischen Gewässern des Roten Meeres lässt sie erkennen, dass die arabischen Seeleute den meisten Europäern in der Navigation um Jahrhunderte voraus sind. Schon im 7. Jahrhundert haben sie mit ihren Dhaus regelmäßige Fahrten an die fernen Küsten Chinas unternommen und dabei früh Navigationstechniken und -geräte entwickelt, die erst allmählich in diesen Jahren nach Europa gelangen.

In Aden trennen sich die Wege der beiden Portugiesen. Es wird ein Abschied für immer. Payva macht sich auf den gefährlichen Weg an den Hof des Priesterkönigs Johannes, den beide nach ihren neu gewonnenen Informationen richtig mit dem äthiopischen König identifizieren. Er wird seine Reise nicht überleben. Covilhão aber beginnt ein Abenteuer, das seinesgleichen sucht: Er geht an Bord eines Schiffs, das ihn an die indische Küste bringen soll.

Für seine Anwohner ist der Indische Ozean – anders als für die Europäer – damals trotz seiner vielen Gefahren schon längst nicht mehr ein „weißer Fleck" auf der Landkarte. Seit Jahrhunderten fahren Handelsflotten auf festgelegten Seerouten zwischen Arabien, Ostafrika und Indien. Covilhão macht sich daran, für die Europäer verloren gegangenes Wissen zurückzuerobern. Heimlich muss er während seiner Reisen Tagebücher geführt, im Verborgenen alle Details niedergeschrieben haben – auf dem engen und überfüllten Schiffsdeck stets unter den misstrauischen Augen seiner Mitreisenden.

Die Landung an der indischen Küste, nahe der Stadt Cannanore, muss für ihn einen unglaublichen Triumph bedeutet haben. Über Wochen und Monate erkundet er die Küste bis nach Calicut, jener berühmten Handelsstadt, die schon Marco Polo auf seiner Rückreise nach Venedig besucht hatte.

Um das Jahr 1490 gelingt Covilhão die Heimkehr, mit einem längeren Abstecher zu den ostafrikanischen Hafenstädten. Noch vor Jahresende gelangt er über Aden zurück nach Kairo. Dort, das hat er zwei Jahre zuvor vereinbart, will er seinen Reisegefährten Alfonso de Payva wieder treffen. Er wartet vergeblich. Umso überraschender ist für den einsamen Reisenden Covilhão die Ankunft zweier Gesandter aus der Heimat. König João II. hat zwei jüdische Gelehrte nach Ägypten geschickt. Rabbi Habrão und Rabbi Josepe sollen herausfinden, was mit den beiden Agenten geschehen ist.

Nutzt Covilhão die Gelegenheit und übergibt seine wertvollen Aufzeichnungen einem der beiden Gesandten, der sie zurück an den portugiesischen Königshof bringt? Unter den Historikern ist das nach wie vor umstritten. Dagegen spricht, dass alle Recherchen in Portugal bis heute keinen einzigen direkten Beweis für die Existenz dieser Papiere zu Tage gefördert haben. Sind auch Covilhãos Aufzeichnungen der Geheimhaltungspolitik der portugiesischen Krone zum Opfer gefallen? Vieles im weiteren Fortgang der portugiesischen Entdeckungsreisen deutet darauf hin.

Covilhão bricht von Kairo aus zu einer weiteren Entdeckungsreise auf, wahrscheinlich begleitet von einem der beiden Rabbiner. Man wird noch einmal von ihm hören. Von der Hafenstadt Hormus am Persischen Golf schickt er seinen Begleiter mit neuen Informationen zurück in die Heimat. Dann verstummt er für immer. Jahrzehnte später wird eine portugiesische Suchexpedition seine Spur aufnehmen. Sie wird erfahren, dass er nach langer Reise 1493 tatsächlich den Hof des äthiopischen Königs, des Negus Eskander im äthiopischen Ankober, erreicht. Und sie wird ihn dort noch lebend antreffen. Seinen Landsleuten wird er berichten, man habe ihm die Rückkehr in die Heimat verweigert – und nun sei er zu alt und zu schwach für die Heimreise. Wenn man den Aufzeichnungen der Suchexpedition glauben will, hat Pero de Covilhão in Äthiopien in durchaus angenehmen Umständen gelebt. Man würde es diesem friedfertigsten aller portugiesischen Reisenden gönnen.

Ein Auftrag für Vasco da Gama

In Portugal haben die Nachrichten Covilhãos den königlichen Hof elektrisiert. Jetzt ist er über die Handelsrouten entlang der ostafrikanischen Küste und jenseits der islamischen Länder im Osten bestens informiert. Covilhãos Verstummen hat zwar für längere Zeit mit allen Hoffnungen aufgeräumt, ein Bündnis mit dem „christlichen König im Inneren Afrikas" eingehen zu können – aber dieser Verlust scheint nach dem unglaublichen Erkenntnisgewinn erträglich. Die Vorarbeiten sind abgeschlossen. Eine neue Mission muss nun den Seeweg nach Indien aufstoßen.

Vor seinen Beratern in der Junta de Matemáticos bekräftigt der neugekrönte König Manuel im Jahr 1495, kurz nach dem Tod seines Vorgängers João II., seinen festen Willen. „Ich habe eine heilige Mission von meinen Vorfahren übernommen!", sagt er – und begegnet damit jedem Zweifel. Aber wer soll den gottgefälligen Auftrag ausführen?

An fähigen Seeleuten mangelt es Portugal nicht. Der afrikaerfahrene Bartolomeu Dias böte sich an. Aber die Wahl des Königs fällt auf einen Unbekannten: den Höfling Vasco da Gama. Dass, wie ein Chronist berichtet, der König den jungen Mann nur wegen dessen blendendem Aussehen gewählt habe, gehört sicher in den Bereich der historischen Legende. Die königliche Gunst bleibt ein Rätsel. Leider haben die Historiker trotz aller Bemühungen nicht viel zu dessen Aufklärung beitragen können.

Vasco da Gama scheint um das Jahr 1469 geboren zu sein, wahrscheinlich in der Kleinstadt Sines, einem Atlantikhafen im Süden Portugals. Mit ziemlicher Sicherheit wächst er auch dort auf, als eines der zahlreichen Kinder des Landedelmannes Estêvão da Gama und seiner Frau Isabel Sodré. Später erhält Vasco eine Stelle am Königshof – vielleicht dank der väterlichen Verbindungen.

Im Jahr 1492, als Kolumbus seine erste Reise antritt – und noch zu Lebzeiten König Joãos II. –, berichtet der Chronist Garcia de Resende von einem ersten Auftrag: „König João sandte sofort und in großer Eile den Ritter Vasco da Gama, Mitglied seines Haushalts, den er mit großen Mitteln und Befugnissen ausgestattet hatte, nach Setubál und dem Königreich Algarve ..."

Vasco da Gama erhält den Auftrag des Königs von Portugal. (Filmszene)

Ein weiteres Dokument aus demselben Jahr, vor kurzem erst wieder entdeckt in den Regalen der Arquivios Nacionais, der portugiesischen Nationalarchive, zeichnet ein lebendiges Bild des jungen Mannes. Es enthält die Beschwerde des Alcaide, des Verwaltungsbeamten und Ordnungshüters des Ortes Setubál, über eine merkwürdige Begegnung mit Vasco da Gama.

Eines Nachts in diesem Jahr 1492, schreibt der Beamte, sei er auf den Straßen seiner Stadt Setubál einem Unbekannten begegnet – von dem er nun wisse, dass es Vasco da Gama gewesen sei. Er habe sichergehen wollen, dass es sich bei diesem Fremden nicht um einen Übeltäter handelte. Er habe, wie es üblich sei, ihn daher angehalten und ihn gebeten, sich zu zeigen. Unerwartet heftig habe der Fremde auf dieses Ansinnen reagiert, sei dabei zuerst ausfällig, dann sogar handgreiflich geworden. Nur durch das Eingreifen seiner Begleiter, die ihm schließlich zu Hilfe gekommen seien, schreibt der Alcaide, sei Schlimmeres verhindert worden. Er verlange entschieden die Bestrafung des Übeltäters. Auf dem Dokument bestätigen einige Zeugen die Richtigkeit dieses Sachverhalts. Trotzdem geht die Sache für den jungen Höfling glimpflich aus. Die Akte zeigt, dass König João ihm gnädig vergibt.

Hat der junge Mann seine dringende Aufgabe in Setubál so gut gemeistert, dass ihm eine Verfehlung gegen königliche Beamte verziehen wird? Oder ist es am Ende der Zwischenfall selbst, der den Blick des Königs und seiner Berater auf Vasco da Gama richtet? Die Episode auf den nächtlichen Straßen von Setubál zeichnet das Bild eines impulsiven, stolzen, vielleicht

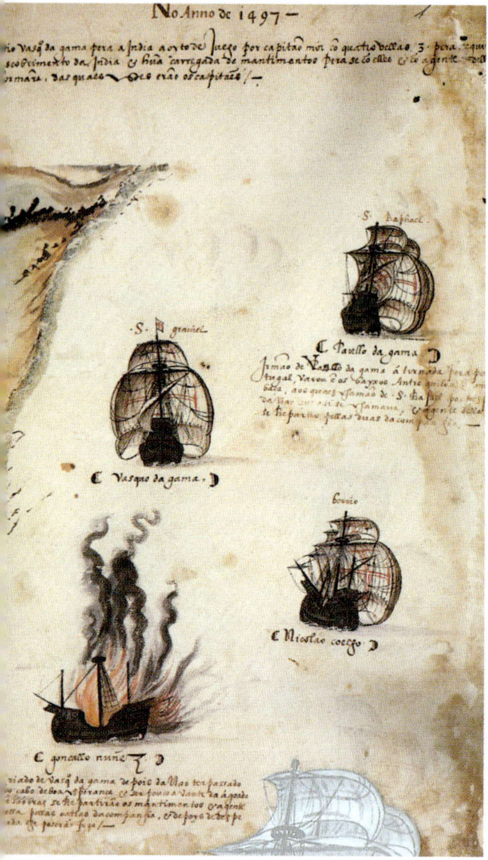

Die Flotte Vasco da Gamas, dargestellt in einem portugiesischen Schiffskatalog aus dem 16. Jahrhundert

sogar jähzornigen jungen Mannes. Zum Profil eines umsichtigen Geheimagenten – wie es Covilhão war – würde das kaum passen. Aber möglicherweise sind die Zeiten der Entdecker schon vorbei? Vielleicht sind es gerade Handgreiflichkeit und Entschlossenheit, die Vasco da Gama als Kommandeur für seinen größten Auftrag qualifizieren?

Der Aufbruch

Am 8. Juli 1497, einem Samstag, führt eine Prozession König Manuel und seinen Hof zur Kapelle des Hafens von Lissabon, den man Rastello nennt. Heinrich der Seefahrer hat sie errichten lassen. Der passende Ort für einen Aufbruch ins Abenteuer.

Im Hafen spielen sich vielleicht zur selben Zeit jene Szenen ab, die der portugiesische Dichter Camões in seinen *Lusiaden* viele Jahre später so eindringlich beschreibt: Während sich eine kleine Flotte zum Aufbruch rüstet und die Männer an Bord stoisch ihrer Arbeit nachgehen, Proviant verladen, Schiffe und Takelage ein letztes Mal überprüfen, hört man am Ufer die klagenden Stimmen der herbeieilenden Frauen. Verzweifelt rufen sie noch einmal die Namen der Väter und Söhne, der Männer und Geliebten, die auf ihren Schiffen in eine ungewisse Zukunft aufbrechen.

Der einzige erhaltene Augenzeugenbericht spricht jedoch eine andere Sprache. Aus ihm klingt das nüchterne Selbstbewusstsein eines bewährten Seemanns:

„Im Namen Gottes des Herren! Amen! Im Jahr 1497 entsandte König Manuel, der Erste dieses Namens in Portugal, vier Schiffe auf Entdeckungsfahrt und auf die Suche nach Gewürzen. Vasco da Gama befehligte die Flotte, Paulo da

Gama führte eins der Schiffe und Nicolão Coelho ein anderes. An einem Sonnabend, am 8. Juli 1497, verließen wir Rastello. Möge uns Gott der Herr eine gute Fahrt bescheren! Amen!"

Wer genau dieses einzigartige Dokument verfasst hat, ist bis heute ungeklärt. Manche Historiker verweisen auf den Soldaten Álvaro Velho, der sich an Bord eines der Schiffe befunden habe. Eine vollständige Mannschaftsliste hat sich allerdings in den Archiven nicht erhalten. Der Chronist könnte also auch ein anderer, bis heute unbekannter Teilnehmer jener Reise gewesen sein. Er verfügt offenbar, trotz der bewusst irreführenden offiziellen Bekanntmachungen über genaue Informationen. Er weiß, wohin die geheime Expedition wirklich führen soll: nach Süden um die Südspitze Afrikas herum, dann in nordöstlicher Richtung entlang der ostafrikanischen Küste. Von dort soll sie in weitem Bogen nach Osten über den Indischen Ozean an die indische Küste gelangen.

Trotz einer so weiten Reise ist es nur eine sehr kleine Flotte, die an diesem Sommertag im Juli 1497 in See sticht. Aber sie ist gut ausgestattet. Zwei der Schiffe, die *São Gabriel* und die *São Rafael* sind speziell für diese Mission gebaut. Beide sind Karacken, den bisher verwendeten Karavellen ähnlich, aber deutlich größer. Der vergrößerte Laderaum weist darauf hin, dass die Auftraggeber eine Ladung für die Rückfahrt erwarten: Gewürze aus Indien. Mit jeweils 20 Kanonen sind beide Schiffe außerordentlich stark bewaffnet. Eine Karavelle, die den Namen *São Miguel* führt, meist aber nach ihrem Vorbesitzer Bérrio genannt wird, ist das dritte Schiff. Ein Vorratsschiff ohne Namen, aber mit Vorräten für drei Jahre an Bord komplettiert die Flotte.

Von seinem Flaggschiff *São Gabriel* aus leitet Vasco da Gama das Unternehmen. Als Steuermann steht ihm ein überaus erfahrener Mann zur Seite. Péro de Alenquer ist schon mit Bartolomeu Dias entlang der Westküste Afrikas zum Kap der Guten Hoffnung gesegelt. Auch die anderen Schiffe haben erfahrene Kapitäne und Steuermänner, darunter Vasco da Gamas Bruder Paulo. Fast scheint es so, als sollten sie die mangelnde Erfahrung des Kommandeurs ausgleichen. Die Mannschaft ist bunt, aber zweckmäßig zusammengewürfelt: Freiwillige, Matrosen, Soldaten, Schreiber, Dolmetscher und freigelassene Sträflinge für besonders lebensgefährliche Missionen. Mit ihrer Hilfe macht sich die portugiesische Krone daran, den endgültigen Beweis für den Irrtum des Kolumbus zu erbringen.

Es scheint eine glückliche Reise zu werden. Alles verläuft planmäßig, bis am 17. Juli die Flotte in der Nähe der Kanarischen Inseln in eine dichte Nebelwand fährt. Ohne Sicht und Möglichkeit der Verständigung wird die *São Rafael* vom Flaggschiff getrennt. Aber die Schiffsführer haben für solche Fälle zuvor Absprachen getroffen und Treffpunkte vereinbart. Vor der Küste der Kapverdischen Inseln vereint sich die Flotte wieder.

Am 27. Juli, nach 19 Tagen Fahrt, gehen sie zum ersten Mal wieder an Land:

Das Kap der Guten Hoffnung, die Südspitze Afrikas, die Bartolomeu Dias 1487 als Erster umsegelte

„Am nächsten Tag, es war Donnerstag, der 27. Juli, kamen wir bei der Insel São Tiago an und ankerten fröhlich im Hafen von Santa Maria. Wir holten dort Fleisch, Wasser und Holz an Bord und nahmen an unseren Schiffen sehr nötige Ausbesserungen vor."

Bisher ist alles gut gegangen. Als die Flotte von den Kapverden wieder in See sticht, beginnt einer der spektakulärsten Abschnitte ihrer Reise. Der unbekannte Verfasser des Bordbuchs berichtet darüber nur seltsam einsilbig.

„Donnerstag, den 3. August, verließen wir den Hafen in östlicher Richtung. Als wir am 18. August ungefähr 200 Leguas von Santiago entfernt gegen Süden fuhren, brach die Hauptrahe auf dem Schiff des Oberbefehlshabers [Vasco da Gama]. Wir mussten zwei Tage und eine Nacht unter Focksegel und kleinem Hauptsegel lavieren. Als wir am 22. August Süd bei West fuhren, sahen wir viele dem Reiher ähnliche Vögel. Als die Nacht anbrach, flogen sie mit kräftigem Flügelschlag Südsüdost, als wollten sie Land erreichen ... Der Allerheiligentag, der 1. November, brachte uns viele Anzeichen von Landnähe, darunter Seegräser, wie sie an der Küste wachsen. Sonnabend, den 4. November, hatten wir ein paar Stunden vor Sonnenaufgang in einer Tiefe von 110 Faden [ca. 200 Metern] Grund. Und um 9 Uhr sichteten wir Land."

Eine halbe Seite für drei Monate Fahrt? Will der Autor die restlichen Blätter seines Notizbuchs für unbekannte Länder reservieren? Oder muss er Schweigen über eine Leistung bewahren, die den Historikern bis heute Rätsel aufgibt?

Die Kunst des Navigators

Was aus dem Bordbuch nur ungefähr hervorgeht, lässt sich heute anhand von Modellrechnungen rekonstruieren: Von den Kapverden aus setzt Vasco da Gama Kurs nach Osten in Richtung auf die westafrikanische Küste, ganz wie seine Vorgänger. Etwa auf der Höhe des heutigen Sierra Leone vollzieht die Flotte dann einen überraschenden Kurswechsel, nach West und Südwest. Statt weiter an der Küste hinabzusegeln, zielen Vasco da Gama und seine Mannschaft in die entgegengesetzte Richtung, in die leere Wasserwüste des Südatlantiks hinein. In einer Zeit, in der die Navigation auf offener See ein fast unkalkulierbares Risiko bedeutet, ist das eine äußerst wagemutige Entscheidung. Nur die Kunst des Navigators kann jetzt Schiff und Mannschaft noch vor dem sicheren Tod retten.

Die Portugiesen haben hochmoderne Hilfsmittel an Bord: das Astrolabium, das ursprünglich aus der arabischen Welt stammt – und wahrscheinlich auch den neu entwickelten Jakobsstab, den Martin Behaim zwölf Jahre zuvor auf einer seiner Reisen erprobt hat. Mit beiden Instrumenten lässt sich der Stand von Gestirnen über dem Horizont messen – und so die geografische Breite. Anders als das komplizierte und empfindliche Astrolabium ist der Jakobsstab, den die Portugiesen Balestilha nennen, eine einfache Holzvorrichtung und auch auf dem schwankenden Schiffsdeck zu gebrauchen.

Ist der Himmel bewölkt, der Blick zu den Gestirnen verwehrt, bleibt nur eine riskantere Methode zur Standortbestimmung übrig: Immer wieder lässt der Kapitän die Fahrtgeschwindigkeit seines Schiffs messen. Auf ein vereinbartes Signal hin wirft ein Matrose vorne am Bug ein Stück Holz oder einen anderen schwimmenden Gegenstand ins Wasser. Ein zweiter Matrose setzt dabei die Sanduhr in Gang und liest sie ab, wenn ihm ein Ruf vom Heck mitteilt, dass der Gegenstand das ganze Schiff passiert hat. So kann der Kapitän aus der abgelesenen Zeit und der Schiffslänge die Geschwindigkeit errechnen. Die Himmelsrichtung, in die sie fahren, liest er vom Kompass ab. Die Länge der Fahrtzeit seit dem Aufbruch von Land lässt er fortwährend mit einer Sanduhr messen. Regelmäßig zieht er sich zu seinen Seekarten zurück, trägt Ausgangsort, Himmelsrichtung und Geschwindigkeit ein und zeichnet einen Kurs: eine anschauliche Darstellung, wo auf der Welt sich sein Schiff befindet.

Die Gefahren dieser einfachen Methode sind groß. Stürme und Strömungen können das Schiff unbemerkt über hunderte von Meilen versetzt haben. Die Karte kann fehlerhaft sein. Bei der nächsten Gelegenheit muss der Kapitän seine Berechnungen am Stand der Sterne überprüfen. Und er muss in den Logbüchern anderer Expeditionen nachschlagen: Welche Beobachtungen haben die Vorgänger an demselben Ort gemacht? Verbergen sich dort im Wasser unerwartete Strömungen oder unsichtbare Klippen? Dazu kommen Erfahrung und Intuition: Was bedeuten die gesichteten Vogelschwärme, worauf lassen die angetriebenen Pflanzen schließen?

Die Kunst des Navigators ist es, alle diese Informationen abzuwägen – und daraus die richtigen Schlüsse zu ziehen. Vasco da Gama und seine Mannschaft müssen dies in erstaunenswertem Maß beherrscht haben. Scheinbar mühelos finden sie auf dem offenen Atlantik Winde, die sie in weitem Bogen wieder nach Osten und Süden in Richtung Westafrika treiben. Die Zone der Gegenwinde, die ihren Vorgängern das Segeln entlang dieser Küste so schwer gemacht haben, werden sie so in weitem Bogen umfahren. Nach drei Monaten auf hoher See treffen sie kurz vor der Südspitze Afrikas wieder auf die westafrikanische Küste – ganz so, als sei alles von langer Hand geplant.

Eine überzeugende Erklärung für diese unglaubliche Navigationsleistung haben die Fachleute bis heute nicht gefunden. Ohne Vorkenntnisse über Winde und Strömungen auf dem Südatlantik, darin sind sie sich einig, wäre das kaum möglich gewesen. Haben die Portugiesen schon Jahre zuvor den Südatlantik bis zur Küste Brasiliens befahren? Sind die Aufzeichnungen darüber ebenfalls bei der groß angelegten Geheimhaltungs- und Vernichtungsaktion in den portugiesischen Archiven verloren gegangen? Vielleicht liegt in den vielen Gerüchten über die Amerikafahrt Martin Behaims doch ein wahrer Kern. Die unglaubliche Leistung Vasco da Gamas und seiner Männer schmälert das nicht. Nach ihrer Fahrt an die südwestliche Küste Afrikas müssen sie sich jetzt in einer unbekannten Welt bewähren.

In einer unbekannten Welt

Nach drei Monaten auf hoher See sind Kommandeur und Crew erschöpft. Sie nutzen die erste Möglichkeit, Wasser aufzunehmen und die Schiffe zu reinigen. Die Portugiesen landen in einer Bucht, die sie St. Helena nennen – unter diesem Namen findet man sie noch heute nördlich von Kapstadt in den modernen Landkarten.

Nach mehr als drei Monaten treffen sie die ersten fremden Menschen, Afrikaner vom Stamm der Hottentotten. Sie akzeptieren freundlich die wertlosen Geschenke der Portugiesen. Obwohl es Vasco da Gama klar sein muss, dass er Indien noch nicht erreicht hat, lässt er den unbekannten Menschen am Ufer trotzdem Zimt, Gewürznelken, Gold und Perlen zeigen. Sie scheinen nichts davon zu kennen.

Nach acht Tagen Aufenthalt sticht die Flotte wieder in See. Vasco da Gama setzt Kurs auf die Südspitze Afrikas, auf das Kap der Guten Hoffnung. Nach zwei Tagen Fahrt, am 18. November 1497, haben sie es gesichtet. Aber starke Gegenwinde verhindern die Umfahrung. Mehrere Anläufe und fast eine Woche benötigt die Flotte, um das Kap hinter sich zu lassen.

Geführt von Vasco da Gamas Steuermann, Pero de Alenquer, dem die Küste bis hierher von seiner Fahrt mit Bartolomeu Dias bekannt ist, landen die Männer wenig später in Mossel-Bay. Dort, an der Südspitze Afrikas, bleiben sie 14 Tage. Die Matrosen nutzen den Landaufenthalt, leeren das langsame Vorratsschiff und verladen die restlichen Vorräte auf die drei anderen Schiffe. Dann verbrennen sie das nun nutzlose vierte Schiff. Bei der Weiterfahrt, in einer kritischen Situation, das wissen sie, könnte es durch seine Langsamkeit die ganze Flotte gefährden. Offenbar folgen sie einem sorgfältig ausgearbeiteten Plan.

Auch in Mossel-Bay finden sich bald Hottentotten ein. Der Autor des Bordbuchs vermutet, sie hätten von der anderen Seite des Kaps Nachricht über die erfreulichen Tauschgeschäfte erhalten. Der Beginn einer friedlichen Koexistenz:

„Am Sonnabend kamen über 200 Eingeborene, junge und alte. Sie brachten ungefähr ein Dutzend Ochsen und Kühe und vier oder fünf Schafe mit. Als wir sie erblickten, gingen wir an Land. Da begannen sie auf vier oder fünf Flöten zu spielen; die einen bliesen hohe Töne, die anderen tiefe. Für Eingeborene, die nicht musikalisch sind, brachten sie eine ganz schöne Musik zustande. Dazu tanzten sie in ihrer Art."

Die Festlichkeiten erstrecken sich über mehrere Tage. Sie enden, als die Portugiesen zur Demonstration ihrer Macht mit großem Getöse ihre Kanonen abfeuern. Die Afrikaner, die schon zuvor einen Hinterhalt befürchtet und deshalb ihre bewaffneten jungen Krieger stets im Hintergrund gehalten haben, fliehen ins Hinterland. Vasco da Gamas Männer müssen ihre kulinarischen Begehrlichkeiten statt auf die Kap-Ochsen nun auf Robben richten, die in der Nähe in großen Kolonien leben.

Nach wenigen Tagen, an einem Donnerstag, sticht die Flotte erneut in See. Noch von Bord sehen Vasco da Gama und seine Crew, wie einige einheimische Männer am Ufer ihren Padrao umstürzen, den von einem Kreuz gekrönten Steinpfeiler, den sie nach Sitte der portugiesischen Entdecker am Ufer errichtet haben. Ein Vorzeichen dessen, was kommen wird.

Eine Woche später passieren die Schiffe den letzten Punkt, den vor ihnen Bartolomeu Dias erreicht hat. „Sonnabend ließen wir den letzten Pfeiler hinter uns", schreibt der unbekannte Chronist an Bord. Jetzt fahren sie in unbekanntes Gebiet. Widrige Winde und die starke Alghuas-Meeresströmung behindern ihr Vorankommen. Die Männer an Bord haben Angst, zurück- oder aufs offene Meer hinausgetrieben zu werden.

Es ist kurz vor Weihnachten. Zur Feier nennen sie die nahe Küste Natal, „Land der Geburt". Die Wasservorräte gehen schon wieder zur Neige. Pro Mann und Tag haben sie bei ihrer harten Arbeit weniger als einen halben Liter Trinkwasser zur Verfügung. Der Kommandeur steuert auf die Küste zu. An der Mündung eines kleines Flusses, der genügend Süßwasser garantiert, lässt er Anker werfen. Vasco da Gama und seine Crew sind nahe dem heutigen Inharime in Mosambik gelandet.

Am Ufer entdecken sie bald Menschen, einheimische Bantu. „Der Oberbefehlshaber schickte Martin Affonzo, der sich lange im Manikongo [= Kongo] aufgehalten hatte, mit einigen anderen Matrosen an Land. Sie wurden dort freundlich aufgenommen." Affonzo und die anderen Matrosen werden in einem nahe gelegenen Dorf gut bewirtet. Die Tauschgeschenke der Portugiesen scheinen großen Anklang zu finden.

Zwei Händler, die nach einigen Tagen eintreffen, mustern die einfachen Waren der Portugiesen allerdings nur hochmütig. Sie scheinen bessere Angebote gewohnt. Einer ihrer Begleiter bedeutet dem Kommandeur und seinen Leuten, er selbst sei in einem fremden Land gewesen und habe dort große Schiffe gesehen, so wie ihres. Die ersten Anzeichen, dass sich Vasco da Gama und seine Mannschaft ihrem Ziel nähern.

Ungehindert nehmen sie am Fluss, den sie Rio do Cobre nennen, „Kupferfluss", so viel Wasser auf, wie die Behälter an Bord fassen können. Fünf Tage bleibt die Flotte vor diesem Landstrich liegen, dem der unbekannte Bordbuchschreiber den Namen Terra da Boa Gente gibt, Land der freundlichen Menschen. Dann befehlen günstige Winde in Richtung Nordost einen schnellen Aufbruch.

Eigentlich ist alles nach Plan verlaufen. Aber die Mannschaft ist geschwächt, erkrankt an einer seltsamen Krankheit: „Viele von unserer Mannschaft wurden hier krank, ihre Hände und Füße schwollen an, das Zahnfleisch wuchs über ihre Zähne, sodass sie nicht mehr essen konnten." Es ist die Geißel der Seefahrer: Skorbut! Der Name kommt vom lateinischen Scorbutus, das heißt Mundfäule.

Kein anderes Unglück, weder Unfall noch Gefecht, lichtet die Reihen der Matrosen so schnell wie der Skorbut. Die Symptome sind furchtbar: ausfallende Zähne, Blutungen in der Haut und im Körperinneren, Anfälligkeit für Infektionskrankheiten, rascher Tod durch Schwächung des Herzmuskels. Wie soll man diese Krankheit heilen? Die Menschen dieser Jahre sind ratlos. Dabei läge die Lösung so nah. Kein Mitglied der Mannschaft müsste sterben, würde er von der nahen Küste frisches Obst oder Gemüse essen.

Heute weiß man, dass Skorbut nur bei starkem Vitamin-C-Mangel auftritt. Aber diesen Zusammenhang wird man erst am Ende des 18. Jahrhunderts erkennen, 300 Jahre nach der Fahrt Vasco da Gamas – und wird den Matrosen Zitronensaft mit auf Reisen geben. Vasco da Gama und seine geschwächten Männer sind dem Skorbut hilflos ausgeliefert. Dabei müssten sie gerade jetzt besonders wachsam sein.

Gefahren und Wunder

Wieder auf See, sichten sie am 1. März, einem Donnerstag, eine Insel und das Festland: Mosambik. Die Bewohner des Landes sind Muslime. Als diese bemerken, dass die Neuankömmlinge Christen sind, verwandelt sich ihre anfängliche Freundlichkeit in offene Feindschaft.

Zum ersten Mal treffen die Portugiesen auf arabische Seeleute, die sie „Mauren" nennen. Die erzählen ihnen von mächtigen Handelsstädten wei-

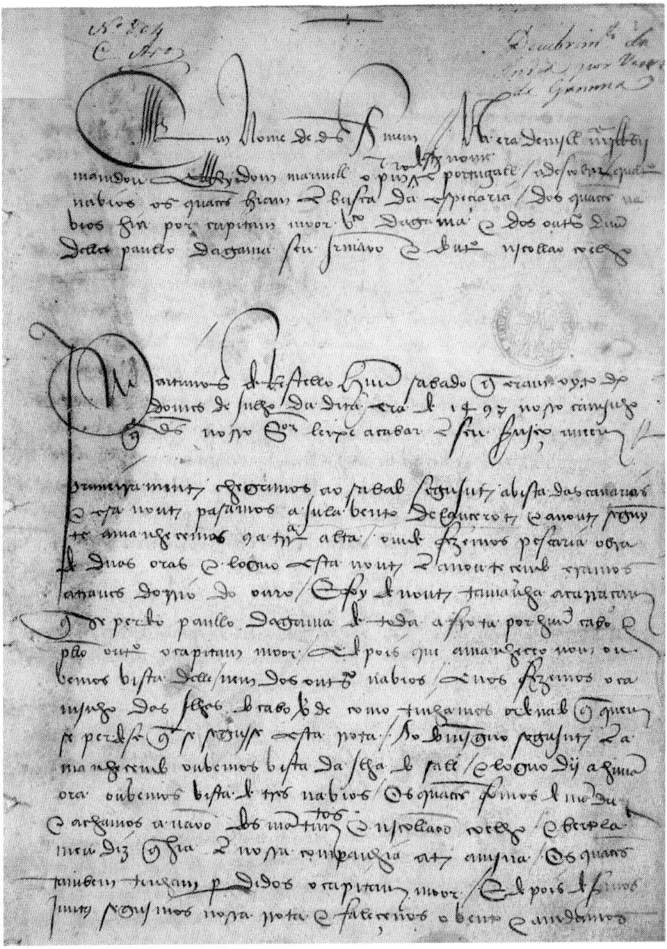

Das Logbuch der Reise eines unbekannten Chronisten

ter im Norden und dem christlichen Reich des Priesterkönigs Johannes, das weit im Landesinneren läge.

„Dieser Bericht", schreibt der Bordchronist voller Überschwang, „und noch vieles, was wir hörten, machte uns so glücklich, dass wir alle vor Freude jubelten und Gott baten, damit wir unser so heiß ersehntes Ziel erreichen könnten."

Aber die Lage ist schwierig, die Weiterfahrt nicht sicher. Der Sultan von Mosambik verweigert den Christen die Zusammenarbeit. Von ihm, erklärt er, werden sie weder einen Lotsen noch Aufklärung über die weitere Route erhalten. Ihre Geschenke weist er verächtlich zurück. Unter den Waren der Portugiesen sei nichts, das er nicht in seinem Land in besserer Qualität erhalten könnte. Die Situation verschärft sich, als Vasco da Gama und seine Männer in einen Hinterhalt des Sultans zu geraten scheinen. In der allgemeinen Verwirrung befiehlt der Kommandeur die Abreise.

Zwei Wochen lang kreuzt die Flotte gegen die widrigen Winde vor der Küste, dann müssen sie noch einmal zurückkehren, um Trinkwasser an Bord zu nehmen. Am Strand kommt es diesmal zum offenen Gefecht. Die Truppen des Sultans sind zwar zahlreich, aber nur leicht bewaffnet. Gegen die beidseitig mit jeweils 20 Kanonen bestückten Schiffe der Portugiesen haben sie keine Chance. Anscheinend hat der portugiesische Königshof von Anfang an mit kriegerischen Handlungen gerechnet. Nur das erklärt die außergewöhnlich schwere Bewaffnung.

Hat Covilhão in seinen Geheimberichten vor der Feindseligkeit der Bevölkerung und der Macht der Sultane gewarnt? Vasco da Gama jedenfalls beweist seine tödliche Entschlossenheit. Das Scharmützel endet mit einigen Opfern auf der Seite der Afrikaner. Das erste Gefecht auf afrikanischem Boden – das ist kein gutes Omen.

Mit frischem Wasser in den Fässern gelingt der Flotte schließlich der Aufbruch von Mosambik. Entlang der Küste fährt sie weiter nach Norden, geführt von einem Lotsen, den sie unterwegs gefangen genommen haben. Immer noch hoffen sie, auf ihrem Weg einen christlichen Herrscher zu finden, einen Abgesandten des Priesterkönigs Johannes vielleicht, einen Verbündeten in feindlicher Umgebung. Manchmal, wenn sich die Gelegenheit bietet, nehmen sie Menschen von anderen Schiffen oder vom Land an Bord, meist mit friedlichen Mitteln, um neue Erkenntnisse über ihre Route zu gewinnen.

Am 7. April sichten sie die mächtige Handelsstadt Mombasa und ankern vor dem Hafen. Nach kurzer Zeit erscheint eine Dhau mit einer Delegation aus der Stadt. Sie sollten ruhig an Land gehen, teilen sie den Portugiesen auf Arabisch mit, in einem eigenen Stadtteil lebten Christen in der Stadt. Nach den Erfahrungen von Mosambik ist Vasco da Gama misstrauisch – er befürchtet einen erneuten Hinterhalt. Zur Erkundung sendet er nur zwei seiner Männer, wahrscheinlich freigelassene Sträflinge, an Land. Sie werden freundlich aufgenommen.

Trotzdem bleibt der portugiesische Kommandeur argwöhnisch und greift zu drastischen Mitteln. Im Schutz der Nacht lässt er zwei einheimische Gefangene foltern, „indem er kochendes Öl auf ihre Haut gießen ließ". Die Opfer dieser menschenverachtenden Qual berichten von einem geheimen Plan, alle Portugiesen zu töten. Ist das die Wahrheit – oder nur eine von der Folter erzwungene Schauergeschichte?

Vasco da Gama und seine Leute beschließen den Aufbruch – die Lage ist ihnen zu unübersichtlich. Ohne Lotsen tasten sie sich an der Küste entlang, immer weiter in Richtung Norden. Wieder finden sie neue Informanten. Ein reicher Kaufmann, dessen Dhau sie unterwegs aufbringen und kapern, berichtet ihnen vom nächsten Hafen: der Stadt Malindi.

Immer noch misstrauisch, senden die Portugiesen den Kaufmann voraus. Als er zurückkehrt, hat er für sie erfreuliche Nachrichten. Der Herrscher über Malindi scheint mit dem Sultan von Mombasa in dauernder Fehde zu liegen. Und weil die Neuankömmlinge von seinem Rivalen offenbar im Unfrieden geschieden sind, betrachtet er sie nun als potenzielle Alliierte. Er schickt ihnen Gastgeschenke, einige fette Hammel – und Gewürze aus Indien. Nach einigen Verhandlungen kommt er selbst an Bord der kleinen Flotte.

Wichtiger als dieser Besuch ist für die Portugiesen jedoch eine andere Begegnung. Der Bordbuchschreiber berichtet ausführlich:

„Wir trafen hier vier Segelschiffe, die indischen Christen gehörten. Als sie zum ersten Mal auf das Schiff Paulo da Gamas kamen, wo sich auch gerade der Oberbefehlshaber [Vasco da Gama] befand, wurde ihnen ein Altarbild der heiligen Jungfrau gezeigt. ... Als die Inder das Bild sahen, warfen sie sich vor ihm nieder, und so lange wir da waren, kamen sie, um vor ihm zu beten. Sie brachten ihm Geschenke dar, Gewürznelken, Pfeffer und anderes."

Ein Wunder! Die Portugiesen halten die hinduistischen Inder, die das Bild der christlichen Muttergottes an eine ihrer eigenen Gottheiten erinnert, für Christen. Ein folgenschwerer Irrtum. Aber einer, der ihren Willen bestärkt, nach Indien zu segeln. Als sie vom Sultan einen „christlichen" Lotsen gestellt bekommen, sind sie bereit für die große Überfahrt.

Die große Überfahrt

„Malindi verließen wir Dienstag, den 24. April, um unter Führung des Lotsen, den uns der König mitgegeben hatte, die Stadt Calicut zu erreichen. Die Küste erstreckt sich dort von Norden nach Süden und umschließt eine große Bucht mit einer Durchfahrt [die Meeresstraße Bab-el-Mandeb]. Uns wurde erzählt, dass in dieser Bucht viele große Städte lägen ... Auch 600 schon bekannte Inseln sollen dort sein, außerdem das Rote Meer und die Kaaba von Mekka ... Sonntags erreichten wir wieder einige hohe Berge, und als wir so dicht heran waren, dass der Lotse die Gegend erkennen konnte, erfuhren wir, dass wir uns auf der Höhe von Calicut befänden."

Indien! Vasco da Gama und seine Männer haben ihr Ziel erreicht. Die Flotte ankert einige Meilen vor Calicut. Für die weitere Erkundung des Ufers ist es zu spät. Als am folgenden Montag mehrere Boote zu den Schiffen der Portugiesen hinausfahren, sendet der Kommandeur einen der freigelassenen Sträflinge namens João Nunes mit ihnen an Land. Er erlebt eine Über-

Die Padraini-Bucht nördlich von Calicut an der Südwestküste Indiens. Dort ging die Flotte Vasco da Gamas Ende Mai 1598 zuerst vor Anker.

raschung. Zwei nordafrikanische Kaufleute aus Tunis begrüßen ihn in seiner eigenen Sprache:

„,Hol dich der Teufel! Wie kommst du hierher?' Sie fragten, was er so weit von der Heimat zu suchen hätte, und er berichtete, dass wir nach Christen und Gewürzen forschten. ,Warum schickt nicht der König von Frankreich oder die Signoria [= der Rat] von Venedig hierher?' Das wollten sie nun wissen. Unser Bote sagte, der König von Portugal erlaube es ihnen nicht, was sie ganz in Ordnung fanden ... Als er gegessen hatte, kehrte er mit einem der Mauren zu den Schiffen zurück. Dieser war kaum an Bord, als er in den portugiesischen Ruf ausbrach: ,Welches Glück! Welches Glück! Eine Menge Rubine, eine Menge Edelsteine! Dankt Gott, dass er euch in ein so reiches Land geführt hat!'"

Die Portugiesen sind überwältigt. Niemals, schreibt der Verfasser der Bordbuchs, hätte er geglaubt, so fern der Heimat die eigene Sprache zu hören. Am Ende einer langen Reise scheint die Welt näher zusammenzurücken. Christliche Portugiesen und muslimische Nordafrikaner, die sich sonst nur im Kampf begegnen – am anderen Ende der Welt teilen sie dieselbe Sprache.

Noch mehrere Tage liegt die Flotte vor Calicut. Der Herrscher der Stadt kann sie nicht empfangen, er ist auf Reisen. Er führt den Titel Raja Samu-

drin, das heißt „Herr des Meeres". Die Handelsbeziehungen seiner Stadt reichen von Ceylon und Hinterindien bis auf die Molukken und nach China hinein.

Am 28. Mai ist der Raja Samudrin zurück und bittet Vasco da Gama in seinem Palast zur Audienz. Die Erzählung des Bordchronisten, der selbst dabei ist, ermöglicht einen seltenen, direkten Blick auf die Geschehnisse. In ihrer besten Galauniform, begleitet von Trompetenbläsern und Flaggenträgern, lassen sich Vasco da Gama und einige seiner Offiziere ans Ufer übersetzen. Eine große Menschenmenge erwartet sie schon, darunter sind auch Bewaffnete mit Schwertern.

Unsere Ankunft in Indien

Wir legen die Schienen, justieren die Kamera auf dem Dolly. Unten am Strand warten hundert indische Krieger mit Schwertern und Schilden und eine Musikkapelle des Zamorin, um Vasco da Gama und seine Mannschaft in allen Ehren zu empfangen. Eile ist geboten, denn gleich ist das Licht weg. Die Einstellung müssen wir unbedingt heute schaffen, denn morgen ist Generalstreik angesagt, da werden wir keine Statisten bekommen.

Plötzlich ein Schrei auf Malayalam, der nichts Gutes verheißt. Jemand stürzt auf unseren Kameramann zu und baut sich vor dem Filmapparat auf. „Hier wird nicht gedreht", gibt er zu verstehen. „Dies ist mein Land!" Sein Land? Just der Streifen Sand, an dem vor über fünfhundert Jahren Vasco da Gama zum ersten Mal den indischen Subkontinent betreten haben soll? Wir sind doch nicht in Amerika oder Mallorca, wo sich Prominente gegen Zahlung hoher Summen öffentliches Land zu Eigen machen können.

Aber wem gehört das Land und warum hat uns der Aufnahmeleiter nicht vor den unklaren Besitzverhältnissen gewarnt? Wir hatten diesen Dreh doch monatelang vorbereitet und alle Genehmigungen eingeholt: von der indischen Botschaft, vom Innenministerium, von der Landesregierung, von der Kreisverwaltung, vom Bürgermeister. Es war nicht einfach gewesen, sie zu erhalten.

Zur Fünfhundertjahrfeier der Ankunft Vasco da Gamas in Indien wollte ein Konsortium von deutschen und portugiesischen Reiseunternehmern das Ereignis nachstellen. Es war ihnen nicht genehmigt worden. Die indische Regierung sah keinen Grund, den Beginn der Kolonialgeschichte auf ihrem Boden zu feiern. Wir wären die Ersten gewesen, die jenes weltgeschichtliche Ereignis am Originalschauplatz nachgestellt und gefilmt hätten.

Inzwischen befinden wir uns in einer Menge gestikulierender Menschen, die uns den Blick auf unser Motiv völlig verstellt. Drohungen gehen hin und her, teils auf Malayalam, teils auf Englisch. Unter erheblichem stimmlichem Aufwand wird der angebliche Landbesitzer von seinen Nachbarn als Querulant enttarnt.

Man sei stolz, am Ort von Vascos Ankunft zu wohnen, und lasse es sich weder von der Regierung noch von Fanatikern verbieten, seiner zu gedenken. Die Menge macht den Blick frei, wir atmen auf.

Die Schwertträger beziehen erneut Position, die Musik setzt ein. „Ton ab, Kamera läuft." Vasco setzt seinen Fuß an Land. Ein kleiner Schritt für einen Portugiesen ...

Die Schatten werden immer länger und morgen ist Streik. Wir müssen uns beeilen.

Das fremde Land

Zurück ins Jahr 1498. Die Portugiesen sind nervös, angespannt. Sie rechnen mit dem Schlimmsten. Aber der Empfang ist freundlich. Tausende Menschen säumen die Straßen und Flussufer, als sie in feierlicher Prozession mit Sänfte und Boot auf ihr Ziel zustreben. Auf dem Weg führt man sie in ein Gebäude, das der Chronist als „Kirche" bezeichnet – ein hinduistischer Tempel. Dort steht das Bildnis einer weiblichen Gottheit, ähnlich seiner Muttergottes. Die „Heiligenbilder" an den Wänden erscheinen ihm seltsam, haben sie doch eigenartige Zähne und vier oder fünf Arme. Trotzdem lassen die Portugiesen das Begrüßungsritual durch die Priester geduldig über sich ergehen. Immer noch glauben sie, dass die Bewohner von Calicut Christen sind.

Trotz turbulenter Szenen auf den Straßen gelangen die Portugiesen unbeschadet zum Palast des Rajas. Der erwartet sie in einem luxuriös ausgestatteten Raum. Vasco da Gama begrüßt ihn nach indischem Ritual, offenbar hat er sich zuvor von den maurischen Händlern unterweisen lassen – oder folgt er den Hinweisen Covilhãos? Die Geschenke, die Vasco da Gama für diesen Anlass mitgebracht hat, erweisen sich allerdings als nutzlos.

„Als sie die Geschenke erblickten, lachten sie und sagten, das seien keine Geschenke für einen König; der ärmste Kaufmann aus Mekka oder sonst wo in Indien gäbe mehr. Wenn er Geschenke machen wolle, dann aus Gold, denn andere Dinge nehme der König nicht an."

Gold aber hat Portugal nicht – noch nicht. Die nächste Audienz beim Raja wird unerfreulicher. Wenn der portugiesische Kommandeur behaupte, aus einem mächtigen Land zu kommen, wo blieben dann die wertvollen Geschenke? Die Waren der Portugiesen will er nicht. Sie können sie, sagt er, auf dem Markt verkaufen.

Danach, auf dem Rückweg zu den Schiffen, wird die Lage verworrener. Am Ufer halten die Beamten des Raja Vasco da Gama und seine Männer in Sichtweite ihrer Schiffe am Ufer fest. Erst am 2. Juni, nach tagelangen Verhandlungen, gelingt es Vasco da Gama, zur Flotte zurückzukehren. Von Bord seines Flaggschiffs führt er weitere Verhandlungen. Nach wochenlangen Bemühungen verkaufen er und seine Männer nun endlich ihre mitgebrachten Waren – zu einem niedrigen Preis. Auf dem Markt erwerben sie dafür Gewürznelken, Zimt und Edelsteine. Noch einmal spitzt sich, nach scheinbarer Beruhigung der Situation und fast genau drei Monaten Aufent-

Ein Gedenkstein am Kapad Beach erinnert an die Ankunft Vasco da Gamas.

halt, am 13. August 1498, die Lage dramatisch zu. Unerwartet lässt der Raja einige Portugiesen festnehmen. Er werde sie gegen die Zahlung der üblichen Hafengebühr freilassen, teilt er ihrem überraschten Kommandeur mit.

Der vermutet eine Verschwörung der arabischen Kaufleute. Anzunehmen ist jedoch, dass die Portugiesen, darauf deuten neueste Forschungsergebnisse aus Indien hin, selbst die jahrhundertealten Handelsregeln von Calicut verletzt haben. Wahrscheinlich will der Raja mit so drastischen Mitteln nur seine berechtigten Ansprüche schützen.

Vasco da Gama ist nicht der Mann, über solche Feinheiten nachzudenken. Er handelt schnell, impulsiv, entschlossen. Als eine Delegation des Raja an Bord kommt, nimmt er einige der Männer als Geisel. Nach Tagen und Wochen der Verhandlung wird er mit ihnen tatsächlich seine eigenen Männer freipressen – ohne weitere Zahlungen. Ein Problem scheint gelöst. Aber die Laderäume seiner Schiffe sind immer noch halb leer. Vasco da Gama beschließt trotzdem die Abfahrt.

„Mittwoch, den 29. August, kamen der Oberbefehlshaber und die Kapitäne überein, dass es das Beste wäre, wenn wir diese Gegend wieder verließen, da wir ja das Land, auf dessen Suche wir waren, entdeckt, ebenso Gewürze und Edelsteine gefunden hätten, es aber unmöglich erscheine, freundschaftliche Beziehungen zu den Einheimischen herzustellen."

Unsere Audienz beim letzten Zamorin von Calicut

Ein grünes Blechschild mit der Aufschrift „Home of the Zamorin Raja of Calicut" schaukelt quietschend im Wind. Eine Schar neugieriger Kinder hat sich vor dem Eingangstor eines kleinen Bungalows versammelt, um die Ankunft einer Delegation des deutschen Fernsehens zu bestaunen, die dem letzten Herrscher von Calicut seine Reverenz erweisen will.

Fünfhundertundzwei Jahre ist es her, dass sein Vorfahre den Portugiesen Vasco da Gama empfangen hat. Der gegenwärtige Zamorin, P. K. Ettanunni Raja, genannt Manavikraman, ist 95 Jahre alt, aber er erinnert sich noch genau an die Ereignisse von damals, die man über die Jahrhunderte hinweg im Königshaus überliefert hat. Zur Feier des Tages hat er sich die zeremonielle Kleidung der Zamorins angelegt: einen weißen Wickelrock, der bis auf den Boden reicht; den ansonsten freien Oberkörper bedeckt eine Schärpe und eine schwere Perlenkette. Die Oberarme sind mit Goldreifen geschmückt. So ähnlich, nur etwas jünger, wird auch sein Ahne ausgesehen haben, als er Vasco da Gama an jenem schwülen Frühsommerabend im Mai 1598 begrüßt hat.

Der Kameramann dreht das „Empfangskomitee" des Zamorin, des Herrschers von Calicut.

Wie denn die Begegnung mit dem Europäer aus der Sicht seiner Familie ausgesehen habe, fragen wir ihn, und ob man in Vasco da Gama nicht den Zerstörer ihrer Herrschaft und ihrer Kultur sehe. „Mitnichten", antwortet der greise Monarch. Der Zamorin habe sich mit Vasco da Gama gut verstanden. Probleme habe es nur zwischen den Arabern und den Portugiesen gegeben, weil diese den Arabern ihr Handelsmonopol streitig gemacht haben.

Vasco da Gama habe dem Zamorin sogar einen Ring und einen goldenen Beinschmuck geschenkt, der sich bis jetzt noch im Besitz der Familie befinde. Sein Vorfahre habe sich in dem Handelsstreit zwischen Arabern und Portugiesen schließlich auf die Seite der Araber geschlagen, das sei vielleicht ein Fehler gewesen. Deshalb habe sich Vasco da Gama mit dem Herrscher von Cochin, dem Rivalen des Zamorin, verbündet, und so hätte Calicut allmählich an Bedeutung verloren.

Aus historischer Perspektive sei jedoch die Ankunft der Portugiesen für die indische Gesellschaft ein Gewinn gewesen. Sie hätten schließlich das Kastensystem abgeschafft, die Verwaltung reformiert und das Christentum im Lande gestärkt. Ein erstaunlich tolerantes Bekenntnis für den letzten Vertreter einer Dynastie, die der Ankunft der Portugiesen ihren Niedergang verdankt.

Nachfolgende Doppelseite: Der Tempel-Komplex des Zamorin von Calicut existierte schon zu Vasco da Gamas Zeit.

Die Portugiesen überqueren die Backwaters von Kerala auf einem Floß, begleitet von Musikern und Soldaten des Zamorin von Calicut. (Filmszene)

„The times, they are changing, you know", gibt er uns als Erkenntnis seines langen ereignisreichen Lebens mit auf den Weg. Er hoffe, dass es ihm noch vergönnt sei, unsere Darstellung jener welthistorischen Ereignisse im Fernsehen mitzuerleben, an dem seine Vorfahren zu einem kleinen, aber nicht unwesentlichen Teil beteiligt waren.

Wir versprechen, wie immer, eine Kassette zu schicken.

Eine veränderte Welt

Es wird eine abenteuerliche Rückreise. Einige Männer werden an Skorbut und anderen Krankheiten sterben. Vor der ostafrikanischen Küste werden die Portugiesen eines ihrer Schiffe, die *São Rafael*, verbrennen. Sie haben nicht mehr genug Männer, um drei Schiffe zu segeln. Der Chronist ihrer Reise wird vor der Westküste Afrikas verstummen, vielleicht ein weiteres Opfer der grassierenden Krankheiten. Paulo da Gama, der Bruder des Kommandeurs, wird auf der Azoreninsel Terceira an seiner schweren Erkrankung sterben.

Vasco da Gama überlebt. Als er nach fast genau zwei Jahren mit seinem Flaggschiff, der *São Gabriel*, wieder in die Tejomündung bei Lissabon einfährt, weiß die europäische Welt schon von seinen Entdeckungen. Einen Monat zuvor, am 10. Juli des Jahres 1499, hat sein Kapitän Nicolão Coelho dem portugiesischen König Manuel I. in seinem Auftrag Bericht erstattet. Er ist mit der Nachricht von ihrer glücklichen Fahrt vorausgereist.

In St. Francis, der ersten europäischen christlichen Kirche auf indischem Boden, wurde Vasco da Gama 1524 bestattet. Später wurde sein Leichnam nach Portugal überführt.

Um die Bedeutung des Ereignisses zu betonen, wird der König am Ort von Abfahrt und Rückkehr ein Kloster bauen. Er wird den Namen seines Hafens von Restello in Belém ändern, das heißt „Bethlehem". Das Kloster ist dort heute noch zu sehen, ein Bauwerk im markanten Stil der Zeit, der Gotik, Renaissance und maurischen Elementen. In der Kirche dieses Klosters wird am Ende seiner Tage Vasco da Gama seine letzte Ruhestätte finden. Es scheint, als habe der portugiesische König nicht den geringsten Zweifel an der epochalen Wirkung dieser einen Reise gehabt – trotz der vorerst mageren Resultate.

In Venedig notiert der Händler Girolamo Priuli in sein Tagebuch:

„Ob auch viele sich die Sorge von der Seele reden und nicht sehen wollen, was da kommt, so bedeutet diese Nachricht mehr als der ganze Türkenkrieg und ist die schlimmste, die man nach dem Verlust der Freiheit selbst hören kann und aller Krieg und Mühsal ist Spiel dagegen. Denn wie ein Kind nicht ohne Milch, so kann unsere Stadt nicht ohne Handel sein."

Portugal hat den Wettlauf nach Indien gewonnen. Es ist der Beginn einer neuen Epoche, der Aufstieg zu ungeahntem Reichtum und Macht. Mit Kanonen, Feuer und Schwert werden sich die Europäer zu den neuen Herren der Welt aufschwingen. Für die Unterlegenen ist es der Beginn einer Katastrophe, die bis heute fortdauert.

Die Waffen Europas werden die mächtigen Reiche und uralten Kulturen Amerikas, Afrikas, Arabiens und Asiens zerstören. Nach eigenem Gutdünken werden die Europäer die Welt unter sich aufteilen, die einheimischen Völker unterdrücken, die Ressourcen rücksichtslos ausbeuten, neue Ländergrenzen und Allianzen schaffen.

Die so genannte Dritte Welt hat sich davon bis heute nicht erholt. Vasco da Gama und Kolumbus haben diese Entwicklungen nicht zu verantworten. Aber sie zeigen in ihrem Handeln schon eine Vorahnung dessen, was kommen wird. Das sollte man bei allem Stolz auf die Leistungen der europäischen „Entdecker" nicht vergessen.

Friedrich Steinhardt
Gabriele Wengler

Mordfall
Kaspar Hauser

Der entzauberte Prinz

„Es hat nicht lange gedauert", erinnert sich Werner Bürger an jenen denkwürdigen Samstagnachmittag in Ansbach. „Dichtes Gedränge herrschte und eine gespannte Atmosphäre, dann lange Gesichter." Mit „dichtem Gedränge" meint der Leiter des Ansbacher Stadtarchivs Werner Bürger etwa 60 Journalisten, Historiker und die üblichen Neugierigen, die auf Einladung des Magazins *Der Spiegel* und der Stadt Ansbach zusammenkommen. Ort des Geschehens ist der „Grüne Saal" der Orangerie im Hofgarten und es geht um nichts weniger als um eine historische Sensation. Die Lösung eines bis dahin unlösbar scheinenden Rätsels: Wer war Kaspar Hauser? Ist der geheimnisvolle Findling aus Nürnberg in Wahrheit ein badischer Prinz, verwandt mit dem Herrscherhaus, und aus Machtgier beseitigt worden?

Über 160 Jahre, seit seinem gewaltsamen Tod, ist diese Frage noch immer ungeklärt; zu nebulös, zu verworren sind die Ereignisse und vor allem – sie liegen zu lange zurück.

Da taucht am Pfingstmontag 1828 ein etwa 16-jähriger Junge mitten in der Stadt Nürnberg auf. Niemand weiß, woher er kommt und wohin er will. Sein Entwicklungsstadium liegt unter dem eines Kleinkindes und sein Verhalten gleicht mehr einem Tier als dem eines Menschen. Wer seine Eltern sind und warum sie ihn aussetzten, bleibt im Dunkeln. Gerüchte kursieren, wonach er von vornehmer Geburt und adeliger Herkunft sei, aufgewachsen in einem Kerker, bei Wasser und Brot. Gerüchte, die dem Findling die Aura des Besonderen verleihen und die Welt in zwei Lager teilen: Anhänger und Gegner.

Kaspar Hauser, genannt das „Kind von Europa", wurde schnell das, was wir heute einen Medienstar nennen würden. Lieder werden über ihn gesungen, Moritaten erzählt, und eine ins Uferlose anwachsende Zahl von Traktaten und Artikeln entsteht, die sich alle mit seiner rätselhaften Herkunft beschäftigen und der Frage: Ist er ein Prinz oder ein Betrüger?

Trotz seiner unglaublichen Popularität wird Kaspar Hauser in den wenigen Jahren, die er unter Menschen verbringt, immer nur weitergeschoben; fünf Jahre lang. Auf diesem Weg gelangt er nach Ansbach, wo er am 14. Dezember 1833 unter einem Vorwand in den dortigen Hofgarten gelockt und von Unbekannten erstochen wird – nur knappe hundert Meter übrigens entfernt vom Ort der im November 1996 stattfindenden Pressekonferenz.

Es ist 14:00 Uhr, als die Referenten auf dem Podium Platz nehmen: *Spiegel*-Chefredakteur Stefan Aust, Ansbachs Oberbürgermeister Ralf Felber, ein Historiker, ein Autor des *Spiegel* und, als eigentliche Hauptpersonen, die Rechtsmediziner Wolfgang Keil aus München und John Bark aus Birming-

Vorhergehende Doppelseite: Ein Leben lang eingesperrt, bei Wasser und Brot, von einem sadistischen „Ungeheuer" bewacht. Eine Schauervorstellung, die die Fantasie der Menschen anregte und oft zu überzogenen Darstellungen führte.

ham. Dessen Institut war schon an der Aufklärung des Rätsels um die ermordete Zarenfamilie Romanow beteiligt (vgl. *Sphinx* 5, „Der Untergang der Romanows und der Schatz der Zaren").

Die Unterhose von Kaspar Hauser mit der Blutspur vom 14.12.1833, an der im Jahr 1996 die DNA-Analyse durchgeführt wurde.

Die beiden Wissenschaftler hatten im Frühjahr 1996 ein kleines Stückchen Stoff aus der Unterhose Kaspar Hausers herausgeschnitten, die er bei dem tödlichen Attentat am 14. Dezember 1833 trug. Unabhängig voneinander sollte in den Laboren von München und Birmingham aus eingetrockneten Blutspuren die DNA rekonstruiert und damit der „genetische Code" Kaspar Hausers gefunden werden; eine bei jedem Menschen unverwechselbare und durch Vererbung weitergegebene Abfolge von Molekülen in der menschlichen Zelle. In einem Vergleich mit dem genetischen Code direkter Nachfahren aus dem Hause Baden, der auf ähnlichem Weg, nämlich durch Blutentnahme gewonnen wurde, ließe sich dann eine Verwandtschaft von Kaspar Hauser und der badischen Herrscherfamilie beweisen, so die Annahme. Wer hätte gedacht, dass ausgerechnet in der Kleidung Kaspar Hausers des Rätsels Lösung liegt?

Die Atmosphäre ist gespannt und Stefan Aust kommt auch gleich auf den Punkt: „Das Ergebnis der Gesamtuntersuchung, der Vergleich, lautet, Kaspar ist nicht der Prinz von Baden. Das wird manche Leute enttäuschen, aber das ist ein eindeutiger Beweis."

Der knappe und direkte Ton des *Spiegel*-Chefs verfehlt nicht seine Wirkung. Lange Gesichter und nur verhaltene Fragen aus dem Publikum. Kaspar Hauser, dessen Person und geheimnisvolles Schicksal man in Ansbach in diesen Tagen mit Festspielen und den „Kaspar-Hauser-Wochen" ehrt, ist also nicht der, für den ihn so viele gerne gehalten hätten? Die Sache scheint klar. Am darauf folgenden Montag, dem 25. November 1996, erklärt der *Spiegel* in der Titelstory von Heft 48, „Der entzauberte Prinz", das Jahrhundert-Rätsel durch Gen-Forscher für gelöst.

„Armer Kaspar!"

Unter den zahlreichen Gästen der Pressekonferenz waren bestimmt etliche Anhänger der so genannten Prinzentheorie. Der eine oder andere von ihnen mag in diesem Moment vielleicht nach draußen gesehen haben. Durch die kahlen Äste der alten Bäume streift der Blick in den prächtig angelegten Hofgarten und sucht jene Stelle, an der das gerade so kurz und

Es gab keine Zeugen des tödlichen Attentats auf Kaspar Hauser am 14.12.1833 im Hofgarten von Ansbach. Zeitgenössische Illustratoren geben die Szene so wieder, wie sie von dem im Sterben liegenden Kaspar Hauser später beschrieben wurde.

nüchtern abgehandelte Schicksal des rätselhaften Jungen sein vorläufiges Ende gefunden hat.

Fünf Jahre später, wieder in Ansbach. Wir stehen vor der nach französischem Vorbild erbauten Orangerie des Markgrafenschlosses und blicken in den Hofgarten. Eine breite Lindenallee führt von hier quer durch den Park in südlicher Richtung, an dessen Ende heute der Bahnhof liegt. An ihrem Anfang, unterhalb der Terrasse, befindet sich ein großer Springbrunnen, berühmt für seine artesischen Wasserspiele. Geht man links daran vorbei und folgt den kleinen Seitenwegen nach Osten, so wird der Park plötzlich dunkler. Zwischen den Bäumen glänzt in der Nachmittagssonne die goldene Büste eines Denkmals für den Ansbacher Dichter Johann Peter Uz. Nur etwa zehn Meter davor, versteckt hinter Tannen und Rhododendronbüschen, ist die Stelle, die wir gesucht haben. Eine achteckige Säule, zweieinhalb Meter hoch, darauf die lateinische Inschrift: „Hic Occultus Occulto Occisus Est XIV DEC. MDCCCXXXIII" – zu Deutsch: „Hier fand ein Geheimnisvoller auf geheimnisvolle Weise den Tod 14. Dezember 1833".

Der 14. Dezember 1833, der Tag des tödlichen Attentats auf Kaspar Hauser, war ein Samstag. Nicht hier, sondern in der Wohnung seines damaligen Pflegevaters Johann Meyer, in der Pfarrstraße 18, starb Kaspar drei Tage später an den Folgen seiner Verletzung. In diesen drei Tagen wurde er dreimal verhört. Die Protokolle lassen eine genaue Rekonstruktion der Ereignisse dieses 14. Dezember zu.

Kaspar Hauser geht an jenem Tag, wie an jedem Werktag, ins Appellationsgericht von Ansbach, wo er eine Gelegenheitsstelle als Schreiber und Aktenkopist innehat. Als er um kurz nach 9:00 Uhr das Gericht betritt, wird er in der Vorhalle von einem Mann angesprochen, den er für einen Arbeiter hält. Kaspar Hauser beschreibt ihn als nicht sonderlich groß, von mittlerer Statur und mittlerem Alter, mit schwarzen Haaren und einem Schnurrbart. Er bittet Kaspar im Auftrag des Hofgärtners, zwischen 15:00 und 16:00 Uhr zum Springbrunnen in den Park zu kommen. Der Gärtner würde ihm dann die Besonderheiten des Brunnens zeigen. Es ist das zweite Mal, dass Kaspar von diesem Mann angesprochen wird. Bereits am 11. Dezember hat er ihn unter dem gleichen Vorwand in den Hofgarten zu locken versucht. Diesmal sagt Kaspar sein Kommen zu.

Gegen Mittag verlässt Kaspar Hauser das Gericht und ist den Nachmittag über bei Pfarrer Fuhrmann, um bei Weihnachtsbasteleien zu helfen. Um 14:30 Uhr geht er von dessen Wohnung zum verabredeten Ort in den Hofgarten. Als er an dem Springbrunnen niemanden antrifft, marschiert er weiter, in Richtung auf das schon erwähnte Uz-Denkmal zu. Dort wird er von einem anderen Mann angesprochen. Auch ihn kann Kaspar später beschreiben: etwa 50 bis 54 Jahre alt, mittlere Statur, schwarzer Backen- und Schnurrbart. Der Fremde will Kaspar einen Beutel geben, als Geschenk, wie er sagt. Im dem Moment, in dem der Junge danach greift, sticht ihn sein Mörder in die Brust.

Kaspar flüchtet in panischer Angst aus dem Hofgarten nach Hause, in die Pfarrstraße 18, in die Wohnung des Lehrers Meyer. „Hofgarten, bei Uz, großer Mann ...", bringt Kaspar hervor. Meyer glaubt ihm nicht und will mit Kaspar in den Hofgarten. Auf dem Weg dorthin bricht der Verwundete jedoch zusammen. Jetzt erst bemerkt der Lehrer die Verletzung und das viele Blut. Meyer schickt nach dem Arzt, Dr. Friedrich Heidenreich, der die tödliche Verletzung feststellt. Mit dem bloßen Finger untersucht er die offene Wunde – eine damals nicht unübliche, sehr schmerzhafte Art, die Tiefe eines Stichs zu ertasten.

Es ist 17:15 Uhr, zwei Stunden nach dem Attentat, als die erste von insgesamt drei Vernehmungen am Sterbelager Kaspar Hausers beginnt. Immer unterbrochen von der Erschöpfung und den Schmerzen des unrettbar Verletzten.

Dem befragenden Untersuchungsrichter stellen sich zunächst Zweifel am Wahrheitsgehalt von Hausers Schilderungen. Kaspar spürt die Skepsis der Anwesenden und deren Verdacht, er selbst hätte sich die Verletzung zugefügt. Der Tatort wird untersucht, aber man findet wegen des anhaltenden Schneefalls weder Spuren noch Zeugen, und auch die Mordwaffe bleibt unentdeckt. Nur der kleine von Kaspar beschriebene blauviolette Stoffbeutel wird gefunden. Er ist der einzige Beweis für die Richtigkeit von Kaspars Schilderungen. Als man ihn öffnet, um nach dem Inhalt zu forschen, stößt man überrascht auf ein Bekennerschreiben! Ein kleiner, quadratischer Zettel, auf dem in Spiegelschrift folgender Text geschrieben steht:

„Hauser wird es euch ganz genau erzählen können, wie ich aussehe,
und woher ich bin. Dem Hauser die Mühe zu ersparen will ich es euch
selber sagen, woher ich komme - - / Ich komme von - - -
/ Der Baierischen Gränze - - / Am Fluße - - - - - /
Ich will euch sogar noch den Namen sagen: M.L.Ö."

Welcher Sinn steckt hinter diesem Kürzel? Bis heute gibt es darauf keine Antwort. Genauso wenig wie auf die Frage, wieso der Brief in Spiegelschrift geschrieben worden ist. Damit Kaspar, wenn er noch zum Öffnen des Briefes gekommen wäre, ihn nicht gleich lesen und damit die Absicht seines Mörders entdeckte? An diesem Beweisstück beißen sich die Ermittler die Zähne aus – ein Umstand, den wir noch öfter erleben sollten. Wie in einem Vexierspiegel lassen sich im „Fall Hauser" immer wieder Spuren und Zeichen erkennen, die zunächst einen deutlichen Beweis zu versprechen scheinen, sich aber im letzten Moment einer Lösung verschließen oder sogar als das völlige Gegenteil entpuppen.

So auch in diesem Fall. Ein halbes Jahrhundert nach dem Mordanschlag, 1887, tauchen endlich Indizien auf, die auf die Identität des mutmaßlichen Verfassers des Bekennerschreibens schließen lassen: auf Kaspar Hauser selbst! Der Sohn des Lehrers Meyer, in dessen Haus Kaspar starb, fand in dessen Nachlass ein Heft mit Schreibübungen. Darunter auch einzelne Wörter und Buchstaben in Spiegelschrift! Das einzige Beweisstück also fingiert? Wieder Jahre später widerlegte eine graphologische Untersuchung diesen Vorwurf. Die vermeintliche Spiegelschrift erweist sich nämlich nach genauerer Analyse als bloße Druckspuren, die entstanden seien, weil das Heft offensichtlich als Schreibunterlage diente.

Als den Ärzten klar ist, dass Kaspar die Nacht vom 17. auf den 18. Dezember nicht überleben wird, versammeln sich Polizei- und Gerichtsbeamte um sein Sterbebett. Sie hoffen, in der letzten Stunde seines Todes könne Kaspar doch noch Licht in die Affäre bringen. Vergeblich. Auf Veranlassung der Beamten wird der Beichtvater, Pfarrer Fuhrmann, hinzugerufen. Um 22:00 Uhr stirbt Kaspar Hauser, ohne harten Todeskampf, wie es heißt, aber auch ohne weiteren Hinweis auf seinen Mörder.

Der Tod Kaspar Hausers sorgte damals für ein ganz gewaltiges Aufsehen. Hunderte folgten am Freitag, dem 20. Dezember 1833, seinem Sarg auf den Friedhof von Ansbach. Alle seine persönlichen Dinge, wie Briefe, seine Taschenuhr und auch die blutbefleckte Kleidung vom Tag des Attentats, wurden von der Polizei als Beweisstücke konfisziert. Doch die Ermittlungen verliefen im Sand und wurden deswegen irgendwann ergebnislos eingestellt. In Ansbach wird die Erinnerung an Kaspar Hauser gepflegt und wachgehalten. Die einstige Residenzstadt der Markgrafen von Brandenburg-Ansbach zählt heute 40 000 Seelen und ist die Hauptstadt des Regierungsbezirks Mittelfranken. Das Haus in der Pfarrstraße 18, in dem Kaspar wohnte und starb, ist ein kleines Eckhaus in der Altstadt, gleich hinter dem damaligen Gerichtsgebäude, in dessen Vorhalle Kaspar vom Komplizen seines Mörders angesprochen wurde. Geht man die Straße weiter in westliche Richtung, so gelangt man auf einen kleinen Platz hinter der Johanniskirche, den Kaspar-Hauser-Platz; gleich dort befindet sich auch das „Markgrafen Museum" von Ansbach.

Neben Exponaten zur Geschichte der Stadt und des Fürstentums beherbergt das modern restaurierte Museum eine sehenswerte „Kaspar-Hauser-Abteilung" (Öffnungszeiten täglich außer Montag, 10–12 Uhr und 14–17 Uhr). Die meisten der wenigen erhaltenen Dokumente und Gegenstände aus Kaspar Hausers Leben befinden sich hier, eingebettet in eine liebevolle und sehr genaue Ausstellung über das öffentliche Leben Kaspar Hausers in Nürnberg und Ansbach. Hinter Panzerglas ist auch die Kleidung zu besichtigen, die Kaspar am Tag des Attentats getragen hat, samt der durch die *Spiegel*-Analyse zu umstrittenem Ruhm gelangten blutigen Unterhose.

Wenn wir die angezogene Kleiderpuppe zum Maßstab nehmen, wie sie vor uns steht, mit Zylinder, Mantel und Stiefeln, war Kaspar Hauser nicht sonderlich groß; 1,65 Meter vielleicht. Er gibt dennoch eine durchaus respektvolle Erscheinung ab; ein vornehmer junger Herr. Was für ein Kontrast zu dem abgerissenen Bauernjungen, als der dieselbe Person fünf Jahre vorher in der großen Nachbarstadt Nürnberg aufgetaucht ist! Wie er in die Welt getreten ist, bedeutet an sich schon ein Rätsel.

Ein „Wolfskind" erscheint

Nürnberg, Unschlittplatz. Pfingstmontag, der 26. Mai 1828, Glockenschlag 16 Uhr. Ein genau beschriebener Ausgangspunkt und ein präziser Zeitpunkt leiten die Kaspar-Hauser-Chronik ein, die sich bis in unser Jahrtausend fortsetzt zu einer unendlichen Geschichte, immer wieder ergänzt mit neuen Fakten und Spekulationen. Die Chronisten werden später von einem „Auftauchen", von einem „Erscheinen wie aus dem Nichts" berichten.

Was an diesem Nachmittag um 16 Uhr geschieht, ist verbrieft, genauestens von der Nürnberger Amtspolizei nach den Aussagen zweier Zeugen bis ins Detail protokolliert. Der 53-jährige Georg Leonhard Weickmann und der 38 Jahre alte Jakob Beck sehen eine „possierliche und pudelnärrische" Gestalt aus Richtung des Bärleinhuter Bergs zum Unschlittplatz „herunterwackeln". Der schwankend stolpernde Gang erinnert an den eines Kleinkindes. Der Eindruck wird noch verschärft, als die beiden den Fremden ansprechen. Er scheint nicht taub, versteht die gestellten Fragen, aber antwortet nur mit sinnlosen hervorgepressten Wort- und Satzfetzen: „hamweisen", „woiß nit", „a sechtener Reiter möächt i wärn, wie mein Vattä wärn is". Korrigiert veröffentlicht wird der Satz später mit: „Ich möchte ein solcher Reiter werden, wie mein Vater einer gewesen ist." Weiß der etwa 16- bis 17-jährige Junge, wovon er redet? Hat er eine Vorstellung, wer er ist und woher er kommt?

Vielleicht hat die Begegnung mit der jämmerlich dastehenden Gestalt die beiden Schuster Weickmann und Beck zunächst belustigt, möglicherweise auch gerührt, aber erahnen konnten sie an diesem Pfingstmontag noch nicht, dass ihre Beschreibung des aufgetauchten Fremdlings zukünftig zum Ausgangspunkt der meisten Biografien und Erzählungen über Kaspar Hauser werden sollte.

Mit einer feinen, farbgetuschten Federzeichnung hat der Maler Johann Georg Laminit nach genauen Angaben im Polizeiprotokoll den Fremdling vom Pfingstmontag 1828 porträtiert. „Mit einer Jacke von grauem Tuch, desgleich langen Beinkleidern, kurzen Stiefeln und einem Hut", steht er da, einen Brief in der linken Hand. Die ausdruckslosen Gesichtszüge, der gesenkte leere Blick ins Nichts entstammen der Imagination des Malers. Er selbst hatte Kaspar Hauser nie gesehen, und somit vermittelt die erste und wohl berühmteste zeitgenössische Abbildung von Hauser ein nicht wahrheitsgetreues Bild von seiner Ankunft in Nürnberg.

Es ist bereits 17 Uhr an diesem Nachmittag, als Schuster Weickmann den Fremden zur Wache am Neuen Tor bringt. Von dort aus wird ihm der Weg zu dem Adressaten seines Briefes, dem Rittmeister von Wessenig, gewiesen. Protokolliert ist, dass er dort um 19 Uhr ermattet und mit schmerzenden Füßen eintrifft. Zwei Stunden braucht er für eine Wegstrecke, die bei normalem Schritttempo in nur zehn Minuten zurückzulegen ist. Der Rittmeister aber weiß weder mit dem „Verwahrlosten" noch mit dem von einem anonymen Verfasser geschriebenen Brief etwas anzufangen. Der Unbekannte wird weiter zur Polizeiwache am Rathaus geschleppt.

Die Verhöre des Sprachlosen führen zu keinem erhellenden Ergebnis, aber dann ereignet sich etwas völlig Unerwartetes. Es ist bereits kurz vor Mitternacht. Ein Polizist will dem Jungen die Hand zum Unterzeichnen des Protokolls führen. Dieser greift plötzlich nach der Feder und schreibt mit festem Druck die Worte Kaspar Hauser. Der Fremdling vom Unschlittplatz hatte einen Namen, eingetragen an diesem Pfingstmontag in die Akten als der Fall Kaspar Hauser.

Auf den Spuren von Kaspar fahren wir nach Nürnberg. Dort, wo sein Leben in Freiheit begann, suchen wir nach Bildern – in der Hoffnung, sie könnten uns in die Zeit von damals eintauchen lassen. Abgelegen vom Hauptstraßenverkehr stehen wir an einem Samstagnachmittag auf dem Unschlittplatz. Es ist kurz nach 16 Uhr. Die Zeit stimmt, möglicherweise auch der tiefe Sonnenstand, der gerade noch mit seinen letzten Strahlen den

Niemand hat gesehen, wie Kaspar Hauser am Pfingstmontag des Jahres 1828 auf dem Unschlittplatz in Nürnberg auftaucht. (Filmszene)

Platz in ein weiches Licht taucht. „Da war ich lange gestanden, bis ein Bub gekommen ist, da haben mir die Füße so wehgetan und der Arm, in dem ich den Brief gehalten habe", schreibt Kaspar in seinen späteren Aufzeichnungen über die Ankunft auf diesem Platz. Das Eckhaus Nr. 8 könnte die Stelle gewesen sein, von wo aus Weickmann und Beck Kaspar beobachtet haben. Eine unauffällige Gedenktafel erinnert mit einem lapidaren Text an die Ankunft des Findlings.

Die gewaltige Anlage der Stadtmauer, mit Toren und Wachtürmen, weist heute noch auf die damalige Umfriedung Nürnbergs. Schon kurz nach Kaspars Auftauchen stellten sich die Ermittler die Frage: Wie konnte dieser auffällige Junge alleine oder in Begleitung, die bewachten Stadttore durchqueren und von niemandem bemerkt bis zum Unschlittplatz gelangen? Ein erstes ungelöstes Rätsel in einer langen Kette von Widersprüchen.

Die Originalbriefe, die Kaspar bei seiner Ankunft mit sich geführt hat, sind mit vielen anderen Dokumenten aus der ersten Zeit irgendwann und natürlich auch auf unerklärbare Weise verschollen. Aber im Stadtarchiv Ansbach werden, zusammen mit anderen Schriftstücken des Falles Hauser, zwei damals angefertigte Faksimile-Kopien der Briefe aufbewahrt.

Gab es schon zu Hausers Lebzeiten heftige Kontroversen zwischen „Hauserianern" und „Antihauserianern", so waren die Gegner sich doch in diesem einen Punkt einig. Die geheimnisvollen, anonym verfassten Briefe sind in sich widersprüchlich und sollten wohl beabsichtigt auf eine falsche Fährte führen.

In dem an den Rittmeister Wessenig adressierten Umschlag verbargen sich zwei Schriftstücke, aus deren Inhalt hervorgeht, dass ihre Entstehung 16 Jahre auseinander liegt. Der „Mägdleinzettel" soll von der Mutter des Knaben geschrieben worden sein. Hier erfährt der Leser, dass das Kind am 30. April 1812 geboren und auf den Namen Kaspar getauft worden ist.

In dem zweiten „Begleitbrief" berichtet ein angeblicher Tagelöhner, dass ihm am 7. Oktober 1812 „ein Knabe gelegt worde". Er selbst hat schon zehn Kinder, nimmt aber das Findelkind noch 16 Jahre lang bei sich auf, bevor er es nach Nürnberg bringt. Mit fehlerhaften Sätzen schreibt der Verfasser:

„... Ich habe mir gedenckt ich müsste ihm für mein Sohn haben, ich habe ihm Christlichen Erzogen, und habe ihm Zeit 1812 Keinen Schritt weit aus dem Haus gelaßen daß Kein Mensch nicht weiß da von wo Er auferzogen ist worden, und Er selber weiß nichts wie mein Hauß Heißt ..."

Will man dem Schreiben glauben, so hat hier ein armer Mann mit zehn Kindern noch ein elftes hilfloses Findelkind wie seinen eigenen Sohn aufgenommen. Er hat es ernährt, gekleidet, schreiben gelehrt, es christlich erzogen. Als Grund dafür, dass er das Kind nicht aus dem Haus gelassen hat und auch seinen Namen nicht nennen will, gibt er Angst vor Bestrafung an. Eine zunächst merkwürdige, doch stimmige Geschichte.

Die Frage, die sich jedoch stellt, ist, wer hätte den Tagelöhner bestrafen sollen, wenn er uneigennützig ein Findelkind in seiner Familie aufnimmt? Gegen seine väterlichen Gefühle spricht, dass er das Kind nicht aus dem Hause gehen lässt. Eine verharmlosende Umschreibung, zeugte doch Kaspars geistig verwahrloster Zustand davon, dass er völlig isoliert von Menschen in Gefangenschaft gelebt haben muss. Nicht zuletzt war es auch eine große Anstrengung für den Bewacher, das Kind unbemerkt von seiner Familie am Leben zu erhalten. Warum sollte ein armer Tagelöhner so etwas tun? Welches Motiv hätte er dafür?

Zynisch ist auch der Schluss des Schreibens. Der Mann, der anfangs noch davon berichtet, dass er den Knaben christlich erzogen habe, beendet den Brief damit, dass man den Jungen, wenn man ihn nicht behalten könne, totschlagen oder im Rauchfang (Kamin) aufhängen möge.

Bereits sechs Wochen nach Kaspars Ankunft in Nürnberg werden die beiden Briefe in einer öffentlichen Bekanntmachung des Oberbürgermeisters Binder angezweifelt und als „erdichtet" entlarvt. Zum einen ergibt der Ver-

Die berühmte Federzeichnung von Kaspar Hausers Auftauchen in Nürnberg wurde zum Kultbild aller Hauser-Anhänger. Der Künstler Johann Georg Laminit hat das Findelkind selbst nie gesehen. Seine Darstellung beruht einzig und allein auf den Angaben aus dem Polizeiprotokoll.

gleich der Schriften eine auffällige Ähnlichkeit. Zum anderen, schreibt Binder, wurden sie offenbar mit derselben Tinte geschrieben und können daher nicht 16 Jahre in ihrer Entstehung auseinander liegen.

Einen sehr eklatanten Fehler haben die Hauser-Forscher erst Jahre später anhand des „Mägdleinzettels" entdeckt. Der Brief nennt das Jahr 1812 als das Jahr, in dem der Knabe geboren wurde, die Mutter den Brief schreibt und das Kind aussetzt. Der Finder wird angehalten, den Knaben mit 17 Jahren zum „6ten Schwolischen Regiment" nach Nürnberg zu schicken. Die Nachforschungen ergaben, dass sich aber dieses Sechste Regiment 1812 noch gar nicht in Nürnberg befand. Folglich ein Beweis dafür, dass der Brief später geschrieben sein musste. Trotz aller Widersprüche fügen sich durch einige Aussagen in diesen Briefen erste Steinchen eines Mosaiks zusammen. Was auch immer der anonyme Schreiber beabsichtigt haben mag, Tatsache ist, dass die ominösen Begleitbriefe das Interesse auf das „Wolfskind" von Nürnberg gelenkt haben.

Hoch über Nürnberg erhebt sich das Wahrzeichen der Stadt. Die mächtige Burg mit ihrem Wehrturm diente damals als Gefängnis. Nach dem Verhör auf der Polizeistation wird Kaspar noch in derselben Nacht in den Gefängnisturm gebracht. In seinen Aufzeichnungen ist nachzulesen, dass allein schon die Erinnerung an diese Zeit ihm körperliche Schmerzen bereitet hat. Angst und Schrecken, Ekel und Abscheu empfindet er gegen die neue Welt, in die er so unvermittelt gestoßen wurde. Doch die Gesellschaft dieser neuen Welt ist angezogen von seiner mysteriösen Fremdartigkeit. In Massen strömen Menschen zum Gefängnisturm, um das „Wolfskind" zu bestaunen, zu traktieren und zu prüfen. Mit jeder Art von Spekulationen und Prüfungen sucht man nach dem Schlüssel, der das Rätsel um die dunkle Vergangenheit auflösen könnte. Kaspar selbst reagiert mit körperlichen und seelischen Krankheitssymptomen: Schweißausbrüchen, Fieber und Anfällen von Zuckungen.

Die Berichte der Ärzte Dr. Siegmund Karl Preu und Dr. Johann Karl Osterhausen liefern in den folgenden Monaten wichtige Grundlagen für alle weiteren Ermittlungen. Kaspar zeigt viele Symptome, die auf eine lange Isolation von Menschen und auf eine Gefangenschaft in einem dunklen Verlies schließen lassen. Die Flächen der Hände und Füße sind auffallend weich und ohne jede Hornhaut. Ungewöhnlich ist eine Abnormität des Kniegelenks, hervorgerufen durch jahrelanges Sitzen mit gestreckten Beinen. Die Sehnen scheinen anormal stark gestreckt, sodass beim aufrechten Sitzen der Körper einen rechten Winkel bildet und die Knie vollständig ohne Beugung auf dem Boden aufliegen. Nicht nur der Genuss, sondern auch der Geruch von ganz gewöhnlichen Speisen bewirken bei Kaspar Hauser Übelkeit und Erbrechen. Die einzige Nahrung, die ihm bekannt ist und die er mit Gier zu sich nimmt, sind Wasser und Brot. Helles Licht verursacht bei Kaspar eine Entzündung der Augen. Laute Geräusche versetzen ihn in Angst und Schrecken. Widersprüchlich zu all diesen Merkmalen ist, dass Kaspar bei seinem

Auftauchen in Nürnberg zwar keine blühende Gesichtsfarbe hatte, aber auch nicht kränklich aussah. Ein Zustand, der das Misstrauen und die Stimmen der Gegner lauter werden lässt, die in Kaspar Hauser bereits einen gewitzten Betrüger sehen.

„Woher kommst du, Kaspar Hauser?"

Es ist der 14. Juli 1828, 49 Tage nach Kaspars Auftauchen in Nürnberg. Eine amtliche „Bekanntmachung (Einen in widerrechtlicher Gefangenschaft aufgezogenen und gänzlich verwahrlosten, dann aber ausgesetzten jungen Menschen betr.)" des Nürnberger Bürgermeisters Jakob Friedrich Binder erschüttert die Öffentlichkeit in ganz Deutschland. Binder, Vorsitzender der städtischen Polizei, macht den Fall Hauser zur persönlichen Chefsache. Über mehrere Tage, vielleicht auch Wochen verhört er Kaspar im Gefängnis, bearbeitet die ärztlichen Berichte und fügt die Bruchstücke seiner gesammelten Informationen zu einer bestürzenden Geschichte zusammen.

In einer Weise, wie man sie heute dem Sensationsjournalismus zuschriebe, schildert Binder das Schicksal des Jungen, der „... weder verrückt, noch blödsinnig, aber offenbar auf heillose Weise von aller menschlichen und gesellschaftlichen Bildung gewaltsam entfernt, wie ein wilder Mensch erzogen wurde".

Nach seinem Auftauchen teilt Kaspar Hauser das übliche Schicksal von Ruhestörern und Raufbolden. Er wird in das Stadtgefängnis, in den Vestnerturm auf der Nürnberger Burg, gebracht. (Filmszene)

Genauestens beschreibt der Nürnberger Bürgermeister die Umstände der Gefangenschaft des Jungen, der – eingeschlossen in einen Käfig, mit nur zwei hölzernen Pferdchen als Spielgefährten – über Jahre bei Wasser und Brot dahinvegetiert hat. Genauestens berichtet er auch über „das Ungeheuer"; den Unbekannten, der Kaspar aus dem Kerker geschleppt, ihm das Gehen beigebracht und wie dieser ihn nach Nürnberg geführt hat.

Binder beschränkt sich in seiner Bekanntmachung nicht nur auf die angeblichen Fakten, sondern bringt auch seinen persönlichen Eindruck über Kaspar zu Papier. Er sieht in ihm ein Wesen von „höchster Unschuld", das „von Natur aus mit den herrlichsten Anlagen des Geistes, Gemüths und Herzens ausgestattet wurde".

Aus seinen vielen aufgeführten Eindrücken zieht er den Schluss, dass geprüft werden müsse, ob im Falle Hauser nicht ein Verbrechen geschehen und Kaspar Hauser womöglich „um die Vorzüge einer vornehmen Geburt" gebracht worden sei.

Binders Erlass bleibt nicht unangefochten. Der oberste Gerichtspräsident, Anselm von Feuerbach, kritisiert die als Broschüre herausgegebene Bekanntmachung als spekulativ, romanhaft entstellt und den anstehenden Ermittlungen nicht dienlich. Auf Feuerbachs Anweisung hin werden alle restlichen Auflagen konfisziert und eingestampft. Aber es ist zu spät! Die Nachricht vom Nürnberger Wolfskind, das von adeliger Herkunft sein soll, verbreitet sich wie ein Lauffeuer in ganz Europa. Kaspar Hauser wird berühmt und bald schon das „Kind von Europa" genannt.

Als Präsident des Ansbacher Appellationsgerichts ist Anselm Ritter von Feuerbach in oberster Instanz mit dem Fall Kaspar Hauser befasst. Seine Spurensuche um die adelige Herkunft des Findlings führt zu einer brisanten These, die in ihrer Folge sein Leben und das seines Schützlings schicksalhaft verknüpfen wird. 1832, ein Jahr vor seinem Tode, zieht Feuerbach in dem geheimen Dokument *Wer möchte wohl Kaspar Hauser sein?* unmissverständlich das Fazit seiner Nachforschung: Kaspar Hauser ist ein entführter Prinz. Erst 1852 wird das Dokument, gemeinsam mit anderen Schriften, von Ludwig Feuerbach in einem Buch über seinen Vater publiziert. In einem Vorwort äußert der Sohn den Verdacht, dass sein Vater Anselm Opfer eines Giftmordes wurde, nachdem er Kaspars „Prinzenschaft" entdeckt hatte. Nachfolgend sind Anselm von Feuerbachs Überlegungen zusammengefasst, mit denen er als Begründer der „Prinzentheorie" in die Kaspar-Hauser-Forschung eingegangen ist.

Für Feuerbach ist es nicht vorstellbar, dass jemand das Kapitalverbrechen einer geheimen Gefangenhaltung über 16 Jahre auf sich nimmt, nur um ein uneheliches Kind zu verbergen. Den Zweck hierfür sieht er in keinem Verhältnis zu den Mitteln stehend. Das Motiv einer langen Einkerkerung muss im Eigennutz gelegen haben. Kaspar sollte verschwinden, damit andere ihn beerben.

Dass Kaspar eine Person aus fürstlichem Stande sein musste, folgert er aus Kaspars merkwürdigen Schlossträumen, in denen Feuerbach „die wiederwachten Erinnerungen aus Kaspars frühester Jungend" sieht, hatte doch Kaspar selbst nach seiner Ankunft in Nürnberg nie mit eigenen Augen ein Schloss von innen gesehen.

Ist also Kaspar nach seiner Geburt verschleppt worden, so muss man in das Jahr 1812 zurückgehen und in den Fürstenhäusern nach vermissten Kindern suchen. Da ein solcher Fall nicht bekannt ist, folgert Feuerbach daraus: „... Ein Kind wurde für tot ausgegeben, wird noch jetzt für tot gehalten, lebt aber noch in der Person des armen Kaspar."

Am 29. Mai 1833 stirbt Anselm von Feuerbach in Frankfurt am Main – ein halbes Jahr, bevor Kaspar Hauser im Ansbacher Hofgarten ermordet wird. Seine Schriften über Kaspar Hauser, darunter das Buch *Kaspar Hauser – Beispiel eines Verbrechens am Seelenleben des Menschen,* werden zu den bedeutendsten Aufzeichnungen im Kriminalfall Hauser.

Regal 602: Wer ist Kaspar Blochmann?

Der Ansbacher Gerichtspräsident Anselm von Feuerbach folgerte, dass nur ein einziges Herrscherhaus in ganz Europa infrage käme, in dem die Machtverhältnisse und Konstellationen für ein derartiges Verbrechen gegeben sind: „Die Feder sträubt sich, diesen Gedanken niederzuschreiben – das Haus Baden."

Als Feuerbach 1832 sein *Geheimes Memoire* an die am Fall Hauser sehr interessierte Königinwitwe Caroline von Bayern verfasst (eine Geborene von Baden und damit die mutmaßliche Tante des geraubten Erbprinzen alias Kaspar Hauser), beruft er sich auf zwanzig Jahre zurückliegende Ereignisse, die sich am Fürstenhof im Karlsruher Schloss zugetragen haben. Am 29. September 1812 bringt Fürstin Stephanie de Beauharnais ihr zweites Kind, einen gesunden Sohn, zur Welt. Im gleichen Jahr also, in dem auch Kaspar Hauser geboren sein soll.

Nach der Geburt des ersten Kindes, einer Tochter, schenkt sie damit ihrem Mann, dem regierenden Großherzog Carl von Baden, endlich den lang ersehnten Erbprinzen und Thronfolger. Es war eine komplizierte Geburt. Nicht für das gut entwickelte Kind, sondern für die zarte Mutter, eine Französin und die Adoptivtochter von Napoleon Bonaparte, der 1806 ihre Ehe mit dem Prinzen von Baden in die Wege geleitet hatte.

Das am rechten Rheinufer sich vom Bodensee bis zum Main hinziehende Fürstentum wuchs in den Jahren von 1771 bis 1812 kontinuierlich von einer kleinen Markgrafschaft zu einem mächtigen Großherzogtum mit einer Million Untertanen heran.

Ein nicht unbedeutender Machtfaktor mitten im Herzen Europas war entstanden, dessen strategisch vorteilhafte Lage von den europäischen Großmächten Frankreich und Russland erkannt und der von dessen Fürsten deshalb umworben wurde. Das Haus Baden war auf dem besten Weg, zur Zentralmacht zu werden. In dieser Situation entwickelten sich die kommenden Ereignisse in Karlsruhe zu einem nachhaltigen Trauma. Die Geschicke nahmen 1812 ihren Lauf. Das Schicksalsjahr, in dem auch Napoleons Stern durch den Niedergang der „Grande Armée" im Russlandfeldzug zu sinken begann.

Am Vormittag des 16. Oktober, nur zwei Wochen nach der Geburt des Thronfolgers, passiert am Hof von Karlsruhe etwas völlig Unerwartetes: Der Erbprinz erkrankt. Fieber und Krämpfe schütteln den kleinen Körper. Die Hofärzte werden gerufen und müssen hilflos zusehen, wie sich der Gesundheitszustand des Säuglings von Stunde zu Stunde verschlimmert. Am

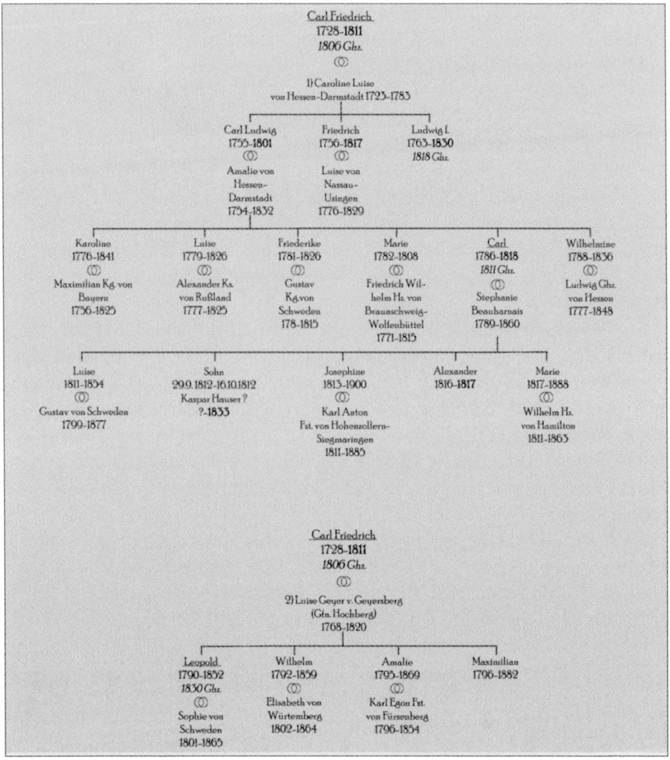

Die Stammtafel der Markgrafen von Baden-Durlach. Die 1806 verliehene Herzogenwürde war mit dem Geschlechternamen Zähringen verknüpft – ein kleiner Ort im Schwarzwald und der frühere Stammsitz der Familie.

Abend gibt es keine Hoffnung mehr. Sein Vater, Großherzog Carl, ordnet die Nottaufe an. Fürstin Stephanie wird zum Schutz ihrer eigenen, noch immer angegriffenen Gesundheit der Zugang zum Sterbenden verwehrt. Um 19:30 Uhr ist das Leiden zu Ende. Der Erbprinz von Baden ist tot; gestorben im Alter von 17 Tagen. Die Thronfolgefrage des Landes ist wieder offen.

Die Situation in Baden war insofern prekär und durch den Tod des Knaben instabil geworden, als hier zwei miteinander verwandte Herrscherhäuser um die Macht im Staate rangen: die Zähringer und die Hochberg. Die Aufspaltung begann 1787, als Großherzog Carl-Friedrich nach dem Tod seiner ersten Frau zum zweiten Mal heiratete – sein eigenes Patenkind, die 40 Jahre jüngere Luise Geyer von Geyersberg, spätere Gräfin Hochberg, eine

Schönheit. Sie war Hofdame in Karlsruhe und die Verbindung galt als nicht standesgemäß, als morganatisch oder „Ehe zur linken Hand". Die Konsequenz daraus war, dass die Söhne aus dieser Ehe nicht als badische Prinzen angesehen wurden, sondern erst dann erbfolgeberechtigt wären, wenn alle männlichen Nachkommen aus der ersten Ehe Carl-Friedrichs ausstürben. Und genau das geschieht.

In den Beständen des Generallandesarchivs Karlsruhe finden sich Akten aus der Zeit des ehemaligen Großherzogtums. Seit dem Beginn der Kaspar-Hauser-Forschung wird hier immer wieder nach Primärmaterial geforscht.

1801 beginnt mit dem Tod des ältesten Sohnes Carl-Ludwig ein auffälliges Dahinscheiden der männlichen Zähringer. 1811 folgt der Großherzog Carl-Friedrich; 1812 das notgetaufte Kind von Carl und Stephanie; 1817 ereignen sich gleich zwei Todesfälle: der zweite Sohn von Carl und Stephanie und ein Onkel; 1818 Carl selbst. Sechs Tote aus vier Generationen. Das verbrecherische Ziel der ehrgeizigen Gräfin Hochberg, ihre Söhne auf den Thron Badens zu bringen, wäre zum Greifen nahe. Sie selbst wird es nicht mehr erleben. Als 1830 mit Ludwig der letzte männliche Zähringer stirbt und der erste Hochberg den Thron besteigt, ist die Gräfin Hochberg bereits tot. Ihr Sohn Leopold wird neuer Großherzog Badens und begründet die bis 1918 im Land regierende Hochberg-Dynastie.

Was heute nach einer blutigen Familienfehde im Stile shakespearescher Königsdramen klingt, lag damals durchaus im Bereich des Glaubhaften. Als der namenlos getaufte Sohn von Stephanie de Beauharnais und Carl von Baden stirbt, wird auf Druck Napoleons und des französischen Gesandten am Karlsruher Hof die sofortige Obduktion des Leichnams angeordnet. Um Spuren einer fremden Gewalteinwirkung zu sichern? Das Ergebnis ist eindeutig: Ein Fremdverschulden oder Gift konnte nicht nachgewiesen werden. Aber möglicherweise haben die Verschwörer damit gerechnet? Und vielleicht musste deshalb ein Kind gefunden werden, das sterbenskrank war und mit dem der Erbprinz heimlich vertauscht werden konnte?

So lautet im Kern Feuerbachs „Prinzentheorie". Auf der Suche nach Spuren von Kaspars Herkunft wollen wir dieser Theorie nachgehen und sie auf ihre Richtigkeit hin überprüfen.

Das in Karlsruhe gestorbene Kind wurde 1812 gleich nach der Obduktion in der Fürstengruft der Schlosskirche Sankt Michael in Pforzheim beigesetzt. Seit mehr als dreihundert Jahren werden hier die Herrscher und alle Angehörigen aus der Zähringer-Linie dieses Fürstenhauses zur letzten Ruhe gebettet. Auch der Kindersarg des kleinen Erbprinzen steht unter dem Stiftschor der aus dem 13. Jahrhundert stammenden Kirche; neben dem seiner Eltern und seiner Geschwister. Aber nach Feuerbachs Theorie liegt hier nicht der Zähringer-Prinz, sondern ein fremdes Kind. Am einfachsten zu widerlegen wäre dieser Vorwurf, wenn man den Sarg öffnete und – ähnlich der *Spiegel*-Analyse – die verwandtschaftliche Identität überprüfte. Aber wie lange ist eine Grabkammer als Raum der Andacht für die Forschung tabu? Und ab wann wird sie zum archäologisch öffentlichen Raum? Ist die Entscheidung darüber nur eine Frage der Zeit oder auch der auf dem Spiel stehenden Konsequenzen?

Der Zugang zur Schlosskirche wird uns durch den heutigen Nutzer, den Ältestenrat der Evangelischen Gemeinde, und den Besitzer, das Liegenschaftsamt Pforzheim, erlaubt. Das Betreten der Fürstengruft bedarf jedoch, wie man uns im Vorfeld freundlich erklärt, der zusätzlichen Genehmigung durch die Familie des Hauses Baden. Oberhaupt der Familie ist Seine Königliche Hoheit Bernhard Prinz von Baden, der seit wenigen Jahren für seinen Vater Max von Baden die Geschäfte des Hauses führt. Aber aus Schloss Salem, dem heutigen Familiensitz, erhalten wir auf unsere Anfrage einen abschlägigen Bescheid. Wir verlassen Pforzheim und fahren nach Karlsruhe.

Die Stadt Karlsruhe geht zurück auf eine Gründung durch den Markgrafen Karl Wilhelm im Jahre 1715. Eine für europäische Verhältnisse blutjunge Stadt, was sich auch in der geometrischen und auf das Schloss hin ausgerichteten Anlage des Orts widerspiegelt. Der Grundriss von Karlsruhe gleicht einem Rad oder Fächer, von dessen Zentrum aus, dem Karlsruher Schloss, die Straßen strahlenförmig in südliche Richtung verlaufen. Heute leben etwa 300 000 Menschen in Karlsruhe. Das Schloss wurde durch Fliegerbomben im Zweiten Weltkrieg komplett zerstört. Von außen ist das nicht mehr zu sehen. Die Fassade und alle Gebäudeteile sind restauriert worden. Im Inneren hingegen sind die Prunkräume der Fürsten von Baden für immer verloren gegangen.

Aber nicht im Schloss liegt möglicherweise ein weiteres Indiz im Fall Kaspar Hauser verborgen und der Schlüssel für die Prinzentheorie Feuerbachs, sondern im Generallandesarchiv (GLA) Karlsruhe. Als wir zum ersten Mal das Gründerzeitgebäude an der Nördlichen Hildapromenade besuchen, erwartet uns eines der bestgeführten Archive der Welt.

Im Gegensatz zu anderen historischen Staatsarchiven fällt die Nüchternheit der Räume auf. Es wurde 1905 ja auch genau für diesen Zweck erbaut. Heute, nach fast 100 Jahren, stößt das Archiv langsam, aber sicher an die Grenzen seiner Kapazität. Kein Wunder, denn hier werden rückwirkend seit hunderten von Jahren Landkarten, Grundbucheintragungen, Schenkungsurkunden, Geburten, Taufen, Eheschließungen und Sterbefälle des Landes Baden akribisch gesammelt und aufbewahrt. Über sechs Etagen erstreckt sich das Archiv in die Höhe. Die Regalgänge in allen sechs Stockwerken haben zur besseren Luftzirkulation Gitterroste als Boden: freier Durchblick vom Keller bis zum Dach. Alle Räume atmen quasi Geschichte.

War Kaspar Hauser der Erbprinz von Baden, der in der Wiege mit einem anderen Kind vertauscht wurde? Der Gerichtspräsident Anselm von Feuerbach spricht als Erster diese ungeheure Vermutung aus. (Filmszene)

Das Generallandesarchiv, in dessen Regalen auch die Akten aus großherzoglicher Zeit stehen, ist eine zentrale Anlaufstelle für alle Kaspar-Hauser-Forscher. Und tatsächlich haben sich hier Anhaltspunkte für das anstelle des Erbprinzen beerdigte tote Kind gefunden.

Um den Erbprinzen heimlich in der Wiege zu vertauschen, muss den Drahtziehern der Intrige ein anderes Kind zur Verfügung gestanden haben. An das Gelingen des verbrecherischen Plans waren bestimmte Voraussetzungen geknüpft: (1) Das Kind musste aus Karlsruhe stammen, denn schnelles, unentdecktes Handeln war erforderlich. (2) Es musste natürlich ein Junge sein und im gleichen Alter wie der Prinz. (3) Seine Eltern mussten einfache und arme Leute sein, die außerdem (4) in gewisser Nähe und Abhängigkeit zur Gräfin Hochberg standen, sich also durch entsprechenden Druck einschüchtern und so weit erpressen ließen, ihr Kind gegen ein anderes auszutauschen. (5) Und das Kind musste todkrank oder sein Tod absehbar sein, denn es sollte ja nach erfolgter Vertauschung nicht mehr lange leben. Ein gruseliges Gedankenspiel.

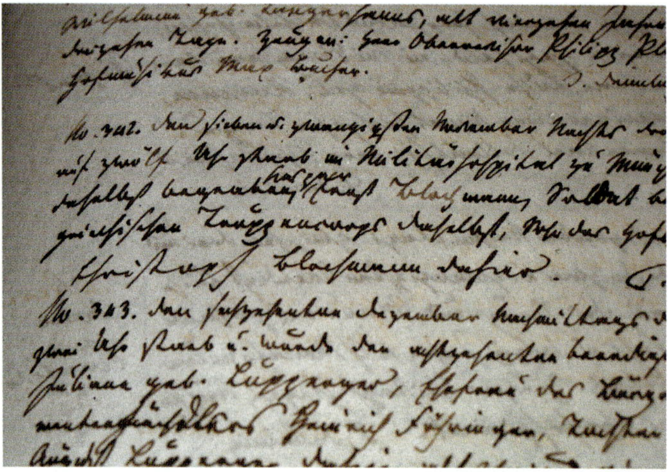

Eintrag im Sterberegister Nr. 390/1925, Seite 57: „Den sieben u. zwanzigsten November Nachts drei Viertel auf Zwölf Uhr starb im Militärhospital zu München und wurde daselbst begraben Kaspar [!] Ernst Blochmann, Soldat des Hofbedienten Christoph Blochmann dahier." Der Name „Kaspar" ist nachträglich eingefügt. Laut Hauser-Forschung Hinweis auf eine Verbindung zum Fall Kaspar Hauser.

Das Geburtsjahr des Erbprinzen 1812 bildete den Ausgangspunkt der Recherche für viele Hauser-Forscher. Zusammen mit Archivar Wolfgang Müller folgen wir ihrer Fährte und suchen in den „Geburts-, Ehe- und Totenbüchern der Gemeinde Klein-Carlsruhe für die Jahre 1810–1813" nach den entsprechenden Hinweisen. Wir stoßen auf folgenden Eintrag:

„Johann Ernst Jakob Blochmann. Im Jahre 1812 wurden in hiesiger großherzoglicher Residenzstadt Carlsruhe in der Gemeinde Klein Carlsruhe, den 26. September, abends 3 Uhr geboren. Vater Christoph, Arbeiter im Reichsgräflichen Gewerbehaus. Mutter Elisabeth, geborene Späthin."

An Johann Ernst Jakob Blochmann scheinen sich alle verbrecherischen Anforderungen der Intrige zu erfüllen: aus Karlsruhe (1); männlich und nur drei Tage älter als der Fürstenspross (2); der Vater Arbeiter im reichsgräflichen Gewerbehaus (3), das der Gräfin Hochberg gehörte, sodass der Vater ihr damit direkt unterstellt und von ihr abhängig war (4). Bei weiteren Nachforschungen zur Familie Blochmann erfährt man außerdem, dass Vater Christoph Blochmann insgesamt zehn Kinder hatte, von denen vier das erste Jahr nicht überlebten, also auch für Johann Ernst Jakob diese tragische Erwartung bestand (5). Die Wahrscheinlichkeit, dass mit Johann Ernst Jakob Blochmann das Karlsruher Kind gefunden wurde, das anstelle des zu beseitigenden Erbprinzen gestorben, obduziert und in Pforzheim beigesetzt wurde, ist – theoretisch – gegeben.

Gegenprobe! Wenn der Prinz nicht vertauscht wurde, muss das Arbeiterkind auch irgendwann als verstorben und beerdigt in den offiziellen Annalen erscheinen. Wir suchen also nach Johann Ernst Jakob Blochmann in den Totenbüchern und stoßen auf einen geradezu unheimlichen Eintrag:

„Den sieben u. zwanzigsten November Nachts drei Viertel auf Zwölf Uhr starb im Militärhospital zu München und wurde daselbst begraben Kaspar [!] Ernst Blochmann, Soldat des Hofbedienten Christoph Blochmann dahier."

Der Sterbeeintrag lautet auf den Namen Kaspar Ernst Blochmann, wobei „Kaspar" nachträglich eingefügt worden ist. Noch merkwürdiger ist, dass der Eintrag zwischen dem 14. und 18. Dezember 1833 erfolgte, also genau nach dem Messerattentat auf Kaspar Hauser in Ansbach, obwohl Kaspar Blochmann schon am 27. November 1833 gestorben ist.

Der Verdacht drängt sich auf, dass der Eintrag fingiert ist. Denn würde es nicht auffallen, wenn ein Kind zwar geboren und getauft, aber nicht als gestorben oder zumindest als vermisst gilt? Wolfgang Müller kennt die daraus gezogenen Schlussfolgerungen, warnt uns aber mit der ganzen, um Objektivität bemühten Sachlichkeit des Archivars: Hinweise sind keine Beweise. Anselm von Feuerbachs Theorie der Kindesvertauschung und vieler ihm nachfolgender „Hauserianer" ist aber zumindest denkbar und plausibel.

Das verlassene Schloss und eine rätselhafte Flaschenpost

Was aber geschah mit dem kleinen Kaspar? Wie könnten die ersten Jahre seines Lebens weitergegangen sein? Sofern Kaspar mit Johann Ernst Jakob Blochmann in der Wiege vertauscht worden war, nimmt man an, dass er eine Zeit lang anstatt des gestorbenen Blochmann-Sohnes in dessen Familie in Karlsruhe gelebt hat. Elisabeth Blochmann selbst starb 1815, wie man in den Totenbüchern im Karlsruher Generallandesarchiv nachschlagen kann. Trat somit im Jahr 1815 eine Wende in Kaspars Leben ein? Musste er in diesem Jahr Karlsruhe verlassen? Schon zu seinen Lebzeiten suchten die Ermittler nach allen Indizien, die auf einen möglichen Aufenthaltsort hinweisen könnten. Aber die Bemühungen blieben erfolglos. In diesem Zusammenhag spielt in der Hauser-Forschung immer wieder die Enträtselung einer ominösen Flaschenpost eine Rolle.

Es ist das Jahr 1816. Ein Schiffer findet am Ufer des Rheins bei Großkembs in der Nähe von Basel ein Medizinfläschchen mit einer in Latein verfassten Nachricht:

„Wer auch immer diesen Brief finden wird: Ich werde in einem Kerker bei Lauffenburg am Rhein gefangen gehalten. Mein unterirdischer Kerker ist sogar demjenigen unbekannt, der jetzt meinen Thron innehat. Ich kann nicht mehr schreiben, da ich sorgfältig und grausam bewacht werde. S. Hanès Sprancio"

Veröffentlicht und übersetzt wird der Inhalt in der Pariser Zeitschrift *Le Moniteur Universel*. Vergeblich sucht man am Rheinufer in der Nähe von

Laufenburg nach infrage kommenden Verstecken. Gibt der Inhalt der Nachricht und der unterzeichnende Name, S. Hanès Sprancio, in Verbindung mit dem Fall Kaspar überhaupt irgendeinen Sinn? 1926 sieht man erstmalig in der Unterschrift S. Hanès Sprancio ein Anagramm. Die 14 Buchstaben können sich tatsächlich zu sinngebenden Worten zusammensetzen: sein Sohn Caspar.

Auch wir gehen dem Buchstabenrätsel noch einmal nach und geben den Namen S. Hanès Sprancio in ein Dechiffrierungsprogramm ein. 87 Milliarden Kombinationen lassen sich mit 14 Buchstaben errechnen. Das Programm sucht zunächst nach deutschen Wortkombinationen. Im Zusammenhang mit dem Namen Caspar findet es zwei Ergebnisse: EIN SOHN CASPARS und die bereits bekannte Version: SEIN SOHN CASPAR. Da der Originalbrief in Latein verfasst worden ist, lassen wir das Programm weiter nach lateinischen Wortkombinationen suchen. Folgendes Resultat ergibt sich auf Latein:

caspar he insons – Caspar ist dessen unschuldig

caspar he ni sons – Caspar ist dessen nicht schuldig

In Anbetracht aller lateinischen und deutschen Ergebnisse stellt sich die Frage, welche Erkenntnis kann daraus gewonnen werden? Kann man hier, bei aller Anstrengung, wirklich einen Sinnzusammenhang mit dem Fall Hauser herauslesen? Zu absurd scheint der verfasste Text in seiner Verschlüsselung. Die Antwort ist unentschieden. Zwischen dem Ja und Nein bleibt ein „Möglicherweise" stehen. In regelmäßigen Abständen wurde immer wieder versucht, den Inhalt der Flaschenpost neu zu interpretieren. Dies geschah zuletzt in den Achtzigerjahren des 20. Jahrhunderts.

Bei den Recherchen zu dem Buch *Prinz von Baden, genannt Kaspar Hauser* geht die Autorin, Dr. Ulrike Leonhardt, auf andere Weise der Flaschenpost auf den Grund. Sie bezweifelt den richtigen Abdruck der Nachricht im damaligen *Le Moniteur Universel*. Im Archiv in Colmar findet sie tatsächlich die 1816 in der „Prefecture du Haut-Rhin" handschriftlich angefertigte Kopie des verschollenen Originals. Detektivisch entziffert sie die Schreibweise der einzelnen Buchstaben und erkennt zunächst, dass der Kopist das „N" gleich einem „U" schreibt. Außerdem lautet die Version der Unterschrift in seiner Abschrift: HARES SPRAUIA.

In der Folge nimmt die Autorin nun an, dass der Kopist ein „C" für ein „I" gelesen hat. Sollte ihm tatsächlich dieser Fehler unterlaufen sein, hieße die Unterschrift: HARES SPRAUCA. Entschlüsselt lautet das Anagramm in dieser Version: CASPAR HAUSER. Ein einfacher Schreibfehler des Kopisten?!

Am Oberlauf des Rheins, zwischen Laufenburg und Großkembs bei Basel, dort, wo die Flaschenpost 1816 gefunden wurde, liegt die ehemalige Ordensburg Schloss Beuggen. Schloss Beuggen war zur Zeit Kaspar Hausers im Besitz des Großherzogtums Baden. Großherzog Karl Friedrich überließ das Schloss seiner zweiten Frau, der bereits erwähnten Gräfin Hochberg. Interessant sind die Ereignisse zwischen den Jahren 1815 bis 1817. In dem im

Schloss Beuggen am Hochrhein war seit 1805 im Besitz des Badischen Herrscherhauses. Als dort 1815 Typhus ausbrach, wurde das Schloss fluchtartig verlassen. In dieser Zeit soll es als Versteck für den dreijährigen Kaspar Hauser gedient haben.

Schloss untergebrachten Lazarett bricht Typhus aus. An der sich schnell ausbreitenden Krankheit sterben allein auf dem Schlossgelände dreitausend Menschen. Die Folge: Schloss Beuggen wird 1815 aus Angst vor Ansteckung von allen Menschen fluchtartig verlassen. Nur der damalige Pfarrer Eschbach bleibt als einziger Bewohner auf dem großen Anwesen zurück.

Ein leeres Schloss im Besitz der Gräfin Hochberg! Ein sicherer Ort also, um ein kleines Kind zu verstecken. Wird folglich Kaspar, nachdem 1815 seine Ziehmutter Elisabeth Blochmann stirbt, von Karlsruhe nach Beuggen verschleppt? Wird von hier aus 1816 die Flaschenpost in den Rhein geworfen? Möglicherweise findet sich an diesem Ort tatsächlich ein weiteres Mosaiksteinchen im Intrigenspiel der Gräfin.

Im September 2001 fahren wir zu Dreharbeiten nach Beuggen. Die ehemalige Ordensburg am Oberrhein ist heute eine evangelische Tagungsstätte. Gegen neun Uhr treffen wir Pfarrer Hans-Jürgen Schmidt, den Leiter von Schloss Beuggen. Gemeinsam gehen wir hinunter zum Rheinufer. Nur ein etwa 1,50 Meter breiter Landstreifen trennt die Rückseite des Verwaltungsgebäudes vom Fluss. Dicke Nebelschwaden ziehen an diesem Morgen über den Rhein.

Pfarrer Schmidt ist nicht das, was man einen „Hauserianer" nennt. Für ihn ist die Geschichte von Kaspar Hauser interessant, und da er oft im Zusammenhang mit Beuggen auf eine mögliche Verbindung zu Kaspars Kindheit angesprochen wird, hat er die verschiedenen Thesen dazu nachgelesen.

Im Dezember 2001 entdeckte man in einem bis dahin unbekannten, vermauerten Kellerraum in Schloss Beuggen diese Kreidezeichnung eines Pferdchens – ein Hinweis auf Kaspar Hauser?

Als geübter Redner legt er uns die unterschiedlichen Theorien dar: „Die einen sagen, Kaspar ist in relativer Freiheit als kleines Büblein hier rumgesprungen. Andere sagen, er sei in diesem Raum hinter diesen beiden Fenstern gewesen." Er zeigt auf zwei kleine vergitterte Fenster im Erdgeschoss. Aber noch eine zweite Möglichkeit bietet sich für ein Versteck an: ein Raum im ersten Stock des Gebäudes.

Herr Schmidt zeigt hoch auf die Hauswand zu einer schmalen, zirka zehn Zentimeter breiten und 40 Zentimeter hohen Öffnung, die etwa drei Meter oberhalb vom Boden liegt. „Allerdings wissen wir gar nicht, wie es da drin ausschaut", erzählt er weiter. „Dieser Raum ist von der Kellerseite her nicht zugänglich, es war noch kein Mensch darin, aber es könnte trotzdem eine Art Verlies gewesen sein für Kaspar Hauser."

Nach dieser Bemerkung herrscht für einen Moment lang Schweigen. Kann es wirklich sein, dass noch nie jemand in diesen Raum hineingeschaut hat? Wir überlegen nicht lange. Provisorisch wird eine Glühbirne an einem langen Stock befestigt, um von außen Licht in den Raum zu führen. Da die Öffnung sehr schmal ist, müssen wir anstatt unserer professionellen Ausrüstung eine kleine Videokamera für die Aufnahmen benutzen. Aufgeschreckt von dem Licht, krabbelt eine Spinne an der Innenseite des Fensters hoch. In einem sehr begrenzten Ausschnitt erkennen wir auf dem Videobild an der gegenüberliegenden Seite des Raumes eine zugemauerte Öffnung und eine große Anhäufung von Schutt. Eigentlich kein spektakuläres Bild und dennoch wollen wir es nicht bei diesem ersten Blick belassen.

Dezember 2001. Drei Monate sind vergangen. Auf Anfrage von Pfarrer Schmidt hat das Landesamt für Denkmalpflege in Freiburg die Zustimmung zum Betreten des Raumes gegeben. Von einer kleinen Kammer oberhalb des Gemachs wird durch den Boden eine Öffnung nach unten in das Zwischengeschoss durchgebrochen. Niemand weiß, wann der Raum zuletzt betreten worden ist. Die Deckenhöhe ist etwa 1,70 Meter, die Fläche zirka neun Quadratmeter. Überall bedeckt alter Schutt den Boden. Zwischen den Balken scheinen über die Jahrhunderte tausende von Spinnen ihre Netze gesponnen zu haben.

Im engen Kegel der Taschenlampen suchen wir nach Spuren und Hinweisen auf den Aufenthalt von Menschen – von einem Kind, von Kaspar, falls er hier unten war. Auf einem Balken, in etwa 50 Zentimeter Höhe vom Boden entfernt, trifft der Lichtkegel auf die Rötelzeichnung eines Tieres, möglicherweise ein Pferd. Der Körper ist 15 Zentimeter lang und sechs Zentimeter breit. Der Kopf hat Augen, Maul und Mähne, die Füße sind bloße Striche, wie bei einer Kinderzeichnung.

Aus Kaspars Aufzeichnungen wissen wir, dass er zwei Holzpferdchen und einen kleinen hölzernen Hund besaß. Sie waren die einzigen Spielgefährten, die ihn während seiner langen Gefangenschaft begleitet haben. Zu seinen Pferdchen hatte er eine besondere Beziehung, er nannte sie Ross, ein Wort, mit dem er auch später noch verschiedene Dinge und Situationen bezeichnete, die ihn gefühlsmäßig stark berührten.

Wird diese zierliche Kinderzeichnung ein neues Indiz dafür werden, dass Kaspar Hauser im Alter von etwa fünf bis sechs Jahren hier in Schloss Beuggen war? Durch eine dendrochronologische Untersuchung der Holzbalken und eine genaue Bestimmung des verwendeten Zeichenmaterials werden jetzt die Historiker eine exakte Altersbestimmung des Kerkers vornehmen müssen.

Die ersten Zeichen, die in der Geschichte von Kaspar nach Beuggen führen, stammen aus dem Jahr 1829. Sein Lehrer Daumer hält ihn immer wieder an, sich zu erinnern, die Bilder aus seinen Träumen festzuhalten. Daumer war davon überzeugt, dass Kaspars Traumbildern „alte, seinem wachen Bewusstsein entschwundene Erinnerungen" zugrunde liegen.

Kaspar entsinnt sich an ein Bild, das er an einer Mauer oberhalb einer Tür gesehen hat. Seine angefertigte Zeichnung zeigt mit einfacher Strichführung alle charakteristischen Merkmale eines Wappens. In dem Umriss mit Krone befinden sich rechts unten ein aufrecht stehendes Tier, wahrscheinlich ein Löwe, gegenüberliegend auf der linken Seite ein Rechteck mit Streifen, in der Mitte zwei gekreuzte Schwerter und als Mittelachse ein senkrechtes Zepter. Kaspar hatte seit seiner Zeit in Nürnberg noch nie ein Wappen gesehen, gleichfalls fehlte ihm die Begrifflichkeit, ein solches Motiv zu bezeichnen.

Eine Montage verdeutlicht die Übereinstimmung zwischen dem in Schloss Beuggen befindlichen Ordenswappen aus dem Jahre 1694 und einer Zeichnung Hausers, die er nach der Fantasie anfertigte.

Erst viel später entdeckt die Hauser-Forschung einen Zusammenhang dieser Zeichnung mit seinem möglichen Vorbild. Abgelegen vom Haupthaus, befindet sich auf dem Gelände von Schloss Beuggen ein kleines Gebäude, an dessen Mauer oberhalb der Tür ein steinernes Wappen hängt. Es stammt aus der Zeit eines früheren Schlossbesitzers, eines Landkomturs des Deutschherrenordens. Auffallend finden sich hier in gleicher Anordnung die Elemente wieder, wie sie in Kaspars Skizze gezeichnet sind.

Eine Anhäufung von Indizien spricht für Schloss Beuggen als Aufenthaltsort von Kaspar in seinen frühen Kinderjahren. Offen bleibt, wann genau Kaspar Beuggen wieder verlassen musste. Man vermutet, dass nach dem Auftauchen der Flaschenpost und den ab November 1816 veröffentlichten Zeitungsberichten darüber das Versteck nicht mehr sicher war und Kaspars Odyssee mit ungewissem Ziel weiterging.

Der Lehrer und sein Schuler

Juni 1828, vier Wochen nach Kaspars Ankunft. Georg Friedrich Daumer, 28 Jahre und Privatlehrer, beginnt Kaspar in seiner Gefängniszelle zu unterrichten. Sprechen, Lesen, Schreiben, Rechnen, Zeichnen und Musizieren; ein umfassendes Erziehungsprogramm soll Kaspar für die nächsten anderthalb Jahre, unter der Obhut von Friedrich Daumer, in sein neues Leben in Freiheit führen. Nach acht Wochen quälenden Gefängnisaufenthalts zieht Kaspar in das Haus des Lehrers auf die Nürnberger Insel Schütt.

Friedrich Daumer selbst lebt zurückgezogen, ein melancholischer Einzelgänger, verbunden mit dem Lebensgefühl der Romantik. Mit abgewandtem Blick auf die rationale Welt, ist er ein Suchender, angezogen von allem Unbekannten, Irrationalen und Unbewussten. In seinem Glauben an eine unverklärte Reinheit, die dem naturhaften Urzustand aller Lebensprozesse zugrunde liegt, lehnt er sich an die Rousseau'sche Weltanschauung an, die davon ausgeht, dass der Mensch von Natur aus rein und gut sei.

In diesem Zusammenhang ist Kaspar für Daumer ein Geschenk des Himmels, vielleicht sogar ein Wunder. Er findet in ihm jenen reinen unschuldigen Wesensurzustand wieder. Nach seinen ersten Begegnungen beschreibt er Kaspars Wesen als „von absoluter Reinheit, Unschuld, Güte und Seelenschönheit". Geleitet von seiner Faszination für Kaspar und seinem Erkenntnisinteresse, wird dieser fremdartige Jüngling über seinen Tod hinaus das Lebenswerk Daumers bestimmen. Seine Beobachtungen und Versuche veröffentlicht er in den Schriften *Mitteilungen über Kaspar Hauser* und *Kaspar Hauser – Sein Wesen, seine Unschuld.*

Kaspar lernt unter der Aufsicht seines Lehrers schnell und entwickelt eine regelrechte Gier, das Wissen nachzuholen, das ihm über lange Zeit vorenthalten worden war. Wie ein Kleinkind lernt er zunächst mit Worten Dinge zu bezeichnen, ohne jedoch ihre Bedeutung zu begreifen. Welche Vorstellungen bei Kaspars Entdeckung der Welt entstehen, beschreibt Daumer 1832 in seinem Protokoll: „Als er eine Sternschnuppe fallen sah, sagte er: es sei ein Stern herabgefallen, der nicht gut befestigt gewesen."

Die Menschen, die Kaspar in seinen Lernprozessen mit Staunen beobachten, berichten von einem „ebenso schnellen als auch zähen Gedächtnis". Anselm von Feuerbach schreibt darüber: „Die Neugier und der Wissensdurst sowie die eiserne Beharrlichkeit, womit er bei der Sache aushielt, die er zu erlernen oder zu begreifen sich vorgesetzt hatte, überstiegen jede Vorstellung ..."

Zeichnen ist seine Lieblingsbeschäftigung. Mit Einfühlungsvermögen, einer überlegten Farbgestaltung und einer präzisen Maltechnik entstehen Bilder, die nicht erahnen lassen, wer Kaspar noch vor kurzem war. Akribisch sind auch seine Schreibübungen, die bald schon über das bloße Schönschreiben hinausgehen. Bereits im November 1828 beginnt Kaspar mit den ersten Versuchen einer autobiografischen Aufzeichnung.

Ein Aquarell von Kaspar Hauser aus dessen letztem Lebensjahr, unterschrieben von ihm selbst mit: „Kaspar Hauser fecit 25. Juni 1833".

Denkt man zurück an Kaspars Vorgeschichte, so zeugt seine Lernentwicklung von einer außerordentlich hohen Begabung. Hatte der unbekannte Bewacher während Kaspars Gefangenschaft ihm das „Zeichnen" zweier Worte gelehrt, so war diese Handlung für Kaspar damals lediglich die Entdeckung, mit einem Gegenstand auf einem anderen Gegenstand etwas sichtbar zu machen. Sein Leben im Nichtwissen nannte Kaspar später selbst „den Zustand".

Diesen reinen Zustand ist Kaspar im Begriff zu verlassen. Je mehr Wissen er ansammelt, desto mehr wächst auch eine Erkenntnis in ihm – die Erkenntnis seiner eigenen Existenz. Der kindliche Versuch, die Vorstellung vom eigenen Ich begreifbar zu machen, zeigt sich in einer Handlung, die von Daumer überliefert ist und von Kaspar selbst beschrieben wird.

„Vor etlichen Wochen habe ich von Gartenkreß meinen Namen gesähet und dieser ist recht schön gekommen. Der hat mir eine solche Freude gemacht, daß ich es nicht sagen kann. Und dann ist einer in den Garten gekommen hat viele Birn fortgetragen, der hat meinen Namen zertreten, da hab ich geweint ..."

Daumer entdeckt auch noch andere außergewöhnliche Eigenschaften bei seinem Schützling. In langen Protokollen beschreibt er detailliert den ausgeprägten Gesichtssinn von Kaspar. Dazu gehört das Sehen in absoluter Dunkelheit, in der Kaspar noch imstande ist, Farben zu erkennen und zu unterscheiden. Ebenso ist sein Geruchssinn übernatürlich ausgeprägt. In einer Entfernung von fünfhundert Metern erzeugen die Ausdünstungen eines Friedhofs bei Kaspar große Übelkeit und Erbrechen.

Hausers hohe Sensibilität verleiten seinen Lehrer zu etlichen Versuchen an ihm. Die ersten Experimente betreffen Hahnemanns neue Lehre, die Homöopathie. Daumer experimentiert hier mit hoch verdünnten Präparaten von Pflanzen und auch tierischen Stoffen. Kaspar muss an den Stöpseln der Flaschen riechen und die Substanz benennen. Seine Reaktionen auf die einzelnen Stoffe gehen von Wutausbrüchen bis hin zu schwerem körperlichen Unbehagen wie Weinen, Augenbrennen, Haarausfall, Übelkeit, Anlaufen der Adern, Hitzewellen und einiges mehr.

Der Privatgelehrte Georg Friedrich Daumer, der vom Magistrat beauftragte Erzieher Kaspars, sieht in seinem Schützling ein „Wesen von absoluter Reinheit". (Filmszene)

Darüber hinaus entdeckt Daumer Kaspar als sensibles Medium im Aufsuchen von Metallen und beginnt ihn nach den in Mode gekommenen Lehren des Messmerismus zu hypnotisieren.

Das Bild, das von Daumer über Kaspar vermittelt wird, ist als ein beeindruckendes Zeitzeugnis zu sehen. Je nach eingenommener Perspektive auf den Fall Hauser wurden die Berichte als Beweise für die Gegner wie auch zu Argumenten der Befürworter herangezogen. So wurde Kaspars Lernfähigkeit, von der gesagt wurde, dass er in ein paar Tagen das lerne, wofür andere Jahre brauchen, als Beweis für einen gewitzten Betrug angesehen. Für Kaspars Glaubwürdigkeit hingegen sprachen seine eigenwillige Sicht auf die Welt und seine hohe Empfindsamkeit auf alle sinnlichen Eindrücke.

Der König und das Kopfgeld

Am 17. Oktober 1829 kam es im Wohnhaus von Daumer zu einem Zwischenfall, der das Leben Kaspar Hausers nachhaltig verändern sollte. Der 17-Jährige lebte nun anderthalb Jahre in Nürnberg bei seinem Erzieher und Lehrer Georg Friedrich Daumer. Die Fortschritte, die er inzwischen gemacht hatte, waren allgemein bekannt, und die Nachricht, dass der Junge an seiner Lebensgeschichte schreibe, blieb nicht verborgen – war sie vielleicht sogar ausschlaggebend für das, was an diesem Samstag geschah?

Das Gerichtsprotokoll erlaubt die Rekonstruktion der Ereignisse. Kaspar kam am Vormittag gegen 10:30 Uhr nach Hause. Er fühlte sich nicht wohl, sodass der für diese Stunde verabredete Rechenunterricht ausfiel und Kaspar sich hinlegen durfte. Eine Magenverstimmung zwang Kaspar, seinem „inneren Menschen" nachzugeben und die Toilette aufzusuchen. Er vernahm, wie die Türglocke ganz leise anschlug und sofort wieder verstummte, und hörte Schritte, die sich dem Toilettenverschlag näherten. Die Tür wurde aufgerissen und ein Unbekannter schlug mit einem scharfen Gegenstand nach ihm, traf ihn an der Stirn und verschwand spurlos. Das Einzige, was er zu Kaspar sagt, ist der Satz: „Du musst noch sterben, ehe du aus Nürnberg kommst." Kaspar glaubte – so gab er später an –, in der Stimme den Mann erkannt zu haben, der ihn damals aus dem Kerker holte und nach Nürnberg führte!

Zunächst herrscht Skepsis gegenüber den Angaben Kaspars. Schließlich hat niemand etwas gehört oder gesehen, obwohl noch kurz zuvor, wie jeden Samstag, die Küchenmagd ins Daumer'sche Haus gekommen war. Auch die zur Tatzeit im Haus anwesende Mutter Daumers hat nichts von dem Eindringling und einem Attentat bemerkt. Sie ist es, die Kaspar blutend und wie unter Schock im Keller entdeckt. Die quer über Kaspars Stirn verlaufende klaffende Wunde zerstreut letztlich alle Zweifel. Sie ist so tief, dass eine Selbstverletzung praktisch ausscheidet.

Dass also tatsächlich finstere Mächte aus Kaspars Vor-Nürnberger-Vergangenheit am Werk waren, scheint den Ermittlern des Falles, zu denen auch Anselm von Feuerbach gehört, nicht abwegig. Kaspar hatte gerade erst mit dem Verfassen seiner Autobiografie begonnen. Noch wusste niemand, an was Kaspar sich erinnerte und wie viel davon er preisgeben könnte. Aber allein die Angst vor der Entdeckung muss für gewisse Personen, die ihr Tun lieber im Dunkeln verborgen sehen wollten, Grund genug zum Handeln gewesen sein.

War Kaspar also doch die Schlüsselfigur in einem Machtkampf unter den Herrschenden?

Auffällig ist, welch große Anteilnahme der bayerische König Ludwig I. am Schicksal des Findlings hat. In einem Kabinettsbefehl vom 4. November 1829 veranlasste Ludwig I., aus Furcht vor weiteren Anschlägen, dass Kaspar Hauser „eine polizeiliche Schutzwache" zugeteilt werden sollte. Vierzehn

Eine Bleistiftzeichnung von Kaspar Hauser aus dem Jahr 1831. Auf dem Porträt erkennbar ist die quer über die Stirn verlaufende Narbe, von dem 1829 auf ihn verübten Attentat im Wohnhaus seines Lehrers Daumer.

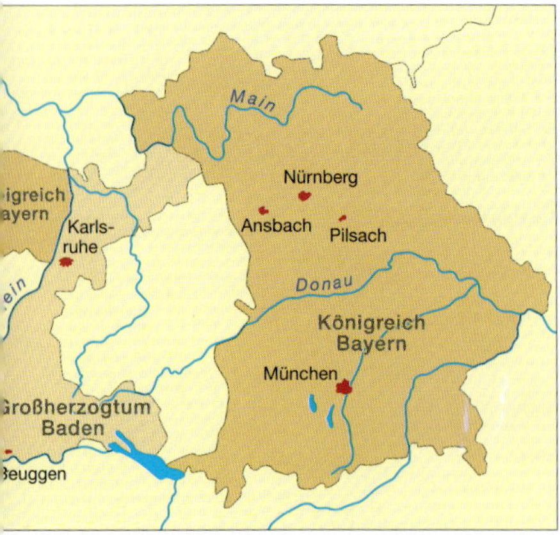

Die Länder Baden und Bayern in den Grenzen von 1815

Tage später wird im *Königlich Bayerischen Intelligenzblatt* folgende Bekanntmachung abgedruckt, in der „eine Belohnung von fünfhundert Gulden demjenigen versprochen werde, welcher hinsichtlich des an Kaspar Hauser in Nürnberg verübten Mordversuchs solche Anzeigen und Beweise liefern wird, welche die Entdeckung und Bestrafung des Täters begründen".

500 Gulden! Ein Schullehrer in Bayern erhielt damals 77 Gulden im Jahr. Und Ludwig I. erhöhte sogar noch das Kopfgeld. Nach Hausers Ermordung im Jahre 1834 wurde die Summe auf die bis dahin noch nie erreichte Höhe von 10 000 Gulden festgesetzt!

Wofür – für einen Findling? Die ausgesetzte Belohnung könnte einen anderen Grund gehabt haben als nur Mitleid und Gerechtigkeitssinn. Nämlich den damals schwelenden Gebietsstreit zwischen dem Königreich Bayern und dem Großherzogtum Baden, in dem es um die Wiedergewinnung von Teilen der ehemals bayerischen Pfalz geht, die sich jetzt in Badens Hand befinden.

Volker Rödel, Historiker und Direktor des Generallandesarchivs in Karlsruhe, ist ein ausgewiesener Experte der spannungsreichen Geschichte zwischen den beiden Ländern Baden und Bayern. Er erklärt uns die Hintergründe dieser CIA-würdigen Aktion:

„Nach dem Ende der napoleonischen Herrschaft und der Rückgabe der Gebiete auf dem linken Rheinufer ergaben sich für Bayern noch Forderungen an Baden. Bayern sah sich trotz der Bildung der linksrheinischen Pfalz nicht ausreichend für die zuvor an Frankreich verlorenen Gebiete des Hauses Wittelsbach entschädigt und warf ein Auge auf die ehemaligen kurpfälzischen Kernlande um Mannheim und Heidelberg, die seit 1803 badisch waren und blieben. Von Unterfranken her hätten sie eine Landbrücke zur nunmehr bayerischen linksrheinischen Pfalz bilden können."

Wenn sich demnach beweisen ließe, dass das badische Herrscherhaus mit dem Anschlag und der furchtbaren Vorgeschichte in Verbindung steht, wäre Badens Ansehen europaweit so beschädigt, dass Ludwig I., ohne Krieg führen zu müssen – nur mithilfe von „dirty tricks" würde man das heute nennen –, Baden unter Druck setzen und das strittige Gebiet wieder zurückholen könnte.

Würden 500 Gulden dafür ausreichen? Wenn ja, wäre es ein genialer Schachzug! Doch Ludwig I. war auf dem glatten Parkett der Geheimdiplomatie nicht ganz so bewandert. Der Plan, aus einem Skandal politisches Kapital zu schlagen, ging nicht auf. Und es ist eine Ironie der Geschichte, dass ausgerechnet Ludwig I. Jahre später selbst durch einen handfesten Skandal, die Affäre Lola Montez, zu Fall kommt und abdanken muss.

Ein Agent in besonderer Mission

Geheimdiplomatie, Spionage und „schmutzige Tricks" als Mittel der Politik sind mit Sicherheit keine Erfindung unseres vergangenen Jahrhunderts. Was heute „V-Männer" sind, hieß früher – in der vornehmen, französischen Sprache der Diplomatie – „Agent Provocateur" oder schlicht „Lockspitzel". Als solcher wurde in der Geschichte des Falles Hauser immer schon jene Figur bezeichnet, die urplötzlich in Kaspar Hausers Leben tritt, ihn stärker als alle anderen beeinflusst, an sich bindet und unvermittelt wieder verschwindet, Lord Stanhope oder offiziell: Philip Henry 4th Earl of Stanhope, Pair of England.

Aus einem so altehrwürdigen wie hoffnungslos verarmten Adelsgeschlecht stammend, aufgewachsen in London und Kent, lernte Lord Stanhope bei seinem Studienaufenthalt in Deutschland schnell nicht nur die Sprachen Europas, sondern konnte auch sein Talent, das eloquente sichere Auftreten, blendend einsetzen.

1829 taucht er das erste Mal im Umkreis Kaspar Hausers in Nürnberg auf, ohne den Jungen zu treffen. Merkwürdigerweise genau am Tag des ersten Attentats, dem 17. Oktober. Dieser Umstand gab oft Raum zu Spekulationen über eine Mittäterschaft Stanhopes, die aber immer unbewiesen blieb. Erst zwei Jahre später, 1831, am 28. Mai, treffen Kaspar Hauser und Stanhope in Nürnberg erstmals persönlich aufeinander.

Zwischen den beiden beginnt eine Beziehung, die schon bald Gerüchte über homoerotische Züge entstehen lässt. Diese Gerüchte sind zum Großteil Ausdruck von Neid und Eifersucht, da Stanhope mit Geld und Geschenken für Kaspar geradezu um sich wirft und Kaspar auf der anderen Seite seine ganze Zuneigung nur mehr auf den „Grafen" konzentriert. Das konnte seine früheren Bezugspersonen wie den Lehrer Daumer natürlich nicht unberührt lassen. In ihren Briefen und Aufzeichnungen ist zum Teil sehr deutlich zu lesen, was sie von der „Affenliebe" halten und dass Kaspar regelrecht „hofiert" wird und sich unter dem Einfluss Stanhopes zu verwandeln beginnt. Sein damaliger Vormund, Gottlieb Freiherr von Tucher, schreibt:

> *„Wahr ist es, daß er seit des Grafen [Stanhope] letzten Hiersein durch störrisches, unartiges, eigensinnige, lügenhaftes Betragen sich vielfachen Verweis und Tadel zugezogen hat. Kaspars ganzes Wesen [neigt] zu einer sehr verderblichen Eitelkeit und daraus fließenden mannigfachen Unarten, der Rechthaberei, Ruhmsucht, der Sucht sich geltend und beliebt zu machen."*

Aber was steckte tatsächlich dahinter? Seit 1816 bereiste der englische Lord fast jährlich Deutschland, vorzugsweise Süddeutschland und die Städte Mannheim, Karlsruhe und Baden-Baden. 1816 ist das Fundjahr der ominösen Flaschenpost am Rhein, mit der verschlüsselten Nachricht vom versteckten Prinzen. Zufall? Sollte Stanhope auf der Suche nach dem seit 1812 verschwundenen Karlsruher Erbprinzen gewesen sein? Wurde er durch die Veröffentlichung in französischen Zeitungen auf dessen Fährte gesetzt?

Nach Johannes Mayer, Hauser-Forscher und Anhänger der Prinzentheorie, lautete Stanhopes Auftrag, das Kind zu finden, sein Vertrauen zu gewinnen, die Spur seiner Herkunft zu verschleiern, damit alle Rückschlüsse auf das in der Wiege begangene Verbrechen zu zerstreuen und den Verdacht weg von Karlsruhe zu lenken. Stanhope erfüllte seinen Auftrag mit Bravour.

Neben aller Spionage- und Verschwörungstheorie bleibt eine Sache in dieser Angelegenheit so unstrittig wie paradox: das innige Verhältnis der beiden zueinander und das abrupte Ende. Stanhope verspricht Kaspar, ihn als Sohn anzuerkennen und mit nach England auf sein Schloss Chevening in Kent zu nehmen. Er leitet bei Gericht die Adoption in die Wege, in dessen Folge auch Kaspars Übersiedelung von Nürnberg nach Ansbach geschieht. Am 19. Januar 1832 verlässt Henry Lord Stanhope Ansbach, wo er Kaspar in Pflege bei dem Lehrer Johann Georg Meyer zurücklässt. Kaspar und Stanhope werden sich nie mehr wiedersehen. Kaspar wird an seinen geliebten Pflegevater herzzerreißende Briefe schreiben, auf die Stanhope nie antworten wird. Später, nach Kaspars Tod, wird der Lord in der Auseinandersetzung um dessen Herkunft gegen ihn Partei ergreifen und ihn sogar als „Betrüger" bezeichnen.

Das geheimnisvolle Wasserschloss

„Das Landvolk hasst das Haus: es sei ein Fluch darauf, sagen die Leute, weil vor Zeiten so großes Unrecht darin geschehen." (Klara Hofer)

Pilsach, 1924. Fast hundert Jahre sind seit dem rätselhaften Mord an Kaspar vergangen. Aber in dem kleinen Ort an der bayerisch-böhmischen Grenze ist die Erinnerung an sein Schicksal lebendig. Als sei es der gequälte Geist, der nachts suchend und anklagend an die Stätte seines Leidens zurückkehrt, um sich des Vergessens zu erwehren. „Wenns koa Ruh gibst, kimmst zum Kaspar ins Loch", raunen die Großväter den verschreckten Kindern ins Ohr. Nicht weit vom Dorfleben entfernt, liegt einsam und durch einen Wall von alten Weiden und Linden abgeschirmt, das dem Dorf seinen Namen gebende Schloss Pilsach. Seit fünf Jahren lebt hier zurückgezogen die Dichterin Klara Hofer. Die Menschen im Ort hegen Misstrauen

„Kaspar Hauser am 7ten November 1830." Im gleichen Jahr tauchte der englische Diplomat Lord Stanhope in Nürnberg auf. Er bewirkte die vornehme Veränderung an Kaspars äußerer Erscheinung.

C. V. Schellhorn fec.
Kaspar Hauser.
Am 7ten September
1830.

Schloss Pilsach bei Neumarkt. Das Gebäude besitzt ein Geheimverlies, dessen Existenz von außen nur durch die winzigen Luftschächte im fensterlosen unteren Drittel der Fassade verraten wird. Hier soll sich Kaspar Hauser vor seinem Auftauchen in Nürnberg, Pfingsten 1828, aufgehalten haben.

gegen die zugezogene Schlossbesitzerin und gegen das Schloss, von dem es in Gerüchten aus dieser Gegend heißt, dass sich dort ein geheimes Verlies befunden haben soll.

Im Juli 1924 entdeckt Klara Hofer in ihrem Schloss dieses geheime Verlies. Ein niedriger Raum, eingebaut als nicht erkennbares Zwischengeschoss zwischen Parterre und erstem Stock. Darin findet sie auf dem Boden ein Geflecht aus Stroh und Flachs und ein paar Tonscherben. Der zerbrochene Krug von Kaspar? Für Klara Hofer steht fest, sie ist auf Kaspar Hausers Spur gestoßen. Im gleichen Jahr führt sie Schloss Pilsach in ihrem Buch, *Das Schicksal einer Seele*, als das Kerkerschloss von Kaspar Hauser ein.

Nach dem Tod von Klara Hofer, 1955, wechselt das Schloss noch mehrmals den Besitzer, bis es 1979 von einem Architekten aus München erworben wird. Hermann Kurzendörfer hat sich des heruntergekommenen Schlosses angenommen, die alten Gemäuer auf ihre unterschiedlichen Bausubstanzen hin untersucht und eine historische Rekonstruktion der Baugeschichte erstellt. Darin kommt er auf eine interessante These zur Verliesentstehung: „Dieser so genannte Kerker ist mit Sicherheit nicht als Kerker gebaut worden, sondern ist ein Zufallsprodukt des barocken Umbaus. Zuvor war das Schloss eine verschachtelte mittelalterliche Burg, und durch eine zusätzliche Geschossebene, die man im Obergeschoss geschaffen hatte, blieb ein Raum übrig. Dass man ihn dann als Kerker benutzen konnte, ist vorstellbar, aber es ist nicht so, dass er eigens zu diesem Zweck gebaut wurde."

Die Restaurierung des Schlosses zieht sich über Jahre hin und wird von dem fachkundigen Architekten selbst durchgeführt. 1982, an einem Samstagnachmittag, schaufelt Hermann Kurzendörfer am Fuß der Treppe Schutt beiseite, als er plötzlich zwei Holzbeinchen entdeckt. Zum Vorschein kommt ein kleines hölzernes Spielzeugpferdchen. Dem Architekten ist sofort klar: „Das ist das Pferd vom Kaspar Hauser!" Betrachtet man das zierliche Fundstück, stimmen viele Details mit Kaspar Hausers Beschreibung überein. Deutlich sieht man die Überreste einer weißen Farbe. Auch ist zu erkennen, dass es einst auf einem Brett mit Rädern montiert war. Vor allem aber hat es die von Kaspar angegebenen Maße. Wir erinnern uns an die entdeckte Kinderzeichnung eines Pferdchens im Verlies von Beuggen. War dieses Pilsacher Pferdchen die Zeichenvorlage für Kaspar? Waren sie die Rosse, die Kaspar so sehr liebte?

Herr Kurzendörfer führt uns die Treppe hoch in den ersten Stock des Schlosses. Von dort steigen wir über eine Falltüre hinab in den Vorraum zum Verlies, der hinter der großen Treppe liegt. Hier kann man noch aufrecht stehen. In einer hinteren Raumecke sieht man eine winzige runde Öffnung. Der Eingang zum Kerker. Wir kriechen durch die 70 Zentimeter hohe Türöffnung in das eigentlichen Verlies. Der Raum ist 4,30 Meter lang, 2,50 Meter breit und 1,65 Meter hoch. Still ist es hier. Kein Laut dringt von außen durch die zwei Meter dicken Mauern. Ein fast friedlicher Ort, der nur spärlich durch einfallendes Licht aus einer winzigen Öffnung beleuchtet wird. Nichts erinnert mehr an die lange Gefangenschaft eines Kindes. Was haben wir erwartet? Der Boden wurde von dem Schlossbesitzer mit Steinplatten zur Wärmeisolierung für die oberen Räume ausgelegt. Ist es der saubere geflieste Boden, der den Eindruck eines Kerkergefühls verhindert?

In dem Lichtschacht des kleinen Fensters ist ein auffälliges Eisengitter eingebaut, in der Form erinnert es an eine Pflanze mit vier Blättern. Frau Kurzendörfer erkannte in einer Tulpenzeichnung von Kaspar aus dem Jahre 1829 eine Ähnlichkeit zu diesem Eisengitter.

Der Kerker von Schloss Pilsach könnte die letzte Station von Kaspar vor seiner Ankunft in Nürnberg gewesen sein. Die gefundenen und erwähnten Indizien lassen diese Annahme zu. Aber noch Weiteres spricht für diese Ver-

Der heutige Besitzer von Schloss Pilsach entdeckte 1982 bei Renovierungsarbeiten unter Bauschutt dieses hölzerne Spielzeugpferdchen. Es entspricht in vielen Details den Schilderungen Kaspar Hausers von seinen Spielzeugen während der Kerkerzeit.

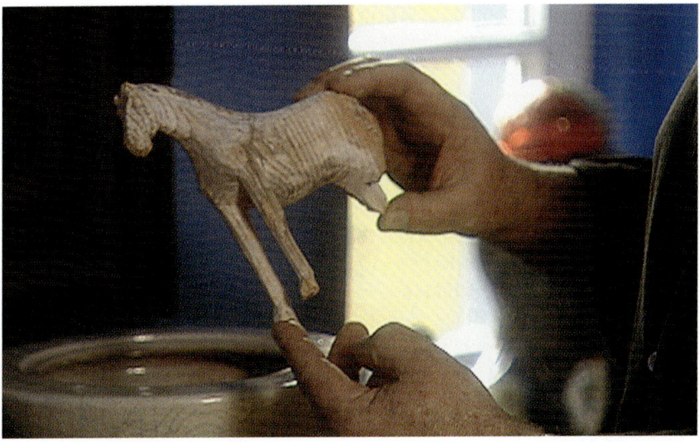

Das einzige Fenster des Pilsacher Verlieses. Ein fast zwei Meter langer Luftschacht von etwa 20 Zentimeter Durchmesser: Das sehr außergewöhnliche Eisengitter erinnert in der Form an eine Blumenzeichnung Kaspar Hausers (siehe rechte Seite).

bindung. Die Nähe zum nur 35 Kilometer entfernten Nürnberg und zur Stadt Neumarkt. Neumarkt wurde in Kaspars Begleitbrief als der Ort erwähnt, von dem aus Kaspar allein den Weg nach Nürnberg weitergehen musste.

Und noch eine andere Fährte entdeckte die Hauser-Forschung. Der Schlossbesitzer war zu dieser Zeit Freiherr Ernst von Griesenbeck, ein Offizier am Hof König Ludwigs I. von Bayern. Griesenbeck lebte das ganze Jahr über in München und reiste für gewöhnlich immer nur zur Ernte im Herbst nach Pilsach, um die Zinsabgaben seiner Untertanen einzutreiben. Ein einziges Mal jedoch, im Jahr 1828, kommt er bereits zu Ostern nach Pilsach, also wenige Wochen vor dem Auftauchen Kaspar Hausers im nahen Nürnberg zu Pfingsten des gleichen Jahres. Hat er die Freilassung von Kaspar geplant und vorbereitet?

Man nimmt an, dass Griesenbeck der Verfasser der anonymen Begleitbriefe Kaspar Hausers war, nicht aber der Schreiber. Seine Schreibarbeiten wurden von einem Justiziar aus Neumarkt, Johann Jakob Lutz, erledigt. Im Archiv von Amberg fand man Schriftstücke, die Lutz geschrieben hatte und die sowohl die gleiche Papiersorte als auch ein ähnliches Wasserzeichen aufgewiesen haben sollen wie das Papier der Begleitbriefe. Sind das alles nur Zufälle?

Wann genau und auf welchem Wege Kaspar Hauser nach Pilsach kam, ist nicht bekannt. Es gibt auch kaum nennenswerte Spekulationen darüber.

In Kaspars Aufzeichnungen enden seine Erinnerungen an die Kerkerzeit damit, dass sein Bewacher eines Tages hereinkommt und ihm die Hand zum Schreiben führt. Das wiederholt er mehrere Tage hintereinander. Dann, eines Nachts, wird Kaspar aufgeweckt. Der Mann hat ihm im Schlaf die Kleider angezogen, schleppt ihn nun aus dem Kerker heraus und lehrt ihn das Gehen.

„Der Mann hob mich auf, nahm mich unter den beiden Armen und lehrte mir das Gehen. Und wie ich zu gehen anfangen sollte, schob er mit seinen Füßen die meinigen fort, um mir begreiflich zu machen, wie ich es machen sollte."

Position 16 220 – eine letzte Spur

„Das Haus Baden hat nie geglaubt, dass an dieser Geschichte etwas Wahres ist", kommentierte Prinz Bernhard von Baden die Ergebnisse der vom *Spiegel* in Auftrag gegebenen DNA-Analysen. Nach der Ansbacher Pressekonferenz und der anschließenden Veröffentlichung der Titelstory, „Der entzauberte Prinz", war das Echo auf die 13-seitige Enthüllungsgeschichte gewaltig. Viele sahen mit diesem Ergebnis die Kaspar-Hauser-Forschung als endgültig erledigt an. Andere wiesen darauf hin, dass der Mordfall Hauser nach wie vor ungeklärt sei und damit auch das „mythische Potenzial" weiter seine Blüten treiben werde. Am klarsten brachte es ein Leserbriefschreiber mit der knappen Formel auf den Punkt, dass jetzt immerhin wissenschaftlich bewiesen sei: Die blutige Unterhose ist nicht mit dem Hause Baden verwandt!

Aquarell Kaspar Hausers vom 22. April 1829 aus dem Stadtarchiv Ansbach. Die Übereinstimmung des Blattstandes mit der Form des links abgebildeten Eisengitters gilt als ein Indiz für Hausers Aufenthalt in Pilsach.

Eines der damals an der Analyse beteiligten Labore ist das Institut für Rechtsmedizin der Universität München. Normalerweise gelangt man in das Gebäude in der Münchner Frauenlobstraße entweder in Handschellen oder als Leiche. Die Hauptaufgabe der Rechtsmedizin besteht nun mal in der Beweissicherung bei Straftaten, Obduktionen und Gerichtsgutachten.

Montag, 21. Mai 2001. Als wir zu einem kurzfristig gewährten Gesprächstermin mit dem Institutsleiter Professor Eisenmenger unbegleitet und auf eigenen Beinen erscheinen, liegt der Fall inzwischen fünf Jahre zurück.

Das vom *Spiegel* verbreitete Ergebnis der Münchner DNA-Analyse hat einen kleinen Schönheitsfehler. Niemand kann mit absoluter Sicherheit sagen, ob es sich bei dem untersuchten Blutfleck auch um Blut von Kaspar Hauser handelt. Die historischen Beinkleider waren erst Beweismittel, später eine viel bestaunte Reliquie, die auch zu Ausstellungszwecken verliehen wurde. Wurde in der Zeit vor ihrer heutigen korrekten Verwahrung daran manipuliert? Nicht, um Spuren zu verwischen. DNA kannte man damals noch nicht. Aber der im Lauf der Jahre verblassende Fleck ist vielleicht aus „Schönheitsgründen" immer wieder aufgefrischt worden, wodurch die originale DNA immer mehr in den Hintergrund gedrängt wurde.

Selbstverständlich hat man in München die Blutspur genauestens analysiert, bevor es an den Vergleich mit dem Blut der Nachfahren des Hauses Baden ging. Das Blut stammt von einem Mann europäischer Abstammung. Aber das ist auch die einzige verbriefte Übereinstimmung mit Kaspar Hauser. Wie verhält es sich nun, wenn man mehrere mögliche DNA-Quellen, die Kaspar Hauser zugeschrieben werden, miteinander vergleichen würde – wie zum Beispiel noch existierende Haare? Professor Eisenmenger winkt ab. Natürlich wäre das möglich. Aber er und seine Mitarbeiter seien zu beschäftigt mit ihren eigentlichen Aufgaben: Leichenbeschau, Gerichtsgutachten, Beweissicherung und Überführung von Sexualstraftätern. Außerdem, und in diesem Moment stockt uns der Atem, würde das doch gerade schon gemacht. Ein Kollege in Münster versucht das bereits, sein Name laute, und hier lacht Eisenmenger, „Professor Brinkmann, wie der im Fernsehen".

Donnerstag, 5. Juli 2001. Wir nehmen Kontakt auf und sitzen wenige Wochen später zwischen Umzugskisten im Arbeitszimmer von Professor Bernd Brinkmann im Institut für Rechtsmedizin in Münster. Das Institut zieht um. Endlich. Größere und modernere Räume, der Aufgabenfülle ihrer Arbeit Rechnung tragend. Die Genforscher aus Münster haben nicht nur ständig wachsenden Anteil an der erfolgreichen Verbrecherjagd bei Sexualdelikten und Gewaltverbrechen. Das Team um Professor Brinkmann hat sich in den letzten Jahren vor allem unter Historikern einen Namen gemacht. Das Herz Ludwigs XVII. und der Zahn des letzten deutschen Kaisers, Wilhelm II., lagen schon in ihren Laboren. Meist geht es um die Klärung der wahren Identität oder unrechtmäßiger Erbschaftsansprüche. Der Wahrheit, statt der Legende, zu ihrem Recht zu verhelfen, so umschreibt Brinkmann mit eigenen Worten seine Arbeit.

Professor Bernd Brinkmann und Dr. Heidi Pfeiffer vom Institut für Rechtsmedizin Münster: kriminalistische Spurensuche beginnt mit dem bloßen Augenschein. Erst dann folgt die Analyse im Labor.

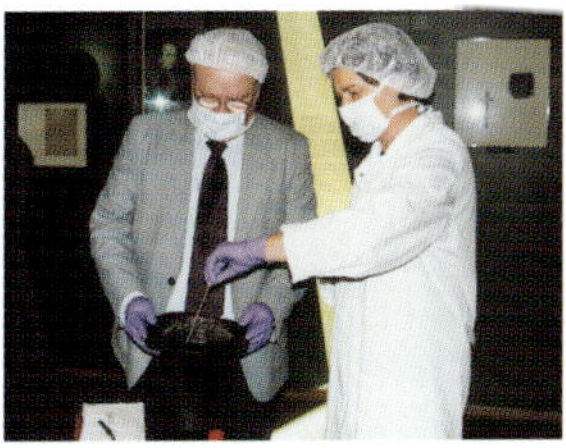

Dr. Heidi Pfeiffer und Werner Bürger entnehmen im „Markgrafen Museum Ansbach" eine der sechs Gewebeproben auf der Suche nach Hausers genetischem Code.

In seinem Arbeitszimmer sitzt an diesem Tag noch eine Person mit am Tisch. Es ist die Hamburger Autorin Ulrike Leonhardt. Sie ist es, die die DNA-Analyse der Haare Kaspar Hausers ermöglichte. Ulrike Leonhardt hat sich nie damit abgefunden, wie schnell das viel zitierte Nachrichtenmagazin aus ihrer Heimatstadt den Fall Hauser zu den Akten gelegt hat. In den Jahren der Beschäftigung mit Kaspar Hauser hat sie viele Kontakte geknüpft, unter anderem auch zu heute noch lebenden Nachfahren der damals beteiligten Personen. Aus deren Besitz stammen die zwei Haarlocken Kaspar Hausers, die Brinkmann in Münster untersuchen soll.

Mit unglaublicher Geduld und Gelassenheit versucht der Professor, uns mit den Grundzügen der Molekulargenetik vertraut zu machen. Endlich kommt er zum Ergebnis: „Vorsichtig ausgedrückt", dämpft er unsere Neugier, „besteht eine große Ähnlichkeit." Gemeint ist der DNA-Vergleich zwischen den Haaren Kaspar Hausers und dem Blut der Nachkommen der badischen Erblinie von Stephanie de Beauharnais. Zumindest zeige die Analyse eindeutig, dass die vom *Spiegel* untersuchte Blutprobe der Hose Hausers nicht identisch ist mit der Haarprobe der hier untersuchten Locken!

Brinkmanns investigatives Interesse an dem Fall ist geweckt. Um weitermachen zu können, fehlen ihm allerdings verlässliche Spuren, also Haare, Speichel, Blut der Beauharnais-Urenkelinnen. Und er braucht noch mehr Originalhaare und Gewebespuren von Kaspar Hauser.

Montag, 16. Juli 2001. Eine in München-Schwabing lebende Ärztin, die in der sechsten Generation von Stephanie de Beauharnais abstammt, antwortet uns auf einen Brief. Sie ist bereit, uns zu helfen. Zwei Tage später kommt Dr. Heidi Pfeiffer vom Institut für Rechtsmedizin in Münster nach München, um ihr die notwendigen Proben, Haare, Blut und Speichel, zu entnehmen. Am nächsten Tag treffen wir in Ansbach Werner Bürger, den Leiter des Stadtarchivs und der Kaspar-Hauser-Abteilung. Auch er ist bereit, uns von der im Museum ausgestellten Haarlocke Kaspar Hausers sechs bis sieben Haare zu opfern. Vorausgesetzt, der verantwortliche Stiftungsrat erteilt seine Zustimmung.

Eine Haarlocke Kaspar Hausers aus dem „Markgrafen Museum Ansbach". Die natürliche Pigmentierung der ehemals braunen Haare ist durch die jahrzehntelange Aufbewahrung unter Tageslicht verblichen.

Montag, 15. September 2001. Im „Markgrafen Museum" am Kaspar-Hauser-Platz entnimmt Frau Dr. Pfeiffer in Anwesenheit von Werner Bürger und vor laufender Kamera die benötigten Vergleichsproben, die weiterhelfen sollen, das Rätsel zu lösen. Mit sterilem Tupfer, Handschuh, Mund- und Kopfschutz – bloß keine Verunreinigung, sprich: Kontamination durch eigene DNA! – entnimmt die Rechtsmedizinerin nacheinander Haare, Gewebeproben aus der Innenkrempe des Huts von Kaspar Hauser und von Blutflecken auf der Anzughose, die Kaspar am Tag des Attentats getragen hat.

Dienstag, 4. Dezember 2001. Das Institut für Rechtsmedizin ist inzwischen umgezogen. Mit der gleichen Sorgfalt, mit der sie auch sonst durch ihre Arbeit über „schuldig" oder „nicht schuldig" befinden, gehen die Wissenschaftler in Münster an die Aufgabe. Immer wieder neue Testdurchläufe, Analysen und Gegenanalysen. Dann liegt das Ergebnis vor. Insgesamt sechs Proben wurden entnommen aus zwei unterschiedlichen Quellen und ihre DNA-Struktur miteinander verglichen. Das Resultat: 100-prozentige Übereinstimmung! Alle Proben stammen von ein und derselben Person. Eine Verunreinigung, Verwechslung oder Vertauschung ist ausgeschlossen. Die historische Person, genannt Kaspar Hauser, die damals in Nürnberg aufgetaucht und in Ansbach ermordet worden ist, hat nach 170 Jahren zum ersten Mal ihre genetische Identität preisgegeben.

Und noch ein eindeutiges Ergebnis liegt vor. Professor Brinkmann hat seine Testreihen mit denen seines Kollegen Eisenmenger aus München verglichen. Der untersuchte damals das Blut auf der Unterhose. Doch die beiden Resultate weichen deutlich voneinander ab. Das bedeutet, dass der

Blutfleck auf der Unterhose eindeutig nicht von Kaspar Hauser stammt, sondern eine nachträgliche Fälschung ist. Die Schlussfolgerung des *Spiegels* ist damit widerlegt.

Bleibt das letzte und mit am meisten Spannung erwartete Ergebnis über die möglicherweise bestehende Verwandtschaft von Kaspar Hauser mit dem Hause Baden. Professor Brinkmann erläutert uns sachlich und korrekt sein Urteil: „Wenn man den DNA-Code der Ur-Ur-Ur-Ur-Enkelin von Stephanie de Beauharnais vergleicht mit dem Kaspar Hauser zugeordneten Code, dann finden wir in allen wesentlichen Positionen Übereinstimmung, bis auf eine einzige Position, wo sie sich nicht decken. Zum jetzigen Zeitpunkt wäre es unverantwortlich, einen Ausschluss zu formulieren, sodass immer noch die Möglichkeit besteht, dass Kaspar Hauser ein biologischer Verwandter zum Haus Baden ist."

Die Wahrscheinlichkeit, dass Kaspar doch der Erbprinz von Baden, der Sohn Stephanie de Beauharnais' ist, ist somit gestiegen; sehr stark sogar! Beweisen lässt es sich nach derzeitigem Stand der Wissenschaft jedoch nicht. Eine einzige Position, Position 16 220, verwehrt uns die endgültige Gewissheit über die Herkunft Kaspar Hausers. Ein „A", wo ein „C" stehen müsste. Das Ergebnis wird uns haarklein dargelegt, mit all seinen zulässigen Interpretationen. Später erfahren wir, dass die Analyse der Kaspar-Hauser-DNA die Mitarbeiter von Professor Brinkmann in Münster immer wieder verblüfft und bis an die absolute Grenze ihrer Entschlüsselungskunst geführt

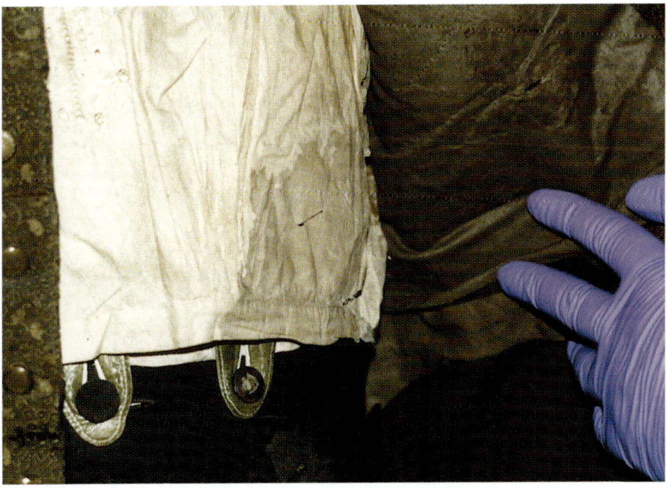

Der tödliche Messerstich bei dem Attentat auf Kaspar Hauser am 14.12.1833 ging durch alle Kleidungsstücke, Mantel, Weste, Hemd und Unterbekleidung. Im September 2001 wurde von der Hose eine von insgesamt sechs Proben für eine DNA-Analyse entnommen.

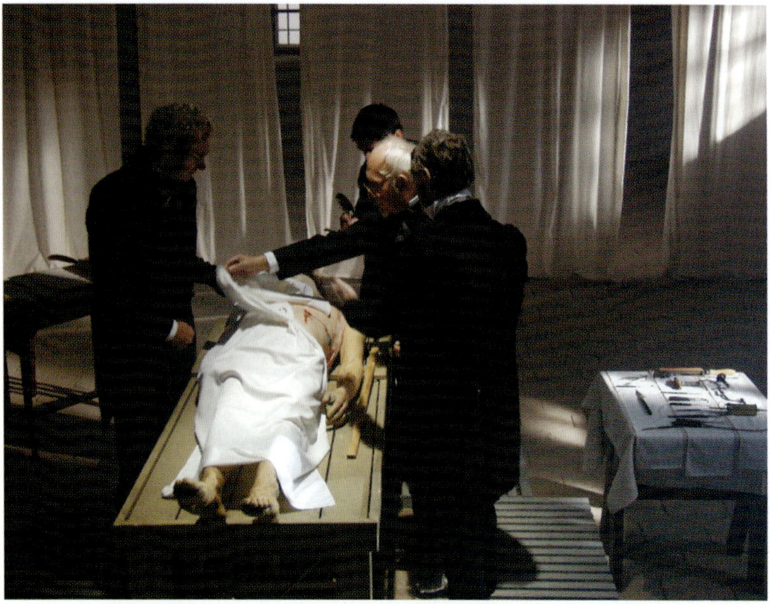

Die Obduktion der Leiche Kaspar Hausers ergab zweifelsfrei Mord – Selbstmord scheidet als Todesursache aus! Der Täter wird nie gefasst. (Filmszene)

hat. Man ist, was die Ausbeute und Genauigkeit der erzielten Ergebnisse betrifft, sehr viel weiter gekommen als erhofft. Mit jeder neu bestimmten DNA-Position verfestigte sich das Bild eines selten auftretenden Musters, das eine völlige Übereinstimmung zwischen Kaspar Hauser und den Nachkommen des Hauses Baden zu versprechen schien. „Nur diese eine Stelle verweigert hartnäckig ihre Zugehörigkeit." Als ob das größte Rätsel seiner Zeit auch heute noch und sogar im winzigsten Kernbereich seiner selbst sich der Aufklärung verschließen wollte.

„Aenigma sui temporis – das Rätsel seiner Zeit"

Noch einmal Ansbach und ein letzter Schauplatzwechsel. Triesdorfer Straße, eine Ausfallstraße nach Süden. Triesdorf hieß eines der Schlösser, das man in Verdacht hatte, Kaspar Hausers Kerkerort gewesen zu sein. Doch Kaspar war nie dort. An der Triesdorfer Straße liegt die Heilig-Kreuz-Kirche und der Friedhof der Stadt, Zum Heiligen Kreuz.

„Hier liegt Kaspar Hauser. Das Rätsel seiner Zeit. Von unbekannter Herkunft und geheimnisvollem Tod." Der Weg zum Grabstein Kaspar Hausers ist ausgeschildert. Ob seine Überreste aber tatsächlich an dieser Stelle liegen, gilt als unwahrscheinlich.

Am 20. Dezember 1833 wurde Kaspar Hauser hier von Pfarrer Fuhrmann beigesetzt. Sein Grab liegt gegenüber vom Friedhofseingang, im so genannten Neuen Teil. Ein schlichter roter Sandstein steht darauf. Die lateinische Inschrift lautet: „Hic Jacet Casparus Hauser Aenigma sui temporis Ignota Nativitas Occulta Mors MDCCCXXIII" – zu Deutsch: „Hier liegt Kaspar Hauser, das Rätsel seiner Zeit, von unbekannter Herkunft und geheimnisvollem Tod. 1833". Das ist alles.

Als wir im Herbst das Grab besuchen, sind bis Buß- und Bettag noch einige Wochen Zeit. Vielleicht war deshalb sein Grab nicht geschmückt. Friedhofsgänger, die von unserer aufgebauten Kamera angelockt werden, bemängeln das und entschuldigen sich für ihre Stadt. „Normalerweise würde hier immer Erika wachsen." Statt Blumen finden wir ein gerahmtes Kinderbild an den Grabstein gelehnt. „Eva, 18. 8. 2001", hat mit Wachsmalkreiden ein knallbuntes Schaukelpferd gemalt. So groß wie das Holzpferdchen aus Pilsach oder auch die jetzt erst entdeckte Kreidezeichnung aus Schloss Beuggen. Pferde, die Kaspar Hauser so sehr liebte – „ich will ein Reiter werden" –, scheinen ihn bis über den Tod hinaus zu begleiten.

Noch Generationen nach seinem Tod rührt das Schicksal des Kaspar Hauser die Menschen. Auf seinem Grab liegen immer frische Blumen. Manchmal auch persönliche Dinge, wie diese Kinderzeichnung.

Wer immer er wirklich war, ermordet und begraben wurde „Kaspar Hauser, genannt der Prinz von Baden". Das Findelkind erschütterte zu Lebzeiten ein Fürstentum bis in die Grundmauern. Sein Schicksal hat Generationen nach ihm gerührt und, im Falle der Fürsten von Baden, vielleicht sogar der Geschichte eine ganz andere Richtung gegeben.

Im Geschichtsunterricht wird den Schülern beigebracht, dass die Frage „Was wäre gewesen, wenn ...?" eine durch und durch unhistorische Frage ist, die man nicht stellt. Was wäre aber gewesen, wenn Kaspar zu Lebzeiten als Erbprinz anerkannt worden wäre; zu Recht oder zu Unrecht, egal? Was wäre dann gewesen? Hätte sich der Lauf der Weltgeschichte verändert? Wohl kaum. Die heutigen Nachkommen der beiden Familienlinien säßen vielleicht statt in Schwabing in Schloss Salem am Bodensee und umgekehrt und würden dann eben dort ihrem jeweils bürgerlichen Beruf nachgehen.

Kaspar Hauser, der dann nicht mehr so geheißen hätte, sondern Großherzog Caspar von Baden, Herzog von Zähringen, wäre heute in der verschlossenen Fürstengruft zu Pforzheim begraben und nicht hier. Dabei ist noch nicht einmal sicher, ob Kaspar Hauser, beziehungsweise was von ihm übrig ist, an der bezeichneten Stelle Zum Heiligen Kreuz liegt. Nach einem Bombentreffer gegen Ende des Zweiten Weltkriegs wurden die verstreuten Gebeine nicht gerade mit archäologischer Sorgfalt aufgelesen und in die offenen Gräber zurückgelegt. Ein Grund, warum man nicht längst statt der Kleidung Kaspar Hausers die hier begrabenen Gebeine untersucht hat. Es könnten die jedermanns sein. „Pauvre Caspar" – armer Kaspar!

Genanalyse, wie geht das?

Das einer DNA-Analyse zugrunde liegende Prinzip ist denkbar einfach. In jeder Zelle des menschlichen Körpers findet sich in den Chromosomen die unverwechselbare, von den Eltern auf ihre Kinder weitergegebene Erbinformation.

Chromosomen bestehen aus langen Ketten chemischer Moleküle. Bis zu 250 Millionen dieser so genannten Basen bilden zusammen die Desoxyribonukleinsäure, DNS, oder – vom englischen „acid" für Säure – DNA. Diese Millionen Basen lange DNA wird jedoch nur durch vier immer gleiche Basen gebildet: Adenin (A), Tymin (T), Guanin (G) und Cytosin (C).

Neben der DNA der Chromosomen im Zellkern gibt es noch in anderen Zellbausteinen, den so genannten Mitochondrien, eine von der Zellkern-DNA unabhängige unverwechselbare DNA, die mtDNA. Sie besteht aus nur 16 569 Basenpaaren und ist damit viel kürzer als die Kern-DNA. Die mtDNA wird nur durch die Mutter weitervererbt, nicht durch beide Elternteile. Die mtDNA von Personen aus einer mütterlichen Erbschaftslinie stimmen also miteinander überein.

Unterschiede treten nur in Form von kleineren Abweichungen in der Basenabfolge auf, wie sie sich im Lauf der Generationen durch Mutation ereignen können. All das macht mtDNA zur geeigneten Grundlage für die Untersuchungen der Rechtsmedizin, um die Identität einer Person auf Basis ihres so genannten genetischen Codes festzustellen.

Bei diesen Untersuchungen analysiert man das Auftreten und die Reihenfolge der vier immer wiederkehrenden Basen-Bausteine, wie sie auf bestimmten mtDNA-Abschnitten auftreten. Dazu wird zunächst nach kleinsten Spuren von DNA in Gewebeproben, wie Haaren, Blut, Haut, Knochen, gesucht. Die DNA wird durch chemische Methoden vervielfältigt und sichtbar gemacht. Anschließend wird die unverwechselbare Reihenfolge der vier Bausteine C G T A bestimmt und mit der Reihenfolge anderer Proben auf Identität oder Nicht-Identität verglichen.

Jens Afflerbach
Jenny Friedrich-Freksa

Mythos Napoleon

Er schien wie aus dem Nichts gekommen, um Europa zu beherrschen. Napoleon Bonaparte erschütterte die alte Ordnung des Kontinents und brachte Visionen einer neuen. Er schuf ein modernes Rechtssystem, auf dessen Basis bis heute 150 Millionen Menschen leben. Doch gleichzeitig verblutete in den Kriegen, die seinen Namen tragen, die Jugend eines ganzen Kontinents. Auf den Schlachtfeldern errang der Feldherr Napoleon atemberaubende Erfolge; den Frieden konnte er nie gewinnen. Getrieben vom Glauben an seine Unbesiegbarkeit, besiegelte er letztendlich sein eigenes Schicksal. Der einfache Artillerieleutnant, der in wenigen Jahren so viel Macht errungen hatte wie vor ihm nur die römischen Imperatoren, sollte am Ende seiner Herrschaft innerhalb von ein paar Tagen alles verlieren.

Mehr als hundertachtzig Jahre nach seinem Tod wiegt sein Erbe immer noch schwer. Nachdenklich blickt Thierry Lentz, Direktor der renommierten Fondation Napoléon in Paris, aus dem Fenster des Instituts auf die Straßen des prachtvollen achten Arrondissements. Kaum ein Denkmal für den „Empereur" findet sich in Paris – sieht man davon ab, dass sich Napoleon mit dem Gesicht dieser Stadt ein gewaltiges Mémorial geschaffen hat. Die Namen von Bahnhöfen, Avenuen und Plätzen erinnern an die großen Schlachten und glorreichen Momente, die Napoleon Frankreich gebracht hat, so die Avenue de Wagram, der Gare d'Austerlitz oder auch die kleine Rue Bonaparte, die an Napoleons Pariser Wohnsitz als Erster Konsul, dem Palais de Luxembourg, vorbeiführt. Nicht nur Paris, das ganze Land trägt bis heute den Stempel seiner Herrschaft. Es wird nach seinen Strukturen verwaltet, Bildung in seinem Schulsystem vermittelt, Recht nach seinen Gesetzen gesprochen.

Gleichzeitig gilt es als politisch korrekt, den Mann mit den schlimmsten Massenmördern der Geschichte zu vergleichen. Während Bewunderer ihn auf den Spuren Alexanders und Cäsars sehen, stellen seine Feinde ihn in eine Reihe mit Dschingis Khan oder dem Hunnenkönig Attila. „Wir haben noch kein Verhältnis zu ihm gefunden", sagt Lentz, der all die Urteile kennt, die in mehr als hundertachtzig Jahren über Napoleon gesprochen worden sind. „Er wird geliebt oder gehasst, denn mit ihm erlebte Frankreich ungeahnte Größe und blickte in die tiefsten Abgründe. Er bleibt bis heute ein Mythos."

Auf einen langen Weg begibt sich, wer die Legende vom visionären Staatsmann, vom unbesiegbaren Feldherren, vom unersättlichen Liebhaber Napoleon ergründen will. Die Reise führt über Korsika und Norditalien, über das Schloss Malmaison, die Kathedrale von Nôtre-Dame und den Thronsaal im alten Königsschloss Fontainebleau und endet längst nicht auf den Schlachtfeldern zwischen Kanalküste und Moskau. Ein kleines Eiland im Südatlantik ist Ende und Anfang des Mythos Napoleon.

Vorhergehende Doppelseite: Napoleon Bonaparte krönt am 2. Dezember 1804 seine Frau Joséphine zur Kaiserin. Zuvor hat er sich selbst die Krone aufgesetzt. Gemälde von Jacques Louis David

Exil im Nirgendwo

Relikte aus dem Exil: Den mit Diamanten besetzten Ring hinterließ Napoleon der Familie Bertrand.

Kein Ort liegt so verlassen. Die Portugiesen, die den Flecken aus Vulkangestein in der Wasserwüste des Südatlantiks entdeckt hatten, suchten der Insel im Namen etwas Tröstliches zu geben. Doch St. Helena erwies sich als ein immer feuchtes Eiland, auf dessen Bäumen Ratten siedeln. Menschliche Bewohner hält die Insel in Einsamkeit gefangen. Die öde Reise, die selbst moderne Segelschiffe wie die *Northumberland* quälende sechs Wochen kostet, ist erst der Anfang einer sechs Jahre dauernden Inhaftierung im Nirgendwo.

Am 15. Oktober 1815 meldet der Ausguck Land in Sicht. Die meisten Reisenden, Angehörige eines kleinen französischen Hofstaates, sind daran gewöhnt, Haltung zu wahren. Ihr Entsetzen bleibt stumm, als sie ihr Exil zu Gesicht bekommen. Nur manche zeigen ihre Panik offen, schreibt Johannes Willms, der Napoleons Jahre auf St. Helena rekonstruiert hat. „Diese Insel hat der Teufel geschissen, im Flug von der einen in die andere Welt", ruft eine gewisse Madame Bertrand angeblich aus und will sich über Bord stürzen. Erst im letzten Moment wird sie zurückgehalten.

Seit mehr als zweihundert Jahren herrschen die Briten über diese Ödnis im Atlantik. Sie haben die Küstensiedlung Jamestown zu einer Festung ausgebaut. Der Anblick jener zerklüfteten Felsfassade, die das Städtchen einzwängt und die mit einem Heer von Kanonen versehen ist, erregt die Fantasie der Zeitgenossen. „Derart gab man sich den Anschein, als wolle man den Gefangenen seinem Genie entsprechend empfangen", dichtet Chateaubriand, der diesen Ort niemals gesehen hat. Das Schicksal des Gefangenen fesselt nicht nur die Mitreisenden. Es hält die Welt in Atem, weil der Gefangene über beinahe zwanzig Jahre ihr Schicksal bestimmt hat.

Schon einmal ist er aus dem Exil entkommen. Jetzt muss Napoleon Bonaparte nach Ansicht seiner Kerkermeister, der Koalition der alten Mächte Europas, isoliert werden wie ein gefährliches Virus. Lord Liverpool, Vertreter der britischen Regierung, wirbt in Briefen für die Meinung, „dass der am besten geeignete Ort für seine Verbannung von Europa sehr weit entfernt sein muss und dass entweder das Kap der Guten Hoffnung oder die Insel St. Helena diesem Zweck am besten entsprechen".

Auf den ersten Blick haben seine Feinde Ruhe. St. Helena, das weiß Napoleon, wird er nicht lebend verlassen. Wohin auch sollte der Gefangene fliehen? Britische Kriegsschiffe patrouillieren pausenlos rund um das Eiland.

Die Küste Westafrikas liegt 1800 Kilometer entfernt, Südamerika mehr als doppelt so weit. In Europa hat Napoleon nur noch Feinde und eine Flucht in die Neue Welt hätte diese Konflikte einfach verlängert. „Seine bloße Anwesenheit am amerikanischen Gestade des Atlantiks hätte Europa gezwungen, am gegenüberliegenden Ufer Aufstellung zu nehmen", bemerkt Chateaubriand dazu.

Der Herrscher, der einst den Glanz der Sonnenkönige in den Schatten gestellt hat, regiert nun seinen kleinen Hofstaat in einem umgebauten Schweinestall namens Longwood House. Nur schwer verdrängt das kaiserliche Eau de Cologne, mit dem er sich nach dem täglichen Bad einreiben lässt, den penetranten Viehgestank. Roh gezimmerte Möbel aus Bambus ersetzen die kaiserliche Möblierung, an die wenige Relikte erinnern, die an Bord der *Northumberland* Platz gefunden haben: das Feldbett, eine silberne Waschschüssel, ein Reisenecessaire. Dazu ein wertvolles Porzellanservice mit Motiven aus den napoleonischen Kriegen aus der berühmten Manufaktur von Sèvres.

In der zugigen Kulisse von Longwood House verkommt das höfische Protokoll, das Napoleon strikt einhalten lässt, zur Groteske. Diener in der grünen Livree des kaiserlichen Hofes servieren Abend für Abend mindestens sechs Gänge. Solange der Kaiser niemandem das Wort erteilt, schweigen bei Tisch die Offiziere in ihren Paradeuniformen. Scheu überhören die Damen die Zoten, die Napoleon über ihre Garderobe reißt. Dafür herrscht unter dem Tisch reges Treiben, denn Ratten bevölkern das Speisezimmer. Napoleon scheint nun einzuholen, was er drei Jahre zuvor nach seiner Niederlage in Russland ausgesprochen hat: Vom Erhabenen zum Lächerlichen sei es nur ein Schritt.

Doch in der Ausweglosigkeit und Enge des Exils brodeln nicht nur Heuchelei und Intrige. Auf St. Helena schmieden Napoleon und seine Vertrauten ein letztes Bündnis. Jeden Nachmittag, nach der Morgentoilette und dem täglichen Ausritt, versammeln sich die Offiziere im Arbeitszimmer Napoleons, um die Erinnerungen des gestürzten Kaisers aufzuschreiben. Dann ergeht sich Napoleon in Diktaten, in denen viel von seiner alten Energie aufblitzt. Mitunter benötigt er drei Schreiber gleichzeitig, wie in seiner Zeit als Erster Konsul, als er mit zahllosen Befehlen, Briefen, Verordnungen das Land regierte.

Die Schreiber halten nicht nur fest, was Napoleon diktiert. Sie lauern auf jedes spontan gefällte Urteil und jede beiläufig ausgeplauderte Anekdote. Sie sind fest entschlossen, jeder für sich und gegen die anderen, aus dem langsamen Sterben Napoleons Nutzen zu ziehen. Denn die Erinnerungen von St. Helena versprechen denen, die bei ihrem Diktat mit dabei gewesen sind, nach ihrer Rückkehr Aufmerksamkeit und ein Leben ohne materielle Sorgen. Gleichzeitig handeln sie wie Offiziere des einstigen Feldherrn Napoleon, die ihre Befehle vor einer Schlacht entgegennehmen; einer Schlacht, in der Napoleon nun „das Schwert mit der Feder vertauscht", wie er selbst bemerkt, und in der es, wie immer, um nicht weniger geht als um Sein oder Nichtsein, Sieg oder Untergang. Diesmal allerdings stehen nicht Staaten oder ein Herrscherthron auf dem Spiel. Die Erinnerung der Menschen ist das Ziel seiner Eroberung, Napoleons Platz in der Geschichte.

„Jeder Tag auf dieser Insel befreit mich vom Anstrich eines Tyrannen oder Mörders … Seit ich dazu verurteilt wurde, hier zu leben, schreibe ich Geschichte. Dieses Unglück fehlte mir zum Ruhm … Meine Feinde haben mir eine Krone verliehen, die viel größer und mächtiger ist als die des französischen Throns. Es ist jene, die der Retter der Welt trug – eine Dornenkrone."

„Welch ein Roman ist doch mein Leben." Das Diktat der Memoiren vertreibt die Langeweile des Exils – und macht den Mythos Napoleon unsterblich. Stich nach Charles Steuben

Napoleon flüchtet nicht, wie gewöhnliche Despoten, in einen schnellen Tod. In der Verbannung inszeniert er sich als lebendig begraben, als Prometheus, der an die Vulkanfelsen von St. Helena gekettet ist. Seine Jünger werden von diesem Martyrium künden. Seine Gegner stimmt die Verbannung milde, denn sie erscheint als gelebte Buße für die Fehler, den Ehrgeiz, die Millionen Toten, die Napoleon zu verantworten hat. Für das Exil von St. Helena gilt, was Winston Churchill in einem anderen Zusammenhang einmal bemerkt hat: Es ist nicht das Ende; nicht einmal der Anfang davon. Es ist höchstens das Ende vom Anfang. „Heute werde ich dank der Verfolgung, die ich zu leiden habe, zum Messias", gibt Napoleon auf St. Helena zu Protokoll und sagt siegessicher voraus: „Wäre Jesus Christus nicht am Kreuz gestorben, man hätte ihn nicht zum Gott gemacht."

Nach seinem Tod ist Napoleon, strahlender, abgründiger und größer denn je, als selbst geschaffener Mythos auferstanden – dank seiner Memoiren. „Jeder Zoll ein Gott", schrieb Heinrich Heine und der erbitterte Gegner Napoleons meinte es nicht nur im Spott. Sein Bewunderer Stendhal ahnt: „In der nächsten Jahrhunderthälfte wird die Geschichte Napoleons jedes Jahr neu geschrieben werden müssen." Mehr als fünfhunderttausend Veröffentlichungen später bleibt das Bild Napoleons legendenumwölkt, werden Dichtung und Wahrheit zu immer neuen Geschichten verrührt. Die atemberaubende Karriere des Mannes aus dem korsischen Ajaccio erregt die Fan-

Kein Gipfel schien zu hoch: Napoleon lässt sich nach der Überquerung des St. Bernhard-Passes als Nachfolger Hannibals und Karls des Großen porträtieren. Gemälde von Jacques Louis David (1800)

tasie der Menschen, stimuliert ihre Sehnsucht nach einem Helden, der seine antiken Vorbilder übertrifft, und steigert ihre Lust an der Tragödie, die jener Geschichte innewohnt, über die Napoleon in unverhohlener Selbstverliebtheit geurteilt hat: „Welch ein Roman ist doch mein Leben."

Ein Stern geht auf

Das beschauliche Nizza liegt in den Frühlingstagen des Jahres 1796 im Belagerungszustand. Die französische Oberitalien-Armee hat ihr Hauptquartier aufgeschlagen. Die Offiziere erwarten ihren neuen Befehlshaber. Mehr als vierzigtausend Männer hat Frankreich am Fuße der Seealpen zu den Waffen gerufen – so jedenfalls steht es auf den Listen des Generalstabes, die dem neuen General präsentiert werden sollen. Doch was sich auf dem geduldigen Papier wie eine stolze, republikanische Armee ausnimmt, gleicht eher einem Heerlager aus dem Mittelalter. Mit Soldaten haben diese Männer nicht viel gemein. Die Uniform aus blauer Hose und blauem Waffenrock bleibt für die meisten eine Vorschrift aus dem Lehrbuch. Viele Veteranen halten an den mittlerweile schon oft geflickten weißen Waffenröcken aus der Zeit vor der Revolution fest und wollen sie nicht färben lassen. Musketen und Patronen sind begehrt wie Sammlerstücke. Nur wenige Soldaten besitzen Stiefel. Die anderen sollen auf Holzpantinen oder geflochtenem Stroh in den Krieg ziehen.

Es ist eine Armee, die seit vier Jahren um das Überleben ihres Vaterlandes kämpft. Seit 1792 steht die junge Republik im Krieg mit den alten Mächten Europas, der Ersten Koalition. Ein Jahr später haben die Jakobiner in Paris den letzten König Frankreichs, Ludwig XVI., unter die Guillotine gelegt; ein Akt, der die Franzosen spaltet und nunmehr die Feinde Frankreichs im Ausland eint.

England, Österreich, Preußen und Spanien ziehen in einen Krieg, der die gefährliche Flut der Revolution nicht nur dämmen, sondern umkehren soll. Der revolutionäre Wohlfahrtsausschuss in Paris ruft das Volk zu den Waffen. „Levée en masse" („Aufgebot der Massen"), lautet nun die Losung, die nichts weniger bringt als eine Revolutionierung der Kriegsführung. Die Armeereform, die in der äußersten Not sämtliche Reserven an Menschen und Material heranschaffen soll, bedeutet mit den Worten von Clausewitz eine „Beteiligung des Volkes an dieser Staatsaffäre". Die Kriege gegen die Erste Koalition führt die junge Republik, die in Revolutionswirren, Terror und Aufständen in den Provinzen zu zerreißen droht, in der Not zusammen.

Bald steht eine drei viertel Million Franzosen bereit. In aller Eile zusammengewürfelt, beherrschen die Revolutionsheere weder die komplizierten Manöver der alten Handbücher, noch verfügen sie über die Logistik, die die klassische Kriegsführung verlangt. Willen und Kampfgeist bleiben ihre größte Stärke – ein unschätzbarer Vorteil gegenüber den schlecht motivierten Bauernheeren der Kaiser und Könige. Die preußischen Armeen werden 1792 bei Valmy gestoppt. Angetrieben von den ersten Erfolgen und dem Auftrag, den Völkern Europas die Revolution zu bringen, trägt die französische Armee den Krieg auf feindliches Territorium. Sie überrennt Belgien und marschiert bis Holland. 1794 hat der letzte ausländische Soldat französischen Boden verlassen. Doch den Franzosen glücken nur Einzelerfolge, keine vernichtenden Schläge. Vor allem Österreich bedroht unbeeindruckt die Grenzen der Republik. An den vielen Fronten überdehnt und unterversorgt, siegen sich die Revolutionsheere langsam, aber sicher zu Tode. Im Feldzug von 1796 soll die ausgelaugte Armee noch einmal gegen Österreich ziehen, am Rhein und in Norditalien, das Habsburg mit seinem Verbündeten, dem Königreich Piemont, kontrolliert.

Die Offiziere der Norditalien-Armee, die sich nun in Nizza sammelt, blicken mit gemischten Gefühlen auf die schwer verteidigten Alpenpässe. Dahinter locken die fruchtbare Po-Ebene und die reichen Städte Norditaliens. Doch die ausgezehrten Soldaten, die sich seit Wochen nur von Kastanien und Brot ernähren, würden gar nicht über die Alpen kommen. Die Offiziere kennen ihre Männer. Sie besitzen denselben Kampfgeist und dieselbe zweifelhafte Herkunft: streitsüchtige Provenzalen, prahlerische Gascogner, zähe Bergbewohner aus der Dauphiné. Sie waren Schmuggler, Händler oder Bauern. Die Revolution hat sie zu Kommandeuren gemacht, teils dem Gleichheitsideal, teils dem Umstand Rechnung tragend, dass das alte Offizierkorps das Land verlassen oder den Terror der Guillotine nicht überlebt hat. Sie kennen den Krieg nun seit vier quälend langen Jahren. Deshalb blicken sie skeptisch nach vorn und wütend zurück, nach Paris. Der neue Befehlshaber der Oberitalien-Armee wird einen schweren Stand haben, denn die Generäle, die aus Paris kommen, sind immer politische Besetzungen, die vor allem die Kommissare der Regierung zufrieden stellen sollen.

Napoleon Bonaparte ist anders. Er möchte vor allem seiner Armee gefallen. Und er will siegen. Innerhalb von ein paar Tagen verwandelt er eine Truppe, die kurz vor der Meuterei steht, in eine ihm ergebene und deshalb schlagkräftige Armee. Später, auf St. Helena, erklärt er den Moment zum Wendepunkt, in dem er angeblich mit einer einzigen Ansprache seine Männer hinter sich bringt: „Soldaten. Die Republik schuldet euch so viel. Nichts kann sie euch zurückzahlen."

Ganz gleich, ob diese Worte dem wehmütigen Rückblick der Verbannung oder der historischen Wahrheit entspringen: In diesen Tagen erfahren die Männer eine Verbundenheit zu ihrem Kommandeur, die bis zum Sturz Napoleons beinahe zwanzig Jahre später anhalten wird, die sie zu übermenschlichen Leistungen antreibt und die den Mythos vom Feldherrn Napoleon begründet. „Wir marschierten umhüllt von einem Strahlen", erinnert sich der spätere Marschall Marmont, „dessen Wärme ich auch heute, nach fünfzig Jahren, noch spüre."

Es ist jedoch nicht nur das Strahlen Napoleons, das seine Soldaten mitzieht, sondern auch sein Versprechen, sie würden unter seiner Führung an einem ergiebigen Raubzug teilhaben können: „Ich werde euch in die fruchtbarsten Ebenen führen. Ihr werdet dort Ehre, Ruhm und Reichtum finden."

Entsetzt über den Zustand der Armee, lässt Napoleon noch in Frankreich Fleisch, Brot und Branntwein requirieren. Längst akzeptieren die Händler keine Wechselscheine auf die Regierung mehr. Napoleon treibt 18 000 Paar Stiefel auf. Er gibt seinen Soldaten das Gefühl, dass mit ihm eine Zeit anbricht, die Soldaten nicht mehr zu billigem Kanonenfutter degradiert. Er befördert sie zu Menschen, die mit Stolz in den Tod gehen. Er erfindet Belohnungen – Ehrendegen, Orden und Geldgeschenke –, die er persönlich verleiht, ebenso wie er Disziplinlosigkeiten drakonisch bestraft. Der General, über den sein britischer Rivale Wellington später sagen wird, seine bloße Anwesenheit auf dem Schlachtfeld ersetze vierzigtausend Soldaten, beherrscht schon mit 26 Jahren die psychologischen Werkzeuge der Menschenführung. Davon überzeugt, dass ein Feldherr „ebenso viel Intelligenz wie Charakter" haben sollte, dass das „wichtigste Talent eines Generals darin besteht, die Mentalität seiner Soldaten zu kennen und ihr Vertrauen zu gewinnen", bewegt er seine Soldaten zu nie geahnten Leistungen und sich selbst vom Außenseiter an die Spitze einer ihm treu ergebenen Armee.

Das ist sein Lebensweg von Kindesbeinen an. Er kommt als Napoleone Buonaparte in Korsika zur Welt, als Frankreich die kleine Insel mit den stolzen Bewohnern besetzt. Deren Widerstand ist zäh, aber vergeblich. „Ich wurde geboren, als Korsika verschwand", schreibt Napoleon später, „dreißigtausend Franzosen ertränkten den Thron der Freiheit in einem Meer aus Blut. Die Schreie der Sterbenden, das Stöhnen der Unterdrückten und Tränen der Verzweiflung umgaben meine Wiege vom Augenblick meiner Geburt." Er lernt das Volk hassen, das er später regieren wird, und es kostet ihn seine Jugend, diesen Hass zu überwinden. Sein Vater, ein Anwalt, arrangiert sich mit den Besatzern. Das Verhältnis des jungen Napoleone zu ihm bleibt vor allem deshalb zeitlebens kühl. Verschwenderische Liebe und Bewunderung bringt er seiner Mutter Letizia entgegen. „Sie hat den Geist eines Mannes im Körper einer Frau", schreibt er. Letizia kleidet ihre Mutterliebe in harten Drill. Manchmal schickt sie die Kinder ohne Abendessen ins Bett. „Wir sollten zu leiden lernen, ohne es andere merken zu lassen", erinnert sich Napoleon. Für ihn sind diese Lektionen von Härte und Disziplin Lehrstunden fürs Leben.

Doch Korsika ist außer dem Stolz und der Freiheitsliebe der Bewohner wenig geblieben. Den acht Kindern der Buonapartes bietet sich hier nicht die Zukunft, die sich die ehrgeizigen, aber wenig begüterten Eltern wünschen. Als Gesandter der besetzten Provinz reist Carlo Buonaparte an den Hof von Versailles. Geblendet von der Pracht der Monarchie, die Zeichen ihres Verfalls übersehend, träumt er davon, dass seine Kinder einen Platz in dieser Welt bekommen sollen, der ihm immer verwehrt geblieben ist. Er antichambriert in Versailles für die Zukunft seines Sohnes. Mit Erfolg: Im Winter 1778 setzt ein dünner, frierender Neunjähriger seinen Fuß ins kalte Nordfrankreich. An den Militärschulen in Brienne und Paris soll der junge Napoleone Buonaparte zum Offizier reifen. Des Französischen kaum mächtig, bleibt er ein Außenseiter unter den adligen Zöglingen, die ihrerseits mit Verachtung auf den Neuling aus Korsika herabblicken. Nur einer seiner Lehrer ahnt, dass hier eine große Karriere beginnt: „Dieser junge Mann wird es weit bringen, wenn sich die Umstände günstig gestalten. Er ist reserviert, stolz und voller Selbstbewusstsein. Er arbeitet hart. Sein Ehrgeiz ist bemerkenswert."

Doch nicht nur sein Talent für Mathematik und Geschichte befördert Napoleon vom Außenseiter zum geachteten Mitglied der Kadettengemeinschaft. In der klösterlichen Strenge der Militärschulen, in denen vor allem Disziplin und Unterordnung auf dem Lehrplan stehen, wandelt sich Napoleons Hass auf alles Französische in einen unbestechlichen Sinn für Gerechtigkeit und Gleichheit. Die Kameraden in Brienne beeindruckt, als er, wegen einer Nachlässigkeit bestraft, in einen braunen Sack gehüllt und vor den Kameraden kniend sein Mittagessen im Speisesaal einnehmen soll. Napoleon weigert sich. Er schreit, verfällt in eine schier übermenschliche Empörung, wirft sich auf den Boden und ruft angeblich aus: „Wir knien nur vor Gott! Nur vor Gott!" Man erlässt ihm die Strafe.

Der fortwährende Überlebenskampf Frankreichs in den Revolutionskriegen, die Reform der Armee spülen den jungen Artillerieoffizier nach oben. Zum ersten Mal zeichnet sich Hauptmann Buonaparte aus, als die Franzosen das englische Expeditionsheer in Toulon belagern. Mit dem genialen Blick für einen überraschenden Coup, der ihm später so oft Erfolg bringen wird, setzt der junge Offizier seinen Plan über alle Hierarchien hinweg durch, eine Bergstellung vor der Stadt zu erobern, von der aus die französische Artillerie die englischen Truppen und Schiffe aus Toulon verjagt. Napoleon wird beim Nahkampf durch einen Bajonettstich im Oberschenkel verwundet. Die Verletzung mehrt seinen Ruhm, den er vor allem unter den einfachen Soldaten genießt. Die Rückeroberung von Toulon bringt Napoleon die Beförderung zum Brigadegeneral.

Doch der Sturz Robespierres 1794 bringt den jungen Helden ins Gefängnis. Nach der kurzen Haft sucht er in Paris eine neue Gelegenheit, auf sich aufmerksam zu machen. Im Fructidor des Jahres III (August/September 1795) teilt Napoleon seinem Bruder Joseph in einem Brief seine Namensänderung – von Buonaparte in Bonaparte – mit und bittet ihn, die Familie darüber zu informieren. Außerdem rät er Joseph, den Namen ebenfalls zu ändern.

Im Herbst 1795 bedroht eine Revolte von Königstreuen den revolutionären Konvent in Paris. Die Regierung beauftragt den Brigadegeneral Bonaparte mit der Niederschlagung des Mobs, der auf den Tuilerien-Palast marschiert. Dort hat er drei Jahre zuvor erlebt, wie der schwache König Ludwig XVI. dem Sturm der Straße gewichen ist. „Wenn sich der König auf ein Pferd gesetzt hätte, der Tag hätte ihm gehört", schreibt Napoleon später. Er wird diesen Fehler nicht wiederholen. Napoleon ist das Kind zweier Zeitalter. Er hat gelernt, das starre, ungerechte System der alten europäischen Regime zu hassen, doch noch mehr verabscheut er die Anarchie, das Chaos und die Disziplinlosigkeiten der Revolution, die nun über Frankreich

Ein frühes Porträt des jungen Generals Bonaparte, dessen Charisma Soldaten und Künstler gleichermaßen in seinen Bann zog. Unvollendetes Gemälde von Jacques Louis David (1798)

hereinbrechen. Ohne auch nur einen Augenblick zu zögern, erteilt er den Befehl zum Schießen. Seine Kanonen feuern aus kürzester Entfernung in die Menschenmenge. Vierhundert Tote lässt der Mob in den Straßen zurück. Ihr skrupelloser Bezwinger bekommt das ersehnte Kommando über eine Armee – und seine Versetzung nach Nizza.

Die Direktoriumsregierung in Paris hält das Schlachtfeld Oberitalien für zweitrangig. Geländegewinne sollen als Faustpfand für Friedensverhandlungen dienen. Doch der junge General Bonaparte wird diesen Krieg nach seinen eigenen Regeln führen. „Wir haben in den Alpen und im Apennin seit drei Jahren ständig Bahrlauf [Geländespiel, bei dem sich zwei Gruppen gegenseitig gefangen nehmen müssen] gespielt", spottet er. Napoleon will den schnellen Erfolg, der den Gegner vernichtet. Er muss die zahlenmäßig weit überlegenen Heere Österreichs und Piemonts schlagen, bevor sie sich vereinigen können. Doch diese Operation birgt höchstes Risiko. Nach tagelangen Gewaltmärschen, in denen er die Alpenpässe umgehen lässt, setzt er seine schlecht ernährten Soldaten den Angriffen der gut ausgerüsteten feindlichen Armee aus. Bei Montenotte in Oberitalien attackieren 10 000 weiß berockte Österreicher kaum 1000 Franzosen in einer kleinen Festung. Ein scheinbar leichter Sieg für die Habsburger, doch sie brechen fassungslos ihren Angriff ab, als sie im Rücken und in ihrer Flanke von neuen französischen Divisionen überfallen werden. In dreihundert Meter Höhe, mitten in grauem Schiefergestein stehend, koordiniert Napoleon die Angriffe seiner Soldaten; Bataillone, die in den Plänen des Feindes gar nicht existieren.

Der junge hagere Franzose attackiert auf eine Art und Weise, die Habsburgs gepudertes, in Dünkel erstarrtes Offizierskorps entsetzt. Gegen die wie Bandwürmer quälend langsam ziehenden Kolonnen der Feinde setzt Napoleon bewegliche Einheiten, die aus allen Waffengattungen bestehen: Artillerie, Kavallerie, Infanterie – die Vorläufer der modernen Armeekorps, die autonom und in nie gekanntem Tempo Offensiven bestreiten können. Sie beschäftigen den Gegner an verschiedenen Punkten seiner Linie – oft genug auch durch Bluffs und Scheinangriffe. Doch die Schlacht entscheiden kleine zentrale Reserven, die Vorläufer der berühmten Kaiserlichen Garde, die sich in Eilmärschen von einem zum anderen Brennpunkt bewegen und die dort unterlegenen französischen Einheiten in die Überzahl bringen. Bei Montenotte stoßen wie aus heiterem Himmel 16 000 Franzosen auf die Feinde herab, befreien nicht nur die tapferen französischen Lockvögel, sondern schlagen die Österreicher vernichtend, die mehr als ein Drittel ihrer Männer verlieren.

Krieg ist nicht mehr länger Zeitvertreib für Aristokraten, wie etwa die Eberjagd oder das Menuett-Tanzen. Der Historiker Vincent Cronin beschreibt den klassischen Verlauf einer Schlacht alten Stils. „Zwei Armeen begegneten einander und stellten sich langsam in langen, sauber gezogenen Reihen auf. Nach einem Angriff von höchstens einigen Stunden kehrte jeder in sein Lager zurück. Es wurde wenig Blut vergossen und das Kriegsglück schwankte hin und her." Damit ist es nun vorbei. Die Armeen werden immer größer. Napoleon führt einen Krieg, in dem Anmarsch, Angriff und Verfolgung zu einem gigantischen „Prozess der Vernichtung" verschmelzen, wie der Militärhistoriker David G. Chandler urteilt. Das Herz und das Gehirn der Franzosen ist Napoleon allein. Seine Generäle müssen ihre Operationen stündlich melden statt täglich. Alle Informationen laufen bei ihm zusammen. Alle Entscheidungen trifft er persönlich. Er besitzt Fähigkeiten, die heute Führungsqualitäten genannt werden: ein phänomenales Gedächtnis für Zahlen, Namen und Personen; die Begabung, sich um kleinste Details zu kümmern, ohne die Zusammenhänge aus den Augen zu verlieren; eine unerschöpfliche Energie. In nur 96 Stunden führt er seine hungrigen, müden Männer über die Alpen, stellt und schlägt die Armee der Piemontesen in sechs Schlachten. Der Erfolg gehört ihm.

Viktor Amadeus III., König von Piemont und wegen seiner Trägheit als „König der Murmeltiere" verschrien, bittet um Waffenstillstand. Napoleon, nun schon ganz Diplomat, empfängt dessen adlige Unterhändler in schlichter Uniform und hohen Stiefeln. Auf die spartanische Einfachheit der Franzosen angesprochen, erwidert er, der Portemanteau [ein langer Mantel] sei sein einziges Gepäck. Die alliierten Soldaten würden viel zu viel mit sich herumtragen. In Campoformio nimmt schließlich Österreich das Diktat des jungen Generals entgegen. Wütend über die umständliche Gesprächsführung der kaiserlichen Delegation, brüllt er deren Verhandlungsführer an: „Österreich ist eine Hure, gewohnt, von jedem genommen zu werden." Dann zertrümmert er ein wertvolles Porzellanservice, ein Geschenk der russischen Zarin. „Das mache ich mit Ihrer Monarchie, wenn Sie meinen Bedingungen nicht Folge leisten." Napoleon schließt Frieden, wie er Krieg führt: ohne Rücksicht auf Verluste. Er habe sich wie ein Verrückter benommen, melden die Gesandten nach Wien. Diese erste große Demütigung werden sie ihm nicht verzeihen.

Napoleon fordert das Schicksal heraus – und es scheint ihm gewogen. In der Schlacht von Lodi stürmt er inmitten seiner Soldaten eine kleine Brücke über das Flüsschen Adda. Der Trupp überlebt das Feuer von 16 österreichischen Kanonen. Der Coup gelingt. Für Napoleon kommt die militärisch eher bedeutungslose Schlacht einem Erweckungserlebnis gleich. Er sieht seinen Stern aufgehen. „Von da an", schreibt er auf St. Helena, „sah ich, was ich werden würde. Ich sah die Erde unter mir verschwinden, als ob ich zu den Sternen getragen würde." Hier kommt ein Mann, der erst am Anfang steht. Schon in Italien tut Napoleon alles, um diese schicksalhafte Bestimmung, an die er fest glaubt, bekannt zu machen. „Napoleon reitet wie der Blitz und schlägt zu wie der Donner", titeln die auf Befehl des Generals gegründeten Armee-Zeitungen. Das von Kriegen und Terror gebeutelte Frank-

Nachfolgende Doppelseite: Die Schlacht von Lodi wird zum Erweckungserlebnis des jungen Napoleon. Gemälde von Louis Lejeune (um 1804)

reich ist begeistert. An Napoleons Charisma berauschen sich die größten Künstler des Landes. „Er ist mein Heros", erregt sich Frankreichs berühmtester Maler Jacques Louis David, der fortan im Dienste Napoleons die Bilder herstellt, die die Welt sehen soll. Von David stammt das erste, unvollendete Porträt des neuen Helden: ein hageres Gesicht, von strähnigem Haar umweht, die Augen himmelwärts gerichtet. In seinem Blick brennt ein Feuer, in dem manche die Flamme nie erlöschenden Ehrgeizes sehen.

Bis zum Oktober 1797 schlägt er sieben Armeen, macht 160000 Gefangene, erbeutet 2000 Kanonen und verfolgt die Österreicher bis 150 Kilometer vor die Tore Wiens. Napoleon kehrt die nicht enden wollende Bedrohung der französischen Republik in einen grandiosen Triumph um. Heute gilt die Oberitalien-Kampagne als Blaupause für jene Feldzüge, die ihn wenige Jahre später zum Beherrscher Europas machen. Sie eröffnet eine Ära der Kriege, die durch Geschwindigkeit, kombinierten Einsatz aller Waffen, taktische Flexibilität und effiziente Kommunikation gewonnen werden. In der US-Militärakademie West Point erinnert nicht nur ein Museum an den Feldherrn Napoleon. Die Schlachten Napoleons in Oberitalien gehören zum Ausbildungsprogramm jedes Jahrgangs.

„Napoleon ist eine Legende, denn er beeinflusst bis heute die Kriegsführung", urteilt Major Philipp Cuccia, Ausbilder in West Point. „Nach seinem Vorbild besiegte mehr als 130 Jahre später die deutsche Wehrmacht Frankreich. Mit seinen Operationen hat die amerikanische Armee zehntausende Gefangene gemacht – im Golfkrieg von 1991." Wohl zu keiner Zeit kommen sich Mythos und Wahrheit über Napoleon so nah wie in Italien. Er offenbart sich nicht nur als überragendes militärisches Talent, sondern als geborener Führer. Er besitzt Charisma. Er bringt seine Männer dazu, bedingungslos an ihn zu glauben, sich selbst in aussichtslosen Situationen bei ihm sicher zu fühlen. „Niemand in diesen Zeiten hat eine Vorstellung davon, was Größe bedeutet", schreibt er einem Vertrauten. „Ich werde Ihnen ein Beispiel geben. Ich kann nicht länger gehorchen."

Doch seine Leidenschaft gehört nicht nur seinen Erfolgen. Abend für Abend, nachdem er trockene Meldungen an das Direktorium formuliert hat, ergeht er sich in glühenden Briefen: „Ein Kuss auf deine Lippen und auf dein Herz. Es ist doch kein anderer als ich darin, nicht wahr?", schreibt er, und ein anderes Mal: „Tag und Nacht denke ich nur, dass du krank bist. Ohne Appetit, ohne Schlaf, ohne Interesse an Freundschaft oder dem Land ... ein magnetischer Strom fließt zwischen Menschen, die sich lieben."

Lange und scheinbar vergeblich kämpft Napoleon um eine Eroberung namens Joséphine. Sie hat ihn geheiratet, doch ihr Herz gehört ihm nicht.

Eine Seele aus Feuer

Fast täglich treffen Briefe im Haus der Bonapartes in der Rue de la Victoire in Paris ein, doch sie werden nicht annähernd mit der heißen Sehnsucht erwartet, in der sie geschrieben sind. Manche bleiben ungeöffnet, andere liest Joséphine ihren Freunden laut vor. Dann ruft sie aus: „Qu'est-ce qu'il est drôle, Bonaparte" – Was ist er komisch, dieser Bonaparte! Joséphine hat selten Zeit zu antworten. Sie liebt das Leben in Paris: die Gesellschaften in den Salons, die Mode – und die Männer. Für ihren Gatten interessiert sie sich nicht besonders.

Joséphine de Beauharnais, geboren auf der Südseeinsel Martinique, ist ein lebender Skandal, ebenso flatterhaft wie charmant. Als sie zwei Jahre zuvor den jungen Offizier Buonaparte in der „Chaumière" kennen lernt, dem Salon Theresia Talliens, einer der einflussreichsten Frauen von Paris, ist sie bereits 32 Jahre alt. Theresia und Joséphine sind beide Geliebte des mächtigsten Mannes der Stadt, des Generals Paul Barras. Barras protegiert den jungen Napoleon, der ohne ihn kaum Zutritt zur besseren Pariser Gesellschaft erlangt hätte. Napoleon ist tief beeindruckt von der Eleganz der Salons – und von den selbstbewussten, einflussreichen Frauen, die sie führen. „Damals war Napoleon noch Buonaparte, er betrat den Raum und ordnete sich sofort unter. Sie stammte eben aus einer höheren sozialen Schicht als er", beschreibt Comtesse Hugues de la Livonnière, eine Nachfahrin Joséphines, die Szenerie.

Joséphine ist keine wirklich schöne Frau, doch es heißt, sie könne Leute verzaubern. Sie besitzt einen eleganten Gang, eine warme Stimme, leise und sehr sexy, und große Augen mit langen Wimpern. Noch auf St. Helena erinnert sich Napoleon, von sich in der dritten Person sprechend, an den ersten Besuch bei Joséphine: „Als Madame de Beauharnais ihn zu sich einlud, war er hingerissen von ihrer außerordentlichen Anmut und ihrer unwiderstehlichen und entzückenden Art. Die Bekanntschaft reifte bald zur Intimität heran."

Für den jungen Napoleon ist es ein einschneidendes Erlebnis, denn bis dahin hat er sich eher zum Gespött der Frauen gemacht: ein kleiner Mann mit einem unverhältnismäßig großen Kopf, dünnen Beinen und einer von der Krätze gezeichneten Haut. Napoleon ist schlecht gekleidet, seine Schuhe stinken und sein Haar hängt ungekämmt herunter. In den Salons der besseren Pariser Gesellschaft nennen sie ihn einen „gestiefelten Kater". Er ist wirklich nicht der Mann, nach dem sich Frauen verzehren. Doch Joséphine nimmt sich des Außenseiters an. Je mehr ihre Schönheit welkt und je höher ihre Schulden steigen, desto intensiver fahndet sie nach Gönnern. Die Revolutionsjahre haben sie gelehrt, wie wichtig es ist, auf der richtigen Seite zu stehen: Ihr erster Mann, von dem sie getrennt lebte, endete unter der Guillotine, der sie selbst nur mit knapper Not entkam. Sie weiß, dass sie auf einflussreiche Freunde angewiesen ist. Zwar hält sie Napoleon für einen

Joséphine de Beauharnais heißt die Eroberung, um die Napoleon lange vergeblich kämpft. Ihre Anmut, ihr Charme und Witz verzaubern den unerfahrenen Liebhaber und andere Männer. Gemälde von François Gérard (um 1801)

unerfahrenen kleinen Jungen, doch sie sucht so dringend einen Versorger, dass sie sich sogar bei den unwahrscheinlichsten Kandidaten alle Türen offen halten will.

Doch schon damals spürt Joséphine eine Anziehung, die nicht in Äußerlichkeiten wurzelt. „Er war ein Abenteurer", sagt Comtesse de la Livonnière, „und intellektuell ein brillanter Mensch. Das hat sie unterhalten und abgelenkt, denn was sie sonst sah, war viel konventioneller. Man musste nicht schön sein, um ihr zu gefallen." Nach der ersten gemeinsamen Nacht ist es um ihn, der sich seine seltenen sexuellen Erlebnisse bei einer Prostituierten oder in einer flüchtigen Affäre mit einer älteren Frau holte, geschehen: „Süße und unvergleichliche Joséphine. Deine Lippen, dein Herz haben eine Flamme entfacht, die mich verzehrt. Tausend Küsse an dich, mio dolce amor, aber gib du mir keine, denn sie verbrennen mein Blut." Joséphines Kinder datieren diesen Brief später auf die Zeit nach der Hochzeit, zu anstößig erscheinen ihnen die außerehelichen Beziehungen ihrer Mutter gewesen zu sein, selbst wenn es sich um den Mann gehandelt hat, den sie kurz darauf heiraten sollte.

Noch zögert Joséphine. Neben Napoleon und Paul Barras unterhält sie eine Affäre mit dem populären General Lazare Hoche, den sie im Revolutionsgefängnis kennen gelernt hat und an dem ihr viel liegt. Sie hofft, der Held der Revolutionskriege werde ihretwegen seine Frau verlassen. Napoleons Heiratsantrag lehnt sie mit der Begründung ab, er sei zwar „leidenschaftlich und vital, aber im Umgang mit Frauen schüchtern und ungeschickt ... alles in allem ein seltsamer Mensch". Erst als Hoche Paris verlässt und die Affäre beendet, willigt sie in die Heirat mit Napoleon ein.

Im März 1796 werden Napoleon Bonaparte und Joséphine de Beauharnais getraut. Ein Ehevertrag legt fest, was für Joséphine Sinn und Zweck der Ehe ist: dass sie im Fall von Napoleons Tod eine Rente erhalten wird. Und Joséphine behält ihren Namen, der in der Gesellschaft das größere Renommee besitzt als der Napoleons. Zur Hochzeit schenkt er ihr einen Ring, der die Gravur „Au Destin – Dem Schicksal entgegen" trägt. Napoleon erfüllt diese Prophezeiung bald; keine 48 Stunden später ist er auf dem Weg nach Nizza, nach Italien.

Am liebsten würde er sie ständig bei sich haben. Er bettelt, damit sie nach Italien reist, dann droht er mit seiner Rückkehr, um sie zu holen. „Du bist ein Ungeheuer", schreibt er, „ich liebe dich jeden Tag mehr." Er ahnt, was andere wissen, und ignoriert die Warnungen seiner Umgebung. Joséphine ist eine sinnliche Frau, die ihr Liebesleben bereits in vollen Zügen ausgekostet hat und auch frisch verheiratet nicht geneigt ist, ihre Affären aufzugeben. „La putana", die Hure, nennt Napoleons Mutter Letizia sie und drückte damit die Verachtung aus, die Napoleons gesamte Familie für Joséphine empfindet. Während ihr Mann in Italien von Triumph zu Triumph eilt, genießt Joséphine den Ruhm Bonapartes in Paris – in den Theatern stehen die Menschen auf und applaudieren spontan, wenn sie den Saal betritt.

Doch sie gibt sich einem anderen Offizier der Italien-Armee hin. Sein Name ist Oberleutnant Hippolyte Charles.

Napoleon quält die Ungewissheit, noch mehr jedoch verweigert er sich der Wahrheit. Auf seinen frühen Feldzügen hat er nur einen Gedanken. „Joséphine war fast immer das Thema unser vertraulichen Gespräche", erinnerte sich sein Sekretär Bourienne später, „so leidenschaftlich er den Ruhm liebte, beanspruchte doch Joséphine einen Großteil der Gedanken einer Seele, die sich großen Zielen widmete. Seine Liebe zu ihr grenzte an Vergötterung."

Die Liebesschwüre, die Verzweiflung und die unverhohlene Erotik der Briefe, die Napoleon an Joséphine schreibt, haben das mythische Bild des großen Liebhabers Napoleon gezeichnet. Doch Joséphines Freundin, Laure d'Abrantès, urteilt, Napoleon sei im Grunde ohne Herz geboren. Zwar sei er „offen für Familiengefühle", aber völlig unfähig zu lieben. „Egoismus in einer Seele aus Feuer", nennt es der Autor Lacretelles, und die Biografin von Napoleon und Joséphine, Evangeline Bruce, schreibt in ihrem Buch, die Ich-Bezogenheit Napoleons werde mit der Macht, die er erringen sollte, ins Grenzenlose wachsen.

Fest davon überzeugt, sie sei sein Glücksstern, hält er umso krampfhafter an ihr fest, je stärker sie sich ihm entzieht. Napoleon, der Liebhaber, agiert wie der Feldherr, der Niederlagen nicht erträgt. Er erobert Joséphine, um seinen Ehrgeiz zu befriedigen. Danach verglüht die leidenschaftliche Liebe ebenso schnell, wie sie aufgelodert war. Joséphine wird im Laufe der Jahre mehr und mehr zu einer Wegbegleiterin. Napoleon wird sich Mätressen halten, die er konsumiert wie seine Mahlzeiten: hastig und ohne Lust. Sein größter Triumph nach der Eroberung Joséphines wird es sein, ein unmündiges Mädchen, Tochter des österreichischen Kaisers, im Bett zu erobern. „Macht es noch einmal", soll sie nach dem Akt gesagt haben, den er bei jeder Frau „wie ein Soldat" exekutiert, wie es Comtesse de la Livonnière nennt.

„Ich bin kein Mann wie andere Männer", sagt er, „moralische Regeln oder Gesetze gelten nicht für mich. Meine Geliebten haben nichts mit meinen Gefühlen zu tun. Meine wahre Geliebte ist die Macht."

Schon früh fällt Napoleon durch diesen Ehrgeiz auf. Stolz auf den Helden von Italien, fürchtet man den populären General in der Heimat. Das Direktorium schickt ihn in die Wüste. Von Ägypten aus soll er die britischen Kolonialinteressen in Indien gefährden. Niemand ahnt, dass Napoleon dieses militärisches Abenteuer in einen Feldzug verwandelt, der zur Legende wird.

Auf den Spuren Alexanders

Am 19. Mai 1798 sticht Napoleon mit seinem Expeditionsheer in See. Es ist ein Aufbruch ins Ungewisse. In der Vorstellung der Franzosen birgt das Land am Nil eine faszinierende Kultur voller Mysterien. Sie zu erobern, verleiht der müden Republik den Glanz des antiken Rom. Schon sieht sich der Feldherr als Welteroberer auf den Spuren Alexanders und Cäsars. „In Ägypten war ich voller Träume", erinnert er sich auf St. Helena. „Ich sah mich, wie ich eine Religion gründete, wie ich nach Asien marschierte, wie ich einen Elefanten ritt. Die Zeit, die ich in Ägypten zubrachte, war die schönste meines Lebens, weil sie die idealste war. Wäre ich in Ägypten geblieben, ich wäre heute König des Orients."

Doch nicht allein die romantischen Pläne zur Entdeckung einer neuen alten Welt locken ihn nach Ägypten. In der Heimat ist seine Zeit noch nicht gekommen; erst ein neuer, Frankreich aufgezwungener Krieg, glaubt er, werde ihn dort auf den Gipfel der politischen Macht führen. „Die Frucht", vertraut er seinem Sekretär an, „ist noch nicht reif." Ein glanzvolles Abenteuer in Ägypten soll diese Wartezeit verkürzen.

Als Napoleons Expeditionsheer in der Bucht von Abukir landet, stellen sich mehrere tausend stolze Mamelucken zu einem Gefecht, das von der napoleonischen Propaganda später in Sichtweite der Pharaonengräber verlegt und zur Schlacht unter den Pyramiden stilisiert wird. Die Mamelucken sind eine hervorragend trainierte Kriegerkaste, deren Warlords die osmanischen Provinzen Ägyptens beherrschen. Gegen die modernen Eroberer aus dem Abendland wirkt diese todesmutige Kavallerie jedoch wie eine Reiterschar aus dem Mittelalter.

Zwei Stunden lang stürmen die Mamelucken mit Krummsäbeln und Wurfspeeren gegen die Kanonen Napoleons an. Der Aufprall zweier Welten endet in einem Blutbad. Fasziniert betrachten die Franzosen die Beute, die sie an den tausenden Toten machen: perlenbesetzte Sättel, vergoldete Helme, mit Juwelen geschmücktes Zaumzeug – es ist nur ein Vorgeschmack auf den exotischen Reichtum, auf die Schätze der Antike, die sich nicht allein in Gold aufwiegen lassen.

„Soldaten", ruft Napoleon seiner Armee zu, „von diesen Pyramiden blicken viertausend Jahre Geschichte auf euch herab." Er ist gekommen, diese Geschichte neu zu schreiben. Dass die Briten bei Abukir die gesamte französische Expeditionsflotte versenken, bleibt zunächst eine Fußnote dieser scheinbar vom Glück gesegneten, ruhmreichen Expedition.

Kampflos zieht Napoleon in Kairo ein. Er bewohnt einen Marmorpalast und regiert wie ein orientalischer Herrscher. Ein exotischer Prolog auf das Kommende: Er reformiert die Verwaltung des Landes, lässt Wasserleitungen legen und Krankenhäuser bauen. Zur Feier des Geburtstags des Propheten Mohammed trägt er ein knöchellanges Gewand und einen Turban. Er schickt ein Heer von Wissenschaftlern los, die Kultur des alten Ägypten zu entdecken. Ihre Forschungsreisen, geschützt von den stumm staunenden Soldaten der Expeditionsarmee, legen die Grundlage für die moderne Ägyptologie. Sie studieren Mumien und vermessen die Sphinx, entdecken Insekten und Nilfische. Ein schwarzer Stein hilft, das schwierigste Rätsel der legendären Nil-Kultur zu lösen. Die Inschriften auf dem so genannten Stein

In einem Handstreich erobert Napoleon mit einer Hand voll Soldaten die Macht. Von den Abgeordneten heftig attackiert, wird der neue Konsul von der Sehnsucht des Volkes nach einem autoritären Herrscher getragen. Gemälde von François Bouchot

von Rosette werden Jahrzehnte später die Hieroglyphen, die Schriftsprache der alten Ägypter, entschlüsseln helfen.

Dagegen erreichen Napoleon böse Nachrichten aus der Heimat. Sie bringen ihm letzte Gewissheit über Joséphines Liebschaften. Während er den Orient erobert, hat seine Frau das Schlösschen Malmaison bei Paris erworben. Dabei hat sie nicht nur die gemeinsamen Schulden in astronomische Höhen getrieben; das neue Heim beherbergt in Napoleons Abwesenheit ihren Geliebten, Hippolyte Charles. Rasend vor Wut, nimmt sich Napoleon sofort eine Mätresse, Pauline Foures, die seine Truppen „Napoleons Cleopatra" nennen. Doch seine Gedanken kreisen ständig um seine untreue Frau. Er scheint am Boden zerstört. 29-jährig, auf dem Gipfel seiner Popularität, glaubt er sein Leben sinnlos. An seinen Bruder Joseph schreibt er: „Meine Gefühle sind verdorrt. An meinem Ruhm liegt mir nichts mehr. Mir ist nichts geblieben, außer vollkommen egoistisch zu werden." Zu allem Überfluss fangen die Briten diesen Brief ab. Er wird in den Londoner Zeitungen publiziert. Ganz Europa erfährt vom Unglück des jungen Generals.

Auch militärisch wendet sich das Blatt. Zwar stößt er mit seiner Armee bis nach Syrien vor; doch auf Siege folgen katastrophale Niederlagen. In Jaffa, das er belagert, lässt er trotz eines gegenteiligen Versprechens 3000 gefangene Soldaten, aber auch Frauen und Kinder hinrichten. Selbst Menschen, die sich ins Meer flüchten, werden umgebracht. Schnell kehrt die Nemesis zurück: Unter seinen Soldaten grassiert die Beulenpest und in Ägypten droht eine Invasion der Türken. Der Heimat hingegen präsentiert sich Napoleon in Meldungen, Gemälden und Zeitungsberichten als Sieger von Ägypten; eine der beeindruckendsten Szenen hält der Maler Jean-Antoine Gros fest: Das Bild zeigt, wie Napoleon pestkranke Kameraden im Lazarett berührt. Das Erlöser-Motiv elektrisiert die Franzosen. In Wahrheit ist das Schicksal ihrer Armee besiegelt. Zwar kann Napoleon noch einmal die türkischen Invasoren bei Abukir abwehren, doch seine Expedition kennt nunmehr weder Ziel noch Rückkehr. Zehntausend Soldaten sitzen in Ägypten fest. Der Verlust der gesamten Flotte rächt sich bitter.

Vorerst kehrt nur einer in die Heimat zurück: der Oberbefehlshaber. Heimlich schifft sich Napoleon im August 1799 nach Frankreich ein. Gerüchte um einen Putsch in Paris haben ihn erreicht; die Zweite Koalition der europäischen Mächte formiert sich gegen Frankreich. Jetzt scheint die Frucht endgültig reif zu sein. Nichts bremst seinen Ehrgeiz, von dem er sagt, er sei so untrennbar mit seiner Existenz verbunden wie das Blut, das in seinen Adern pulsiere. Auch nicht eine untreue Frau.

„Ich bin die Revolution"

Napoleon muss mit dem Schlimmsten rechnen, als er im Herbst in Frankreich landet, sogar mit seiner Bestellung vor ein Kriegsgericht, denn er hat seine Armee in Ägypten allein zurückgelassen. Doch Frankreich empfängt Napoleon als Eroberer des Orients.

Verkäufer auf den Straßen bieten Bilder mit orientalischen Motiven an. Theater in Paris führen Stücke über den „Sieg bei den Pyramiden" auf. Wer auf sich hält, lässt sich unter Grabsteinen in Form von Obelisken bestatten. Ägypten ist en vogue, und der neue Alexander ein Held, der nun sein Vaterland retten soll. Französische Gemälde zeigen Napoleons Rückkehr nach Paris mit einem Glücksstern, der hell über seinem Schiff leuchtet. Der Ver-

Im beschaulichen Malmaison schlägt der Puls der Zeit. Hier lockert Napoleon die steife Pariser Etikette. Doch seine vielstündigen Arbeitssitzungen sind auch hier gefürchtet.

lust einer ganzen Armee stellt in der Heimat kein Thema dar.

Das Land erwartet ihn sehnsüchtig. Frankreich, zermürbt vom fortwährenden Chaos der Revolution, bedroht durch einen neuen Krieg gegen Österreich, hungert nach einem Helden. Und der Aufsteiger Napoleon, der Außenseiter aus Korsika, von einem Landgut mit dürftigen Weingärten und Ziegenherden stammend, ist mit Leib und Seele bereit, Frankreich zu retten.

Doch bevor er den Gipfel der Macht stürmt, hat er noch eine Rechnung zu begleichen. Er will die Scheidung von Joséphine. In seinen Plänen fühlt er sich bestätigt, als er Joséphine bei seiner Ankunft einmal mehr nicht zu Hause vorfindet. Napoleon ahnt nicht, dass sie ihm entgegengereist ist, ihn aber schlicht verpasst hat. Er gibt sich entschlossen, seiner Ehe ein Ende zu setzen, fühlt sich jedoch seinen wogenden Gefühlen ausgeliefert.

Napoleon sucht Rat bei Vertrauten. Paul Barras empfiehlt, die Sache nicht ganz so ernst zu nehmen, der Bankier Collot, Napoleon solle Joséphine vergeben. „Niemals!", ruft der betrogene Ehemann. Er ist zutiefst verletzt, und außerdem hat er seinen Brüdern das Versprechen gegeben, sich von Joséphine zu trennen, ohne sich ihre Ausreden anzuhören.

Als Joséphine schließlich zurückkehrt, hat Napoleon sich im Ankleidezimmer eingeschlossen. Sie stolpert über Koffer und Kisten. Er hat ihre Sachen bereits packen lassen, als wolle er sich wappnen gegen seine eigene Unsicherheit. Mehrere Stunden weint und schreit sie vor seiner Tür, bettelt, fleht um Vergebung, schwört ihm ewige Liebe. Dann stimmen ihre Kinder in den Klagegesang ein. Der Auftritt hat Erfolg. Als im Morgengrauen Napoleons Bruder Lucien den Ort der Tragödie erreicht und Napoleon weitere Details aus Joséphines Liebesleben unterbreiten möchte, wird er von seinem Bruder und seiner Schwägerin im Ehebett empfangen.

Wieder mögen nicht nur Herzensgründe den Ausschlag gegeben haben. Der aufstrebende Napoleon verdankt der adelig geborenen Joséphine auch den Zutritt zur besseren Gesellschaft. Sie kennt die wichtigen Leute in Paris und kann ihrem Mann helfen, die Fäden für einen politischen Coup zu ziehen, der Napoleon nun an die Macht bringen soll. Eine Scheidung, die ohne Zweifel öffentlich ausgetragen worden wäre, hätte alles zunichte machen können.

Als der 19. Brumaire des Revolutionskalenders anbricht, glaubt Napoleon alles wohl vorbereitet. Er tritt an diesem 10. November vor die Deputierten des „Rates der 500" und hält eine Rede, in der er verkündet, die Direktoriumsregierung vor Gefahren schützen zu wollen. Die Abgeordneten erkennen die nur notdürftig verkleidete Absicht: Napoleon will in einem Staatsstreich die Macht erobern. Die Abgeordneten fordern Napoleons Ächtung. Sie umringen, bedrohen ihn. Napoleon Bonaparte, der unbesiegbare Feldherr auf dem Schlachtfeld, verliert die Nerven vor diesen Gegnern. Er ist bleich, er zittert und beinahe verdirbt er den Coup – wären da nicht seine Dragoner, die das Schloss von St. Cloud umstellt haben und mit Bajonetten die Deputierten aus dem Saal treiben.

Ein Handstreich bringt Napoleon Bonaparte an die Macht. Von der alten Regierung bleibt nichts außer den roten Togen der Deputierten, die diese bei ihrer Flucht im Schlosspark zurücklassen. Bruder Joseph verliest das vorbereitete Bulletin der neuen Regierung: Es setzt Napoleon Bonaparte als Ersten Konsul an die Spitze eines Triumvirats.

Heimgekehrt als neuer Alexander, füllt Napoleon nun die Rolle eines Cäsar aus, führt ein autoritäres Regime, das Ordnung und Stabilität verspricht. Der Konsul wünscht, dass jeder Citoyen und jede Citoyenne die Wirren der Revolution hinter sich lassen und wieder privaten Angelegenheiten nachgehen. Ununterbrochen propagiert er, dass ein neuer Geist Frankreich beleben solle – und es gelingt ihm tatsächlich, diese Einstellung auf alle sozialen Schichten zu übertragen. Seine Energie, sein unermüdlicher Eifer, das Land vorwärts zu bringen, stecken das Volk an. Die Verehrung, die man Napoleon entgegenbringt, nimmt fast religiöse Formen an. Man sieht in ihm den Heilsbringer, der den größten Wunsch des Volkes auch in sich selbst trägt: Ordnung, Beständigkeit und Sehnsucht nach Größe und Anerkennung. Napoleon ist der richtige Mann im richtigen Moment. Sein Charisma trifft das Verlangen des Volkes nach einem starken Mann. So wie es ihm in Italien zum ersten Mal gelungen ist, seine Armee davon zu überzeugen, militärische Wunder gehörten untrennbar zur napoleonischen Realität, so macht er jetzt das Land glauben, er werde als Konsul Wohlstand, Frieden und alte Größe herstellen. Es erscheint wie eine Formalität, dass die Franzosen im Februar 1800 in einer Abstimmung die neue Verfassung und Napoleon in seinem Amt bestätigen.

Noch wenige Jahre zuvor ein unbekannter Offizier, hat Napoleon Bonaparte eine neue Regierung gebildet, die Verfassung neu geschrieben und sich selbst zum Ersten Konsul gemacht. Gerade 30 Jahre alt hat er den Gipfel der Macht erreicht. „Die Revolution ist vorbei", verkündet er. „Ich bin die Revolution."

Nicht nur das Volk erliegt Napoleons Charisma, auch viele seiner engsten Weggefährten sind seiner Überzeugungskraft und seinem durchdringenden, manchmal fast in den Wahnsinn abgleitenden Blick zutiefst beeindruckt. Joséphine, die sich zu Beginn ihrer Ehe ihrem äußerlich unattraktiven Mann so weit wie möglich entzogen hat, ist der potenten Machtfigur, die Napoleon abgibt, vollends verfallen. Auch sein Außenminister Talleyrand ist von Napoleons Willen und seiner Ausstrahlung geradezu geblendet. Charles Maurice de Talleyrand, der ehemalige Bischof von Autun und spätere Anhänger der Revolution, war in den Jahren der Jakobinerherrschaft nach England und in die Vereinigten Staaten geflohen. Nach seiner Rückkehr ist er bereits vor Napoleons Putsch Außenminister, dann wird er einer der Drahtzieher des Staatsstreichs. Mit Napoleon verbindet ihn ein leidenschaftliches Arbeitsverhältnis. Ununterbrochen stecken die beiden zusammen, um neue Pläne für den Umbau Frankreichs auszuhecken.

Der Puls Frankreichs schlägt jetzt in Malmaison. Die Bonapartes bewohnen in Paris zwar eine Wohnung im Palais de Luxembourg, doch ziehen sie die ländliche Atmosphäre ihres Schlösschens in Malmaison vor. Hier verbringen sie so viel Zeit wie möglich. Kegelförmig zugeschnittene Bäume, die wie kleine Zelte aussehen, säumen die Auffahrtsallee, an deren Ende ein wirkliches Zelt steht: die Veranda in Form eines Militärlagers, der Eingang zum Schloss. Zweimal in der Woche fahren Napoleons Minister vor, um mit ihrem Konsul zu tagen. Drei kleine Räume im Untergeschoss hat Napoleon zu Sitzungszimmern umgestalten lassen, ebenso wie die Veranda als Nachbildung von Feldquartieren, mit gestreiften Tapeten und kriegerischen Emblemen. Napoleon besteht in Malmaison nicht so sehr auf die Etikette, die das Leben in Paris bestimmt. Manchmal verlegt er sein Arbeitskabinett nach draußen und lässt seine Berater neben sich im Gras sitzen, sehr zum Entsetzen Talleyrands, der sich einmal darüber beschwert, dass Napoleon „sich stets in einem Kriegslager glaube".

Die großen Reformen

Erst vor Joséphines Schlafzimmer macht der Armeestil Halt: Besonders in den Nachmittagsstunden, wenn Sonnenstrahlen das ganz in Cremetönen gehaltene Zimmer durchfluten ist hier eine Leichtigkeit zuhause, die dem unbeschwerten Wesen der Hausherrin entspricht. Trotz der damaligen Mode der getrennten Schlafzimmer schlafen Napoleon und Joséphine im

Napoleon steht als Erster Konsul auf dem Gipfel der Macht.
Er macht eine damals übliche Geste zu seinem Markenzeichen.

gleichen Bett – zunächst. Auch die Gattin des Ersten Konsuls genießt das Leben auf dem Land. Im Park tummeln sich Nilgänse, Schwäne, ein Gnu und Gazellen, die Napoleon gerne mit Schnupftabak füttert. Manchmal macht er sich einen Spaß daraus, vom Fenster aus auf Joséphines Schwäne zu schießen. Joséphines Tochter Hortense, die ebenso wie ihr Bruder Eugène später von Napoleon adoptiert wird, berichtet, dass ihre Eltern an schönen Sommerabenden oft die Gesellschaft verließen, um noch allein einen Spaziergang durch den Park zu machen. Joséphine gestaltet das gemeinsame Leben mit ihrem ruhigen und freundlichen Charakter harmonisch. Sie ist in der Lage, sich vollständig auf Napoleons Launen einzustellen. Manchmal ist sie eifersüchtig, manchmal fängt sie urplötzlich an zu weinen, aber meistens ist sie ausgeglichen und stets bereit, ihrem Mann zu dienen. Alles an ihr erscheint Napoleon weich und freundlich. Er braucht sie zum Ausgleich, denn ihr entspannter Charakter bildet einen Gegenpol zu seiner ständigen energiegeladenen Nervosität.

Die vielen Besucher des Ersten Konsuls überschlagen sich in ihren Schilderungen: „Er hat einen Blick wie kein anderer auf der Welt ... Das verführerischste Lächeln, das ich je gesehen habe." – „Im Zorn nimmt sein Gesicht einen schrecklichen Ausdruck an; er hat das Auftreten eines Mannes, der Großes plant. Seine Züge scheinen einen heftigen und mörderischen Ehrgeiz zu verraten; etwas darin zeugt von finsteren und ungestümen Leidenschaften."

„Eine neue Regierung", sagt Napoleon „muss verblüffen und beeindrucken." Innerhalb weniger Jahre hat der Erste Konsul Frankreich neu organisiert. Seine Energie ist unerschöpflich. Oft arbeitet er bis zu zwanzig Stunden am Tag, jedoch selten, ohne zwischendurch über eine geheime Treppe, die von seinem Arbeitszimmer in Joséphines Schlafzimmer führt, heraufzusteigen und sich mit ihr zu vergnügen. Manchmal besuchte er sie beim Ankleiden, sitzt in ihrem Boudoir, bringt ihr Haar durcheinander und kramt in ihren Döschen. „Süße und unvergleichliche Joséphine, welch seltsame Wirkung haben Sie auf mein Herz!", schreibt der Konsul an seine Frau. „Ich kann es kaum erwarten, dir Beweise meiner glühenden Liebe zu geben ... Du weißt, dass ich die kleinen Visiten niemals vergesse ..."

Von diesen delikaten Pausen abgesehen, bewältigt Napoleon in jenen Jahren ein herkulisches Reformwerk. Er setzt eine starke, zentralisierte Verwaltung ein, lässt neue Parks anlegen und weitere Brücken und Quais an der Seine bauen. Ein neues Straßennetz, das zu seiner Zeit modernste in Europa, und drei große Kanäle, die das Land durchziehen, werden geplant. Napoleon gründet die französische Nationalbank, die Geschäftsleuten günstige Kredite gewährt. Langsam erholt sich die Wirtschaft, nach und nach kehrt Wohlstand nach Frankreich zurück. Ein neues Bildungssystem trägt seinen Stempel: Er will die nächsten Generationen schon in ihrer Jugend formen und richtet hierfür Gymnasien (Lycées) ein. Ziel ist es, den höheren Schulunterricht in die Hand des Staates zu legen. Die Lycées sollten die Ausbildungsstätten der zukünftigen Kader sein: der Offiziere, Beamten und Unternehmer. Das kleine und mittlere Bürgertum beginnt, seine Kinder auf diese Schulen zu schicken – und so die soziale Leiter aufsteigen zu lassen.

Auch mit der Kirche schafft er Ausgleich: das Konkordat. Er selbst hat keinen Sinn für Religion, aber er erkennt ihre politische Macht. Der Katholizismus wird die offizielle Religion der Franzosen. Napoleon gelingt auch außenpolitisch ein entscheidender Erfolg: der Frieden mit England, der im März 1802 im Abkommen von Amiens unterzeichnet wird. Gleichzeitig schafft er feudale Privilegien ab und erkennt die Gleichheit aller Bürger vor dem Gesetz an. Der *Code civil* krönt sein Reformwerk. In diesem bürgerlichen Gesetzbuch werden moderne, liberale Rechtsprinzipien festgeschrieben. Es überdauert die napoleonische Ära. Auf seiner Grundlage leben bis heute mehr als 150 Millionen Menschen. Er lässt es in nur vier Monaten erarbeiten.

Auf der Basis des *Code civil*, eines umfassenden bürgerlichen Gesetzbuches, leben bis heute rund 150 Millionen Menschen in der ganzen Welt.

Der *Code civil* ist für viele Bewunderer die leuchtende Fackel einer neuen Ära, die in Frankreich angebrochen ist. Die Prinzipien der Revolution scheinen hier nun Wirklichkeit geworden zu sein: Freiheit, Gleichheit, Brüderlichkeit. Wann trägt Napoleon sie nach Europa? Für viele Intellektuelle im Ausland wird der Konsul zum Kristallisationspunkt ihrer Sehnsüchte. Beethoven widmet Napoleon seine dritte Sinfonie. Goethe und Hegel verehren Napoleon schwärmerisch.

Hegel sollte später über ihn schreiben: „Es ist in der Tat eine wunderbare Empfindung, ein solches Individuum zu sehen, das hier auf einen Punkt konzentriert, auf einem Pferde sitzend, über die Welt übergreift und sie beherrscht." Doch ist Napoleon tatsächlich der Wahrer der Ideale der Revolution, als der er sich noch auf St. Helena darstellt? „Nichts wird die großen Prinzipien unserer Revolution zerstören oder auslöschen. Sie werden der Glauben, die Religion, die Moral aller Völker werden. Und diese denkwürdige Ära wird sich, was immer man auch sagen mag, mit meiner Person verbinden."

Nur wenige kennen damals die Schatten dieser Macht.

Die Krone in der Gosse

Gleichheit, Sicherheit und Wohlstand liegen Napoleon tatsächlich am Herzen. Für den Wunsch nach Freiheit hat er hingegen nur wenig übrig. Mithilfe seines Polizeiministers Joseph Fouché, der sich während der Revolution den Beinamen „Schlächter von Lyon" erworben hat, regiert er einen Überwachungsstaat. Er lässt Andersdenkende bespitzeln und die Zeitungen, die ihm nicht passen, schließen. Der Kontrollwahn des einst selbst unterdrückten Korsen ist grenzenlos. Meinungsfreiheit duldet er nicht. „Mit der Idee der Freiheit bin ich aufgewachsen", sagt er später, „doch als sie mir im Weg stand, stieß ich sie beiseite."

Opposition gedeiht nur in der Illegalität, doch ihre Pläne werden zunehmend radikal. Als Napoleon sich zum Konsul auf Lebenszeit wählen lässt, gerät sein Leben wiederholt in Gefahr. 1804 entgeht er nur knapp einem Bombenattentat. Zwar macht er offiziell die radikale Linke dafür verantwortlich und lässt 130 Jakobiner in Strafkolonien deportieren. Dabei weiß er, dass Royalisten die Verschwörung geplant haben. Vermutlich dem Rat Talleyrands und Fouchés folgend, befiehlt Napoleon eine politische Revanche, die einen Unschuldigen das Leben kostet. Der Herzog von Enghien, ein Neffe des letzten bourbonischen Königs, wird als Drahtzieher des Attentats denunziert, obwohl keinerlei Beweise für die Beteiligung des Herzogs an der Verschwörung vorliegen. Eine Dragonerabteilung verletzt die Staatsgrenze und entführt Enghien nachts aus seinem Bett im badischen Ettenheim nach Paris. In der Festung Vincennes wird er im Eilverfahren einem Militärtribunal unterstellt und sofort erschossen, obwohl er eine Tatbeteiligung vehement bestreitet.

Schlaflos verbringt Napoleon diese dunklen Stunden in Malmaison, als hole ihn der Fluch der bösen Tat ein. Joséphine soll ihren Mann angefleht haben, den jungen Herzog zu verschonen, doch er herrscht sie an: „Frauen sollten sich nicht in Staatsgeschäfte einmischen." Er verbietet ihr, das Thema wieder zu erwähnen. Joséphine, ihre Tochter Hortense und andere, die sich in diesen Stunden im Schloss aufhalten, haben in ihren Erinnerungen die Furcht vor der Urteilsvollstreckung geschildert, die so gar nicht in das sonst so heitere Malmaison passt. Es herrscht gedrücktes Schweigen, das nur von Napoleons gekünstelter Fröhlichkeit unterbrochen wird. Als jedoch die Nachricht von der Vollstreckung des Urteils eintrifft, ist auch Napoleon niedergeschlagen – obwohl er höchst wahrscheinlich selbst den Befehl dazu gegeben hat.

Wahrscheinlich hätte eine spektakuläre öffentliche Begnadigung ihm politisch weit mehr genutzt. So aber macht die Hinrichtung Enghiens eine Versöhnung mit den Bourbonen unmöglich. War Napoleon vorher bereits

Eine Jahrtausend-Karriere: ein korsischer Artillerieleutnant erobert den französischen Kaiserthron. Gemälde von François Gérard

Napoleons Eisenkrone nach dem Vorbild Karls des Großen

als bürgerlicher Emporkömmling und scheinbar unbesiegbarer Feldherr in Europas Herrscherhäusern gefürchtet, ist er jetzt der Todfeind der alten Monarchien. Dass er einen von ihnen ermorden ließ, wird man ihm nicht verzeihen. Er jedoch geht einen Schritt weiter. In einer gewaltigen Pressekampagne lässt er die Affäre ausschlachten. Wie viele Beweise, fragen die

Zeitungen, brauche es noch, um die Gefahr zu zeigen, in der Napoleon schwebe? Was, wenn ein Attentat gelänge? Die Ära Napoleons, des Retters Frankreichs, sei dann unauslöschlich beendet. Nur die Sicherung seiner Herrschaft in einer Dynastie, einer Erbfolge, könne diesen Schaden von Frankreich abwenden. Frankreichs Öffentlichkeit ruft laut nach einer Monarchie. „Ich wollte Frankreich einen König zurückgeben", sagt einer der tatsächlichen Attentäter, ein Royalist namens Cadoudal, später aus. „Doch ich habe einen Kaiser gemacht."

„Ich fand die Krone Frankreichs in der Gosse", sagt Napoleon, „und ich habe sie aufgehoben." Am 2. Dezember 1804 bahnt sich die Krönungsprozession ihren Weg durch Paris. Trotz der klirrenden Kälte jubeln über eine halbe Million Menschen auf den Straßen. Elf Jahre zuvor ist hier ein König geköpft worden. Nun reist ein Papst an, um Napoleon I. zu salben. Seine Brüder tragen die Enden seines Mantels, als Napoleon zum Thron schreitet. Jeder von ihnen wird bald sein eigenes Königreich erhalten. „Wenn das unser Vater sehen könnte!", flüstert Napoleon ihnen zu. Dann setzt er sich selbst die Krone auf.

Joséphine erhält die Krone aus seiner Hand. Diese Szene hält der Maler David im offiziellen Krönungsgemälde fest, das heute im Louvre hängt. Napoleon wird ihm später für das großartige Bild danken, das „den Beweis der Liebe festgehalten hat, den ich der Frau zu geben wünschte, die mit mir die Bürde des Amts teilt".

Per Senatsbeschluss und Volksabstimmung ist Napoleon nun Kaiser der Franzosen, „von Gottes Gnaden und aufgrund der Konstitutionen der Republik". Die künftigen Münzen Frankreichs tragen die Widmung „République française. Napoléon Empereur". Getragen von der Sehnsucht seines Volkes und seinem unstillbaren Ehrgeiz, erobert ein kleiner korsischer Artillerieleutnant in wenigen Jahren den Thron Frankreichs. Einen solchen atemberaubenden Aufstieg hat die Geschichte noch nicht gesehen.

Beherrscher Europas

Das „Vivat" des Krönungschorals von Nôtre-Dame ist kaum verhallt, da rüstet Europa wieder zum Krieg. Nach der Zeremonie reist der Kaiser an die Kanalküste. Von seinem Hauptquartier in Boulogne aus inspiziert er seine Armee, die an den Stränden Nordfrankreichs und im Hinterland ihren letzten Schliff bekommt. Napoleon lässt nichts Geringeres als die Invasion Englands vorbereiten. Seit 1803 befinden sich beide Länder formal wieder im Kriegszustand, doch bis auf ein paar Überfälle der französischen Flotte auf die Westindischen Inseln bleibt der Krieg zunächst kalt. Beide Staaten nutzen die Zeit für Reformen ihrer Armee. Doch während Frankreichs Flotte zu schwach bleibt für eine Invasion der Insel, hätte das britische Heer zu Lande keine Chance gegen die napoleonische Armee.

Die Engländer betrachten Napoleon mit einer Mischung aus Abscheu und heimlichem Respekt. Karikaturen zeigen ihn als übernatürliche, Soldaten fressende, ewig potente Teufelsgestalt. Kinderlieder schüren die Angst vor dem bösen „boneyman", der die aufsässigen Kleinen zum Frühstück verspeist. Für die Engländer scheint er zu Übermenschlichem fähig. Gerüchte beunruhigen die Bevölkerung: Möglicherweise überquert er in Ballons und abenteuerlichen Flugmaschinen den Kanal, vielleicht aber auch in einem Unterseeboot. Britische Wissenschaftler schlagen sogar die Entwicklung eines Giftgases vor, das den Unbesiegbaren stoppen soll.

Den ganzen Sommer über lebt England in Erwartung der Invasion, von der bis heute nicht klar ist, wie ernsthaft Napoleon sie tatsächlich erwogen hat. Das Muskelspiel ist vor allem Reaktion auf die britische Handelsblockade, unter deren Auswirkungen Frankreich massiv leidet. Die Blockade wiederum benutzt der junge Kaiser als Vorwand für die Annexion Liguriens – ein flagranter Bruch des Friedensvertrags mit Österreich und ein Akt, der den russischen Zaren zu dem Ausruf verleitet: „Napoleon ist die Plage Europas. Wenn er Krieg will, soll er ihn haben." In diesem Sommer 1805 steuert Europa unaufhaltsam in eine neue Auseinandersetzung. Neue Schlachten, zehntausende Tote, denn beide Seiten sind nur allzu bereit.

Napoleons Hass auf den Erzfeind ist gewaltig. Seine Umgebung berichtet, wie die kleine Gestalt immer wieder in den Dünen der französischen Kanalküste auftaucht, meist allein, und den Blick durch das Fernglas auf die Dunst verhangene Küste Englands richtet. „Wenn ich in sechs Stunden den Kanal überquere", ruft er einmal aus, „dann bin ich der Herrscher der Welt." Es sind solche Momente, in denen Historiker die wahre Natur eines Napoleon zu erkennen suchen, der sich im Rückblick auf St. Helena zum Opfer der aggressiven europäischen Mächte stilisiert: „Ich wollte Frieden für Europa, wie ich Frankreich den Frieden brachte. Doch Europa hat niemals aufgehört, gegen mich Krieg zu führen." – „Napoleon", urteilt der Historiker Alistair Horne, „war eine Eroberernatur. Er musste immer weiter, wie ein Flugzeug immer mit einer bestimmten Geschwindigkeit fliegen muss. Sonst stürzt es ab."

Insofern mag jene Nachricht, die Napoleon im Spätsommer 1805 erreicht, wie ein Gewitter die drückende Atmosphäre von Boulogne gereinigt haben. Russland und Österreich marschieren gegen Frankreich. Englisches Gold rüstet sie aus. Die neue Koalition beginnt formal den Krieg, den beide Seiten herausfordern. In dieser lebensgefährlichen Bedrohung erlebt er den Moment der größten Freiheit, denn nun liegt Europa offen und verfügbar vor ihm, der aus seiner gewohnten Position Krieg führen kann: als Angegriffener, der sich durch Gegenangriff verteidigt. Sechs Stunden lang diktiert er seinem Stabschef ohne Pause einen Operationsplan, der kaum weniger waghalsig klingt als jener der Invasion, den er zuvor hat fallen lassen. Dann befiehlt er seiner neu formierten Garde, an der Küste anzutreten und in einer demonstrativen Geste England den Rücken zuzukehren. „Der Kaiser", flüstern sich seine Soldaten zu, „hat eine neue Art Krieg zu führen. Er benutzt unsere Beine anstatt der Bajonette."

Die Grande Armée setzt sich in Bewegung, um das Wunder zu vollbringen, das ihr Kaiser verlangt. Mit einem Blick hat Napoleon die Schwäche in der Strategie der Alliierten erkannt: Zwei Heere, 300 000 Russen und Österreicher, wälzen sich wie zwei riesige Bandwürmer Richtung Westen. Doch sie sind zu weit voneinander entfernt. In 40 Tagen marschiert Napoleons Armee 800 Kilometer dem Feind entgegen: die schwer bepackte Infanterie, die Artillerie, die Schützen und die Kavallerie, schließlich die Soldaten der Kaiserlichen Garde. Ihr Befehlshaber will die Österreicher schlagen, bevor sie sich mit den Russen vereinigen können.

Dieses Mal braucht Napoleon nicht einmal eine Schlacht. Er wagt ein bis dahin nie gesehenes Manöver: Er teilt seine Armee in sieben bewegliche Korps auf, die nach einem auf die Stunde abgestimmten Operationsplan Richtung Südosten vorstoßen, den Feind mit Scheinmanövern über die wahre Marschrichtung täuschen und – durch bloßes Marschieren – eine Falle aufbauen, die bei Ulm zuschnappt. Von den rückwärtigen Linien abgeschnitten, durch die Donau blockiert und von den Grande Armée eingeschlossen, kapitulieren die Österreicher beinahe kampflos. Der in das einfache Grau seiner Soldaten gekleidete Napoleon prophezeit dem sprachlosen General Mack: „Alle Königreiche finden ihr Ende."

Die Tore Wiens, vor dem er wenige Jahre zuvor noch Halt machen musste, stehen nun offen. Die Stadtältesten überreichen ihm die Schlüssel und der Kaiser der Franzosen zieht in die österreichische Hauptstadt ein als Repräsentant der Revolution. Doch nicht mehr alle glauben das. Ludwig van Beethoven, der Napoleon gerade noch eine Sinfonie gewidmet hat, radiert voller Wut den Namen „Bonaparte" von der Partitur – Napoleon sei auch nur ein gewöhnlicher Despot. Währenddessen zeigen ihn Gemälde in Frankreich als gottgleichen Cäsaren, der mit seinem Kampfwagen über das Himmelszelt fährt.

Am 2. Dezember vollendet Napoleon seinen Triumph in der Nähe des mährischen Dorfes Austerlitz. Hier stellt er die russischen Verbände, die nach der Katastrophe von Ulm der Schlacht ausgewichen sind. Der Zar selbst kommandiert seine Truppen und schickt sie in eine Offensive gegen eine scheinbar geschwächte französische Flanke. Wieder bringen eilig herbeigeschaffte französische Reserven die Wende. Mehr als 2000 Russen sterben noch auf dem Rückzug über einen gefrorenen See, den Napoleon mit glühenden Kanonenkugeln beschießen lässt.

Es ist überliefert, dass Kaiser Franz von Österreich in einem Posthaus bei Austerlitz um Frieden bittet. Dann holt Napoleon nach, was er auch in diesen Tagen selten vergisst. Er schreibt an seine Frau: „Ich habe die Armee Russlands und Österreichs geschlagen, die von ihren Herrschern befehligt wurden. Heute ist der glücklichste Tag in meinem Leben. Ich fühle mich ein wenig müde."

Von Spanien bis an die Grenzen Russlands, von Hamburg bis Neapel reicht das Einflussgebiet Napoleons auf dem Höhepunkt seiner Macht. Frankreich ist umgeben von einem Ring aus Satellitenstaaten, die Napoleon von seiner Familie oder von Vasallen regieren lässt.

Frankreich und seine Verbündeten vor dem Russlandfeldzug 1812
Russlandfeldzug Napoleons 1812
Frankreich 1804
Erwerbungen bis 1812
Von der Familie Bonaparte regierte Staaten
Sonstige von Napoleon abhängige Staaten
Russland 1801
Erwerbungen bis 1812
Gfsm. Finnland
Kgr. Schweden
Stockholm
Ostsee
Kopenhagen
Kowno
Moskau
Kaiserreich Russland
Kgr. Preussen
Warschau
Ghzm. Warschau
Kiew
Wien
Kaisertum Österreich
Bessarabien
Krim
Schwarzes Meer
Sofia
Montenegro
Konstantinopel
Osmanisches Reich
Kgr. Neapel
Athen
Kgr. izilien
Zypern
Kreta
Mittelländisches Meer

Nach den Siegen auf dem Kontinent wird Napoleon als gottgleicher Imperator überhöht. Gemälde von Antoine-François Callet

Die Siege von Ulm und Austerlitz läuten eine Zeitenwende auf dem Kontinent ein. Napoleon steht auf dem Zenit seines Ruhms als Feldherr; als Staatsmann steigt er zum mächtigsten Herrscher Europas empor, dessen marodes Gerüst zusammenbricht. Nach knapp tausend Jahren hört das Heilige Römische Reich Deutscher Nation auf zu existieren. Die Grande Armée überrennt 1806 das schwache Preußen, das einen sinnlosen Krieg riskiert hat. Im Triumph zieht der Kaiser der Franzosen durch das Brandenburger Tor. Er beendet die Kleinstaaterei in Deutschland und schafft sich im Rheinbund einen Kordon treuer Vasallenstaaten. Seine korsische Verwandtschaft regiert die Königreiche Neapel, Holland und Westfalen, später auch Spanien.

Mit Säbeln und Kanonen hat Napoleon den Kontinent neu geordnet. Doch wie wird er ihn regieren? Sein Urteil auf St. Helena bleibt so eindeutig wie umstritten: „Ich habe die Freiheit ausgesät, wo immer ich meinen *Code civil* einführte. Doch ich wurde verschrien als Vernichter der Rechte der Völker, ich, der ich so viel für sie getan habe und noch mehr für sie tun wollte."

Tatsächlich kommt es im Sommer 1807 auf einem Zeltboot auf dem Fluss Njemen bei Tilsit zu einer Begegnung, die Europa den Frieden bringen soll.

Napoleon sucht die Aussöhnung mit dem Zaren; zwischen ihm als Eroberer des Kaiserthrons und Alexander, dem Herrscher des Hauses Romanow; zwischen dem neuen und alten Europa. Man imponiert sich gegenseitig. Der stolze Alexander ist beeindruckt von Napoleons Macht, der kleinwüchsige Napoleon von Alexanders glänzendem Aussehen. Beide sitzen bis in die Nacht in ihrem Zelt und übertrumpfen sich gegenseitig mit Geschenken. Alexander überreicht Napoleon einen mit Zobelfell gefütterten Mantel, den dieser von nun an in seinen Winterschlachten tragen wird. Begeistert schwärmt Napoleon in einem Brief an Joséphine: „Wenn Alexander eine Frau wäre, würde ich ihn zu meiner Mätresse machen."

Doch die Freundschaft erweist sich als geheuchelte Attitüde. Alexander sucht eine Atempause, keinen Frieden. Und Napoleon, mit Österreich im Rücken und einem unbesiegten England gegenüberstehend, braucht einen starken Verbündeten gegen das Empire. Während er überzeugt ist, den russischen Zaren für sich eingenommen zu haben, schreibt Alexander seiner Mutter, die Verhandlungen seien „von der Eitelkeit eines Monsieur Bonaparte" bestimmt gewesen, der sich als selbst gemachter Kaiser der Franzosen dem Zaren der Russen gleichwertig fühle. Insgeheim nennt der Zar den Kaiser ein „Monster".

Am 7. Juli 1807 unterzeichnen Alexander I. und Napoleon die Verträge von Tilsit, die einen Friedensvertrag, Geheimartikel und einen Bündnispakt beinhalten. Zwei Tage später kommt ein Abkommen mit Preußen hinzu – mit gnadenlosen Bedingungen, die zu verhindern die preußische Königin Luise Napoleon gegenüber all ihre Mittel eingesetzt hat. Vergebens: Preußen muss alle Provinzen, die westlich der Elbe liegen, abgeben. Sie werden als Königreich Westfalen dem Rheinbund zugeschlagen. Aus den polnischen Provinzen Preußens entsteht das Großherzogtum Warschau.

Nach Tilsit glaubt sich Napoleon auf dem Höhepunkt seiner Macht. Tatsächlich ist er vom Herrscher Frankreichs und Eroberer Europas zum kontinentalen Staatenlenker geworden. Doch anstatt sich durch maßvolle Friedensverträge Verbündete zu schaffen, presst er die Besiegten in ewige Feindschaft. Österreich bestraft er mit enormen Gebietsverlusten, Preußen mit horrenden Reparationszahlungen. Manche Gemeinden zahlen mehr als hundert Jahre lang die Zinsen jener Kredite ab, die sie zur Begleichung der Reparationen aufgenommen haben. Obwohl Napoleon immer wieder die französischen Reformen auf die besetzten Länder überträgt, reduziert sich seine Vision von Europa auf eine französische Hegemonie, unter der die Provinzen vor allem ein Reservoir für neue Truppen und neue Feldzüge bilden. Napoleon kann Kriege gewinnen, vom Frieden versteht er jedoch nichts.

Maßlos in Zielen und Mitteln, drängt der Kaiser den Kontinent in eine Handelsblockade gegen England. Dabei brennt es an allen Ecken seines Reiches. Selbst seinem Verbündeten Spanien gegenüber verhält er sich herablassend, nutzt die französischen Truppen, die sich in Spanien aufhalten, um das Land zu besetzen – und macht seinen Bruder Joseph, den König von Neapel, zum Regenten von Spanien. Die Spanier, tief in ihrem Nationalgefühl getroffen, erheben sich in wütenden Aufständen gegen Napoleon, der seine Soldaten in einen Partisanenkrieg schicken muss, gegen „Guerilleros", wie sich die Bauernkrieger nennen. Der Krieg wird von beiden Seiten mit nie gekannter Grausamkeit geführt. Sieger gibt es in diesen Jahren nicht mehr. Auch Österreich erhebt sich. Napoleon gewinnt zwar die Schlacht von Wagram, doch für jeden Sieg zahlt er einen hohen Preis. Er muss 32 000 Tote und Verwundete hinnehmen, fast ebenso viele wie die 40 000 Mann hohen Verluste der Österreicher. Und schon beginnt auch Preußen, im Angesicht der napoleonischen Herausforderung, Armee und Gesellschaft nach französischem Vorbild zu reformieren. Längst schmieden die alten Mächte an neuen Koalitionen. Napoleon hat Europa geeint – allerdings gegen sich.

Selbst die Zeichen der Kriegsmüdigkeit im eigenen Land – die Kursstürze an der Börse bei jedem neuen Feldzug; die Plakate, die Brot statt Krieg fordern – ignoriert der Kaiser. Wenn er nicht von den Schlachtfeldern Europas regiert, flüchtet er in die Pracht und den Glamour der kaiserlichen Herrschaft. Schloss Fontainebleau, Sitz der französischen Könige, lässt er mit goldenen Stuckaturen, Seidentapeten und einem prachtvollen Thron neu einrichten. Das Protokoll ist glanzvoller als unter Ludwig XIV., doch die Atmosphäre bleibt eisig. Napoleon terrorisiert seine Untergebenen mit seinen Launen, schlägt angeblich wahllos seine Bediensteten. Abends gibt seine Schwester Pauline glanzvolle Gesellschaften für ihren Bruder, zu denen sie zahlreiche schöne Frauen einlädt. Die Kaiserin bleibt den Feiern fern. Sie lebt am Hofe ihres Mannes in quälender Isolation: Von der Familie Napoleons gehasst, begegnet ihr der Kaiser mit wachsender Kälte. Am liebsten geht er ihr aus dem Weg. Mit 46 Jahren kann sie ihm nicht mehr den Sohn schenken, den Napoleon sich wünscht und braucht.

Seine jahrelange Affäre mit der polnischen Gräfin Maria Walewska entfacht in ihm eine Leidenschaft, die er für Joséphine längst nicht mehr empfindet. Die Beziehung zeitigt als sichtbares Ergebnis einen Sohn – der beste Beweis von Napoleons Zeugungsfähigkeit. Er habe seit Tilsit gewusst, dass er Joséphine verlassen muss, schreibt er später auf St. Helena. Erst jetzt – und obwohl er sie immer als seinen Glücksstern angesehen hat, der seinen Erfolg garantiert – ist er bereit, sie aufzugeben. Als er Joséphine mitteilt, sie müssten ihre Ehe für den Ruhm Frankreichs opfern, bricht sie zusammen, auch wenn sie bereits mit dem Schlimmsten gerechnet hat. Zwei Wochen später, am 15. Dezember 1809, ist die Scheidung offiziell. Joséphine behält das Schloss in Malmaison. Napoleon schickt ihr weiterhin Geld, um „in

Napoleon entrückt in die kalte Pracht von Fontainebleau, während Europa in seinen Kriegen verblutet.

Malmaison zu pflanzen, was du möchtest". Er hofft trotz Scheidung, irgendwie mit Joséphine zusammenzuleben. Sie rät ihm ab – es könnte unschicklich wirken.

Napoleon lässt die Heirat mit einer der blutjungen Töchter des österreichischen Kaisers arrangieren. Marie-Louise wird ihm bald den ersehnten Sohn schenken. Napoleon hält die Hochzeit für einen politischen Coup, der eine dauerhafte Bindung zwischen Österreich und Frankreich bewirken und ihm, dem korsischen Leutnant, endgültig den Aufstieg in den Kreis der europäischen Monarchen sichern soll.

Doch er wird sich bitter täuschen. Marie-Louise ist die Opfergabe ihres Vaters, um günstige Friedensbedingungen auszuhandeln. Ein Schachzug in einem mörderischen Spiel, zu dem sich nicht nur die alten Feinde gegen ihn vereinen.

Genie und Wahnsinn

Als der Sonderbotschafter des Kaisers, Graf de Caulaincourt, aus Moskau zurückkehrt, schlägt ihm bei Hofe ein rauer Wind entgegen. Seit Joséphine nicht mehr an Napoleons Seite ist, berichtet Constant, der Erste Diener des Kaisers, gebe es niemanden, der dessen Unmenschlichkeit mäßigen könne. Missmutig, mit starrem Blick und ebensolcher Entschlossenheit, die von Phasen des völligen Desinteresses an den Staatsgeschäften abgelöst werden, hält Napoleon seine Umgebung in ständiger Verunsicherung. Während er seiner Frau ein treu sorgender Ehemann, seinem Sohn ein liebevoller Vater ist, gelten seine Wutanfälle unter den Bediensteten als berüchtigt. Er selbst wittert überall Verrat, seit sein Begleiter, der Wegbereiter seines Aufstiegs, Außenminister Talleyrand, sich offen von ihm abgewendet hat. Österreich und Preußen ausgepresst und gedemütigt, ein militärisches Abenteuer in Spanien, das Jahr für Jahr das Blut von 40 000 Soldaten kostet, und der Versuch, mit aller Macht auch Russland in den Handelskrieg gegen England zu zwingen: Talleyrand hält seinen Kaiser für die größte Gefahr eines stabilen europäischen Gleichgewichts.

„Sire, es liegt in Ihrer Macht, Europa zu retten." Talleyrand wendet sich an den russischen Zaren. „Und Sie können dies nur erzielen, indem Sie sich Napoleon in den Weg stellen. Die Franzosen sind ein zivilisiertes Volk, sein Souverän ist es nicht. Der Souverän Russlands ist zivilisiert, nicht aber sein Volk. Der Herrscher Russlands sollte der Verbündete des französischen Volkes sein." Der Verrat Talleyrands treibt Napoleon noch stärker in einsame Entscheidungen.

Bis aufs Blut reizt Napoleon die Absicht Alexanders, britische Schiffe unter amerikanischer Flagge in russische Häfen einlaufen zu lassen und so die Kontinentalsperre gegen England zu unterlaufen. Die unverhohlenen Drohungen aus Paris beantwortet der Zar mit eisigen Warnungen. „Wir werden

In Russland verliert Napoleon mehr als eine halbe Million Soldaten – ein Menetekel der Geschichte. Kolorierter Kupferstich

das Schwert nicht als Erster in die Hand nehmen, doch wir werden es als Letzter weglegen. Wir gehen kein Risiko ein. Wir haben unendlich viel Raum. Die Zeit und das Klima spielen auf unserer Seite." Doch Napoleon ignoriert die Botschaften, die Caulaincourt aus Moskau überbringt. Hat er nicht die größte Armee der Weltgeschichte ausgehoben, die Vielvölkerarmee des napoleonischen Europa, beinahe 600 000 Mann stark? „Eine entscheidende Schlacht und die großartigen Festungen Alexanders werden wie auf Sand gebaut zusammenstürzen", erwidert er Caulaincourt.

Doch diese Schlacht sollte nicht kommen. Beinahe kampflos durchqueren im Jahr 1812 die napoleonischen Armeen Russland. An manchen Punkten leisten die Russen Widerstand, um Zeit zu gewinnen, doch meist erobert die Grande Armée leeres, weites Land.

Die Frage des Nachschubs hat den Beginn des Feldzugs immer wieder verzögert. Die eilig angelegten Magazine bieten nicht genügend Nachschub, und die Franzosen können sich nicht „aus dem Land" versorgen, wie Plünderungen euphemistisch genannt werden. Die Russen hinterlassen verbrannte Erde. Der Infanterist Jakob Walter aus Württemberg erinnert sich: „Die unerträgliche Hitze, der Staub, der wie dichter Nebel vor unseren Augen stand! Die wenigen Wasserlöcher waren vergiftet mit toten Menschen und Tieren. Vor Hunger und Durst halb verrückt, wünschte ich mir nichts mehr als ein Stück Brot, wie ich es auf unserem Hof so oft genoss. Sinnlose Träume! Die Männer flehten nach ihrer Mutter oder brachen plötzlich tot zusammen (...) Einige erschossen sich und einer der Offiziere schnitt sich eigenhändig die Kehle durch."

Napoleons Armee zahlt schon auf dem Anmarsch einen grausamen Preis. 150000 Soldaten, mehr als ein Viertel der regulären Stärke der Grande Armée, fallen der glühenden Hitze zum Opfer, verhungern oder desertieren. Erst bei Borodino, kurz vor Moskau, stellen sich die Russen zur Schlacht. Napoleon vertraut nur mehr auf die schiere Übermacht seiner Truppen, nicht auf ihre höhere Qualität. Deshalb lässt er frontal, in dichten Reihen angreifen. Diesen Sieg bei Borodino bezahlt er mit einem Blutbad: 30000 Tote bleiben auf dem Schlachtfeld zurück, darunter viele Offiziere, die er nicht ersetzen kann.

Völlig erschöpft erreicht die Grande Armée Mitte September Moskau 1812. Die Stadt liegt verlassen, wie ganz Russland zuvor. Der Zar hat seine Drohung wahr gemacht und seine Armeen immer weiter zurückgezogen. Napoleon, „von Müdigkeit überwältigt", wie Constant bemerkt, sendet Friedensbotschaften an Alexander. Doch der Zar antwortet mit eisigem Schweigen. Verfallen in eine eigenartige Paralyse, erlebt Napoleon in Moskau den Wendepunkt dieses Krieges, seiner Karriere. „Hätten die Russen Moskau nicht in Brand gesetzt", behauptet er noch auf St. Helena, „ich wäre Russlands Meister geworden." Doch in Wahrheit hätte die Grande Armée den Feldzug bereits verloren, als sie ihn begann. Ihr Schicksal ist besiegelt, als ihr Kaiser vier Wochen später den Rückzug befiehlt. Napoleon, der Feldherr mit dem scheinbar unsinkbaren Glücksstern, hat seine Armee nur für den Sommer ausrüsten lassen. „Nur marschieren bewahrte mich vor dem Erfrieren", erinnert sich Jakob Walter. „Voller Gleichgültigkeit blickte ich auf die hunderte, die jeden Tag um mich herum einfach umfielen und deren Köpfe auf das harte Eis schlugen. Ich konnte ihr Stöhnen und Flehen überhören; ich übersah, wie sie mit letzter Kraft ihre Hände mir entgegenstreckten. Ich hatte kein Mitleid mehr."

Was der russische Winter übrig lässt, erledigen die Kosaken. Nur wenige tausend Soldaten erreichen die Heimat, die Grande Armée aber ist tot. Mit ihr stirbt auch der Mythos des Feldherrn Napoleon. Nicht nur der Glaube an dessen Unbesiegbarkeit ist dahin. Jakob Walter beschreibt, was aus der legendären, geradezu religiösen Verbindung zwischen Napoleon und seinen Soldaten geworden ist. „Nahe des Beresina-Flusses hatte der Kaiser halten lassen, um zu Abend zu essen. Ohne Regung beobachtete er, wie seine sterbende Armee an ihm vorüberzog. Die Männer, Franzosen wie Alliierte, riefen ihm mit letzter Kraft Flüche und Verwünschungen nach, doch selbst diese nahm er reglos entgegen. Wahrscheinlich spürte er nur Ehrgeiz und die verlorene Ehre in seinem Herzen." Napoleon erlässt ein Bulletin, das die Vernichtung der Grande Armée bekannt gibt. Es endet mit dem Satz: „Der Gesundheit Seiner Majestät ging es nie besser." Der Kaiser reist im Schlitten heim, eingehüllt in jenen Pelz, den ihm Alexander einst in Tilsit geschenkt hat. Er steuert geradewegs in den Abgrund.

Der Sturm, den Napoleon in Europa entfacht hat, wendet sich gegen Frankreich. Mit seinem verblassenden Ruhm auf dem Schlachtfeld verliert Napoleon sein Reich noch schneller, als er es geschaffen hat. An der Spitze einer eilig ausgehobenen Armee stellt sich Napoleon mit aller verbliebener Energie dem Überlebenskampf. Nach der bitteren Niederlage bei der Völkerschlacht von Leipzig erzielt er noch einmal erstaunliche Erfolge auf den Schlachtfeldern Deutschlands und Frankreichs. Doch die Niederlage des kriegsmüden Kaiserreichs ist nicht mehr aufzuhalten. Keine zwei Jahre, nachdem der Kaiser in Moskau stand, kampieren nun Kosaken auf den Champs-Élysées. Im April 1814 verbannen die Alliierten ihren Erzfeind Napoleon auf die Mittelmeerinsel Elba. Sie scheinen das Rad der Geschichte zurückzudrehen. Ludwig XVIII., der gichtkranke Thronfolger der Bourbonen, der ohne Hilfe keinen Schritt mehr gehen kann, wird aus dem Exil in London geholt. Er regiert, als habe es die Revolution nicht gegeben. Demobilisierte Offiziere murren in den Straßen von Paris, denn ganz im alten Stil besetzen Adelige ihre Plätze. Die Wirtschaft liegt am Boden.

Auch Napoleon werden die Pensionsbezüge halbiert. Während die europäischen Mächte in Wien die Restauration der alten Ordnung Europas beschließen, setzt Napoleon im März 1815 heimlich aufs Festland über. Armee-Einheiten, die ihn verhaften sollen, laufen zu ihm über. Die Rückkehr gerät zum Triumphzug. „Bis Grenoble war ich ein Abenteurer", sagt er später auf St. Helena, „danach ein Souverän." Als er in Paris eintrifft, fällt die neue alte Herrschaft lautlos in sich zusammen.

Auf dem Wiener Kongress, wo der Name Napoleons allenfalls geflüstert werden darf, erklären die Alliierten ihm den Krieg. Wie immer will er ihn durch Schnelligkeit gewinnen. In der Nähe des belgischen Dorfes Waterloo sucht Napoleon die Entscheidungsschlacht. Er hat schon ein Siegesbulletin aus Paris mitgebracht. „Für jeden Franzosen, der ein Herz im Leib trägt, heißt es: erobern oder sterben." Zuvor hat Napoleon das preußische Heer unter Marschall Blücher bei Ligny geschlagen. Einen Teil seiner Truppen stellt er ab, um Blücher zu verfolgen. Er selbst wendet sich nach Waterloo, gegen das Heer des Herzogs von Wellington. Doch Blücher kann die Verfolger täuschen. Die französischen Truppen preschen einer unbedeutenden Nachhut hinterher. In der Zwischenzeit eilen die Preußen Wellington zu Hilfe. Für Napoleon ist jede Minute kostbar. „Ich kann eine Schlacht verlieren, aber niemals eine Minute Zeit", sagt er einmal.

Napoleon, der dies zur Maxime seines Handelns auf dem Schlachtfeld gemacht hat, zögert bis zum Mittag, den Angriffsbefehl zu geben. Mit aller

In Waterloo steht noch einmal das Schicksal Europas auf Messers Schneide. Napoleons Niederlage besiegelt sein Schicksal. Stich nach Charles Steuben

Wucht werfen sich die Franzosen in die Schlacht. Anerkennend notiert ein britischer Offizier: „Nie habe ich eine mutigere Kavallerie erlebt – und nie wurde sie angemessener empfangen." Wie Napoleon reitet auch Wellington persönlich in die ersten Reihen seiner Soldaten, um jene zu ermutigen. Unter der Wucht der Attacke drohen die englischen Linien zu brechen. Der Tag gehört Napoleon, so scheint es – und ihm damit auch wieder ganz Europa?

Dieser Moment verführt Historiker immer wieder, über das Schicksal des Kontinents zu spekulieren, das gerade jetzt auf dem Spiel steht. Was, wenn Napoleon bei Waterloo erfolgreich gewesen wäre? Hätte er nur die Schlacht gewonnen oder auch den Krieg? Alistair Horne hält folgende Spekulation für legitim: Im Falle einer Niederlage hätte sich England womöglich vom Kontinent zurückgezogen. Frankreich und Preußen hätten die Ordnung des späten 19. Jahrhunderts, das Europa Bismarcks, vorweggenommen. Die Kleinstaaterei wäre wohl endgültig beendet gewesen. Für einen historischen Moment eröffnet Waterloo noch einmal diese Möglichkeit.

Doch die englischen Linien halten. Als die Preußen unter Blücher das Schlachtfeld erreichen, ist Waterloo entschieden. Diese Schlacht besiegelt das Ende der Ära Napoleon, das mit seiner Abdankung begonnen hat. Bis zu seinem Tod kann er diese Niederlage nicht verstehen. „Das Schicksal wollte es, dass ich diese Schlacht verlor", deklamiert er auf St. Helena gebetsmühlenartig. „Selbst mit 20000 Mann weniger hätte ich gewinnen müssen." Die Verantwortung für sein Scheitern sucht Napoleon in Momenten und Personen: Mal sind es die Marschälle, mal ein paar fehlende Stunden, dann der Regen oder der russische Winter.

In Wahrheit sind Waterloo und die hundert Tage nur ein tragischer Abgesang. Schon der Russland-Feldzug bedeutet einen Akt der Zerstörung und Selbstzerstörung des Mythos vom unbesiegbaren Feldherrn. Den Staatsmann Napoleon treibt die pure Hybris des Eroberers. Er muss immer weiter. Eroberungen kann er nur durch neue Eroberungen absichern. Er steht am Abgrund, als sein Genie als Feldherr so ermattet wie sein Land, dem er jahrzehntelangen Krieg zugemutet hat.

England besiegt er nie und in Russland erfüllt sich sein Schicksal: Angeregt durch die erstaunliche Parallelität der Feldzüge, wird Napoleon immer wieder mit Hitler verglichen. Der bedingungslose Eroberungsdrang; das Charisma, das Armee wie Volk in seinen Bann gezogen hat und das im Bild einer Erlöserfigur kulminiert ist; der Realitätsverlust im Angesicht der Katastrophe – in einzelnen Zügen der Charaktere wie auch in den strategischen Fehlern der Kriegführung lassen sich Gemeinsamkeiten entdecken. Gleichwohl ist unbestritten, dass Napoleon die Monstrosität, das Verbrechertum, der unbedingte Wille zur Vernichtung ganzer Völker fremd bleiben. Er hat unmenschliche Züge, darf aber nicht als entmenschlicht brutal angesehen werden.

Daran ändert auch seine wachsende Gleichgültigkeit gegenüber den drei Millionen Opfern nichts, die seine Kriege am Ende kosten. Nach der Schlacht von Eylau, als zehntausende Tote und Verwundete in eisiger Kälte das Schlachtfeld in Ostpreußen bedecken, ruft er aus: „Was sind schon 20000 Tote! Eine Nacht in Paris macht das wieder gut."

Der Brüsseler Völkerrechtler Michail Wladimiroff nennt Napoleon nach heutigen Maßstäben einen „Kriegsverbrecher". Wladimiroff, Verteidiger des gestürzten Serben-Präsidenten Slobodan Milošević vor dem Kriegsverbrechertribunal in Den Haag, weist in einem fiktiven Prozess mit Juristen des Tribunals auf die Grausamkeiten und die Plünderungen der Grande Armée während des Russland-Feldzuges hin. Obwohl die Bestimmungen des modernen Kriegsrechts damals noch nicht gegolten haben, sei die Soldateska oft aus purer Not mit selbst für damalige Verhältnisse unerhörter Grausamkeit gegen Zivilisten vorgegangen.

Nach Waterloo liegt Europa ermattet und zerstört am Boden. Napoleon ist der meistgehasste Mann des Kontinents. Doch sein mythischer Glanz wird noch einmal auferstehen.

Der ewige Mythos

Nicht die Siege verewigen Napoleons Ruhm. Nicht das Bild des dünnen, jungen Generals Bonaparte, der in den Gemälden Davids und seiner Schüler von einem heiligen Fieber verzehrt zu werden scheint. Nicht der würdevolle, starke Konsul, in der einen Hand den *Code civil*, die andere zwischen die Knöpfe seiner Jacke geschoben und damit eine allgemeine Geste der Zeit besetzend. Nicht einmal der unbesiegbare Kaiser und Feldherr Napoleon, der in den Allegorien nach Austerlitz gottgleich im Kampfwagen das Himmelszelt durchquert. „Nicht die Tage seiner Triumphe schufen die Legende, die sein Dasein bis heute umgibt", schreibt der Publizist Eckart Kleßmann in einem Essay, „sondern die Stunden tiefster Erniedrigung."

Weinend nehmen altgediente Marschälle und Generäle Abschied, als der gestürzte Kaiser vor seiner Abreise nach Elba in einer letzten Rede im Hof von Fontainebleau verspricht, ihnen ein würdevolles Andenken zu bewahren. Selbst Offiziere der Alliierten, die dieser Zeremonie beiwohnen, können ihre Rührung nicht verbergen. Drei Millionen tote Soldaten und ein Jahrzehnt beinahe ununterbrochener Kriege, die Europa in Ruinen gestürzt haben, scheinen bereits in diesem Moment vergessen. Bevor er nach St. Helena aufbrechen muss, streift Napoleon noch einmal einsam durch das verlassene Malmaison. Ihn treiben wehmütige Erinnerungen an Joséphine, deren Duft noch in den Räumen hängt. Ihre Tochter Hortense lässt die tiefe Demütigung hinter sich, die Napoleon ihrer Mutter zugefügt hat. Zu sehr erregt der Mann am Abgrund ihr Mitgefühl: „Ich umarmte ihn mit Tränen in den Augen."

Als Napoleon am 5. Mai 1821 im Exil von St. Helena stirbt, scheint sich die ganze Welt mit ihm zu versöhnen. Jetzt erwacht sein Mythos zum ewigen Leben, gerade weil es ein schmutziger Tod ist, dem wochenlanges Siechtum vorausgeht. Nur unter großen Qualen hat Napoleon noch Brühe oder einen Sirup aus Orangeade zu sich nehmen können. Schließlich fällt er in ein Delirium, aus dem er nicht wieder erwacht. Er stirbt besudelt von Kot und Erbrochenem. In diesem Moment vollendet sich, was Napoleon bei seiner Ankunft in St. Helena prophezeit hat: „Jeder Tag auf dieser Insel befreit mich vom Anstrich des Tyrannen und Mörders."

In der Stunde seines Todes arbeiten seine Jünger – allen voran die Generäle Las Cases, Bertrand und Gourgaud – bereits in Frankreich an seiner Apotheose. Die Erinnerungen Napoleons an sein Leben werden, verkleidet in einen Erlebnisbericht aus dem Exil von St. Helena, zu Bestsellern, in denen er alle Schlachten aufs Neue schlägt, jede Entscheidung noch einmal fällt und im Duktus des „elder statesman" Voraussagen für die politische Zukunft Europas trifft. Vor der Schwäche des erneut installierten Bourbo-

Die Totenmaske Napoleons: Nicht die Triumphe, sondern das langsame Sterben krönen den Mythos Napoleon.

In einer abgesenkten Krypta steht der Sarg Napoleons und beherrscht dort die Ruhestätte der französischen Nationalhelden im Pariser Invalidendom.

nenregimes wächst der tote Kaiser zu einer mythischen Figur: dem genialen Feldherrn, dem romantischen Liebhaber, dem visionären Staatsmann und dem Kaiser, der aus dem Volke gekommen ist. Napoleon wird von jenen, die ihn erlebt oder auch nur unter seiner Herrschaft gelebt haben, „l'homme" genannt – der Mann. Das Vermächtnis von St. Helena mündet im politischen Programm des Bonapartismus, der in Gestalt Napoleons III. kaum zwanzig Jahre später an die Macht zurückkehrt.

Mehr noch als die Verklärung in Frankreich überrascht der Respekt, den ihm die Feinde von einst entgegenbringen. Die Londoner *Times* ruft ihm nach: „Nicht allein Franzosen, auch Mitglieder anderer Nationen, die Gelegenheit gehabt haben, sich dem verstorbenen Kaiser zu nähern, bezeugen seine wunderbare Macht über die Menschen. Er scheint das Talent besessen zu haben, nicht allein zu befehlen, sondern, wenn es ihm gefiel, auch durch Vermittlung und Überredung seinen Willen durchzusetzen." Nicht selten schlägt der Respekt vor Napoleon in offene Verehrung für ihn in den Ländern um, wo Menschen unter seiner Despotie gelitten haben. Kleßmann verweist auf ein Gedicht, das der junge Franz Grillparzer in jenen Tagen schreibt – das er allerdings nicht zu veröffentlichen wagt. Nicht die Zeile „Er war zu groß, weil seine Zeit zu klein" erscheint zu gefährlich, sondern Fragen, die der Dichter stellt:

„Denn seit Du fort, fließt nun nicht mehr das Blut,
In dem vor Dir schon alle Felder rannen?
Ward Lohn den wider Dich vereinten Mannen?
Ist heilig das von Dir bedrohte Gut?
Ward Tyrannei entfernt mit dem Tyrannen?
Ist auf der freien Erde, seit Du fort,
Nun wieder frei Gedanke, Meinung, Wort?"

Jenes Europa, das sich von Napoleon befreit hat, stellt langsam und verwundert fest, dass es unter dem französischen Besatzer zwar wenige Freiheiten gehabt hat, aber doch mehr, als die Restauration ihnen nun gewährt. In der Folge des Wiener Kongresses bricht eine Epoche finsterster Reaktion an. Viele Dichter, die einst hasserfüllte Gedichte gegen Napoleon geschrieben haben, entdecken nun in ihm wieder den Vollender der Ideen der Französischen Revolution. Sie kleiden in unverhohlene Bewunderung für den gestürzten Kaiser eine heimliche Kriegserklärung an ihre Fürsten.

Wer ist Napoleon? Bedingungslos geliebt oder abgrundtief gehasst, entzieht er sich bis heute jedem eindeutigen Urteil. „Dieser große Mann wird immer unbekannter", schrieb Stendhal schon 1837. Wenn es stimmt, dass Sieger Geschichte schreiben, dann hat er am Ende triumphiert. Den Kampf um den Platz in der Geschichte hat er gewonnen; nicht allein auf den Schlachtfeldern Europas, sondern auf einem Eiland im Südatlantik. Ein ganzes Zeitalter trägt heute seinen Namen.

„Alles Irdische ist schnell vergessen. Es gibt keine Unsterblichkeit außer in der Erinnerung, die wir im Gedächtnis der Menschheit hinterlassen."

Literaturverzeichnis

Spartacus – Glanz und Elend der Gladiatoren

Heinz Jürgen Beste: „Wasserbett bei Fackelschein. Wie funktionierte das Kolosseum?", in: *Deutsches Archäologisches Institut*, Band 2. Mainz 2000

Karl Christ: *Grundriss der römischen Geschichte*. München 1992

Michael Grant: *Die Gladiatoren*. Stuttgart 1970

Augusta Hönle: Römische *Amphitheater und Stadien, Gladiatorenkämpfe und Circusspiele*. Luzern/Herrsching 1981

Markus Junkelmann: *Das Spiel mit dem Tod*. Mainz 2000

Eckart Köhne/Cornelia Ewigleben (Hrsg.): *Caesaren und Gladiatoren*. Hamburg 2000

Friedhelm Prayon: *Frühetruskische Grab- und Hausarchitektur*. Heidelberg 1975

Tiziana Rocco: *Sangue e arena*, Katalog zur Ausstellung. Rom 2001

Seneca: *Briefe/Epistulae morales*. Göttingen 1997

Wolfgang Tarnowski: *Gladiatoren*, Was ist was?, Band 82. Nürnberg 1987

Paul Veyne: *Brot und Spiele*. Frankfurt 1988

Karl-Wilhelm Weeber: *Panem et circenses*. Mainz 1994

Rätsel in Stein

Bauval, Robert/Gilbert, Adrian: *Das Geheimnis des Orion*. München 1994

Bauval, Robert/Hancock, Graham: *Der Schlüssel zur Sphinx*. München 1996

Haussig, H. W. (Hrsg.): *Herodot. Historien*. Stuttgart 1971

Hawass, Zahi: *The Pyramids Of Ancient Egypt*. Pittsburgh 1990

Ders.: *The Secrets Of The Sphinx*. Kairo 1998

Hornung, Erik: *Das esoterische Ägypten*. München 1999

Klemm, Rosemarie/Dietrich, D.: *Steine und Steinbrüche im alten Ägypten*. Berlin 1992

Lehner, Mark: *Das erste Weltwunder*. Düsseldorf 1997

Lubicz, R. A. Schwaller de: *The Temple In Man*. Rochester 1981

Luca, Araldo de/Tiradritti, Francesco: *Die Schatzkammer Ägyptens. Die berühmte Sammlung des Ägyptischen Museums in Kairo*. München 2000

Nalewski, Horst: *Rainer Maria Rilke. Reise nach Ägypten*. Frankfurt 2000

Néret, Gilles (Hrsg.): *Description de l´Egypte*. Köln 1994

Stadelmann, Rainer: *Die ägyptischen Pyramiden*. Mainz 1997

West, John Anthony: *Serpent In The Sky*. Wheaton 1993

Das Blut des Sonnengottes

Alva, Walter: *Gold aus dem alten Peru. Die Königsgräber von Sipán*. Ostfildern 2001

Andrews, Anthony P.: *First Cities*. Washington 1995

Anhalzer, Jorge: *Llanganati*. o.O. 1998

Black, Jeremy (Hrsg.): *Atlas der Weltgeschichte. 20 000 Jahre Menschheitsgeschichte*. Köln 2000

Bartsch, Ernst/Grün, Evamaria: *Die Entdeckung von Peru 1526–1712*. Stuttgart 1996

Baumann, Hans: *Oro y Dioses del Peru*. Barcelona 1966

Betanzos, Juan de: *Narrative of the incas*. Austin 1996

Bollinger, Armin: *So kleiden sich die Inka. Gewinnung von Pflanzenfasern, Haltung von Wolltieren, Jagd auf Vicuñas, Spinnen und Weben, das Färben von Textilien, Kleider und Textilien im Alten Peru*. Diessenhofen 1983

Busto Duthurburu, José Antonio del: *La tierra e la sangre de Francisco Pizarro*. Lima 1995

Damals. Magazin für Geschichte und Kultur. Ausgabe Dezember. Stuttgart 2000

Dickenson, Mary B. (Hrsg.): *Wonders of the ancient world. National Geographic Atlas of Archaeology*. Boston 1994

Ebersbach, Volker: *Francisco Pizarro. Glanz und Elend eines Conquistadors.* Berlin 1986
Engl, Lieselotte ; Engl, Theodor: *Die Eroberung Perus in Augenzeugenberichten.* München 1983
Geza de Léon, Pedro de: *The Discovery and Conquest of Peru.* Mexico 1998
Gold und Macht der Inka, Time-Life-Redaktion. Amsterdam 1993
Großer Atlas der Entdeckungen – Reisen in unbekannte Welten. Köln 2000
Lohmann Villena, Guillermo: *Francisco Pizarro. Testimonio, documentos oficiales, cartas, escritos.* Madrid 1986
Hemming, John: *The conquest of the incas.* New York 1973
Huber, Siegfried: *Pizarro und seine Brüder. Die Eroberer des Inkareichs und das Werden der spanisch-amerikanischen Welt.* Olten 1962
Janik, Dieter/Lustig, Wolf (Hrsg.): *Die spanische Eroberung Amerikas. Akteure, Autoren, Texte.* Eine kommentierte Anthologie von Originalzeugnissen. Frankfurt a. M. 1992
Kohl, Karl-Heinz (Hrsg.): *Mythen der Neuen Welt. Zur Entdeckungsgeschichte Lateinamerikas.* Katalog zur Ausstellung. Berlin 1982
Konstam, Angus: *Atlas der großen Entdeckungsfahrten.* Augsburg 2000
Lockhart, James Marvin/Schwartz, Stuart B.: *Early Latin America.* Cambridge 1983
Lockhart, James Marvin: *The men of Cajamarca.* Austin 1972
Ders.: *Spanish Peru 1532–1560.* Wisconsin 1968
Lourie, Peter: *Schweiß der Sonne, Tränen des Mondes. Chronik einer Schatzsuche.* Hannover/Basel 1992
National Geographic Deutschland. Ausgabe November. Hamburg 1999
Savoy, Gene: Antisuyo. *The search for the Lost Cities of the Amazon.* New York 1970
Sejourne, Laurette: *Altamerikanische Kulturen.* Frankfurt a. M. 1981
Seuren, Günther/Heufelder, Sylvio: *Schatzsucher. Auf der Jagd nach dem verlorenen Gold der Jahrhunderte.* Augsburg 2000
Vega, Garcilaso de la: *Wahrhaftige Kommentare zum Reich der Inka.* Berlin 1986
Vega, Juan José: *Los Incas frente a Espana. Las guerras de la Resistencia 1531–1544.* Lima 1992.
Westphal, Wilfried: *Unter den Schwingen des Kondor. Das Reich der Inka gestern und heute.* München 1985

Geheimnis Babylon

Wolfgang Achnitz: *Babylon und Jerusalem.* Tübingen 2002
Walter Andrae: *Lebenserinnerungen eines Ausgräbers.* Stuttgart 1988
Friedrich Delitzsch: *Babel und Bibel. Drei Vorträge.* Stuttgart 1903/04/05
Alfred Jepsen: *Von Sinuhe bis Nebukadnezar. Dokumente aus der Umwelt des Alten Testaments.* Berlin 1975
Robert Koldewey: *Das wieder erstehende Babylon.* Leipzig 1913
Peter Miglus: *Städtische Wohnarchitektur in Babylon und Assyrien.* Mainz 1999
Martin Noth: *Geschichte Israels.* Göttingen 1969
Joan Oates: *Babylon.* London 1996
Wilfried Seipel (Hrsg.): *Von Babylon bis Jerusalem.* Katalog zur Ausstellung. Mannheim 1999
Eva Strommenger/ Kay Kohlmeyer (Hrsg.): *Wiedererstehendes Babylon.* Katalog zur Ausstellung. Berlin 1991
Eckhard Unger: *Babylon.* Berlin 1931
Ders.: „Babylon", in *Reallexikon der Assyriologie,* Band 1. Berlin/Leipzig 1928
Ulrike Wegener: *Die Faszination des Maßlosen. Der Turmbau zu Babel.* Hildesheim 1995
Wilhelm II.: *Ereignisse und Gestalten.* Leipzig 1922
Zweites Colloquium der Deutschen Orientgesellschaft (Hrsg.): *Babylon – Focus mesopotamischer Geschichte. Mythos der Moderne.* Berlin 1998

Wettlauf nach Indien

Berger, Friedemann (Hrsg): *Christoph Columbus. Dokumente seines Lebens und seiner Reisen.* Leipzig 1991

Brandt, Armin A.: *Martin Behaim. Seefahrer, Entdecker, Kosmograph.* Regensburg 1989

Collins, John Stewart: *Christoph Columbus. Aufbruch zu neuen Welten und Zeiten.* München 1991

Columbus, Ferdinand: *The Life of the Admiral Christopher Columbus by his Son Ferdinand.* New Brunswick 1959

Crivellari, Domenico: *Venedig. Geschichte, Kunst und Kultur der Lagunenstadt.* München 1982

Cuyvers, Luc: *Into the Rising Sun. Vasco Da Gama and the Search for the Sea Route to the East.* New York 1999

Da Gama, Vasco: *Der Weg nach Ostindien.* Göttingen 2001

Dor-Ner, Zvi: *Kolumbus und das Zeitalter der Entdeckungen.* Köln 1991

Dreyer-Eimbcke, Oswald: *Kolumbus. Entdeckungen und Irrtümer in der deutschen Kartographie.* Frankfurt a.M. 1991

Dyson, John und Christopher, Peter: *Columbus. Die Entdeckung seiner geheimen Route in die Neue Welt.* München 1991

Kay, Berhard: *Ans Ende der Welt und darüber hinaus ... Das Abenteuer, die Welt mit dem Schiff zu entdecken.* Frankfurt a.M. 1995

Pögl, Gabriele und Kroboth, Rudolf (Hrsg.): *Heinrich der Seefahrer oder Die Suche nach Indien. Eine Dokumentation mit Alvise da Cà da Mostos erstem Bericht über Westafrika und den Chroniken Zuraras und Barros' über den Infanten.* Stuttgart/Wien 1989

Pohl, Friedrich-Wilhelm: *Die Geschichte der Navigation.* Hamburg 1999

Robinson, Frances (Hrsg.) *Islamische Welt. Eine illustrierte Geschichte (Cambridge Illustrated History of the Islamic World).* Frankfurt a.M. 1997

Salentiny, Fernand: *Die Gewürzroute. Die Entdeckung des Seewegs nach Indien.* Köln 1991

Subrahmanyam, Sanjay: *The Career and Legend of Vasco da Gama.* Cambridge 1997

Sybille, Eva und Rösch, Gerhard: *Venedig im Spätmittelalter. 1200–1500.* Freiburg/Würzburg 1991

Ure, John: *Prine Henry the Navigator.* London 1977

Mordfall Kaspar Hauser

Brinkmann, Bernd: *DNA-Technologie in der Medizinischen Kriminalistik.* Lübeck 1997

Daumer, Georg Friedrich: *Kaspar Hauser. Mitteilungen über Kaspar Hauser.* Nürnberg 1832. Neuausgabe: Dornach 1983

Daumer, Georg Friedrich: *Kaspar Hauser. Sein Wesen, seine Unschuld.* Regensburg 1873. Neuausgabe: Dornach 1984

Dietenberger, Manfred: „Kaspar Hauser – Eine Entmythologisierung", in: *Land zwischen Hochrhein und Südschwarzwald.* Sonderausgabe 1, Jahrgang 1997, S. 115-183. Eigenverlag Boxler/Dietenberger. Weilheim

Feuerbach, Anselm Ritter von: *Beispiel eines Verbrechens am Seelenleben des Menschen.* Ansbach 1832. Neuausgabe: Dornach 1983

Hofer, Klara: *Das Schicksal einer Seele.* Nürnberg 1925

Hörisch, Jochen (Hrsg.): *„Ich möchte ein solcher werden wie ...". Materialien zur Sprachlosigkeit des Kaspar Hauser.* Frankfurt a. M. 1994

Kramer, Kurt: *Kaspar Hauser – Kein Rätsel unserer Zeit.* Ansbach 1978

Leonhardt, Ulrike: *Prinz von Baden, genannt Kaspar Hauser. Eine Biographie.* Hamburg 1987

Mayer, Johannes/Peter Tradowski: *Kaspar Hauser. Das Kind von Europa.* Stuttgart 1984

Mayer, Johannes: *Philip Henry Lord Stanhope. Der Gegenspieler Kaspar Hausers.* Stuttgart 1988

Mehle, Ferdinand: *Der Kriminalfall Kaspar Hauser.* Kehl 1995

Masson, Jeffrey M.: *Lost Prince. The unsolved Mystery of Kaspar Hauser.* New York 1996
Oberlechner, Herwig: *Der Kaspar Hauser Mythos.* Berlin 1999
Pies, Hermann (Hrsg.): *Kaspar Hauser. Augenzeugenberichte und Selbstzeugnisse.* Stuttgart 1926. Neuausgabe: Stuttgart 1985
Pies, Hermann: *Kaspar Hauser. Die Wahrheit über sein Auftauchen und erste Nürnberger Zeit.* Saarbrücken 1956. Neuausgabe: Stuttgart 1987
Portwich, Philipp: „Kaspar Hauser. Naturphilosophische Medizin und frühe Homöopathie", in: *Medizinhistorisches Journal* 31 (1996), Nr. 1-2, S. 89-119.
Renner, Erich: *Von „wilden" Kindern. Studien zur Grundlegung pädagogischen Denkens.* Weinheim 1997
Schwarzer, Bert: *Du musst sterben, Kaspar Hauser!* Bern 2001
Struve, Ulrich (Hrsg.): *Der imaginierte Findling.* Heidelberg 1995
Thiemt, Hans Georg/Hans Georg Schreeb: *Feuerblumen. Das Geheimnis des Caspar Hauser.* Berlin 1994
Tradowski, Peter (Hrsg.): *Kaspar Hauser. Arztberichte.* Dornach 1985
Wassermann, Jakob: *Caspar Hauser oder Die Trägheit des Herzens.* Stuttgart/Leipzig 1908. Neuausgabe: München 2000

Mythos Napoleon

Ali, Louis-Etienne Saint-Denis: *Souvenirs sur l'Empereur Napoléon.* Paris 1926.
Antommarchi, F.: *Mémoires du Docteur F. Antommarchi ou les derniers Moments de Napoleon.* Paris 1825
Bruce, Evangeline: *Napoleon und Josephine. Das grandiose Bild einer Epoche.* München 1999
Castelot, André: *Wunderbare Joséphine. Die Frau an Napoleons Seite.* München 2000
Chandler, David G.: *Napoleon.* South Yorkshire 2001
Dufraisse, Roger: *Napoleon. Revolutionär und Monarch. Eine Biographie.* München 2000
Elting, John R.: *Swords around a Throne. Napoleon's Grande Armée.* London 1988
Gläser, Stefan: *Frauen um Napoleon.* Regensburg 2001
Herre, Franz: *Marie Louis. Napoleon war ihr Schicksal.* Köln 1996
Horne, Alistair: *How far from Austerlitz? Napoleon 1805–1815.* Oxford 1996
Kleßmann, Eckart: *Napoleon. Ein Charakterbild.* Weimar 2000
Las Cases, Comte de: *Mémorial de Sainte-Hélène.* Paris 1823
Lentz, Thierry: Savary. *Le séide de Napoléon.* Paris 2001
Lowe, Hudson Sir : *Denkwürdigkeiten über Napoleons Gefangenschaft und Tod.* Stuttgart 1830
Montholon, Comtesse de: *Souvenirs de Sainte-Hélène 1815–1816.* Paris 1901
Rothenberg, Gunter: *Die Napoleonischen Kriege.* Berlin 2000
Schnapper, Antoine: *J.-L. David und seine Zeit.* Würzburg 1981
Tulard, Jean (Hg.): *Dictionnaire Napoléon.* Paris 1989
Tulard, Jean: Napoleon: *Liebesbriefe an Joséphine.* Hamburg 1983
Willms, Johannes: *Napoleon. Verbannung und Verklärung.* München 2000

Die Autoren

Hans-Christian Huf
Geboren 1956 in Starnberg. Studierte in Deutschland und Frankreich Geschichte und Politikwissenschaften und veröffentlichte zahlreiche Beiträge und Bücher zu kulturhistorischen Themen. Er entwickelte viele erfolgreiche Prime-time-Geschichtsreihen im *ZDF*, darunter die Fernsehserien „Sphinx 1 – 6" und „Quo Vadis 1, 2", und ist Herausgeber dieses Buches.

Jens Afflerbach
Geboren 1969 in Siegen. Arbeitet als Autor und Produzent von Dokumentarfilmen in Berlin und Washington. Er absolvierte die Deutsche Journalistenschule und begann nach dem Studium in München seine Laufbahn als Redakteur und Autor für Printmagazine und Fernsehsender. Für einige seiner zahlreichen historischen Dokumentationen und Wissenschafts-Reportagen erhielt er internationale Preise und Auszeichnungen, unter anderem bei den New York Film Festivals.

Jenny Friedrich-Freksa
Geboren 1974 in Berlin. Studium der Gesellschafts- und Wirtschaftskommunikation an der Hochschule der Künste Berlin. Arbeitete als Redakteurin für das „jetzt-Magazin" der *Süddeutschen Zeitung* und für Odeon Film, München. 2001 Publizistenstipendium der Casa di Goethe in Rom. 2002 Nachwuchspreis des Journalistinnenbundes. Arbeitet zur Zeit für das „SZ-Magazin" und als freie Autorin in München.

Peter Glaser
Geboren 1957 in Graz. Lebt als Schriftsteller in Berlin. Buchveröffentlichungen u. a. „Schönheit in Waffen" (Erzählungen), „Neues im Westen" (Kolumnen und Essays), „24 Stunden im 21. Jahrhundert" (über das Online Universum). Arbeiten für das Fernsehen: „Haus Vaterland. Eine historische Revue" (ARD), „Terminal Darling" (SFB). Beschäftigung mit historischen Themen: „Die Osiris-Legende" (Theaterstück, Uraufführung Graz, 1988). Schreibt an einem Roman über das Gesicht der Sphinx. 2002 für die Erzählung „Geschichte von Nichts" mit dem Ingeborg Bachmann-Preis ausgezeichnet.

Michael Gregor
Geboren 1951 in Hannover. Studium an der Film- und Fernseh-Akademie in Berlin bei Michael Ballhaus, Peter Lustig und Peter Lilienthal. 1975 erster eigener Dokumentarfilm in Portugal, nachfolgend Aufträge als New-Fotograph in Beirut und Angola. Seit 1978 Regie und Kamera bei Dokumentarischen Spielfilmen (darunter „Domitila" im „Kleinen Fernsehspiel" des *ZDF*) und Reportagen über kulturelle und politische Themen mit Schwerpunkt Lateinamerika sowie historische Dokumentationen zur Sendereihe „Sphinx".

Günther Klein
Geboren 1956 in Flensburg. Studium der evangelischen Theologie, Kunstgeschichte und Journalistik. Seit 1983 Autor und Regisseur bei verschiedenen Sendern. Von 1985 bis 1989 ZDF-Dokumentarreihe „Reisebilder aus der DDR", 1989/90 dreiteilige Dokumentation „Politische Justiz in der DDR". Auszeichnung des Europäischen Filmpreises für das dokumentarische Fernsehspiel „Eifel". Seit 1991 Redaktionsleiter der IFAGE Filmproduktion in Wiesbaden, seitdem Beiträge für die Serien "Sphinx", „Terra X" und „Höllenfahrten". Über 50 Dokumentationen und zahlreiche Buchveröffentlichungen. Gesamtleitung der 13-teiligen *ARD*-Serie „Im Zeichen des Kreuzes – 2000 Jahre Christentum".

Friedrich Steinhardt
Geboren 1961 in Erlangen. Studium der Germanistik, Philosophie und Politologie in München. Stipendium der Robert-Flaherty-Gesellschaft am „IFS – International Film Seminars" in New York. Wissenschaftliche Mitarbeit und Publikation bei Diskurs Film Verlag, München. Freier Autor für TV-Serien und TV-Dokumentationen. Seit 1999 Leiter des Geschäftsfelds Dokumentationen bei Caligari Film in München.

Luise Wagner-Roos
Geboren 1957 in Wiesmoor/Ostfriesland. Promovierte Biologin und Journalistin. Langjährige Tätigkeit als Wissenschaftsjournalistin für Magazine wie *Stern* und *Focus*, bevorzugt über Themen im Grenzgebiet zwischen Forschung, Kultur und Zeitgeist. Autorin zahlreicher Drehbücher für Fernsehdokumentationen. 1998 Gründung der Produktionsfirma DIGITAL DRAMA in Hamburg.

Gabriele Wengler
Geboren 1956 in Kassel. Ausbildung an der Bayerischen Staatslehranstalt für Photographie München, Studium der Kommunikationswissenschaften und Philosophie sowie Studium an der Hochschule für Fernsehen und Film in München. Seit 1987 freie Autorin und Regisseurin im Bereich Dokumentarfilm, Werbung und Industriefilm. Ausgezeichnet mit dem Deutschen Wirtschaftsfilmpreis und Golden Award of World Media Festival.

Register

Bildnachweis

Agence photographique de la Réunion des musées nationaux (Photo RMN), Paris: S. 306/307, 311–338, 344, 347, 352–356, Nachsatz
Archiv für Kunst und Geschichte (akg), Berlin: S. 28/29, 65, 69, 111, 225, 229
Biblioteca Pública Municipal, Porto: S. 245
Bildarchiv Preußischer Kulturbesitz, Berlin: S. 349
G. Dagli Orti, Paris: S. 233, 238
Caligari Film, München: S. 261, 267, 271–284, 287, 294–304
cinetext, Frankfurt: S. 11
dpa: S. 210
Digital Drama, Hamburg: Vorsatz, S. 62/63, 70–73, 77–108
Hans-Joachim Gally, Wiesbaden: S. 240
Granger Collection, New York: S. 115
Georg Graffe, Wiesbaden: S. 120–126, 138, 141, 144
Michael Gregor, Berlin: S. 132, 148–152
Gruppe 5 Filmproduktion, Köln: S. 112/113, 116, 117, 127, 129, 135, 136, 147
Bernd Kammermeier: S. 164
Günther Klein, Wiesbaden: S. 8/9, 15–25, 36–59, 156–163, 167–180, 186/187, 194/195, 202, 204
Robert Koldewey, *Das wieder erstehende Babylon*, Leipzig 1913: S. 183, 188, 193, 199
J. Liepe, Berlin: S. 75
Markgrafen Museum Ansbach S. 262, 269, 293
Museo Nacional del Prado, Madrid: S. 154/155
Eike Schmitz, Berlin: S. 206/207, 209, 213, 218/219, 227, 230, 237, 248–257
Stadtarchiv Ansbach: S. 286, 289
Stadtarchiv Nürnberg: S. 258/259
Story House, Berlin: S. 309
ullstein bild, Berlin: S. 223

Karten: DTP Factory Susanne Bertenbreiter, München